“口述历史在中国”丛书

《口述历史在中国(第一辑):多元化视角与应用》编辑委员会

“口述历史在中国”系列活动学术顾问(按姓名拼音首字母排序)

项目公邮　cucoralhistory@126.com

中心官网　http://oral.cuc.edu.cn/

联系地址　北京市朝阳区定福庄东街1号 中国传媒大学24号楼

主办单位　中国传媒大学崔永元口述历史研究中心

联合主办　北京市永源公益基金会

特别支持　中国红十字基金会崔永元公益基金

传媒大学教育基金会

"口述历史在中国"丛书

第一辑

口述历史在中国

多元化视角与应用

丛书主编　丁俊杰
本辑主编　林　卉　刘英力

GUANGXI NORMAL UNIVERSITY PRESS
广西师范大学出版社
·桂林·

KOUSHU LISHI ZAI ZHONGGUO

DUOYUANHUA SHIJIAO YU YINGYONG

图书在版编目（CIP）数据

口述历史在中国．第一辑，多元化视角与应用 / 林卉，刘英力主编．—桂林：广西师范大学出版社，2016.9（2017.2 重印）

（“口述历史在中国”丛书 / 丁俊杰主编）

ISBN 978-7-5495-8920-3

Ⅰ．①口… Ⅱ．①林…②刘… Ⅲ．①口述历史学—中国—国际学术会议—文集 Ⅳ．①K0-53

中国版本图书馆 CIP 数据核字（2016）第 243591 号

广西师范大学出版社出版发行

（广西桂林市中华路 22 号　邮政编码：541001
网址：http://www.bbtpress.com）

出版人：张艺兵

全国新华书店经销

衡阳顺地印务有限公司印刷

（湖南省衡阳市雁峰区园艺村 9 号　邮政编码：421008）

开本：787 mm × 1 092 mm　1/16

印张：23.25　　字数：480 千字

2016 年 9 月第 1 版　　2017 年 2 月第 2 次印刷

定价：58.00 元

目 录

III 口述历史的多元化应用
Theme: The Multiple Applications of Oral History

附录
Appendix

后记
Afterword

序一

让记忆弥补缺失的历史

Indira Chowdhury[1]

国际口述历史协会(International Oral History Association, IOHA)是一个由各国口述历史学家组成的机构,由于历史的原因,这是一个使用西班牙语和英语的双语组织,我们每两年用西班牙语和英语举办一次会议。我们来自不同地方,面临着不同问题,但同时我们也有很多共性的问题,IOHA提供了一个非常好的平台来讨论口述历史的发展。

我2010年加入IOHA时,还没有看到中国的参与。在中国传媒大学崔永元口述历史研究中心,你们收集到的四千余人次百万分钟的口述历史采访资料让我印象深刻,我相信这能让世界更好地了解当代中国。我们也需要更多地了解中国的口述历史,希望你们将口述历史在中国的概况介绍给各国同人。

口述史学本身是涉及多学科的学问。它与很多个体性和多样性的东西相关,也涉及记忆的研究、民族学、人类学以及社会学等多个学科。其中对记忆的研究特别重要,因为记忆是所有口述历史工作的基础,它能把口述历史工作中涉及的不同的人和不同的时代连接起来。记忆是属于每个人的,并没有哪一个学科可以告诉我们,如何去开发或者利用记忆。

我更愿意把历史作为一种证据来看。一些观念比较陈旧的历史学家认为,纸质的档案、书写的历史才是比较客观的。但这样的历史不会记录下人的主观感受,而口述历史记录的是具有主观感受的经历和判断。意大利著名口述历史学家亚历桑德罗·波切利(Alessandro Portelli)认为可以把这件事反过来看,看口述历史能为我们做什么。口述历史所记录的人的记忆是主观的,但口述历史学家寻找的并不是记忆中的具体数字,而是讲述本身的意义。比如对于某一个事件,某一个时期的记忆,我们需要研究的是每个人的记

---

〔1〕 Indira Chowdhury(英迪拉·乔杜里):国际口述历史协会时任主席,伦敦大学亚非研究学院历史学博士,班加罗尔Srishti艺术设计学院公共历史中心主任。她的著作《弱英雄与强历史》(*The Frail Hero and Virile History*)获得2001年的泰戈尔奖。

忆有什么不同,如何记忆,以及记忆当中的主观性。保尔·汤普逊(Paul Thompson)提出历史应该是为那些并没有发出声音的人而写的。所以现在我想提出一个“missing history”的概念,即消失的历史,或被疏漏的历史,口述历史就是记录那些没有被记录的历史,记录那些没有被记入史册的人。

我想通过一段亲身经历说明口述历史记录的记忆如何使不同的人和时代得到连接——

2015 年 4 月我受邀去尼泊尔讲学,就在 4 月 25 号那天上午我采访了 95 岁高龄的作家萨提亚·莫汗·约什(Satya Mohan Joshi)——尼泊尔第一代使用非常规来源资料进行研究的文化历史学家之一。他搜集了很多民间传说和民间歌谣,并且赋予这些传说和歌谣以历史和文化意涵。

采访萨提亚·莫汗·约什的经历对我来说非常重要,因为它挑战了我作为口述历史学家已有的认知基础。我尊重他的意愿没有进行录音,这也是建立信任的唯一方法。我想这只是第一次见面,以后做更深入采访时肯定还是有机会录音的。于是,我就拼命做笔记,希望尽可能全面地记录他口述的内容,在哪里做了停顿,以及他叙述生平时轻松平和的状态等信息。后来在整理笔记试图重现采访过程时,我才意识到使用采访录音和使用笔记进行资料整理的不同。录音是个非常奇妙的东西,它能把人带回采访当时的记忆和情境,有时候会有电话铃声,有时候是茶水到了,有时候会插入一些更为私人的对话,有时候在受访者思考如何回答问题时会有长时间的沉默。由于萨提亚·莫汗·约什拒绝录音,我也就没有办法通过回放录音获取这些信息了。但是这次特殊的没有录音的采访给了我一些非同寻常的宝贵经验,那就是让我认识到记忆中不可磨灭的声音的力量有多大,不仅能让人回忆起叙述者的话语和神态,还能让人想起叙述者珍视或厌恶的东西,以及什么是他念念不忘的,什么又是他想要忘记的。也许由于没有录音机,我们有了一次与众不同的非常深入的倾听;反过来,也因为没有录音,我们在重现记忆中所包含的重要意义时,可能会由于自身的不足,局限于受访者所讲述的故事本身。

在要结束采访时,我问了萨提亚·莫汗·约什一个有关 1934 年地震的问题。问答如下:(IC=Indira Chowdhury, SMJ=Satya Mohan Joshi)

> IC:我想问你,你还记得 1934 年的地震吗?
>
> SMJ:我怎么会不记得呢?不过才过了 80 年啊!

对我来说 80 年是很长的一个时间段,但是对这位有着深刻地震记忆的历史学家来说,80 年前的地震就好像是几天前发生的一样。萨提亚·莫汗·约什当时只有十四五岁,和他父亲萨提亚·莫汗·约什住在位于马哈甘(Maharganj)的教学医院宿舍,他的父亲在医院工作,他也会给父亲帮忙。他的母亲和刚出生的妹妹住在位于沃克胡(Walkhu)的家里。萨提亚·莫汗·约什回忆说,1934年1月15日地震发生的时候,他正和一个朋友在宿舍里坐着,看见了外面颤抖的树木。“树就像这样在抖”——他用手比画了一个蛇形的动作。

我对萨提亚·莫汗·约什的采访在2015年4月25日的上午10:30结束。到11:30之前,我就在同事的口述历史课上旁听,本来我的课应该在午饭之后。地震就发生在11:56。一开始,我也不知道发生了什么。我们跑出课堂,很快跑下了摇晃着的楼梯,来到一个户外网球场上,在那儿站了很久,就看着我前一天刚刚访问过的档案馆的窗户在颤抖摇晃。余震很频繁,每一次大地都震得像要裂开似的。乌鸦也扑腾乱叫,每一个动作都很苦。这时我就看见了萨提亚·莫汗·约什所说的他在“仅仅80年前”见过的“蛇形树”。突然之间,他的话就成了现实,我也非常准确地了解了80年前他所亲眼见过的事情。

这类口述采访对叙述者和我本人具有双方面的意义,他们的话语,他们的经历,他们的回忆和我的经历在我的记忆中都非常生动鲜活,从而使我可以把多年前的事情和今天的事情联系起来,对照他们的经历反观我自己的经历,这种联系和反思对我而言也就有了新的意义,这就是口述采访可以带来的更深的联系和更值得思考的价值。

口述历史采访让我们找到了和我们有相同经历的群体,让我们能够通过另外一种方式来体验不同的人生。我想引用2015年诺贝尔文学奖获得者阿列克谢耶维奇的获奖感言来表达我的想法:

> 令我感到困扰的是,真实不是存在于一颗心灵、一个头脑中的,真实在某种程度上破碎了。真实有很多种,而且各不相同,分散在世界各地。陀思妥耶夫斯基认为,人类对自己的了解,远远多于文学中记录的。那么我在做的是什么?我收集日常生活中的感受、思考和话语。我收集我所处时代的生活。我对灵魂的历史感兴趣——日常生活中的灵魂,被宏大的历史叙述忽略或看不上的那些东西。我致力缺失的历史(missing history)。

口述历史学家们和阿列克谢耶维奇一样,都在致力“缺失的历史”(missing history)的工作,这样的工作让我们的生命有了更大的意义。

序二

口述历史在中国

丁俊杰

2012 年 2 月，中国传媒大学崔永元口述历史研究中心正式成立，中国最大的口述历史机构诞生。这个团队的主体是崔永元老师从 2002 年就开始培养的资深团队，经过四年多的再发展，愈加壮大。在这个过程中，我们一同见证了口述历史概念在中国的初步普及，以及口述历史行业在中国的多层次并荣。

此前的十年时间里，崔永元口述历史团队以经验丰富的口述历史访谈、资料整理和保护及纪录片制作而著称。在"与时间赛跑"的责任感驱使下，他们共积累了四千余人次、百万分钟的口述历史影像资料，并出品了《电影传奇》《我的抗战》《我和我的祖国》等广为公众熟知的纪录片作品。但成为一所大学的组成部分之后，下一步发展方向是什么，如何在保持以往优势的同时也服务于教学和研究，如何进一步促进口述历史在中国的学科建设，如何利用高校这一载体实现学术与公众之间的互动，成为新的问题。

"口述历史在中国"项目就是我们为此所做的尝试，旨在搭建一个口述历史行业的国际交流平台，探索口述历史多元、开放的未来之路。自 2014 年秋天开始，中心成立专门的策划组，广泛集结国内外口述历史资深研究者和实践者资源，开展了"口述历史在中国"系列活动，内容包括口述历史相关的人物采访、学术讲座、工作坊、高校联盟、国际研习营、国际研讨会等。

项目开展至今，完成的口述历史领域人物采访已涵盖北美、欧洲、非洲、亚洲特别是中国(含港澳台地区)，包括国际口述历史协会时任主席英迪拉·乔杜里(Indira Chowdhury)、美国口述历史协会主席道格·博伊德(Doug Boyd)、德国著名公共史学家亚历山大·范·柏拉图(Alexander Von Plato)、大英图书馆口述历史馆长罗伯特·珀克斯(Robert Perks)、捷克口述历史协会前会长麦罗斯洛夫·瓦内克(Miroslov Vanek)、国际口述历史协会南非区代表克里斯蒂娜·兰德曼(Christina Landman)、英国苏塞克斯大学女性口述史专家玛格丽特·茱莉(Margaretta Jolly)等；学术讲座以每月一到两场的频率，推出国内这一领域的专家学者观点、典型案例解析、独特经验分享，多角度多维度展示该领域现状，至今已有几十位专家学者出席；口述历史工作坊采取主办或联合主办的形式，分别于北京、上海、香港等地多次举行，受众从年轻学生到退休的老人，共同搭建起口述历史与公众传播之间的桥梁；高校联盟以社团为基点集结了大批青年师生，与各高校联合开展口述历史活动，让口述历史走进校园。

口述历史国际周是这一活动每年年底的重头戏，由国际口述历史专家讲座、口述历史国际研习营、国际口述历史同人交流会、口述历史国际研讨会等多个版块组成。其中，国际研习营和国际研讨会更是凭借严格的遴选机制为口述历史行业精英提供了交流平台。

首届“口述历史在中国”国际研讨会于 2015 年 12 月 12—13 日在北京举行，本次会议主题为“现在·未来——口述历史领域观察与思考”，由中国传媒大学崔永元口述历史研究中心主办，北京市永源公益基金会联合主办，中国红十字基金会崔永元公益基金和中国传媒大学教育基金会特别支持，吸引了来自美国、德国、韩国、加拿大、新加坡、中国口述历史领域的几十位专家学者参会，共同对当前口述历史领域突出问题进行探讨。

此次会议共收到论文 40 多篇，内容涉及口述历史相关理论问题、口述历史在多领域的实践与应用、口述历史事业的发展等多个方面。

口述历史的基本理论与方法。口述历史的学科定位问题，很大程度上决定着中国口述历史的发展态势及走向。王宇英认为应该将口述历史纳入公共史学的范畴进行学科建设的考量；张锦从档案学的角度分析，认为口述历史实践本体作为一种视听档案实践属于档案学的核心研究领域；邓耀荣探讨了口述历史访谈过程中的多语言使用的问题；赵雪则以口述历史访谈的文本为语料做了语言学分析。其次是口述历史涉及的道德和伦理问题，杨祥银对美国口述历史的伦理审查机制进行了深入的研究，李慧波根据自己的口述历史实践给出了对策和建议。

口述历史在多个领域的应用。不同背景的研究者或实践主体都在关注口述历史，应用口述历史的方法进行研究或开展实践项目。比如赵月枝、钱茂伟、王小平等专家，分别带领团队开展了农民口述史、社区口述史和社群口述史的实践及研究；曹淑文和徐祖哲则以个人的力量做了家庭口述史和中国计算机口述史；夏一红则以香港社工的身份开展了口述历史项目。

口述历史影像与媒介再呈现。纪录片是口述历史重要的媒介呈现形式之一。李宇宏介绍了她的口述历史纪录片教学经验，并希望借此达到重新描述历史、重新树立世界观和历史观、重新塑造自我的目的；李莉从社会记忆和集体记忆的理论层面研究“民间记忆计划”，认为该计划具有影像行动主义实践的性质，带有强烈的记录社会的功能，激发了回忆行为和对所谓历史的思考。

口述历史记录过去，但关乎未来。国际口述历史协会主席英迪拉·乔杜里在首届“口述历史在中国”国际研讨会开幕式发言中说，记忆是所有口述历史工作的基础，口述历史所记录的正是那些消失的、被遗漏的历史，这让我们的生命有了更大的意义。

这本《口述历史在中国：多元化视角与应用》是对首届“口述历史在中国”国际研讨会的内容回顾，也是对我们自身一年多的学术实践所做的首次总结，更是对口述历史领域同人的一份邀请。这次研讨会已告一段落，但这仅仅是一个开始，期待在后续的岁月当中我们继续共同探索，让更多人了解和关注口述历史，进而投入到人类个体记忆库搭建的行列中来，共创中国口述历史交流沟通平台。

口述历史在中国，你我共同努力。

Ⅰ　口述历史的基本理论与方法

Discipline：The Theories and Methods of Oral History

从口述历史到公共史学:一种学科建构的路径

◎王宇英[1]

摘　要:

学科建设问题,因其在很大程度上决定着中国口述历史的发展态势及走向,已受到学界越来越多的关注。然而令人遗憾的是,相关理论阐释仍显薄弱,特别在实践环节,尤其缺乏系统的探索。但挑战即是生机,从口述历史与公共史学的共有特性来看,公共史学应成为口述历史进行学科建设的主要方向。首先,两者都强调对传统史观的反思、重构及对非传统史料的挖掘与呈现,它们共同丰富了历史哲学及编纂学的视野,扩展了历史学的方法,并推动了历史学与人类技术发展的深度连接。其次,二者都注重历史学的公共品质,具备更自觉的公共意识。从史料搜集到成果呈现,都更加强调历史学的公共属性与传播价值。第三,二者在中国仍处于起步阶段,面临着理论、阐释、实践等各类争鸣乃至困境,在有些领域可以说还处于拓荒状态;又因具备许多共同的特性,口述历史与公共史学在学术研究、实践操作、课程设置、人才培养等方面拥有着难以拆分的共生基础及合作空间。总之,二者的深度交叉发展已成为题中应有之义,在以学科建构为切口进行全方位推动的时候,应该特别注意在多学科视野中历史研究、记忆研究、文化研究、传播研究等的贯通交融。

关键词:

口述历史;公共史学;人才培养;学科建设

From Oral History to Public History: in the Perspective of Discipline Development

◎　Wang Yuying

Abstract:

For oral history of China, discipline development is important for its route and future. Although some scholars have paid attention, there is still not an academic system of theory and practice. From the view of the

---

〔1〕 作者简介:王宇英(1977.6—),女,副教授,博士。主要研究方向为口述历史、影像史学、公共史学、"文革"社会史等。

same characters of oral history and public history, public history should be helpful for oral history as a discipline. First, both public history and oral history emphasize the introspection and reconstruction of traditional history and use of new historical materials; Second, from collection of historicalmaterials to analysis and writing, both have public quality. Third, the two subjects are in academic discussion of theory, practice and interpretation. In conclusion, there is complex relationship between oral history and public history, and multiple subject views of historic analysis, memory research, cultural studies and communication research are crucial to promote their development.

Keywords:

Oral History; Public History; Personnel Training; Discipline Development

一个新兴学科的产生,总是在迫切的现实需要与内在的价值诉求共同作用的基础上完成的。现代口述历史登上时代舞台,并日渐扮演重要角色,这一过程与各类民权运动、解放运动的广泛开展密切相关。今天,当我们再次审视口述史学的发展走向时,显然已经不能再仅仅局限于搜集口述史料的视角与维度,可以说,口述史学已经日渐超越了传统历史学的价值坐标,开始探索独立学科的建设路径。[1] 但是在现有条件下,将口述历史建设为独立学科,在国内外都还没有先例,这一过程或许还需要数代人的共同努力。当今我们能做的,是在对口述历史进行广泛实践与细致分析之后在现有学术体系内为其寻找、建构适合的学科路径。本文选取公共史学视角,在讨论口述历史在这一方向进行学科建构的可能性与操作方案的同时,希望进一步推动有关口述历史发展走向的深入探讨,以期在学科建设问题上能早日有所突破。

多重担当的国际公共史学

公共史学[2]对于中国的学术界来说,基本上仍停留在一个新概念的层面。但在不少欧美国家,公共史学已经是一门成熟的学科了。它自 20 世纪 70 年代开始起步,当前在理论、实践、教学及社会服务等诸多方面都已有了丰富积累,相关的联盟性组织亦很发达。美国的全国公共史学委员会(NCPH)成立于 1980 年,在全美公共史学建设领域内产生了重要影响。[3] 2010 年,国际范围的"公共史学国际联盟"(International Federation for

---

〔1〕 可参见左玉河《中国口述史研究现状与口述历史学科建设》,《史学理论研究》2014 年第 4 期;王润泽、雷晓彤《口述史学:作为独立分支学科的理据》,《南昌工程学院学报》2014 年第 5 期;何鑫、陈谦平《略论口述历史的学科建设》,《学术交流》2014 年第 7 期;以及梁景和、陈墨、杨祥银等人的相关思考与研究。

〔2〕 公共史学(Public History)是一个由西方引进的概念,国内有公共史学及公众史学两种译法,本文采用第一种译法,即公共史学。

〔3〕 具体情况可参看美国全国公共史学委员会官方网站:www.ncph.org。

Public History）成立，并于2012年4月在美国密尔沃基举行了第一次会议，目前正在全球范围内征集第三次会议的参会论文。[1]

实际上，从现有情况看，公共史学在国际社会中早已超越了学院的势力范围。据较为系统地将公共史学引入国内的王希教授介绍，当前至少存在三种有着不同起源和目标的"公共史学"。一是"文化史学或大众史学"（cultural or popular history），主要体现为一种深受商业力量影响的历史信息呈现与解读，这类公共史学更加关注与日常生活密不可分的历史内容，包括由"报纸、电影、流行音乐、电视剧、历史故事、传奇小说、广告、历史遗址、博物馆"等媒介所传递的历史信息。二是由"专业公共历史学家发起的一种把历史研究与公众利益结合起来的运动"，旨在"通过参与、设计一系列与公共政策、商业历史、文字编辑、档案保护、地方史整理、历史遗址保护等有关的工作"，为公众提供一种"更好的"和"更专业的"历史知识。三是所谓的"人民史学"（people's history），那些曾经"被边缘化"的群体，如今也要求书写自己的历史，这些"先前的弱势群体为了确立认同，争取政治话语权，提出要整理自己的历史，培育自己的历史观"。[2]

可见，欧美的公共史学已经是一个融合各方力量的成熟学科甚至是社会运动，这里面既有发达、成熟的商业动力与公共服务，也有历史学者的专业诉求，更有多种社会群体的发声渴望。

蓬勃发展的中国公共史学

国内的公共史学建设也取得了一定的成绩。首先表现在学术界的关注与推动。复旦大学历史系、上海师范大学历史系都开设有相关课程，宁波大学成立了专门的研究中心，北京大学王希、赵冬梅，浙江大学陈新，重庆大学李娜，宁波大学钱茂伟[3]等学者都在积极从学术角度推动公共史学事业的开展。一系列学术交流活动也有序开展起来：2013年5月，重庆大学人文社会科学高等研究院史学中心主办了"公共史学研讨会"。这是全国第一次就公共史学进行学术探讨。与会学者不仅讨论了公共史学的概念和定位问题，也初步探索了其实践层面，如"历史嘉年华"活动、以口述历史为基础的纪录片拍摄制作等活动的运作与进行。同年11月，上海师范大学公众史学研究中心主办了中国首届公共史学会议，60多名与会人员探讨了公共史学学科建设、公共历史教育、影视传播与公共史学、家族史与个人史、网络时代的史学、海外公共史学的发展、历史学者如何与公众交流、城市空间

---

〔1〕 具体情况可参见公共史学国际联盟官方网站：http://ifph.hypotheses.org。

〔2〕 王希：《谁拥有历史——美国公共史学的起源、发展与挑战》，《历史研究》2010年第3期，第42页。

〔3〕 钱茂伟教授不仅一手策划、兴办了"中国公众史学网"，还完成了国内首部公共史学理论研究著作《中国公众史学通论》，并录制、推出了"中国公众史学通论"的慕课，作出了极大贡献。

与记忆等问题,还就“我的历史”公民写史及公众史学发展与师资培训等专题进行了研讨。2014年7月,旨在培养公共史学教学人才的“中国首届公众史学高校师资培训”在上海举行。2015年又由重庆大学举办了第二届中国公众(公共)史学高校师资培训,此次培训的主题是“公众(公共)史学与城市历史环境”,同时也重点探讨了公共史学与各类媒体的关系问题。会议还邀请到了一些致力公共史学的国际学者,如美国印第安纳大学历史系教授公众史学项目负责人菲利普·斯卡皮诺(Philip Scarpino),美国中田纳西州州立大学历史系教授丽贝卡·康拉德(Rebecca Conard),美国南卡罗来纳大学历史系教授、公众史学项目负责人艾莉森·马什(Allison Marsh),推进了该领域的国际合作。

更为值得一提的是,民间的公共史学力量及其实践活动已经在很大程度上超越了已有理论与学术研究。“新历史合作社”“草场地工作室”“北京雷禾文化传媒”等机构与组织都在公共史学领域进行了很多不拘泥于专业与学科的实践探索。

总的来说,尽管公共史学是一个舶来的概念,但在中国也有其重要的价值与意义。作为一门拥有多重内涵的新兴学科,从学术角度来看,当前的公共史学旨在呼应公众社会对历史学的公共需求,推动历史学专业知识直接为公众服务,在重新定位历史学与公众社会关系的同时,积极促进这种关系健康发展;从公众社会角度来看,公共史学已经成为一种建构公民社会的重要手段,在推动公民意识觉醒、实现话语转移、达成社会和解等方面发挥着重要作用。

口述史学与公共史学的共通之处

正是基于这样的背景,口述历史与公共史学两者之间似乎有着天然的共生关系。知名公共历史学者李娜曾经撰文指出公共史学与口述历史的九个共同关注点,即“强调历史与公众的关系;以问题或任务为主导;从个体角度充满激情地关注历史;进行不同尺度的记忆研究;历史的公众呈现,尤其是具有争议的历史呈现;重视对话性与参与性;采用历史叙事;欢迎技术变革,倡导新媒体;强调团队合作”。[1] 李娜曾经在美国接受过公共史学的专业教育,其观点是非常有见地的,但也存在着立论过散的不足之处。钱茂伟教授也非常强调“中国公众史学”与口述历史的密切关系,认为当下国内的公共史学至少包括六个部分:“通俗普及史学、公众历史书写、公众口述史学、公众历史写作、公众影像史学、公众文化遗产,而其中的公众口述史学是大众历史书写的入门之道”。[2] 这种看法有一定的启发性,但难免失之空疏,未对二者关系进行深入分析。

---

〔1〕 李娜:《公众史学与口述历史:跨学科的对话》,《史林》2015年第2期,第202页。
〔2〕 钱茂伟:《公众史学或公共史学辨》,《史学理论研究》2014年第4期,第12页。

不得不承认，学术研究的缺失与不足是与当前中国口述历史及公共史学的阶段性特点密切相关的，可以说二者都刚刚崭露头角，面临着理论、阐释、实践等各类争鸣，它们在内在价值、共生平台、学科建设等领域的关系与前景等问题都还缺乏深入的比对与探讨。实际上，口述历史与公共史学，不仅植根于共同的学科领域与价值基础，还同时连接着各种社会群体与传播媒介，甚至面临着相似的困境与难题。

从历史学学科角度来看，公共史学与口述历史都强调对传统史观的反思与重构及对非传统史料的挖掘与呈现，它们共同丰富了历史哲学及编纂学的视野，扩展了历史学的方法，并推动了历史学与人类技术发展的深度连接。特别是从史料采集及传播角度来看，二者都致力收集、呈现、解读，并且在更大的场域内留存历史，更加注重历史学的社会属性与传播功能，因而所涉及的领域都丰富多样：从家庭、朋友等私人领域，到图书出版、纪录片、历史题材电影电视剧创作，乃至博物馆、历史遗址、历史资料保存机构、档案馆、相关历史网站等，客观上构成了一个包括出版、电影、电视、广播、网络、纪念活动、博物馆展览等在内的庞大传播网络。既可以对具体案例进行批判研究（意识形态、话语霸权、大众消费），也可以关注公共政策、媒体策略的基本特点及运作流程，特别是随着一轮又一轮技术革命及人类新思潮的到来，历史学如何在日新月异的社会环境中调试自身的角色，如何定义、获取、分析史料，又如何进行呈现，这些都是口述历史及公共史学可以积极发挥自身优势来进行回答与建设的问题。

从根本价值来看，二者都强调历史学的公共品质，具备更自觉的公共意识，都有超越历史学学科的强劲动力与趋势，因此，公众社会及非专业群体在二者的发展过程中获益亦多。历史学记录人类发展轨迹，并为今天与未来提供参照坐标与体系。但传统史学较为缺乏沟通及传播意识，近代以来的学科化发展及学术评价机制，更束缚了历史学的社会服务功能。随着口述历史与公共史学的勃兴，公众对历史的认知、思考与呈现都有了更广泛的记录手段、呈现媒介。一些似乎长期被遮蔽或学界垄断的问题，如历史怎样被书写乃至重写，并被普及化为社会记忆，最终呈现于大众文化及景观中，被民众庆祝、记忆、纪念，这些都已日渐成为全民关注并加以反思的问题。正如王希教授分析美国公共史学产生的深层动力时指出的：

> 虽然20世纪70年代史学专业人才的就业危机与当代公共史学学科体系的出现有着直接的联系，但是20世纪60年代的民权运动和新社会史学（new social history）才是推动公共史学兴起的深层动力。民权运动是一场弱势群体争取平等权利的政治运动，但它也引发了史学研究和写作上的革命。传统史学建构的美国价值观在民权运动所揭露的种族歧视面前显得不堪一击，历史学家被迫重新思考如何呈现更完整

的国家历史，被“消声”的群体要求找回自己在美国历史中的位置。[1]

中国的口述历史与公共史学能够日渐成为热点，也是因为他们有着多层面的意义与价值:从学术与公众的关系角度来看，当代中国社会对于历史的兴趣与关注空前高涨，如何认识、呈现、解读历史，正对民众精神及社会价值观的塑造与成型发挥着深刻影响。当下，公共领域通过书籍、电影、电视、纪录片、网络、社交媒体等对历史进行着丰富多样的解读与阐释，在一片蓬勃之中也包含着种种误读与偏见，史学界不应回避公共社会对专业史学的呼唤与需要，而应勇于展示专业力量，积极参与转型时期中国的文化建设。学界的诸多重要理论问题，如历史书写与现实政治、历史知识与话语霸权、文化政策与历史重构、历史展览与公众记忆、历史记忆与私人领域、历史纪念与时代精神的深入研究可借助于对二者的深入探讨而得以被触碰；还有许多实践层面的现实问题，如历史传播与新技术、数字时代档案的收集与利用、历史博物馆策展与历史教育、纪念日与公共活动运作、历史纪录片及影视作品制作等操作性方法与技能等也可以借二者的平台进行系统化的学科探讨。

但意义与价值代替不了问题，特别是在看似繁荣的口述历史热中，不少自身难以回避的短板与缺陷开始暴露。近年来，口述历史在很大程度上沦入失范的状态。不健全的学术研究评价机制及政治、市场乃至民意的多重制约下的出版、发表、播出体系都是口述历史热出现的重要推手。因档案开放的限制、反复变动的舆论环境等原因，在某些敏感选题上，人们对当代史的许多问题只能借助于口述史料，而为了满足大众的猎奇、探秘心理，一大批粗疏的当代史作品涌进出版传媒市场，甚至许多学者主动参与了这一过程。因为如果自我学术要求不高，文字性、记录性的成果更易于呈现，一方面有利于更为轻松地完成现有职称评价体系的学术指标，另一方面还赢得了尊重主流民意、关照底层民众的美誉。但其间存在的问题是显而易见的，底层视角与立场虽然值得肯定，但不应成为学术水准降低的理由，学者对于主流民意的尊重应该重点反映在对学问的尊重之中。

公共史学也面临几乎同样的问题。公共品质往往意味着公共限制，来自民众、资本与权力的多重制约，会影响历史学独立求真的学术品性。在对抗话语霸权、反思学院话语盲点的时候，如何避免沦入被资本及公共性绑架的境地，这已经成为国际公共史学界共同反思的问题。芝加哥大学历史学家皮特·诺瓦克((Peter Novick)认为公共史学所代表的是一种“特殊的历史”(应读作“受特殊利益驱使的历史学”)，“它以一种学术的形式包装自己，追求一种看似公正的史学理想”。然而尽管以带有强烈学术意味的“史学”自称，在实际上，公共史学的研究和实践在很大程度上只不过是一种“私有的历史”(private history)。

---

[1] 王希:《把史学还给人民——关于创建“公共史学”学科的若干想法》,《史学理论研究》2014年第4期，第5页。

“即便在博物馆和历史遗址工作的历史学家，也必然考虑普通参观者的感情、口味和知识能力”。因而，“公共史学家缺乏专业历史学家的学术自由，缺乏他们所拥有的知识系统性和连贯性以及专注而单纯的学术氛围。”[1]诺瓦克教授的分析是一针见血的，公共史学不能因为强调为公众服务的特性就忽略了自身的学术品质，特别是不能迷失在资本与市场共同构筑的所谓公共性之中。

推进口述史学与公共史学的学科整合

问题中孕育着进步的动力和方向，当下的困境更促使我们进一步思考、探索口述历史在公共史学的方向进行学科建构过程中的重点与取舍。推动学科建设的努力往往是与人才培养方案的设计与执行同步进行的，特别在当下中国公共史学人才奇缺的情况下，如果将两者结合起来同步推进，无疑会取得事半功倍的良好效果。公共史学专业人士的被需求程度正随着全民写史热潮的到来日渐迫切，但与之不匹配的是，当前我国尚未有一所学校设置公共史学的硕士研究生方向，与美国近百所高校争相开设相关课程的情景恰成反比。所以，今日中国公共史学领域的乱象，与接受过系统化学科教育的公共史学人才的匮乏是有密切联系的。

在借助设计与推行人才培养方案来探索学科建设的问题上，国际先进经验是必须学习、借鉴的。美国全国公共史学委员会的官网数据显示，目前在 10 个国家中开设了 221 个公共史学的本科或硕士教育项目，其中美国有超过 90 所高校提供公共史学硕士学位，至少 7 所大学可以授予博士学位。必须看到，公共史学专业人才培养的繁盛景象是与需求程度正相关的。据该网站显示，接受过公共史学教育的人才日后可以成为历史顾问、博物馆专员、政府历史学家、档案人、口述历史学者、文化资源管理者、文化保管员，影视和媒体制作者、历史解释人、历史保管者、政策咨询员、本地历史学家、社区档案人，等等。[2]王希教授在介绍美国公共史学人才就业的宽广口径时，曾经引用美国学者韦斯利·约翰逊的统计，指出历史学家能够发挥价值的公共领域至少包括八种，涉及政府机构、商业领域、研究机构、大众媒体、遗址保护、历史或家族史专业学会、博物馆、档案馆及高校等。[3]

相应地，人才的高需求度又呼唤出严格、高效的培养模式。以公共史学的发源地加州大学圣塔芭芭拉分校为例，发起人一直坚持将公共史学的训练置入专业史学训练的标准之中：“[两者]都强调对史学研究最基本技能的训练，包括研究能力（如何寻找、识别和收集史料）、分析能力（如何对不同种类的史料进行筛选、提炼和综合）以及表达能力（如何对

〔1〕 转引自王希《谁拥有历史——美国公共史学的起源、发展与挑战》，《历史研究》2010 年第 3 期，第 45 页。
〔2〕 请参见 http://ncph.org/cms/what-is-public-history/。
〔3〕 王希：《谁拥有历史——美国公共史学的起源、发展与挑战》，《历史研究》2010 年第 3 期，第 36—37 页。

史料进行有史学意义的和有感染力的解读与表达)。”但与此同时,也“更强调史料的开放性和多样性,更强调史学与公众的密切联系,更强调跨学科的借鉴与合作,更强调史学知识在传播方面的感染力”[1]。该校注重对公共史学的本质及公共史学家的职业道德的关注,同样也“要求学生深入到‘公共领域’的第一线进行‘任务导向型’(mission-oriented)的研究;引导学生学会与不同的机构、群体打交道,并从中获得研究材料”,还特别注重跨学科研究方法的训练。[2] 为了配合一线教学,美国全国公共史学委员会通过网站提供各类与教学有关的资料与信息,积极搭建平台进行教学经验的交流及资料的共享。

美国高校的公共史学教学往往是根据本校、本地特点进行教育项目的设计与开发的,正如王希教授所分析的:

> 加州大学圣塔巴巴拉分校的公共史学研究生项目从一开始就定向为培养政策咨询人才,注重对学生通用能力的培养,所安排的实习机会也都是在相关的政府部门。亚利桑那大学则将公共史学研究生项目与档案管理、出版编辑和文博专业等结合在一起。纽约大学地处大城市,电影制作业非常发达,该校的公共史学项目利用这个优势,注重培养历史纪录片制作方面的人才。[3]

要探索公共史学的学科建设之路,这种结合是非常值得借鉴的。以笔者所在的中国传媒大学为例,崔永元口述历史研究中心的学科建设就可以同时结合自身及中国传媒大学特色,将培养重点放在既具备历史学学术解读的专业理论能力,又可以参与制作、呈现公共史学作品的,擅长公共史学的媒体传播层面的相应人才上来。学生最好具备历史学专业基础,入学后首先经过专业学术阅读,熟悉当前国内外公共史学领域的经典理论、主要趋势及领军人物。同时通过公共史学导论课程的学习,了解公共史学学术史,发展公共史学者的角色意识,熟悉公共史学从史料搜集、鉴别、分析、使用到作品呈现的基本流程。课程采取研讨课、讨论小组及工作坊混合的模式,同时结合专业讲座及外校专家授课。在对公共史学基本理论熟悉后,开始开设历史书写课程,练习运用多种方式为不同受众记录与书写历史,也邀请那些已经成功将学术历史带给公众的作者参与进来。同时还为学生提供历史记忆课程,旨在帮助学生了解当代的历史记忆及国家认同理论。我们也会聚焦于历史发展过程中的不同形态的国家记忆在政治及文化方面的表现,深入思考共同性及

---

[1] 王希:《把史学还给人民——关于创建“公共史学”学科的若干想法》,《史学理论研究》2014年第4期,第7页。

[2] 姜新:《20世纪美国公共史学与中国应用史学的不同命运》,《历史教学问题》2012年第1期,第90页。

[3] 王希:《把史学还给人民——关于创建“公共史学”学科的若干想法》,《史学理论研究》2014年第4期,第8页。

独特历史经验的问题。理论类课程之后，学生接受具体方法类课程的培训，包括口述史学、影像史学、数字史学等，充分认识新技术对历史研究、书写、呈现及教学的巨大影响，在进一步巩固理论基础的同时，分析各类资源的优势与缺点。成功完成课程之后，学生将能够设计和管理公共史学研究项目，能够使用他们的研究及书写技能去设计相关项目。学生将以小组为单位，把主要精力投入到项目设计及操作过程中。例如口述史学课程将鼓励学生在历史研究、伦理问题、记忆建构及阐释等方面应用口述历史访谈，掌握一系列技术操作及采访技巧，并会制作抄本，最终合作完成一部口述历史作品；影像史学课程要求学生制作影像史学作品；而数字史学课程要求学生掌握数字资源收集及使用技巧，能够将数字媒体作为工具进行运用，最终制作一个数字历史资源或开发一个主页。总的来说，公共史学专业方向的研究生培养既要注重理论及伦理维度的研究与培育，更要强调分析、呈现、传播、应用的能力。

正如曾经成功开设过公共史学专业的陈新老师所指出的："如果按照培养目标来进行公众史学学科架构的话，它大致可以分为四个层次：(一)社会道德与价值观分析与培育；(二)传统职业历史学方法论与实践性训练；(三)跨学科(社会学、心理学、传播学等)知识储备；(四)公众历史知识生产的组织和实务操作……"[1]中心开设的公共史学硕士项目可以包含公共史学基本文献选读、公共史学导论、记忆研究、历史书写、口述史学、影像史学、数字史学、网络史学、媒体史学等基本课程，既立足于口述历史，又有着更为开阔的公共意识，引导学生养成独立性、批判性思考习惯的同时，又帮助他们掌握扎实的专业素养与技能，擅长交流、互动，适应团队合作。这样的年轻人，即便在公共史学还未进入全局性发展阶段，他们的就业前景也同样较为乐观。除继续深造外，还可以进入各类博物馆、档案馆、研究中心、媒体机构、影视创作团队等，也包括一些民间写史机构。

总而言之，从学科建设的角度来看，口述历史与公共史学有着密切的相互关系，它们有着共同的学科背景与共生的价值平台，二者相辅相成，互为依托。口述历史融入公共史学，前者将因之具有更清晰的自我定位及更有力的发展动力，后者也因前者的加盟而具备更丰富的层面与可能。

---

〔1〕 陈新：《"公众史学"的理论基础与学科框架》，《学术月刊》2012 年第 3 期，第 123 页。

再论作为视听档案实践的口述历史本体[1]

◎张　锦[2]

摘　要：

对口述历史理论架构的学科归属主要有史学分支和跨学科领域两种流行观点。分析相关学科与口述历史实践、历史学的关系，认为所有将口述历史作为方法论的观点应该统一归结为广义的历史学问题。通过从理论与实践、历史与逻辑等多个方面的论述，提纲性地提出口述历史实践本体作为一种视听档案实践属于档案学的核心研究领域，并对相关的理论与实践以及学科间关系进行了解释。

关键词：

口述历史；口述历史理论；视听档案；学科归属

Oral History as Audio-visual Archiving Practice

◎　Zhang Jin

Abstract:

Popular opinion on the disciplinary system and affiliation of oral history theory as a sub-discipline of historiography and as a multi-disciplinary or interdisciplinary area has been analyzed. The article tries to argue, theoretically and practically, historically and logically that oral history as audio-visual archiving practice and the oral history theory as a core domain of archival theories would be more beneficial and efficient.

Keywords:

Oral History; Oral History Theory; Audio-visual Archiving; Disciplinary Affiliation

20世纪80—90年代现代口述历史实践开始成规模地引入中国，近年来对口述历史理论体系（或称口述史学）构建乃至对实践的系统研究也开始形成规模，那么相关研究在学科体系上的定位就成了一个回避不了的首要问题。国内较为大众化的定位是将口述历史

---

〔1〕 基金项目：中国电影人口述历史研究（项目编号：12AC003）。

〔2〕 作者简介：张锦（1967—），男，研究员，研究方向：电影档案与纪录片、影视史学、电影理论与创作、外国电影研究、中国电影史等。

或口述史学定义为历史学的一个分支学科，但也有很多学者有不同的声音。例如笔者的同事陈墨研究员曾在其口述史学的理论专著中开宗明义：口述史学是什么"学"？[1]

在这个问题上，笔者的看法是将口述历史本体作为一种视听档案的实践来定位。笔者的专著《电影作为档案》[2]曾从理论上建构了视听档案理论体系乃至进行了视听时代环境中档案学基础理论体系的重建，从而为口述历史在这一视角上的理论体系建设做了准备，也曾对这一口述历史理论框架进行初步的描述。然而，一方面《电影作为档案》的书名与主要内容难以引起口述史学界的关注，另一方面，在此后与众多口述史家及口述史学家的交流中，发现了诸多值得讨论的问题，因而有此"再论"。

1 口述历史与口述史学：概念辨析

确定一个研究领域的学科定位，首先需要确定这个研究领域的研究对象。对研究对象内涵的争议无谓对错，却是一个值得讨论的论题。

口述历史理论或口述史学的研究对象笼统地说是"口述历史"或简称"口述史"，这似乎是一个毋庸争辩的问题，我们可以将其作为一个公认的前提。但问题在于，这个"口述历史"或"口述史"究竟是什么，并不是一个那么简单或显而易见的问题。

在汉语中，无论我们所讨论的是"口述历史"还是"口述史学"，都是舶来品，是英语"oral history"的翻译，直接渊源于1948年艾伦·内文斯（Allan Nevins）启动的"口述历史项目"（the oral history project），并在1966年9月美国全国口述历史研讨会（National Colloquiumon Oral History）上确定——尽管这个术语是"笨拙"（cumbersome）的。[3] 的确，"oral history"这个词很大程度上有些词不达意，至少是容易产生混淆，后面我会进一步谈到。而汉语翻译为"口述历史"则进一步将这种含混扩大了。例如，汉语"口述历史"与"口述史学"均译自"oral history"，但分别有不同的用法，因而将英语中原本没有严格区分的两种含义区分开来，据说是因为"history"本身就具有多重含义，包括汉语中的"历史"和"史学"。"口述历史"主要指一种访谈实践或实践获得的材料，而"口述史学"则是我们这里所讨论的关于口述历史的学问。

关于汉语翻译的含混后面还将提到。不过，"口述历史"与"口述史学"的区分的确有助于一些概念的明晰。例如，作为与英语表达对应的术语"口述历史研究"（oral history

[1] 陈墨：《口述史学研究：多学科视角》，人民出版社，2015，第1页。

[2] 张锦：《电影作为档案》，知识产权出版社，2011。该书的主要论述主题是"电影档案"，作为视听档案最具代表性的类型之一，其理论基础基本上等同于视听档案理论。

[3] Sharpless Rebecca, "The History of Oral History," in *Handbook of Oral History*, Charlton, ed.T. L. (Lanham, MD: AltaMira Press, 2006), p.25.

research)便存在一个含混之处:对口述历史材料所进行的研究,以及对口述历史实践活动本身的研究。尽管在很多场合下,这两个论题混而为一,例如大量的历史研究课题本身包含了口述历史的前期访谈实践,也需要对这一实践进行相应的研究,但毕竟是两个概念。前者是对口述历史活动产生的成果或客体所进行的利用,而后者才是对口述历史活动本身或本体作为一种实践所进行的研究。毫无疑问,在笔者看来,口述史学的研究对象是口述历史实践,而不是利用口述历史的成果材料进行各个领域的专业研究。

这种区分的必要性还在于,尽管汉语将两种含义区分开来,但反过来因为英语的不加区分,形成汉语论述中更进一步的混淆甚至错误,即本该用"口述历史"的地方反而用了"口述史学",或反之。例如有国内学者将国际口述史学的开端追溯到20世纪40年代,这实际上仅仅只是现代口述历史实践的开始,作为一门学问或研究领域实际应开始于60年代中期。从逻辑上说,以特定人类实践为研究对象的学问总是出现于该项实践之后。有时候也有让两个汉语词语等同的情况,使得这种概念上的细微差异更进一步混淆,例如在《后现代主义辞典》中,对"口述史"(oral history)词条的基本解释:又称"口头历史"或"口述史学"。[1]

事实上,就目前而言,主流的关于口述历史本体的研究都将口述历史的两个内涵作为研究对象:一是基本渊源于20世纪40年代的全球性口述历史运动,二是一种基于个人化访谈并加以特定记录方式的收集个人记忆的实践。两者在这里并不冲突,因为这场运动正是由无数这样的具体实践所构成的。与"本体"相对应的,就是这一实践产生影响、发挥作用的那些外围领域(包括材料描述内容所涉及的领域),这些领域对于"本体"实践也是一种利用的关系。

2 口述历史作为历史学分支与跨学科领域

在对一项研究的学科属性进行定位的时候,我们首先常常会忘记人类知识与人类的探究活动从根本上说是一个统一、系统的整体,任何的区分都是相对的、人为的。其次,我们也常常会忘记这些分类并不是一个单一的树状结构,而是一个立体交叉、相互交融的网状结构,你中有我,我中有你,绝对的学科边界划分本就不存在。不过,这并不意味着学科分类就没有必要性,即便不谈知识无限与人类精力之有限,分类本身也是人类认知的一个必然路径,这当然包括认知口述历史。因此这种学科归类也有助于我们对作为研究对象的口述历史加以深究。

学科与领域分类通常基于两种方式:特定的知识逻辑(包括特定现象)和特定人类实

---

[1] 王治河主编《后现代主义辞典》,中央编译出版社,2004,第431—434页。

践(通常涉及特定的职业或职业性活动,因为广义地说,所有人类学问都是关于人类实践的知识,而这里所说的实践当然不包括自身知识生产与传承的研究与教育实践)。两者均同时与教育和研究实践有关。基于特定知识逻辑的学科或领域通常是作为基础性教育的知识性分类,与人类一般性知识的传承有关,通常没有特定的功利性目的,例如哲学、历史、地理、语言、数学、物理、化学、生物、社会学、心理学等。相关的研究也是基于这一知识体系的逻辑延展,新领域的出现常常表现为特定研究兴趣导致的某个论题。基于特定人类实践的学科或领域通常为大学专业设置与相应的职业(或现实实践)教育服务。两种路径对特定学科的发展通常各有利弊。这个问题在笔者的专著《信息与传播:研究分野与交融》[1]中曾非常密集地涉及。经典的传播研究在笔者看来并不是一门独立的学科而是一个跨学科领域,不同学科如社会学、教育学、政治学等,都从各自的领域出发对人类社会传播现象表现出共同的兴趣,而作为学科化是施拉姆将其作为新闻专业的一项基础教育开始的。不过,无论是哪一种教育或研究,形成一门学科(哪怕是分支学科),在笔者看来,关键的标准在于是否形成独特的知识领域与研究范式,这种独特的知识领域与研究范式通常可以用一个核心范畴来加以描述。

在这里笔者很明显地将历史学归入基于问题而不是基于特定实践的学科,这便与我们前述的研究对象是口述历史实践有所不符。我们暂时抛开这个问题,看看口述史学作为历史学还是作为跨学科领域。

在大众甚至国内相当一部分口述史学者那里,口述史学是作为史学的一个分支学科,在此不再赘述。持跨学科领域或认为具有跨学科性的中外学者也不少,例如在国内的杨祥银与陈墨。关于这个问题陈墨有过比较详尽的论述,例如引用杨祥银对美国关于口述历史的研究的描述:"在美国,口述历史不是作为一门历史学分支学科被研究的,反而它成为人皆用之的方法,因为它已经广泛地应用于社会学、文学、民族学、灾难学、人类学、新闻学、种族学、艺术和医学等社会和自然科学领域,在推动跨学科研究中起到了非常重要的作用。"[2]陈墨自己所重点关注的相关学科包括:档案学、历史学、社会学、心理学、传播学、语言学、教育学等。

这些学科除我们后面将要重点论述的档案学与历史学之外,大致可分两类。首先是将口述历史作为一种研究方法来加以利用的,包括社会学、民族学、人类学、艺术学乃至历史学本身,这些学科从口述历史获取资源;其次是反过来从自身的学科知识体系中为口述历史实践提供养分资源的学科或领域,如心理学、传播学、新闻学、语言学等。当然,这种区分对于特定的学科、特定的情况可能并不绝对,例如社会学理论也可为口述历史实践提

---

〔1〕 张锦:《信息与传播:研究分野与交融》,知识产权出版社,2008。
〔2〕 陈墨:《口述史学研究:多学科视角》,人民出版社,2015,第3页。

供养分，而新闻史研究也可利用口述历史作为研究方法。然而，就口述历史与这些学科发生关系的形式来看，无外乎这两种。

但仔细分析起来，这种跨学科性是值得商榷的。首先，对于那些为口述历史实践提供知识养分的学科或领域来说，学科之间相互影响与借鉴本就是正常现象。正如前述，那些基于特定知识逻辑或现象的学科，例如社会学、语言学、心理学乃至历史学，尽管缺乏直接的功利目的，但最终仍然是服务于人类认识世界改造世界的实践，这其中当然包括口述历史；那些基于特定人类实践的学科，如新闻学的访谈技巧被其他人类实践所借鉴也同样非常普遍，我们甚至还忽视了录音与影像记录相关学问对口述历史实践的滋养。以电影学为例，仅仅是电影创作研究可以吸取营养的学科就至少包括文学、语言学、心理学、社会学、教育学、传播学乃至哲学，而这并不意味着电影学就是具有学术分类意义上的跨学科领域。甚至对历史学来说，历史书写无疑涉及文学问题，一些历史名著如《史记》等常常也被认为是文学经典。如果我们没有注意到不同学科领域之间的这种交融关系，我们将会得出一个结论：一切学科都是跨学科领域，那么这个“跨学科”本身就失去了意义。

其次，将口述历史作为研究方法的学科实际上可以有更加广泛的范围，因为几乎所有学科都存在各自领域相应的历史问题，至少包括自身学科发展的历史，只要这些历史性研究涉及可以通过个人访谈来采集证据，那么都可以利用口述历史实践。从这一意义上说，所有这些相关学科对口述历史的利用与历史学的利用并没有本质上的区别，因而这些学科（甚至包括对口述历史与口述史学自身的历史研究）就这一部分研究而言属于广义的历史研究，那些首先采用个人访谈作为研究的学科，如社会学与人类学的访谈内容不属于过去回忆的部分同时也不属于口述历史。反过来，原则上说历史学如果将属于其他各个学科历史研究的部分排除出自身学科体系之外，那么历史学也就没有什么自身的对象了，即便是其传统的领域——政治史、军事史、外交史等。正如杨祥银所说的那样：

> 历史学与其他学科的交叉涉及社会科学和自然科学两大类……可是，口述史学的诞生却将历史学的跨学科研究推向一个全新的时代，它交叉的范围更大，交叉的层次更深……口述史学研究的跨学科性，在某种程度上，包涵了全部的社会科学。[1]

事实上，历史学本身是一个非常独特的学科，更本质地说是一种人类知识的历时性视角。

这种独特性有时候会导致一些相反的看法。卡尔（E.H.Carr）曾提到，“人们有时候试

---

〔1〕 杨祥银：《口述史学基本理论与当代美国口述史学》，载定宜庄、汪润主编《口述史读本》，北京大学出版社，2011，第35—57页。

图把历史学当作社会学的一个分支"[1]。他提到这种历史学与其他学科的互动所产生的困境,"……历史理论天生就是一种变化的理论"[2]。笔者也曾在分析信息与传播领域诸多学科关系的时候,强调不同学科范式之间沟通与交融的重要性,任何自我限定于自身狭小圈子的故步自封都将导致学科发展的萎缩乃至消亡。我们再以前述的电影学为例,我和陈墨都不是严格意义上的历史学者,切入口述历史领域源于对电影的历史问题的关注,而电影的历史问题可以有两个维度:陈墨的主要研究领域是中国电影史(也是广义中国历史的一部分,其自身发展的历程与中国同时期的整体历史密不可分),而我则关注以电影(或视听媒介)为媒介的历史记录、书写与传承乃至对社会历史进程的影响。因此,口述历史这一维度的跨学科性,我们其实可以归结为历史学这一门单一而广泛的学科所具有的特性。

就历史学自身而言,对口述历史的利用也一样与它的那些分支学科不同。历史学家约翰·托什认为:

> "口述史"一词——有时通常包括口头传述和个人回忆——尤其不幸,它会使人想起类似于外交史或经济史那样的一种新专业。但口述史不是历史研究的一个新的分支,而是一种新的方法——一种能够使新资料发挥作用的手段,它需要与那些保存下来的书面资料和素材一同加以评估。[3]

这段论述一方面揭示了所谓众多学科对口述历史方法的利用其实与历史学是一回事,另一方面也让我们重新思考口述历史与历史学之间的关系。尽管并不意味着方法论就不能是历史学的一门分支学科,但特定方法与实践可能对另一个领域来说是其核心对象。至少,作为口述史学形成重要标志的1966年美国口述历史研讨会召开的基本动议就是对口述历史这个领域的标准化。换句话说,无论作为哪一门学科的研究方法,口述历史存在一个统一的规范以及相应的内在原理。在这一方面我们引入前面很少提到的学科——档案学,很多口述史学者在论述跨学科性的时候,很少提到档案学这个与众不同的、基本上不将口述历史作为一种方法论、而是将其本体作为自身核心实践来研究的学科。陈墨为其跨学科领域进行论述的时候,提出的一个概念——"人类个体记忆库",其实在相当程度上就是一个档案学的概念。

---

〔1〕 E.H.卡尔:《历史是什么?》,陈恒译,商务印书馆,2007,第69页。

〔2〕 同上书,第72页。

〔3〕 约翰·托什:《口述史》,载定宜庄、汪润主编《口述史读本》,北京大学出版社,2011,第24—25页。

3 口述历史与历史学、档案学关系的汉语文献分析

实际上，从研究文献的数量分析看，对口述历史本体进行研究，历史学和档案学（含图书馆学、博物馆学，理由后述）是诸多学科与领域中最主要的两个，即便是在国内。

我们仅仅粗略地以2015年12月初中国知网的检索统计为例，以“口述历史”为主题的文献共计3549条（在缺乏对每一篇文献具体内容进行精细分析的情况下，少部分文献可能并不符合我们此处所论述的主题，但对结论的影响并不大），其中涉及知网自动分类的学科共计20个（这种分类也同样缺乏精细的内容分析），大部分类目并非对口述历史实践本身进行研究，而是自身领域中涉及的具体口述历史文本以及依据这些文本所进行的特定历史的探讨（如人物传记、中国共产党乃至中国近现代史等）。在比较集中的对口述历史本体进行研究的类目中，史学理论371条，档案及博物馆333条，图书情报与数字图书馆90条。仅从数量上看，后两者加起来甚至超过了史学理论对口述历史的探讨。考虑到粗略的检索条件，国内图、档、博学科群对口述历史本体问题的关注热度至少不亚于历史学。在主流的学术与大众语境中，人们却几乎从不将口述历史作为一门学科或领域归入档案学而是归入历史学，这是一个值得思考的问题。

有趣的是，当我们将主题所用的检索词换成“口述史学”的时候，共计584条记录，其中史学理论255条，档案及博物馆23条，图书情报与数字图书馆10条。很明显，档案学界乃至包括图书馆学界对“口述史学”这一术语的使用是很矜持的（间乎两者之间的检索词是“口述史”，但这种同一个概念的简称用法并不影响结论，至多说明档案学界不如历史学界那样用简称，而在历史学文献中这两个词基本上混用）。如果我们再调查一下两个学科领域的辞典对口述历史相关词条的解释，可以发现历史学界常常更喜欢用口述史学而不是口述历史，或者就是如同上述《后现代主义辞典》那样加以等同。例如《社会科学大词典》[1]的词条是“口述历史学”：“运用现代科学技术手段收集和传播史料，并对历史进行口述研究的历史学分支学科。”《史学理论大辞典》[2]的词条是“美国口述史学”：“20世纪30年代末随着现代科学，尤其是录音技术的发展和进步而兴起的一门历史学的新分支学科。”基本上尽可能往一门学科上靠拢。相反，《档案学词典》[3]的词条则是“口述历史”：“档案馆或研究者为补充档案之不足，对个人进行有计划采访的结果”，关注口述历史作为一种实践与结果（也是作为一种档案材料），并尽量少地回避作为一门学问乃至学科的口述史学表达。

---

〔1〕 彭克宏主编《社会科学大词典》，中国国际广播出版社，1989，第1005页。
〔2〕 蒋大椿、陈启能主编《史学理论大辞典》，安徽教育出版社，2000，第431—434页。
〔3〕 吴宝康、冯子直主编《档案学词典》，上海辞书出版社，1994，第526页。

于是问题又来了。中外很多学者，例如丽贝卡·夏普利斯(Rebecca Sharpless)和王宇英等人都提到："口述史的合法地位至今还没有得到史学界的公认，仍然有历史学家认为不以文字史料为依据的历史不是严谨的、令人满意的历史，他们怀疑口述历史的可信性，认为口述史料的来源并不是历史现场的即时痕迹，而是当事人若干年后的回忆……"[1]陈墨认为口述史学最好离开历史学自立门户，多少也有"不受正统历史学待见"这一因素的考虑。有趣的是，王宇英提到的"历史现场的即时痕迹"，最集中的体现就是档案。

那么，问题出在什么地方呢？我们还是追根溯源看看。

4　口述历史与历史学、档案学关系：概念与词源

对于大众以及部分学者来说，将口述历史或口述史学视为历史学的分支学科，原因在于这个术语中带着"历史"或"史学"的字样。在他们看来，凡是带"史"字的就是历史学的研究对象，这个研究领域也就是历史学的一部分。这种观念甚至在档案界也存在，这恐怕是档案界不愿用"口述史学"这一术语的主要原因。

然而正如前述，汉语"口述历史"译自英语，而英语的表达有些"笨拙"，更何况英语的"history"本身具有的多种含义可能导致对"口述历史"这一概念理解上的分歧，例如前述的"历史"与"史学"，而"历史"这个含义也有不同的理解。英国历史学家约翰·托什(John Tosh)在其《史学导论》第三版序言一开始就明确提到"历史"(history)的两个含义：过去发生的事件以及历史学家对过去发生事件的陈述，并声称自己在该书中所说的历史是后者(包含了这个意义的名词和动词)。实际上，历史陈述这一含义还有两层含义，历史记录与狭义的历史陈述。后面我们将会谈到这两者之间的内在统一性。

于是，这种多重含义的术语会带来一些学术上的分歧，例如口述历史的"历史"究竟是"史学""史述"还是"历史记录"？如果考虑到汉语翻译造成的进一步混淆，还可以看到一些很有趣的概念纠纷。例如将"oral"翻译为"口述"，其实加入了译者的一种补充，因为"oral"的基本含义是"口头的"，而"口述"实际是两个单词组成的复合词，即"口"与"述"。于是我们前述关于口述历史与口述史学的概念区分，在这里是否意味着我们也可以将口述史学这一含义理解为口头上的历史学理论？如果我们将"oral history"的"history"理解为"历史陈述"，那么"口述历史"这一表达便有同义反复之嫌。

此外，"oral"这个英文单词对于口述历史实践的表达其实也存在一些问题，例如笔者曾长期思考和策划对聋人进行的口述历史访谈，出于对聋人文化的尊重与认同，我的访谈

[1] 王宇英：《当代中国口述史：为何与何为》，中国大百科全书出版社，2012，第2页。

计划所采用的语言是手语，这种语言与我们对“听人”[1]进行口述历史访谈采用的汉语、英语、俄语乃至各种方言并没有本质的不同，但无疑难以用“oral”来妥善表达，尽管该词也存在“非书写的”这一引申含义（我的同事李镇曾对上海美术电影制片厂一些聋人画师进行过口述历史访谈，不过采用的方式是当面笔谈，这种基于书写的访谈方式会产生其他的学术问题，例如笔谈的语言是作为书面语还是口头语及其与口述历史的关系等，笔者将会在接下来的口述史学专著中加以阐释）。

当我将卡尔所提到的“历史”第二重含义表述为对过去发生事件的“陈述”的时候，其实有自己的扩展，以包容口述历史。因为“陈述”包括了口头的（非文字的）陈述与文字书写的历史陈述——即我们通常所说的历史学家的历史书写。卡尔将这种历史书写当作历史学研究对象，在他看来，这种历史的书写从来都是把持在精英阶层的手里。于是问题又来了：口述历史是一种历史的书写吗？即便不考虑口头与文字这种技术上的区分，作为历史陈述的主体，那些被访谈的普通人是历史学家吗？这其中又隐含另外一层概念的分歧，即口述历史如果是一种历史的陈述材料的话，这一陈述是指原始访谈中被访谈者的亲口陈述，还是历史学家经过自己的整理乃至研究出版的“口述历史”著作？唐德刚对李宗仁、张学良等人的口述历史访谈，基本上都有著作问世，那么这一历史陈述的主体是唐德刚，还是李宗仁、张学良？

这就涉及一个很重要的概念区分：历史记录（或记载）与历史陈述。历史陈述包含多个层次乃至连续渐变的广狭义之分，最广义的历史陈述包括了历史记录，无论这样的记录多么零散，档案机构或图书馆都能将其系统化并建立可获取的途径；而比较狭义的历史陈述便是上述历史学家的历史书写。从实际研究范围来看，前者属于档案学的研究对象，而后者属于历史学的研究领域。然而我们前面提到，历史学基本上是基于问题与现象而不是特定人类实践的，那么历史书写、撰述乃至编修是否是这样的人类实践呢？这又涉及我们前述的口述历史与口述史学的区分。

从卡尔对历史（history）的界定我们可以看到，英汉词典对“history”一词进行的解释中，“史学”这一含义并非我们通常认为的那样简单，因为在英语中的确还存在着一个更准确地表达历史学的词语：historiography。人们在使用“history”的时候，至少并不在意其作为一门学科，甚至专门化的研究性学科。作为学科的含义更多出现在教育实践中，例如中学的一门课程，而我们知道，在汉语环境中，中学这门课程使用的词语是“历史”而不是“历史学”。原因很简单，学生们学习历史课程主要目的是了解相应的历史知识，而不是要研究历史乃至书写历史。历史学家的历史书写从起源上正是为了这样的教育目的，是教育

---

〔1〕 听人是笔者对英语“Hearing People”的中文翻译，该词产生于聋人文化背景，区别于人们常用的“正常人”等对能听之人的称呼，从而彰显聋人与其他人群的平等地位，其中，手语相对于其他人群的口语便成为一个关键的文化标识。

活动的一部分。从根本上说，历史学家的历史书写并不是我们前述的那种特定人类实践乃至一种职业。

历史学作为一门学问无疑具有学术研究的性质，如同口述历史实践与口述史学的区分一样，历史学与历史书写同样不是同一个概念，而很多学者常常会误将历史书写甚至陈述的实践混同于历史学。例如将中国史学发端确定于司马迁著《史记》，甚至更早的孔子编《春秋》以及再早一些的史官制度，与此相应，也混淆了史家与史学家之间的区别。在很多人看来，中国史学形成于唐代的刘知几。将历史书写与历史学挂起钩来，是因为用自己的语言对一段历史进行书写或陈述，总是隐含着陈述者对历史的因果关系以及历史演进规律不同层次的探究与解释，也体现了陈述者的历史观。我们知道，“history”这个词表达历史书写的含义，源于被称为历史之父的希罗多德将其讲述希波战争历史的著作命名为这个词。很多人误认为这个词源于“他的故事(his-story)”，但实际这个词的词源的含义主要有知道、看见、探究等意思。其中便包含了研究之意。

因此，中国史学发端于司马迁尚可作为一种说法，但追溯到《春秋》乃至史官制度，则有失偏颇。在很多人看来，中国古代的史官就是历史学家，而原因就是职务名称带着“史”字，因此，他们所做的“历史记载”工作也是历史学家的工作，也是历史学的一部分。这种看法恰恰将因果关系颠倒了，因为这一连串带“史”字的术语的因果链条是：史学是因为研究史之编修与书写，历史编修和书写叫作“史”源于“史书”，而史书之所以叫“史”，是因史官所写；史官编修乃至书写历史的职责是历史发展逐渐形成的结果，在初期甚至是其业余工作。笔者《电影作为档案》一书曾详细论述了鼎盛时期的史官制度实为中国古代的政务档案制度，汉字“史”的本源实为一种官职或职业。郭沫若也曾提到，司马迁的本职是作为“一名档案工作者”，史官所做工作在历史书写实践看来是一种历史记录，并为其提供史料，但实际这种记录是一种档案记录，不一定有历史书写的意义。

笔者也曾详细分析过，中国古代的史官制度的发展演变，正好是档案制度从前文字时代到文字发明之后的时代逐渐演变成后来经典的文书-档案制度的过程，而文字的发明就其最初的目的来说正是这一演变的副产品。于是当我们将史官制度误解为一种史学体系的时候，对于那些非文字的记录与史述就难以理解，比较典型的现象就是诸多学者将一些与口述历史相关的概念，例如口述传统(oral tradition，或译为口头传统、口头传说等)同口述历史混为一谈。在《电影作为档案》一书中，笔者曾举过相当多出现在口述史学论著中的这方面的错误，尤其是这些学者对古代口头传统的引述，特别是中国周朝的史官制度，这里甚至包括唐纳德·里奇和丽贝卡·夏普利斯。

实际上，如果我们对口述传统加以深究，会更充分地理解现代口述历史实践。口述传统的本质，实际上是在文字发明之前或缺乏文字文明的社会中，人们用自己的口耳来实现我们文字社会中通过文字来传承那些需要我们传承的文本或言论。口述传统与口述历史的一个基本区别在于:口述历史的陈述者是历史事件的亲历者(含亲身经历、亲眼所见、亲耳所闻的"三亲"),讲述的内容是其个人回忆;而口述传统的陈述者只不过近乎人肉记录机而已,并不属于其个人回忆,既包括了口头上的档案材料如中国古代的瞽矇传史,也包括历史陈述文本的流传,如西方的史诗传统。所以,当丽贝卡·夏普利斯将口述历史实践追溯到古代的两个例子:希罗多德在写作其《历史》的时候对口头证据的收集是有道理的;而"在中国的周朝(公元前 1122—前 256 年),皇帝指定书记员(scribes)去记录人民的言论,以服务于宫廷历史学家"[1]则是错误的。

有趣的是,在传统档案中,有一种类型的文字档案可能比口头传统更接近口述历史,那就是将亲历者刚刚经历的时间用文字亲笔留下来存档,例如战斗报告等,没有"口头的"这个维度的含义,却是亲历者的证词。

因此,口述历史即便是作为口头史料,也仅仅是口头史料中的一部分,将这个概念与口述史学等同也是存在问题的。

5 口述历史与历史学、档案学关系的历史分析

丽贝卡·夏普利斯曾提到:"现代口述历史运动的参与者们很喜欢关注其古代的渊源。"[2]或许是这一运动实践与历史有关,其中似隐含着一种骄傲,因为"古已有之",在文字发明之前,所有的历史都是口头的,甚至还有国内学者称中国早在三千年前就有了口述历史了。具有讽刺意味的是,这种渊源对于现代口述历史来说并不是一件光荣的事情,前述正统历史学界对口述历史合法地位的质疑,其实正是由于这一渊源,因为此种做法因其缺乏可靠性而曾被历史学的发展所摒弃。从另一个角度来看,即便抛开那些不同于口述历史的口头传统,既然口述历史实践古已有之,那么现代口述历史作为一种运动从 20 世纪 40 年代开始,原因是什么?这个时候的口述历史与此前的实践有什么本质的不同?

很多口述史学家在论述口述历史运动形成的历史背景的时候,都要回顾一下历史学的发展背景,这一背景对于口述历史运动来说的确非常重要。中国主流传统的历史书写起源于史官修史,换句话说,就是档案工作者修史,因而中国有着"档史一体"的传统,基于官方档案做出的历史书写非常普遍,甚至形成相当发达的考据传统。与此不同,西方的历史书写却是起源于史诗传统的史家(不是史学家)著史传统,例如希罗多德的家传可谓是诗,因而也可以说是文学家修史。这些历史的书写者通常不掌握档案这类一手的历史资料,主要依据自己丰富的阅历,或者干脆是依据道听途说。其中有类似今天口述历史的对

---

[1] Charlton, T. L. (eds.), *Handbook of Oral History*, p.19."scribes"本义是指记录者、文牍书记等。根据笔者在《电影作为档案》中的分析,夏普利斯可能是指中国史官的采风,其编纂成果集中在《诗经》。

[2] 同上。

历史亲历者的访谈，也有完全的道听途说。正因为这样，即便是声称对口头史料采取严谨态度的希罗多德，在获得“历史之父”声誉的同时，也搭配了一个副产品——谎言之父。事实上，那些档案以外的史料普遍存在可靠性的问题，这甚至包括司马迁，诸多历史的陈述存在“怪力乱神”之处，而这些内容无疑属于官方档案记录没有覆盖的区域。

19 世纪后半期，随着科学话语的强势介入，历史学走向了实证主义，其代表就是完全依赖于档案的兰克学派。卡尔曾对兰克学派有过这样的描述：

> 19 世纪对事实的顶礼膜拜由对档案的顶礼膜拜而达到出神入化的地步，并得到合法的证明。档案就是事实圣殿中的约柜。虔诚的历史学家恭敬地接近这些档案，以敬畏的语调谈论这些档案。只要你在档案中发现是如此，那无疑便是如此。[1]

当然，兰克学派能得到主流地位，这个时代官方档案向民间开放从而能让历史学家接触是其前提。档案系统一方面成就了兰克学派，另一方面也限制了兰克学派。兰克学派专注于传统的历史领域，主要是政治史、军事史和外交史，与官方档案的范围是重合的，因为官方档案以外基本上都非信史。于是 20 世纪历史研究范围扩展到传统官方档案以外的领域，例如社会史的时候，具有实证意义的史料的欠缺就成为一个突出的问题。古代的传统出现某种回归似乎就成了必然。不过，历史是简单重复吗？曾经主导历史学的实证主义又反过来被颠覆了吗？今天我们或许可以质疑实证主义，却否定不了历史研究的实证性。

相当多的学者将现代口述历史运动出现的原因归结为历史学研究范围的扩大以及人民史观的树立，却往往忽视另一个关键性因素，那就是具有技术可行性的录音与摄像技术的出现与发展，从而使得访谈现场能够得到机械的视听记录，口述历史访谈材料具有了档案的原始凭证属性。历史观的改变与技术条件的满足孰为因果尚未可知。于是，我们是否可以得出一个结论，即现代口述历史运动实际是在视听记录时代档案记录范围的一次大规模延展，从而补充传统档案的不足；而在这一个过程中，历史学家乃至新闻工作者参与了共谋。因为现代口述历史与古代口述历史的一个根本性区别就在于记录的原始凭证性，并将其纳入人类档案体系。

中国常常将口述历史归入史学，还有一个因素是历史学家往往构成口述历史实践的主体。一方面是口述历史的引入，台湾“中研院”近代史所的影响很深，另一方面则是众多大陆地区的口述历史实践通常与一定的历史研究课题相关。然而，在世界范围，档案界在口述历史实践方面扮演着关键性甚至是主导性的角色。正如杨祥银所说的那样：“在很长

[1] E.H.卡尔：《历史是什么？》，第 98 页。

的一段时间里，口述历史实际上是作为一种档案实践活跃于学术界的。往往从事口述史学研究的工作者不是单纯的历史学家，更多的是档案馆管理员或图书馆管理员。"[1]

也正如笔者曾提到的那样，我们很多人都知道现代口述历史的起始是1948年哥伦比亚大学口述历史研究所的成立及其口述历史项目的开展，但很少有人注意到，这个口述历史研究室是哥伦比亚大学巴特勒图书馆的一个部门。很多人都知道研究所创建的关键人物艾伦·内文斯是一名历史学者，但其新闻记者的职业背景却鲜为人知，而更少人知道的是他的口述历史计划之所以得以实施，是得到了图书馆员弗雷德里克·班克罗夫特(Frederic Bancroft)的支持，并获得班克罗夫特基金的支持。实际上，在内文斯积极推动口述历史计划的同时，美国国会图书馆已经先于他开展美国人民的"生活故事"原始材料的采集。而更早，还有19世纪70—80年代美国班克罗夫特图书馆的口述历史实践，在内文斯口述历史计划开展后迅速恢复。[2] 在笔者看来，班克罗夫特图书馆口述历史实践的开始、中断与恢复，影响的关键因素就在于录音技术的发展。

内文斯曾举了一个虚构的例子来说明其进行口述史的原因，具有很明显的补充现有档案记录之不足的目的，笔者曾在《电影作为档案》一书中分析过：

> "秘书小姐，"总统说，"给总理发一封信……不，等等，我还是直接给他打电话吧，更快，更简便，而且最重要的是还更安全。我们知道，他可没有录音设备。"……一份对历史学家来说价值不可估量的文件就这样无可挽回地失去了。

这个例子还说明了两个问题：一是现代通讯技术的发展导致传统基于文字的公文记录的档案体系面临危机；二是现代口述历史实践从源头来说，本身并不具有必然的人民性。人民性只不过是由于这种档案记录的模式适用于那些传统档案记录系统难以覆盖的区域而已。事实上，无论是美国的图书馆工作还是档案工作范围，在第二次世界大战期间本就出现了一个大幅度的扩展，口述历史不过是其中的一部分，甚至是并不起眼的一部分。

不仅口述历史实践主要为档案馆、图书馆所主导，对口述史学的形成，档案工作者也起着主导作用。历史学者夏普利斯曾提到20世纪60年代促成口述历史实践的统一研究形成的几个主要事件，几乎都为档案馆、图书馆所主导——1965年哥伦比亚大学口述历史研究室提出报告《口述历史在美国》(*Oral History in the United States*)，首次统计并认同全美范围内89个口述历史项目；随后，康奈尔大学的档案工作者、口述史家古尔德·科尔

---

〔1〕 杨祥银：《与历史对话：口述史学的理论与实践》，中国社会科学出版社，2004，第80页。

〔2〕 参见王子舟、尹培丽《口述资料采集与收藏的先行者——美国班克罗夫特图书馆》，《中国图书馆学报》2013年第1期，第13—21页。

曼(Gould Colman)在《美国档案工作者》刊物上发文,呼吁对口述历史实践与流程加以标准化和统一化;1966 年,加州大学洛杉矶分校的档案工作者,也是口述历史项目主任的詹姆斯·V.明克(JamesV. Mink)召开了前述的那次持续三天的美国口述历史研讨会,这次会议的参加者共计 77 人,主要身份按照夏普利斯的排列是:档案工作者、图书馆员、历史学家、医药从业者以及精神病学专家。[1]

6 结论:口述历史作为视听档案实践

档案工作者主导了口述历史实践与口述史学的发端,而档案学者对口述历史的研究热度也并不亚于历史学界,但口述史学的档案学归属乃至角度至少在国内并没有得到足够的认同。其内在的原因,在笔者看来,在于口述历史这一新的视听档案实践在多个方面与传统的档案理论相冲突。正因为如此,笔者在进行口述史学理论构建的过程中,首先重新调整了档案学基础理论,使之能更好地解释和指导视听档案实践,因为这个理论重构本身就是从视听档案观出发来进行的;文字的文档体系只不过是在缺乏视听机械记录技术的情况下逐渐构建与完善起来的。原始记录性的保证有赖于视听信息的完备存留,而文书档案实则是通过实物的视觉维信息来完成对听觉信息,主要是言论的原始凭证性记录。因此,传统文书档案是史官制度中记言的一种制度化演变。这个过程体现在史官制度从前文字的口头时代到文字时代的发展和演变之中,同样也有助于我们认识作为视听档案实践的口述历史。史官属于档案工作者在档案学中并不是一种非主流的观点,然而对史官记注传统的档案学解释却很笨拙。

这样一来,几乎所有对口述历史进行研究的档案学路径首先就被阻止在概念归属的门槛前。毫不奇怪,尽管档案学角度的口述史学研究热度不小,但鲜有深刻论述者,包括西方众多档案学界出身的口述史学者都提到档案学面临的这一困境与挑战。通过架构视听档案理论——这种理论并不与传统的档案学基础理论存在根本性的冲突,甚至突出体现了视听档案记录的重要性,希望能解决这一困境,并回答诸多来自内外的理论与实践的质疑。

首先,口述历史的理论与实践可以融入现有的档案学理论的视野。

这些来自档案界内外的质疑之一是口述历史材料的原始凭证性——其档案属性的决定性标准,也是在口述历史实践方面档案馆与图书馆不分的一大原因(当然还包括历史上文字诞生前后就存在的图档不分以及美国特有的图档不分),视听档案观将档案的原始凭证性从理论上确定为记录真实而不是档案文字内容的真实性——这在事实上也解决了历

[1] Charlton, T. L. (eds.), *Handbook of Oral History*, p.19.

史学对史料史实鉴定的理论问题。这种归属也同时解决了口述历史作为历史记录与历史陈述的问题。

与此相应的是口述历史材料并不符合居于正统的公文档案那种"人类活动的副产品"特性,进而质疑口述历史访谈这种主动创建文献的工作与档案馆接收成形文件之间的冲突。视听档案观解释了人类档案活动本质上就是一种主动地将人类转瞬即逝的社会信息文献化的过程。所谓文献化(documenting)即是将人类信息存留、编排、证据化并建立可获取路径(accessing)的过程,而所得到的结果也就是不同层次的文献(笔者曾详细论述过档案馆的档案本身就构成不同层次的历史陈述)。实际上,笔者对口述历史最初的学术性思考,正是始于20世纪90年代中国人民大学档案学院的一次国际档案活动,那次活动的主题是"信息捕获"。传统档案学从来没有否认建档的主动性,并将档案来源分为主动建档与被动建档两种类型,只不过理论上对主动建档缺乏较好的解释。在视听档案观看来,"人类活动的副产品"原本就是档案记录的一部分,只不过在制度发展与完善过程中发生了文档分离而已,文书系统仍然是档案系统的一部分。

与此同时,档案系统参与建构社会记忆的主体性获得了较好的理论解释,这种主体性的强化在20世纪本身就成为国际档案实践与理论一个突出的标志。无论是档案记录的覆盖面还是主动的程度,在国内外都不约而同地走过相似的路径,口述历史只是这种主体性强化的一个表现。在一些学者的质疑中,早期口述历史的确是一种档案实践,但随着口述历史超越了单纯的资料保存,演进为一种主动构建历史(或社会记忆)的运动的时候,也就超越了档案实践乃至档案学。这种看法甚至是一种符合大众的视角,曾有档案学者讽刺道,在大众的眼里,全部的图书馆工作就是在出纳台借书和还书。

其次,将口述历史视为一种视听档案实践,反过来对口述历史理论与实践具有较高的效率。

在跨学科论者所谈到的所有那些口述历史相关学科中,档案学是唯一可以关注口述历史实践整个流程的学科,从口述历史的访谈(或记忆采集)到后期整理、编目、数据库,从知识库、典藏、编纂到研究,乃至整个口述历史运动的协调。档案学可以给口述历史实践提供完整、统一的理论指导。而这些学科,或者将口述历史实践作为一种方法论来进行研究,或者从自身学科兴趣出发探究口述历史实践的某个侧面,唯独档案学将其视为自身研究对象,即人类档案活动本身的业务工作范围来进行研究。档案学因此能为这个领域的研究提供一种稳定的职业训练模式而将研究长期延续下去,不至如同历史上的跨学科领域——传播研究那样随着研究者兴趣的逐渐衰减与转向而趋于停滞。

将口述历史视为一种视听档案实践,能有效地解决一些口述历史实践中面临的问题,例如作为史料的记忆的可靠性问题,以及这个问题与历史学的实证性问题,解决史学理论范式从兰克学派发展进化而不是退化的问题。口述材料作为证明历史研究结论的证据,原始材料需要长期保存而不是在研究结束后丢弃，同时还需要建立其他人可获取同样证据的路径，只有档案系统能完成这一使命。很多口述历史学者也非常强调口述历史材料的公共利用问题对口述历史实践本身的深刻影响，包括口述历史的客观性问题。这种材料的公共利用也包括了将这些材料融入整个人类社会档案材料的整体系统之中，成为其中的有机组成部分，更完美地实现前述口述历史实践补既有档案之不足的问题。唐纳德·里奇也曾提到，档案工作者直接从事口述历史实践的一大优势就在于他们熟悉现有的档案，了解记录的缺失与需要。[1]

当然，正如前述，这里并不是否认历史学者乃至各门学科那些广义的历史学者从事口述历史活动的功绩与必要性。人类档案系统原本就并不限于档案馆，而是整个社会构成的一套严密的制度，例如公务档案中，机关公文系统与档案馆的分离其实仅仅是一种文档记录的分工而已。历史研究者从自身的研究出发，对史料证据的需求会导致其发现社会档案之不足，甚至保尔·汤普逊曾提到历史学者与其研究对象之间直接接触的必要性，卡尔也曾提到“如果历史学家不能以适当的方式接近其正在研究的人物的内心世界，也就不能撰写出适当的历史”[2]。历史学者对档案系统的不满，通过口述历史访谈可以得到即时的纠正和弥补。

对于历史学来说，也同样如此。正如前述，学科分类原本就是相对的，对于有着图档一体传统的中国尤其如此，我们在这里的区分仅仅是出于对效率以及一些理论细节问题加以深究的考虑。历史学当然可以将口述历史当作史料以及史料搜集活动加以研究，这有助于历史学综合考察口述史料和既有的文献史料，而不至将自己的眼光仅仅局限于口述历史。历史学甚至可以研究口述历史对社会历史发展的影响等诸多涉及历史学核心领域的问题。但正如托什所提到的那样，就口述历史实践本体而言，最好不是历史研究的一个新的分支，而是一种新的方法——其实最多是一种新的范式，如同 19 世纪兰克学派对档案的依赖。如果说兰克学派可以成为历史学的档案学派的话，那么这种新的范式不妨可以叫历史学的口述历史学派，但这并不意味着历史学进入到兰克学派的科学范式之后，档案学就是历史学的分支学科。

在所有的相关学科中，没有一个学科是将口述历史实践的核心问题视为自身学科的核心问题，即将转瞬即逝的人类个体记忆信息进行具有证据性的保存并传承下去。这是一个经典的档案学概念。图书馆、档案系统的本质，就是社会的制度化、结构化的记忆工具，并参与社会记忆的构建。

---

〔1〕 唐纳德·里奇：《大家来做口述历史：实务指南（第二版）》，王芝芝、姚力译，当代中国出版社，2006，第 157 页。

〔2〕 E. H.卡尔：《历史是什么？》，第 109 页。

美国口述历史伦理审查机制研究[1]

◎杨祥银[2]

摘　要:

在"以人为对象的研究"中,为确保人类受试者的权利与福祉不受影响和侵害,从20世纪50年代以来,美国联邦政府就开始关注并规范研究过程中的伦理问题,并形成一套集监管法规、监管机构、监管程序和监管内容为一体的较为完善的伦理审查与监管体制。而口述历史作为一种主要基于活生生的当事人与目击者口述回忆的互动性访谈方法与研究领域,从20世纪90年代中期开始,它也不断受到这套原本以生物医学与行为研究为主要导向的伦理审查制度的监管与制约。与此同时,美国口述历史学界也一直以违背口述历史基本原则与侵犯学术自由为理由而要求改革口述历史伦理审查机制,并极力主张应该将口述历史直接排除在审查范围之外。不过,在实际运作过程中,由于联邦法规与政策的模糊性以及伦理审查委员会的风险规避思维,美国绝大部分大学和研究机构仍然要求根据具体情况来决定是否排除对口述历史的伦理审查或采取何种类型的审查模式。

关键词:

口述历史;伦理审查;伦理审查委员会

Studies on American Ethics Review Mechanism of Oral History

◎　Yang Xiangyin

Abstract:

In the "human subjects research", in order to ensure the rights and welfare of human subjects, since the 1950s, the federal government began to pay attention and to regulate ethical issues in the research process, and established a set of ethical review and regulatory mechanisms. Since the mid-1990s, oral history, an interactive interviewing method and research field based upon the oral memories of the participants and eyewitnesses, has also been subject to the system of ethical review and regulation that was originally established for the biomedical

---

〔1〕 此文原刊《史学理论研究》2016年第2期,经作者修改补充后重新收入本书。

〔2〕 作者简介:杨祥银,男,历史学博士,温州大学口述历史研究所所长,温州大学人文学院副教授、硕士生导师。

and behavioral researches. Meanwhile, the American oral historians have been trying to reform the ethical review mechanism of oral history because this mechanism was contrary to the fundamental principles of oral history and violated academic freedom. Moreover, they also strongly advocated that oral history was fully excluded from the ethical review. However, in the actual operations, because of ambiguity of federal regulations and policies and risk-averse mindset of the Institutional Review Boards, most universities and research institutions in the United States make a decision on whether to exclude ethical review of oral history or take what types of review model, according to the specific circumstances.

Keywords:

Oral History; Ethical Review; Institutional Review Boards

美国现代口述史学自1948年诞生以来，经过几代口述历史学家的共同努力，其发展呈现出旺盛的生命力，已经成为一种记录、保存、传播与解释过去美国政治、经济、社会、文化乃至日常生活等领域的不同参与者的声音与历史记忆的重要方法与研究领域。而作为全国性口述历史组织，创建于1967年的美国口述历史协会（Oral History Association）一直致力规范口述历史实践的原则、标准与评估指南，其核心目标是尽可能预防法律风险与维持更高专业伦理。[1] 在过去60多年间，尽管美国口述史学迅速发展，口述历史丰富历史记录的公众意识不断提升，仍然只有少数报告的法院案例涉及口述历史实践的法律与伦理问题。[2] 随着口述历史日益关注和重视战争与冲突、自然灾难、犯罪、非法移民、特殊疾病（比如艾滋病）、毒品与多元性取向（LGBT）等具有当代性、敏感性与隐私性的议题，同时也因为数字化技术的发展使口述历史资料的网络传播与使用变得更为容易与便捷，这些因素都使得口述历史工作所面临的法律与伦理风险进一步加剧。

正是如此，从20世纪90年代中期开始，口述历史工作也逐渐成为所在机构的伦理审查委员会（Institutional Review Board）的审查与监管对象。本文将通过对美国口述历史

---

〔1〕 美国口述历史协会的《原则与标准》（*Principles and Standards*）和《评估指南》（*Evaluation Guidelines*）分别于1968年、1979年、1989年、2000年和2009年进行多次拟定与修改，而每次修改都充分反映口述历史实践的最新变革与发展趋势对其专业标准与伦理规范的影响。详细内容参见 http://www.oralhistory.org/ about/principles-and-practices/，访问日期：2015年7月28日。

〔2〕 John A. Neuenschwander, *A Guide to Oral History and the Law* (Oxford and New York: Oxford University Press, second edition, 2014), p.xiii.该书是美国有关口述史学法律与伦理问题的最为经典的著作，它的第一、第二和第三版分别于1985年、1993年和2002年由美国口述历史协会出版，这三版的书名都为《口述历史与法律》（*Oral History and the Law*）。2009年该书由牛津大学出版社出版，书名也修改为《口述历史与法律指南》。如无特别说明，本文引用以2014年版本为准。

伦理审查历史的回顾来考察口述历史学界要求改革审查制度的主要诉求以及面临的现实困境。[1]

1 “伦理帝国主义”:美国伦理审查机制的起源与扩张

随着二战期间的德国纳粹人体实验与持续长达 40 年的美国塔斯基吉梅毒试验(Tuskegee Syphilis Experiment)等人体试验丑闻事件的不断曝光,同时也因为 1947 年《纽伦堡公约》(*The Nuremberg Code*)与 1964 年《赫尔辛基宣言》(*The Declaration of Helsinki*)等重要文件的影响,美国学术界、公众与政府不断关注与重视生物医学研究的伦理问题。[2] 正是如此,在“以人为对象的研究”(human subjects research)中,为确保人类受试者(human subjects)的权利与福祉不受影响和侵害,从 20 世纪 50 年代以来,美国联邦政府就开始制定并颁布一系列政策文件和法规来规范研究过程中所涉及的伦理问题,并形成一套集监管法规、监管机构、监管程序和监管内容为一体的较为完善的伦理审查与监管体制。[3]

---

〔1〕 相关研究可参阅 Rachel Vagts, “Clashing Discipline: Oral History and the Institutional Review Board,” *Archival Issues*, Vol.26, No.2, 2002, pp.145—152; Linda Shopes, “Legal and Ethical Issues in Oral History,” in Thomas L. Charlton, Lois E. Myers and Rebecca Sharpless (eds.), *Handbook of Oral History* (Lanham, MD: AltaMira Press, 2006), pp.148—149; Linda Shopes, “Oral History, Human Subjects, and Institutional Review Boards,” Oral History Association, 2009 (http://www.oralhistory.org/about/do-oral-history/oral-history-and-irb-review/, 访问日期:2015 年 7 月 28 日); Zachary M. Schrag, *Ethical Imperialism: Institutional Review Boards and the Social Sciences*, 1965—2009(Baltimore: Johns Hopkins University Press, 2010), pp.145—148, 152—159; Martin Meeker, “The Berkeley Compromise: Oral History, Human Subjects, and the Meaning of ‘Research’,” in Claire Bond Potter and Renee C. Romano (eds.), *Doing Recent History: On Privacy, Copyright, Video Games, Institutional Review Boards, Activist Scholarship, and History that Talks Back*(Athens: University of Georgia Press, 2012), pp.115－138; John A. Neuenschwander, *A Guide to Oral History and the Law*, pp.103—111; Donald A. Ritchie, *Doing Oral History*(Oxford and New York: Oxford University Press, third edition, 2014), pp.227—233。

〔2〕 George J. Annas and Michael A. Grodin (eds.), *The Nazi Doctors and the Nuremberg Code: Human Rights in Human Experimentation*(Oxford and New York: Oxford University Press, 1992); James H. Jones, *Bad Blood: the Tuskegee Syphilis Experiment*(New York: The Free Press, new and expanded edition, 1993); Susan K. Grove, Nancy Burns and Jennifer R. Gray, *The Practice of Nursing Research: Appraisal, Synthesis, and Generation of Evidence*(St. Louis: Saunders/Elsevier, 2013), pp.159—163.

〔3〕 有关美国“以人为对象的研究”的伦理审查与监管的历史,可以参阅 Dennis M. Maloney, *Protection of Human Research Subjects: A Practical Guide to Federal Laws and Regulations*(New York: Plenum Press, 1984); Bruce Gordon and Ernest Prentice, “Protection of Human Subjects in the United States: A Short History,” *Journal of Public Health Management and Practice*, Vol.6, No.6, 2000, pp.1—8; Todd W. Rice, “The Historical, Ethical and Legal Background of Human-Subjects Research,” *Respiratory Care*, Vol.53, No.10, 2008, pp.1325—1329; Zachary M. Schrag, “How Talking Became Human Subjects Research: The Federal Regulation of the Social Sciences, 1965—1991,” *Journal of Policy History*, Vol.21, No.1, 2009, pp.3—37。

根据美国卫生与公共服务部(Department of Health and Human Services)官方网站资料显示,目前,美国大部分"以人为对象的研究"的监管法律是由美国卫生与公共服务部下属的人类研究保护办公室(Office for Human Research Protections, OHRP)负责监督与实施的《美国联邦法规》(*Code of Federal Regulations*)第45章第46部分(以下简称45 CFR 46)。[1] 45 CFR 46最早由美国健康、教育与福利部(Department of Health, Education and Welfare)于1974年颁布,目前生效并实施的法规于2009年修改,该法规包括5个部分,其中Subpart A被称为"人类受试者保护联邦政策"(Federal Policy for the Protection of Human Subjects),同时从1991年开始,该部分也被习惯称为"共同规则"(Common Rule)。另外,Subpart B—D规定了对孕妇、胎儿、新生儿、囚犯和儿童等特殊弱势受试者的附加保护措施,而Subpart E则是有关伦理审查委员会的登记问题。[2]

目前,"共同规则"被包括美国卫生与公共服务部、国防部(Department of Defense)、教育部(Department of Education)、国家科学基金会(National Science Foundation)和中央情报局(Central Intelligence Agency)在内的18个联邦政府部门和机构所采纳。[3] 简言之,所有由联邦政府部门或机构执行或受其经费资助的"以人为对象的研究"都必须遵守此项规定,具体工作则由各机构(主要是大学与科研机构)所属的伦理审查委员会负责实施,由其决定是否批准研究或要求修改研究方案或拒绝批准研究。当然,"共同规则"明确强调伦理审查委员会在实质审查之前,首先需要认定该计划是否符合法律上的"研究"定义。而所谓"研究"则是指"旨在发展或有助于获得普遍性知识(generalizable knowledge)而进行的一种系统性调查(systematic investigation),包括研究发展、测试和评估"。而"人类受试者"是指"研究者所研究的具有生命的个体(living individual),研究者(无论是专业人士或学生)通过对其干预或与之互动而获得资料或可识别的私人信息"[4]。

需要指出的,在实践过程中,美国的大部分研究机构(尤其是大学)为避免伦理危机或法律风险,都会要求该机构内那些并未获得联邦资助的研究计划同样需要接受伦理审查

[1] 此外还包括美国食品药品管理局(Food and Drug Administration)负责监督与实施的《美国联邦法规》第21章第50、56、312和812部分,主要针对药品、生物制剂与医疗器材的安全性与有效性管理。详细内容可以访问 http://www.fda.gov/ScienceResearch/SpecialTopics/RunningClinicalTrials/ucm155713.htm,访问日期:2015年7月28日。人类研究保护办公室创建于2000年,其前身是成立于1974年的研究风险保护办公室(Office for Protection from Research Risks),当时归属于美国国家卫生研究院(National Institute of Health)。

[2] 有关"45 CFR 46 (2009)"的具体内容可访问 http://www.hhs.gov/ohrp/humansubjects/guidance/45cfr46.html,访问日期:2015年7月28日。

[3] 具体内容可访问 http://www.hhs.gov/ohrp/humansubjects/commonrule/index.html,访问日期:2015年7月28日。有关"共同规则"的发展历史,请参阅 Erin D. Williams, *Federal Protection for Human Research Subjects: An Analysis of the Common Rule and Its Interactions with FDA Regulations and the HIPAA Privacy Rule*(Washington: Congressional Research Service, Library of Congress, 2005)。

[4] 详细内容请参阅"45 CFR 46.102 (2009)",具体访问 http://www.hhs.gov/ohrp/humansubjects/guidance/ 45cfr46.html#46.102,访问日期:2015年7月28日。

委员会的审查与监管。[1] 同时，这项主要适用于生物医学和行为研究伦理规范的联邦法规也不断向人文社会科学领域扩张，这些领域的研究者（包括学生）在从事"以人为对象的研究"时都必须合乎伦理审查委员会的规范要求，当然也随之引起众多学者的质疑与批评。

概括而言，对于美国伦理审查委员会制度运作弊端的批评与争议主要体现在基本原则与技术层面两个方面。就前者而言，诸多组织和学者质疑有关伦理审查委员会的联邦法规违反美国宪法第一修正案赋予研究者的言论与出版自由以及思想与研究（学术）自由。[2] 其中以美国大学教授协会（American Association of University Professors）最具代表性，该组织从20世纪80年代起就发布系列报告批评伦理审查委员会对于学术自由的

---

〔1〕 Richard A. Shweder, "Protecting Human Subjects and Preserving Academic Freedom: Prospects at the University of Chicago," *American Ethnologist*, Vol.33, No.4, 2006, pp.507—508. 美国乔治梅森大学（George Mason University）历史学副教授扎克利·施拉格（Zachary M. Schrag）博士认为我们现在理解的美国伦理审查委员会制度创建于1966年2月美国健康、教育与福利部下属的公共卫生署（Public Health Service）署长（Surgeon General）威廉·斯图尔特（William Stewart）发布的有关人类受试者研究的政策声明，而该政策声明则起源于全国健康咨询委员会（National Advisory Health Council）于1965年12月发布的有关人类受试者研究的政策决议。上述信息来自施拉格博士于2014年1月24日给笔者的电子邮件回信。其他相关研究可以参阅"Surgeon General's Directives on Human Experimentation," *The American Psychologist*, Vol.22, No.5, 1967, pp.350—355; Max Sherman and John D. Van Vleet, "The History of Institutional Review Boards," *Regulatory Affairs Journal*, Vol.3, 1991, pp.615—627; Charles R. MacKay, "The Evolution of the Institutional Review Board: A Brief Overview of its History," *Clinical Research and Regulatory Affairs*, Vol.12, No.2, 1995, pp. 65—94; Hazel Glenn Beh, "The Role of Institutional Review Boards in Protecting Human Subjects: Are We Really Ready to Fix a Broken System?" *Law & Psychology Review*, Vol. 26, No.1, 2002, pp.1—47; Paul A. Buelow, "The Institutional Review Board: A Brief History of Attempts to Protect Human Subjects in Research," *Clinical Nurse Specialist*, Vol.25, No.6, 2011, pp.277—280; Laura Stark, *Behind Closed Doors: IRBs and the Making of Ethical Research* (Chicago: University of Chicago Press, 2012)。另据《纽约时报》报道，到2011年全美伦理审查委员会总数超过5875个。详细内容参阅 Patricia Cohen, "Questioning Privacy Protections in Research," *New York Times*, 24 October 2011。

〔2〕 Philip Hamburger, "The New Censorship: Institutional Review Boards," *The Supreme Court Review*, Vol.2004, 2004, pp.271—354; Robert L. Kerr, "Unconstitutional Review Board? Considering a First Amendment Challenge to IRB Regulation of Journalistic Research Methods," *Communication Law and Policy*, Vol.11, No. 3, 2006, pp. 393—447; James Weinstein, "Institutional Review Boards and the Constitution," *Northwestern University Law Review*, Vol.101, No.2, 2007, pp.493—562; Elmer D. Abbo, "Promoting Free Speech in Clinical Quality Improvement Research," *Northwestern University Law Review*, Vol. 101, No. 2, 2007, pp.575—591; Renée Lettow Lerner, "Unconstitutional Conditions, Germaneness, and Institutional Review Boards," *Northwestern University Law Review*, Vol. 101, No. 2, 2007, pp. 775—789; Jonathan Moss, "If Institutional Review Boards Were Declared Unconstitutional, They Would Have to be Reinvented," *Northwestern University Law Review*, Vol.101, No.2, 2007, pp.801—807; William G. Tierney and Zoë Blumberg Corwin, "The Tensions between Academic Freedom and Institutional Review Boards," *Qualitative Inquiry*, Vol.13, No. 3, 2007, pp.388—398; Philip Hamburger, "IRB Licensing," in Akeel Bilgrami and Jonathan R. Cole (eds.), *Who's Afraid of Academic Freedom?* (New York: Columbia University Press, 2015), pp.153—189.

影响与侵犯，并极力主张改革或豁免某些研究类型的伦理审查与监管。[1] 而针对技术层面的批评则主要包括以下几个方面：(1)由于需要遵守特定的审查程序，因而比较容易出现扼杀研究创新性的可能性；(2)由于联邦法规所规定的"研究"定义很难明确界定，因而经常引发伦理审查委员会与研究者在判定提议的研究计划是否属于联邦法规所定义的"研究"范畴这个问题上产生冲突与争执；(3)当出现违反相关法规的情况时，到底应该履行怎样的程序和担负怎样的法律责任以及最终的法律责任归属(是研究者还是研究者所在的机构)等问题都不尽清楚；(4)由于审查规范趋于严格以及审查延宕，因而极容易影响研究成果的产出效率；(5)大部分伦理审查委员会成员由临床与生物医学研究领域的专家组成，他们经常对人文社会科学研究计划的审查施加诸多不合理与无关要求。[2]

上述联邦法规适用范围的过度扩张以及由此引发的各种弊端与消极影响，使得美国伦理审查委员会制度成为备受质疑与批评的主要目标，甚至有研究机构和学者将这种伦理规范的过度审查与监管称为"任务蠕变"(mission creep)和"伦理帝国主义"(ethical imperialism)，[3] 而伦理审查委员会也被批评为是"学术官僚机构"(academic

[1] American Association of University Professors, "Regulations Governing Research on Human Subjects: Academic Freedom and the Institutional Review Board," *Academe*, Vol.67, No.6, 1981, pp.358—370; American Association of University Professors, "Protecting Human Beings: Institutional Review Boards and Social Science Research," *Academe*, Vol.87, No.3, 2001, pp.55—67; Jonathan T. Church, Linda Shopes and Margaret A. Blanchard, "Should All Disciplines Be Subject to the Common Rule? Human Subjects of Social Science Research," *Academe*, Vol.88, No.3, 2002, pp.62—69; Judith Jarvis Thomson, Catherine Elgin, David A. Hyman, Philip E. Rubin and Jonathan Knight, "Research on Human Subjects: Academic Freedom and the Institutional Review Board," *Academe*, Vol.92, No.5, 2006, pp.95—100; Judith Jarvis Thomson, Catherine Elgin, David A. Hyman, Zachary Schrag and Jonathan Knight, "Regulation of Research on Human Subjects: Academic Freedom and the Institutional Review Board," *Academe*, Vol.99, No.4, 2013, pp.101—117.

[2] C. Kristina Gunsalus, "Human Subject Protections: Some Thoughts on Costs and Benefits in the Humanistic Disciplines," Illinois Public Law Research Paper No.03－02, March 2003; Caroline H. Bledsoe, Bruce Sherin, Adam G. Galinsky, Nathalia M. Headley, Carol A. Heimer, Erik Kjedgaard, James Lindgren, John D. Miller, Michael E. Roloff and David H. Uttal, "Regulating Creativity: Research and Survival in the IRB Iron Cage," *Northwestern University Law Review*, Vol.101, No.2, 2007, pp.593—641; Robert Charrow, "Protection of Human Subjects: Is Expansive Regulation Counter-Productive?" *Northwestern University Law Review*, Vol.101, No.2, 2007, pp.702—721; David A. Hyman, "The Pathologies of Institutional Review Boards," *Regulation*, Vol.30, No.2, 2007, pp.42—49.

[3] University of Illinois Center for Advanced Study, *Improving the System for Protecting Subjects: Counteracting IRB Mission Creep*, University of Illinois Law & Economics Research Paper No.LE06－016, 2005; Ronald F. White, "Institutional Review Board Mission Creep: The Common Rule, Social Science, and the Nanny State," *The Independent Review*, Vol.11, No.3, 2007, pp.547—564; Zachary M. Schrag, *Ethical Imperialism: Institutional Review Boards and the Social Sciences*, 1965—2009.

bureaucracies)和“审查之手”(censor's hand)。[1]

2 从“快速审查”到“排除审查”:美国口述历史学界的改革努力[2]

同其他大部分人文社会科学研究一样,口述历史作为一种主要基于活生生的事件当事人与目击者口述回忆的互动性访谈方法与研究领域,它自然也逐渐成为伦理审查委员会的审查对象。从现有资料显示,美国口述历史学界有关口述历史伦理审查问题讨论的最早记录可能是在1988年。当时有一位大学教授询问时任美国口述历史协会执行秘书(Executive Secretary)理查德·史密斯(Richard Smith)如何评论他所在大学所发布的有关口述历史研究计划需要接受伦理审查的监管指南,该教授担心访谈需要事先接受伦理审查与监管可能会对访谈者产生一种“寒蝉效应”。不过,理查德·史密斯拒绝直接评论伦理审查问题本身,他更关注的是诸如此类的审查标准是否符合最佳的专业实务原则,并因此能够根据美国口述历史协会于1979年颁布并即将于1989年修订的《口述历史评估指南》进行调整。理查德·史密斯继续指出,除了事先向受访者提供访谈问题副本这一要求,他认为该校伦理审查的大部分条例都符合口述历史运动的目标,尤其强调研究对象能够很好地了解研究者的目的。当然,他认为这项主要适用于科学研究的监管条例也存在

---

[1] Todd J. Zywicki, "Institutional Review Boards as Academic Bureaucracies: An Economic and Experiential Analysis," *Northwestern University Law Review*, Vol.101, No.2, 2007, pp.861—896; Carl E. Schneider, *The Censor's Hand: The Misregulation of Human-Subject Research* (Cambridge: The MIT Press, 2015).

[2] 就审查类型而言,各个伦理审查委员会以目前实施的45 CFR 46 (2009)为依据并根据研究活动所涉及的风险程度高低将其分为“豁免审查”(exempt review)、“快速审查”(expedited review)和“一般审查”(又名全体委员会审查,full-board or full-committee review)。“豁免审查”的研究计划一般是属于风险程度极低或零风险,45 CFR 46.101 (b) (2009)规定6种情况可以列为“豁免审查”,尽管列为“豁免审查”类型,不过它们仍然需要接受伦理审查委员会的审查并进行登记。而那些风险程度低于最低风险(minimal risk)的研究计划或已经获得IRB批准并且研究方案仅有微小变化的研究计划则适用于“快速审查”,而且45 CFR 46.110 (a) (2009)还罗列了9种研究范畴可以列为“快速审查”。上述两种审查类型可以由伦理审查委员会主席单独审查或由主席指定一名或多名富有经验的委员进行审查。那些不符合豁免和快速审查类型或风险程度高于最低风险的研究计划则需要进行一般审查,即由伦理审查委员会召集法定到会人数对研究计划进行审查,45 CFR 46.108 (b) (2009)要求与会者必须占全体委员的大多数,并且其中一名必须来自非科学领域。而至于“豁免审查”与“排除审查”(excluded review)之间的区别,美国历史协会(American Historical Association)曾经做出说明,即如果一个口述历史计划符合联邦法规所定义的“研究”类型,该计划可能会被豁免审查,不过必须向伦理审查委员会提出申请并由其根据“共同规则”所规定的豁免类型来决定是否豁免。而“排除审查”是指如果研究者认为一个口述历史计划不符合联邦法规所定义的“研究”类型,他们可以无须咨询伦理审查委员会而直接启动计划。详细参阅American Historical Association, "Questions Regarding the Policy Statement," 10 November, 2003(http://web.archive.org/web/20050306090426/;http://www.historians.org/press/2003-11-10IRB.htm,访问日期:2015年7月28日。

许多重要疏忽,其中最重要的是缺乏那些厘定著作权归属与访谈设限条件等问题的法律协议。最后,理查德·史密斯指出,大学对于口述历史计划实施伦理审查可能仅仅是一种侥幸,但也可能是我们这个领域未来发展的一种迹象。因为机构为了保护自己免受法律诉讼风险,它们会采取那些主要适用于科学领域的伦理审查政策和程序,而不会考虑诸如此类的监管是否可能促进或阻碍人文科学研究。[1]

当然,总体而言,在20世纪90年代初之前,美国伦理审查委员会制度对于口述历史研究计划的审查与监管还不是那么普遍与严格,甚至大部分口述历史工作者都没有意识到伦理审查委员会的存在。[2] 不过,发生在1995年的一件针对口述历史访谈伦理审查问题的事件令美国口述史学界真正意识到伦理审查委员会对他们工作的影响。当时美国特拉华大学(University of Delaware)拒绝接受该校历史系一位研究生所提交的已经通过答辩的博士论文,因为该研究生在博士论文中所使用的部分口述历史访谈资料并未事先经过该校伦理审查委员会的审查与批准。尽管该研究生最终获得审查委员会追加的豁免证明和她的博士学位,不过该事件却引发了美国口述史学界对于伦理审查制度的激烈争论与深刻反思。[3]

同时,随着美国伦理审查制度向人文社会科学领域的急剧扩张,该制度的弊端与争议给口述历史工作者带来越来越多的挑战与困难。具体而言,主要包括在正式进行任何口述历史计划之前,研究者被要求向他们所在机构的伦理审查委员会提交该计划的研究方案,其中包括详细的访谈提纲;而且还要求研究者参加有关伦理规范的繁琐培训和填写大量无关的表格。同时,伦理审查委员会还提出一系列限制条件,比如要求受访者保持匿名(即使受访者同意公开身份);在访谈过程中尽量不要提问那些可能令受访者或他人尴尬、遭遇法律责任和心理伤害乃至人身危险的问题;在访谈过程中不能提问那些在预先提交

---

〔1〕 Richard Candida Smith, "From the Executive Secretary," *Oral History Association Newsletter*, Vol. 22, No.4, Winter 1988, p.5.需要指出的是,该期《口述历史协会通讯》将出版日期错写为1989年。

〔2〕 据施拉格教授回忆,1998年他参加哥大口述历史研究室主任罗纳德·J.格里(Ronald J. Grele)教授主持的口述历史研究生研习班时,尽管花了很多时间讨论方法和伦理问题,可是从来没有任何人谈及伦理审查委员会。而他自己也是直到2000年获得国家科学基金会博士论文资助进行一项有关华盛顿地铁发展历史的研究时(该研究需要进行口述历史访谈)才首次了解需要从所在大学的伦理审查委员会获得批准。详细内容参阅Zachary M. Schrag, *Ethical Imperialism: Institutional Review Boards and the Social Sciences*, 1965—2009, pp. ix and 145; Robert B. Townsend, "Ethical Imperialism: A Conversation with Zachary Schrag," *Perspectives on History*, April 2011。

〔3〕 Donald A. Ritchie, *Doing Oral History*, p.228.

的访谈提纲中没有列出的问题；以及在研究计划结束之后要求销毁录音（录影）资料和抄本。[1] 这些要求与限制条件显然与口述历史实践的基本原则与研究方法背道而驰，尤其对于涉及政治（社会）运动、内战、绑架和谋杀等敏感主题的口述历史计划来说将会带来相当严重的消极影响。正是如此，口述历史学家也日益关注和担心伦理审查委员会的过度审查与监管会对口述历史产生"寒蝉效应"，甚至侵犯他们的学术自由。[2]

如上所述，发生于1995年的特拉华大学博士论文事件引发了美国口述史学界对于伦理审查问题的激烈争论和担忧。在1996年秋冬之际，研究风险保护办公室和美国口述历史协会提议修改美国历史协会于1989年5月采纳的《为历史记录所做访谈的声明》(*Statement on Interviewing for Historical Documentation*)，[3]新增内容旨在警告历史学家，如果在他们的研究中涉及以人为对象的访谈方法，他们必须遵守相关的联邦法规。这些修改意见分别于1997年3月和6月被美国历史协会专业部(Professional Division)和理事会(AHA Council)所采纳，而《为历史记录所做访谈的声明》也于1998年1月正式修订并生效。[4] 基于此，美国历史协会和口述历史协会建议历史学家应当了解和遵守所有适用于他们的研究活动的法律、条例和机构政策，甚至有口述历史学家建议同联邦官员沟通以确定自愿遵守口述历史协会的《评估指南》是否可以被看成是研究者保护受试者的一种合理的和充分的努力。[5] 不过，大部分历史学家（尤其是口述历史学家）仍然认为基于生物医学与行为科学研究的伦理审查制度并不适用于他们的研究工作，美国历史协会和

[1] American Association of University Professors, "Protecting Human Beings: Institutional Review Boards and Social Science Research," p.57; Linda Shopes, "Oral History," in Norman K. Denzin and Yvonna S. Lincoln (eds.), *The Sage Handbook of Qualitative Research* (Thousand Oaks: Sage Publications, fourth edition, 2011), p.462; Linda Shopes, "Human Subjects and IRB Review," in Doug Boyd, Steve Cohen, Brad Rakerd and Dean Rehberger (eds.), *Oral History in the Digital Age* (Washington: Institute of Museum and Library Services, 2012), http://ohda.matrix.msu. edu/2012/08/human-subjects-and-irb-review/，访问日期：2015年7月28日。

[2] Linda Shopes, "Institutional Review Boards Have a Chilling Effect on Oral History," *Perspectives on History*, September 2000; Cary Nelson, "Can E. T. Phone Home? The Brave New World of University Surveillance," *Academe*, Vol.89, No.5, 2003, pp.30—35; Jennifer Howard, "Oral History Under Review," *The Chronicle of Higher Education*, November 10, 2006.

[3] "AHA Adopts Statement on Interviewing for Historical Documentation," *Oral History Association Newsletter*, Vol. 23, No.3, Fall 1989, pp.3.

[4] Michael A. Gordon, "Historians and Review Boards," *Perspectives on History*, September 1997.《为历史记录所做访谈的声明》全文请访问 http://harvey.binghamton.edu/～hist266/oral/statement.htm，访问日期：2015年7月29日。该声明是美国历史协会《职业行为规范声明》(*Statement on Standards of Professional Conduct*)的一部分，后者全文请访问 http://www. historians. org/about-aha-and-membership/governance/policies-and-documents/statement-on-standards-of-professional-conduct，访问日期：2015年7月29日。

[5] 转引自 Zachary M. Schrag, *Ethical Imperialism: Institutional Review Boards and the Social Sciences*, 1965—2009, p. 146; Richard Candida Smith, "Council Considers Proposed Human Subjects Guidelines," *Oral History Association Newsletter*, Vol.31, No.2, Spring 1997, p.12。

口述历史协会也断断续续收到它们的会员对于大学伦理审查委员会审查与监管政策的抱怨。

正是如此，从 20 世纪 90 年代后期开始，美国历史协会和口述历史协会等历史学组织与一些著名口述历史学家就积极与联邦政府主管人类受试者保护机构进行磋商和斡旋，希望推动口述历史伦理审查制度的改革，它（他）们主张应该将口述历史直接排除在审查范围之外。这种最初努力始于 1997 年，当年 9 月三位著名口述历史学家理查德·史密斯（时任口述历史协会主席）、琳达·肖普斯（Linda Shopes，时任口述历史协会副主席、候任主席）和霍华德·格林（Howard Green，时任口述历史协会第一副主席）与时任研究风险保护办公室主任加里·B.埃利斯（Gary B. Ellis）以及托马斯·帕古里斯（Thomas Puglisi）、米歇尔·拉塞尔-艾因霍恩（Michele Russell-Einhorn）两位官员举行会晤。此次会晤一方面是要让历史学界更多地了解有关人类受试者研究监管的联邦法规和伦理审查委员会的运作机制，而另一方面也希望研究风险保护办公室了解历史研究（尤其是口述历史）的专业规范。在这次被琳达·肖普斯称为“友善的和非正式的”会晤中，托马斯·帕古里斯认为口述历史协会的《评估指南》与监管人类受试者研究的联邦法规并非不相容。不过，联邦官员进一步建议在开始可能包括口述历史访谈的任何研究之前，历史学家应当联系他们所在大学的伦理审查委员会，以了解和咨询有关人类受试者研究所涉及的政策和条例。简言之，尽管研究风险保护办公室官员支持和认可口述历史协会等专业学术组织的专业规范和伦理指南，但仍然强调它们并不能代替大学伦理审查委员会的审查与监管。对于这些建议，历史学界尽管心存忧虑，但最终还是接受并将相关内容增加到 1998 年 1 月正式修订并生效的《为历史记录所做访谈的声明》文件当中。同时，在 1997—1998 年间，口述历史协会将它们自己和美国历史协会的专业规范与伦理指南副本发给全国各大学历史学与美国研究专业的研究生部主任，并通知他们：历史学家在进行口述历史研究之前需要事先联系他们的伦理审查委员会。[1] 在此次会晤的最后，加里·埃利斯向三位口述历史学家透露说他们的办公室正准备修改符合“快速审查”的那些属于最低风险的研究类型目录，他还建议他们将口述历史纳入这个目录中。

随后，美国卫生与公共服务部决定修改有关人类受试者研究的监管条例。1997 年 11 月，研究风险保护办公室就扩展符合“快速审查”的研究类型的提议向社会广泛征求意见。[2] 在意见征求日期截止的 1998 年 3 月，办公室总共收到 108 份书面意见，其中绝大部分涉及医学或药物研究，而跟口述历史相关的书面意见则只有 6 份。在这 6 份书面意见

---

[1] Linda Shopes, "Institutional Review Boards Have a Chilling Effect on Oral History."

[2] Department of Health and Human Services, "Protection of Human Subjects: Suggested Revisions to the Institutional Review Board (IRB) Expedited Review List," *Federal Register*, Vol.62, No.217, November 10, 1997, pp.60607—60611.

中，其中一份由美国口述历史协会起草并获得美国历史协会、美国历史学家组织(Organization of American Historians)和美国研究协会(American Studies Association)的赞同。意见起草负责人琳达·肖普斯认为新条例正确地假设大部分口述历史计划对于受访者来说只是包含最低风险，因此可能有助于确保伦理审查委员会无须根据主要针对医学和行为科学研究的标准来审查口述历史计划。显然，在医学和行为科学研究中，受试者所面临的风险可能的确会更大。她继续指出，如果要符合"快速审查"的条件，口述历史计划必须提供知情同意书和由受访者签名的法律授权书。1998年11月，新规则正式将口述历史纳入"快速审查"的研究类型，这项政策被认为是联邦政府有关口述历史伦理审查与监管的第一次明确阐述。它的颁布也引起历史学界的积极回应，威斯康星大学密尔沃基分校(University of Wisconsin-Milwaukee)历史系迈克尔·格登(Michael A. Gordon)认为新联邦规则是明智的，并且会让事情变得更加容易，尤其对于那些即将从事口述历史计划和已经做了许多访谈的人来说。不过，他也强调没有伦理审查委员会的严密监管，并不意味着我们没有责任维持更高的伦理标准。美国口述历史协会前主席唐纳德·A.里奇(Donald A. Ritchie)也强调维持高伦理标准的重要性，他进一步指出，任何遵循口述历史协会《评估指南》的口述历史学家应该不会太难满足研究风险保护办公室或他们所在大学伦理审查委员会的要求。同时，他也认为将口述历史列入"快速审查"范围将有助于历史学界的其他人更加意识到访谈需要适当的伦理标准。[1] 当然，也有历史学家表示反对，佛罗里达州立大学(Florida State University)历史学教授尼尔·朱蒙维拉(Neil Jumonville)就认为美国历史协会等组织在有关历史研究伦理审查问题上的顺从态度(包括同意将口述历史列入"快速审查"研究类型)是相当令人不安的，(过分监管)所造成的最糟糕影响可能会像麦卡锡主义(McCarthyism)那样。[2]

---

〔1〕 详细内容参阅：Rebecca Sharpless, Sandria Freitag and Arnita Jones, "Memo on Review of Oral History Based Research Projects," March 1998(http://h-net.msu.edu/cgi-bin/logbrowse.pl? trx=vx&list=h-oralhist&month=9907 &week=b&msg=kiqPKaqoLOaXdc/eXu9W4g&user=&pw=，访问日期：2015年7月29日)；Department of Health and Human Services, "Protection of Human Subjects: Categories of Research That May Be Reviewed by the Institutional Review Board (IRB) Through an Expedited Review Procedure," *Federal Register*, Vol.63, No.216, November 9, 1998, pp.60364—60367; "OHA Involved in New Rules Affecting Academic Oral Historians," *Oral History Association Newsletter*, Vol.33, No.1, Winter 1999, p.3。

〔2〕 Christopher Shea, "Don't Talk to the Humans: The Crackdown on Social Science Research," *Lingua Franca: The Review of Academic Life*, Vol.10, No.6, September 2000, p.27.1999年6月23日，朱蒙维拉在"口述历史论坛"(H-Oralhist)上发帖指出，佛罗里达州立大学伦理审查委员会已经将其审查与监管对象扩展到那些并不受联邦经费资助或支持的口述历史访谈计划。他担心伦理审查委员会向那些从来没有试图涵盖的领域的扩展会对学术自由产生影响。而在1998年10月，因为他的研究生所开展的一项涉及访谈的研究计划需要接受审查而导致他与该校伦理审查委员会之间的关系相当紧张。详细内容访问 http://h－net.msu.edu/ cgi-bin/logbrowse.pl? trx=vx&list=h-oralhist&month=9906&week=d&msg=fV4vEHvA2BkfNJxZDFYCyQ&user=&pw=，访问日期：2015年7月29日。

需要指出的是，到20世纪90年代末期，美国社会科学界对于伦理审查委员会运作机制的批评也日益增多。在1999年11月至2000年5月之间，美国大学教授协会召集来自美国人类学协会（American Anthropological Association）、美国历史协会、美国政治科学协会（American Political Science Association）、美国社会学协会（American Sociological Association）、美国口述历史协会和美国历史学家组织的代表举行多次会议，主要分享和讨论这些学术组织的成员在从事有关人类受试者研究过程中所遭遇的伦理审查与监管经历。其中，琳达·肖普斯和唐纳德·里奇分表代表美国历史协会和美国口述历史协会，他们通过相关学术组织的通讯进行调查并报告其成员对于伦理审查制度的看法与意见。总体而言，历史学界的回应显示了他们对于大学伦理审查委员会运作机制的失望与不满，认为审查制度严重违反历史研究原则和破坏学术研究自由。同历史学界一样，其他社会科学界的反应基本一致。可是，根据这些会议议题并由美国大学教授协会于2001年发布的研究报告也仅仅是提倡适度修改伦理审查委员会针对社会科学研究的审查与监管方式，甚至援引上述的1998年联邦规则作为一个暗示，强调伦理审查委员会正在努力使自己适应不断变化的环境，以满足社会学家的特殊需求，同时又能完成它们保护人类受试者的要求。[1]

尽管1998年的联邦规则将口述历史纳入"快速审查"的研究类型，但这并未缓和史学界对于口述历史伦理审查制度的不满与激烈抨击。[2] 作为口述历史伦理审查制度改革的主要推动者，琳达·肖普斯也一改之前的较为渐进的改革主张。在2000年4月举行的国家生物伦理顾问委员会（National Bioethics Advisory Commission）会议上，[3]她对于人类受试者保护的联邦法规提出尖锐批评，认为基于生物医学与行为科学研究的伦理审查与监管模式并不适用于口述历史研究，因为口述历史研究有其自身的原则与规范；而且还会严重威胁和破坏学术自由原则。她甚至暗示要进行一种更为激进的改革，即口述历

〔1〕 American Association of University Professors, "Protecting Human Beings: Institutional Review Boards and Social Science Research," pp.55—67; "Oral Historians Asked About Institutional Review Boards," *Oral History Association Newsletter*, Vol.34, No.1, Winter 2000, p.3; Donald Ritchie, "Institutional Review Boards and Oral History," *Oral History Association Newsletter*, Vol.35, No.3, Fall 2001, p.4; Linda Shopes, "Historians and Institutional Review Boards: An Update," *Perspectives on History*, October 2001.

〔2〕 "Panelists Defend, Criticize Campus IRB Process," *Oral History Association Newsletter*, Vol.35, No. 4, Winter 2001, pp.6—7.

〔3〕 国家生物伦理顾问委员会于1996年由克林顿（Bill Clinton）总统任命成立，并于2001年期满解散。同年11月，小布什（George W. Bush）总统任命成立总统生物伦理委员会（The President's Council on Bioethics）；2009年11月，奥巴马（Barack Hussein Obama）总统任命成立生物伦理问题研究总统委员会（Presidential Commission for the Study of Bioethical Issues），而总统生物伦理委员会也随之解散。前者是一个负责向白宫和其他政府机构建议和推荐有关人类受试者研究所产生的生物伦理问题的总统委员会，而后两者就生物医学科学和技术发展所造成的生物伦理问题向总统提出建议。有关美国生物伦理委员会发展简史，可以访问 http://bioethics.gov/history，访问日期：2015年7月29日。

史不应当受制于伦理委员会的审查，而对于口述历史研究计划的审查应该由院系同行根据口述历史协会的《原则与标准》和《评估指南》以及美国历史协会的《为历史记录所做访谈的声明》等专业规范来进行。在她看来，这种做法有助于防止对于人类受试者的不道德对待，而同时又不侵犯历史学家的专业实践或危害自由研究。[1] 琳达·肖普斯的批评与改革建议得到一部分历史学家的积极回应，伊利诺伊州立大学(Illinois State University)历史系 15 位成员高度赞扬她的努力，并且主张通过新的立法来完全豁免口述历史的伦理审查；他们还建议与联邦官员和国会工作人员的讨论中，美国历史协会与社会科学和人文科学的其他合作机构应当强调学术自由乃至审查扩张所造成的宪法关切。[2]

正是如此，历史学界开始通过与相关组织和个人的合作转而寻求如何让口述历史排除在伦理委员会的审查范围之外。2000 年 8 月，琳达·肖普斯与另外一位历史学家同国会议员戴安娜·德格特(Diana DeGette)的工作人员进行会面，当时德格特正在起草一份旨在修改人类受试者保护联邦法规的议案，而他们的目标就是尽可能明确地将口述历史排除在审查范围之外。同年 11 月，时任美国社会学协会执行主任菲利斯·莱文(Felice Levine)也倾向于赞同这种做法，并且暗示诸如历史学和新闻学等人文学科相对于社会科学来说应该更少接受伦理委员会的审查与监管。[3] 国家生物伦理顾问委员会于 2011 年 8 月发布的报告也表达类似观点，该报告指出："许多科学探索领域都是'研究'，而且许多研究也涉及人类参与者，但只有一些需要联邦监管，而其他研究通过专业伦理、社会习俗或其他州和联邦法律可能会得到更好的监管。比如，某些类型的调查和访谈被认为是研究，但是它们无须联邦监管就可以很好地避免伤害，因为这些风险是很小的，而且参与者也能很好地自行决定他们是否参与研究。"最后，报告也建议联邦政策应当明确地确认哪些类型的研究需要接受审查以及哪些类型的研究参与者需要获得保护。[4]

简而言之，这种排除审查策略的核心思路就是希望主管机构能够相信包括口述历史在内的历史研究并不是联邦法规所定义的"研究"类型。1999 年美国国家科学技术委员会人类受试者研究小组委员会(Human Subjects Research Subcommittee, National Science and Technology Council)的一个工作组就曾主张受制于"共同规则"监管的研究类型通常不包括新闻学、历史学、传记、哲学、"实情调查"研究("fact-finding" inquiries)和简单的资

---

[1] Linda Shopes, "Institutional Review Boards Have a Chilling Effect on Oral History."

[2] Members of the Illinois State University History Department, "IRBs and History Research," *Perspectives on History*, January 2001.

[3] Zachary M. Schrag, *Ethical Imperialism: Institutional Review Boards and the Social Sciences, 1965—2009*, p.154.

[4] National Bioethics Advisory Commission, *Ethical and Policy Issues in Research Involving Human Participants, Summary Report (Summary)*(Bethesda, Maryland, August 2001), p.7.

料收集(data collection)等等。[1] 2000 年 12 月,与罗格斯大学(Rutgers University)伦理审查委员会有过纠葛的历史学家迈克尔·卡哈特(Michael Carhart)也主张历史学不是现有的联邦法规所定义的"研究"类型,因为它根本不是一门科学。他进一步解释指出:"我相信伦理审查委员会条例是针对所有那些能够创造普遍性知识的研究,而历史学的全部意义在于我们的结论并不是普遍性的。历史学家们并不会像社会科学或自然科学那样去预测将来,我们研究的整个前提是描述那些集合在一种独特环境配置下的事件。"其实,对于像琳达·肖普斯这种要求将口述历史排除在审查范围之外的倡导者而言,她们最初对于这种策略也有些许担忧,因为这意味着口述历史研究将不是联邦法规所认可的研究类型,因而担心资助机构可能不会对这些计划提供经费资助。不过,在 2001 年 9 月,时任美国国家卫生研究院人类受试者研究保护主管艾伦·L.桑德勒(Alan L. Sandler)就承认它们所开展的口述历史项目就没有接受伦理审查委员会的审查,其理由是口述历史并不是为了获得普遍性知识。[2] 这种主张成为琳达·肖普斯等历史学家坚持采纳排除审查策略的重要动力,于是,在 2002 年 1 月 29 日召开的美国卫生与公共服务部国家人类研究保护顾问委员会(National Human Research Protections Advisory Committee)会议上,她就严正指出:"历史学家并不追求普遍性知识,而这个术语看上去正是 45 CFR 46 所使用的。"[3]

在接下来的一年多时间里,经过美国历史协会与口述历史协会的内部交流以及与相关联邦部门的积极沟通,口述历史伦理审查问题终于取得重大进展。2003 年 8 月 26 日,琳达·肖普斯和唐纳德·里奇起草一份政策声明,主要指大多数口述历史访谈计划可以排除在伦理审查委员会的审查范围之外。令人意想不到的是,在 2003 年 9 月 22 日给琳达·肖普斯和唐纳德·里奇的信件中,时任人类研究保护办公室监管事务副主任(Associate Director for Regulatory Affairs)迈克尔·卡罗姆表示原则上同意她们的提议,不过部分表述需要修改。修改后的政策声明指出:"大多数口述历史访谈计划不受制于 45 CFR part 46 subpart A 中所规定的卫生与公共服务部的人类受试者保护条例的要求,可以排除在伦理审查委员会监管之外,因为它们并不包含卫生与公共服务部条例所定义的'研究'。……其主要理由是口述历史访谈一般而言(in general)不是为了有助于获得'普遍性知识',它们不受制于 45 CFR part 46 中所规定的卫生与公共服务部条例的要求,因

[1] James D. Shelton, "How to Interpret the Federal Policy for the Protection of Human Subjects or 'Common Rule' (Part A)," *IRB: Ethics and Human Research*, Vol.21, No.6, 1999, p.6.

[2] Zachary M. Schrag, *Ethical Imperialism: Institutional Review Boards and the Social Sciences*, 1965—2009, pp.154—155.有关国家卫生研究院的口述历史项目,请访问 http://history.nih.gov/archives/oral_histories.html,访问日期:2015 年 7 月 29 日。

[3] Department of Health and Human Services, *Meeting of the National Human Research Protections Advisory Committee*(Bethesda, Maryland, 29 January 2002).

而能够被伦理委员会排除在审查之外。……尽管历史学家追求超越他们的特定研究对象的意义，不过他们不像生物医学和行为科学的研究者，不追求历史或社会发展的普遍性原则，也不追求具有预见价值和能够被应用于其他条件（目的是为了控制结果）的根本原则或自然法则。历史学家解释一种特定的过去；他们不是为了得出有关发生在过去的全部内容的普遍解释，也不是预测未来。"[1]对于这项政策声明，在2003年10月举行的美国口述历史协会年会上，人类研究保护办公室教育与发展部（Division of Education and Development）的乔治·波斯皮斯尔（George Pospisil）还再次予以重申。尽管上述政策声明所增加的"一般而言"这个术语为后续的政策解释与执行带来诸多不确定性因素，而且迈克尔·卡罗姆还强调人类研究保护办公室的赞同只是代表卫生与公共服务部而不能代表同样采纳"共同规则"的其他联邦机构；但是对于美国历史协会与口述历史协会来说，这项政策声明显然是它们多年努力所取得的重大胜利，它们在其各自官方通讯上都打出相同标题——"口述历史排除在伦理委员会审查之外"。[2]

对于这项政策声明，包括口述历史学家在内的美国史学界的最初反应还是相当正面的，有文章指出："历史学家为这项决定欢呼喝彩。"而琳达·肖普斯也补充指出："联邦办公室已经听到我们的想法并做出适当回应。"[3]当然，在口述历史学家当中也有不同的声音，甚至提出尖锐批评与质疑，其中的代表人物是北伊利诺伊大学（Northern Illinois University）历史系的E. 泰勒·阿特金斯（E. Taylor Atkins），他在给《历史视野》（*Perspectives on History*）编辑的信中指出："在过去的两年半里，我作为历史专业的代表在北伊利诺伊大学伦理审查委员会中任职，因此熟悉是什么构成'研究'和'风险'，我为最近的将口述历史计划排除在伦理审查之外的联邦决定感到震惊。我更加震惊的是美国历史协会与口述历史协会的观点，即口述历史不是联邦法规所定义的'研究'。在我看来，美国历史协会与口述历史协会已经曲解了口述历史学家的工作，仅仅是为了避免提交审查

[1] "Application of the Department of Health and Human Services Regulations for the Protection of Human Subjects at 45 CFR Part 46, Subpart A to Oral History Interviewing," *Oral History Association Newsletter*, Vol.37, No.3, Winter 2003, p.3. 有关上述信件、2003年8月26日起草的政策声明与9月22日修改后的政策声明的详细内容，请访问 http://research.unl.edu/orr/docs/OHRPResponsetoOralHistories.pdf，访问日期：2015年7月29日。

[2] Donald A. Ritchie and Linda Shopes, "Oral History Excluded from IRB Review," *Oral History Association Newsletter*, Vol. 37, No. 3, Winter 2003, p. 1; Bruce Craig, "Oral History Excluded from IRB Review," *Perspectives on History*, December 2003.

[3] Jeffrey Brainard, "Federal Agency Says Oral-History Research Is Not Covered by Human-Subject Rules," *The Chronicle of Higher Education*, October 31, 2003.

方案所造成的不便。”[1]

不过，对于这项政策声明的具体实施来说，其真正阻力来自各个机构的伦理审查委员会。2013年10月30日，加州大学洛杉矶分校(University of California，Los Angeles)的研究受试者保护办公室(Office for Protection of Research Subjects)发布了一项有关口述历史、定性访谈(qualitative interviews)与人类受试者研究的备忘录，其内容是与迈克尔·卡罗姆共同讨论而形成的。该备忘录首先确认：“由口述历史代表向人类研究保护办公室描述的口述历史活动一般而言是为了创建一种特定历史事件的记录，就其本身而言，它们不是为了有助于获得普遍性知识。”但是，该备忘录继续通过三个假设性口述历史计划来解释与评估口述历史活动是否需要接受伦理审查的三个一般原则。第一个原则指出：“只记录一个特定的历史事件或个人经历而不是为了得出结论(draw conclusions)或总结发现结果(generalize findings)的口述历史活动(诸如开放式访谈)将不构成45 CFR 46所定义的‘研究’。”而所举的例子则是一个与大屠杀幸存者进行访谈的口述历史录影，其目的是可供在大屠杀博物馆观看。该录影带的创建不是为了得出结论、为决策提供信息(inform policy)或总结发现结果，其唯一目的是为了创建一种与大屠杀相关的特定的个人事件与经历的历史记录，并且为大屠杀幸存者提供一种讲述他们故事的渠道。第二个原则强调包括开放式访谈在内的旨在发展或有助于获得普遍性知识的系统性调查将构成45 CFR 46所定义的“研究”，所举例子是一个有关海湾战争幸存老兵的开放式访谈，其目的是为了记录他们的经历与得出有关他们经历的结论、为决策提供信息或总结发现结果。第三个原则指出：“为了给其他研究者提供资源，口述历史学家和定性调查者可能会创建档案馆。由于档案馆的目的是为从事45 CFR 46所定义的‘研究’的其他研究者创建信息库(repository of information)，那么诸如此类的档案馆的创建将构成45 CFR 46所定义的‘研究’。”针对该原则所提供的例子是一个有关黑人棒球联盟(Negro League Baseball)健在球员的系列开放式访谈的研究计划，该计划的目的是为未来的研究创建档案馆。而诸如此类的档案馆的创建将构成45 CFR 46所定义的“研究”，因为其目的是为未来的研究收集资料。最后，该备忘录还指出附在迈克尔·卡罗姆2003年9月22日信件中的2003年8月26日的政策声明并非由人类研究保护办公室起草，因而并不能成为它的政策指南。备忘录还强调政策声明中第三段关于口述历史活动特征的描述无法提供足够的理由让人

[1] E.Taylor Atkins，“Letters to the Editor：Research and Risk，” *Perspectives on History*，December 2003.针对E.泰勒·阿特金斯的来信，琳达·肖普斯和唐纳德·里奇回应指出：“将口述历史排除在伦理审查委员会审查之外并不降低历史访谈的伦理要求，但是能够转移那些利用和讲授口述历史方法论的阿特金斯教授和其他人的压力，而且让伦理审查委员会将经历集中于它们要做的工作。”详细内容参阅Linda Shopes and Donald Ritchie，“Letters to the Editor：Institutional Review Boards，” *Perspectives on History*，December 2003。

类研究保护办公室决定口述历史活动一般而言不包含 45 CFR 46 所定义的“研究”。[1]

尽管上述内容用具体例子来阐释其评估原则，可是在实践中还是很难判断一项口述历史计划的具体目的，即到底是为了记录一个特定的历史事件(个人经历)，还是为了得出结论、为决策提供信息或总结发现结果。口述历史资料所发挥的作用很大程度上还取决于潜在使用者的具体利用方式。更为重要的是，通过结合第一个和第三个原则，可以发现仅用“创建一个特定的历史记录”(无须审查)与“创建一个档案馆或信息库”(需要审查)作为衡量一项口述历史计划是否属于联邦法规所定义的“研究”是相当没有说服力的。而且从根本上来说，大部分口述历史工作的一个重要目的就是希望保存在档案馆中为未来研究者提供资料来源。

就这样，美国历史协会与口述历史协会花了多年努力并经人类研究保护办公室确认的大多数口述历史访谈计划排除审查的政策声明又被迈克尔·卡罗姆所否认，而且他在 2003 年 12 月 1 日给北伊利诺伊大学研究合规办公室(Office of Research Compliance)萝莉·布罗斯(Lori Bross)解释有关口述历史伦理审查问题的电子邮件中还附上上述备忘录，并且明确表示这份备忘录是与人类研究保护办公室共同讨论的。[2] 更为糟糕的是，在 2003 年 12 月召开的一个来自全美伦理审查委员会管理者的会议上，这份备忘录被广泛分发。[3] 显然，上述做法已经对 2003 年 9 月 22 日的政策声明造成严重影响，导致越来越多的伦理审查委员会开始质疑政策声明的合法性与有效性。基于此，2004 年 1 月 7 日，琳达·肖普斯和唐纳德·里奇参加人类研究保护办公室召集的电话会议，迈克尔·卡罗姆重申他所在的机构继续赞同 2003 年 9 月 22 日的政策声明。而在 2004 年 1 月 8 日给琳达·肖普斯和唐纳德·里奇的电子邮件中，他还表示：“人类研究保护办公室一贯设法确认这个赞同意见，无论何时它收到来自伦理审查委员会代表或其他机构官员有关这个问题的询问。”[4]在 2004 年春季出版的《口述历史协会通讯》上，琳达·肖普斯和唐纳德·里奇强调造成上述政策声明解读困惑的主要原因在于对“研究”和“普遍性知识”两个概念的理解差异。他们指出：“尽管口述历史明显包含有助于概括(generalizations)的历史研究

---

[1] Office for Protection of Research Subjects, University of California, Los Angels, “Memorandum: Outline of October 30, 2002 Discussion with Dr. Michael Carome, Associate Directors, HHS-OHRP, Regarding Oral History, Qualitative Interviews, and Human Subjects Research”(http://cphs.berkeley.edu/oral-history-031209.pdf，访问日期：2015 年 7 月 30 日。

[2] Michael Carome’s E-mail to Lori Bross, December 1, 2003(http://www.nyu.edu/research/resources-and-support-offices/getting-started-withyourresearch/human-subjects-research/forms-guidance/clarification-on-oral-history/michael-caromes-email.html，访问日期：2015 年 7 月 30 日。

[3] Zachary M. Schrag, *Ethical Imperialism: Institutional Review Boards and the Social Sciences*, 1965—2009, p.157.

[4] Linda Shopes and Donald Ritchie, “Exclusion of Oral History from IRB Reviews: An Update,” *Perspectives on History*, March 2004.

与访谈，但是口述历史学家的标准操作程序并不符合联邦法规所定义的‘研究’类型。……获得叙述者知情同意并量身定制的访谈并不符合这种‘研究’定义；它们也并不有助于获得‘普遍性知识’，即使受访者是那些来自一个共同群体或经历共同主题或事件的人，不管访谈者或其他研究者是否可能从众多访谈中得出某些历史概括。”当然，她们也赞同符合联邦定义的访谈计划应当接受伦理委员会的审查，而其中的访谈必须是为了生产科学意义上的普遍性知识而特别设计的。[1] 随后，在2004年6月5日的会议上，美国历史协会理事会再次重申它们支持2003年9月22日的政策声明，并指出：“我们强烈要求这项政策为所有伦理审查委员会所采纳，以确保执行全国一致的政策，这将使历史学家能够追求这项重要的研究方法，而没有不必要的限制。”[2]

然而，口述历史伦理审查政策的解读与具体实施仍然相当混乱。正如2004年12月出版的《历史视野》中的一篇文章所指出的，尽管部分大学已经采纳人类研究保护办公室的立场，一般而言已经将口述历史访谈排除在伦理委员会审查之外；[3]但形成鲜明对比的是，许多机构却倾向于支持加州大学洛杉矶分校备忘录所建议的更为保守的政策。当然也仍然有其他机构对于该问题保持沉默，因而进一步加剧政策的总体模糊性。正是如此，时任美国历史协会副主席（负责研究部）罗伊·罗森茨维格（Roy Rosenzweig）指出：“我们对于某些伦理审查委员会没有遵守美国历史协会与人类研究保护办公室的协议感到相当困惑。但是我们觉得有必要让我们的会员意识到某些大学仍然坚持对口述历史进行伦理委员会审查。”[4]而2005年一项由美国历史协会所做的调查报告进一步显示，2003年9

---

[1] Donald A. Ritchie and Linda Shopes, “An Update: Excluding Oral History from IRB Review,” *Oral History Association Newsletter*, Vol.38, No.1, Spring 2004, p.1.

[2] AHA Staff, “AHA Council Reaffirms Position on Oral History and Institutional Review Boards,” *Perspectives on History*, September 2004. 事实上，美国历史协会在2013年11月10日还发布了一个有关这项政策声明的问题解答。详细内容参阅 American Historical Association, “Questions Regarding the Policy Statement,” 10 November, 2003。

[3] 2004年5月德克萨斯大学奥斯汀分校（University of Texas at Austin）率先采纳该项政策声明，目前支持该声明的还包括阿默斯特学院（Amherst College）、哥伦比亚大学（Columbia University）、密歇根大学安娜堡分校（University of Michigan-Ann Arbor）、内布拉斯加大学林肯分校（University of Nebraska-Lincoln）、密苏里大学堪萨斯城分校（University of Missouri-Kansas City）、杨百翰大学（Brigham Young University）、普林斯顿大学（Princeton University）、史密森学会（Smithsonian Institution）、霍普学院（Hope College）、南加州大学（University of Southern California）和加州大学圣迭戈分校（University of California, San Diego）等大学和机构。这些信息来自 Office of Research Support and Compliance, University of Texas at Austin, “Oral History Policy Update,” May 18, 2004 (https://web.archive.org/web/20040525191237/; http://www.utexas.edu/research/rsc/humanresearch/special_topics/oral_history.php); Zachary M. Schrag (ed.), *Institutional Review Blog* (http://www.institutionalreviewblog.com/), 2006—2014。上述网址访问日期为2015年7月30日。

[4] Robert B. Townsend and Mériam Belli, “Oral History and IRBs: Caution Urged as Rule Interpretations Vary Widely,” *Perspectives on History*, December 2004. 该文另载 *Oral History Association Newsletter*, Vol.39, No.1, Spring 2005, pp.1 and 4—5。

月 22 日的政策声明并没有产生太大的积极影响，大部分伦理审查委员会并不认可其法律效力。为了评估该政策声明在全美不同大学(学院)的实施情况，美国历史协会 5 位工作人员通过调查 252 所大学(其中 152 所是拥有历史学博士课程的研究型大学，而剩下的 100 所是随机选择的四年制大学)的相关网站来了解它们的口述历史伦理审查政策。调查结果是令人失望的，在将近 95%的大学网站中，它们只是提到口述历史受制于"快速审查"(1998 年联邦条例规定)，大部分伦理审查委员会都拒绝接受口述历史排除审查的政策声明。另外，只有 11 个大学网站较为详细地讨论 2003 年 9 月 22 日政策声明，其中 9 个大学网站提到该项政策声明的具体内容，7 个大学网站提到 2003 年 10 月 30 日加州大学洛杉矶分校发布的备忘录，5 个大学网站则提到 2004 年 1 月 8 日人类研究保护办公室赞同政策声明的重申意见。正是由于人类研究保护办公室在口述历史伦理审查问题上的相互冲突与矛盾的立场，使上述政策声明的实施情况变得相当糟糕。一方面，口述历史工作者被他们的专业组织告知其大部分研究可以排除审查，而事实上，大部分伦理审查委员会仍然无视或拒绝该声明，甚至有研究者(尤其是从事口述历史计划或利用保存在档案馆中的口述历史资料的学生)因为没有遵守联邦法规而遭受各种警告或惩罚。[1]

基于此，2005 年 11 月罗伊・罗森茨维格代表美国历史协会致信人类研究保护办公室主任伯纳德・希维切(Bernard Schwetz)，希望澄清联邦政府有关口述历史研究的伦理审查政策。除重申口述历史不是联邦法规所定义的研究类型及其理由之外，他催促人类研究保护办公室尽快发布有关该问题的正式书面指南(迈克尔・卡罗姆曾在 2004 年 1 月 8 日的电子邮件中承诺)。而且，他还希望办公室能够将历史学界的意见汇报给人类受试者保护部长咨询委员会(Secretary's Advisory Committee on Human Subjects Protection)，以及将 2003 年 9 月 22 日政策声明纳入联邦法规并废除极易造成政策混乱的 2003 年 10 月 30 日备忘录。[2] 现有资料无法确定人类研究保护办公室是否答复罗伊・罗森茨维格的来信，不过在 2005 年 11 月 22 日，迈克尔・卡罗姆曾发布电子邮件澄清该问题。[3] 此外，在 2006 年 11 月召开的美国医学科研公共责任组织(Public Responsibility in Medicine and Research, PRIM&R)会议上，迈克尔・卡罗姆再度重申人类研究保护办公室在口述

[1] Robert B. Townsend, Carl Ashley, Mériam Belli, Richard E. Bond, and Elizabeth Fairhead, "Oral History and Review Boards: Little Gain and More Pain," *Perspectives on History*, February 2006; Robert B. Townsend, "History Association Tracks Status of IRB Oversight," *Oral History Association Newsletter*, Vol. 40, No.1, Spring 2006, p.9; Bernadette McCauley, "An IRB at Work: A Personal Experience," *Perspectives on History*, February 2006.

[2] Roy Rosenzweig, "Letter to the Director of the OHRP," *Perspectives on History*, February 2006.

[3] Michael A. Carome, "Clarification of OHRP's Position on Oral History Information," November 22, 2005 (http://www.utexas.edu/research/rsc/humansubjects/forms/michael_carome_updated.pdf, 访问日期：2015 年 8 月 1 日)。

历史伦理审查问题上的政策立场。[1] 从美国历史学界的反应来看，显然上述两次澄清并没有达成较为一致的意见，尤其是双方在“联邦法规所定义的‘研究’”“普遍性知识”与“系统性调查”等概念理解上存在差异，而且办公室坚持认为 2003 年 10 月 30 日备忘录与 2003 年 9 月 22 日政策声明并不冲突。正是如此，美国历史协会工作人员也失望地表示：“考虑到我们过去与人类研究保护办公室之间的沟通与协议的有限影响，我们的期望是相当有限的。”[2]

的确如此，尽管以美国历史协会与口述历史协会为代表的专业组织仍然积极推动口述历史伦理审查制度的改革，可是效果甚微。2007 年 10 月 26 日，人类研究保护办公室就于 1998 年 11 月生效的联邦条例中符合伦理审查委员会“快速审查”的第五种研究类型的修改提议向社会征求书面意见，[3]其中涉及口述历史问题的共有 37 份。[4] 而作为美国历史协会的代表，该会执行主任阿尼塔·琼斯(Arnita Jones)于 2007 年 12 月 20 日致信人类研究保护办公室，该信不仅强烈反对第五种研究类型的修改意见，而且要求将口述历史从“快速审查”类型(第七种研究类型)中删除并建议明确将口述历史排除在伦理审查之外。[5] 出于同样目的，2011 年 7 月 26 日，美国卫生与公共服务部就“共同规则”的可能性修改向社会发布法规制定预告通知并征求广泛意见。[6] 在总共收到的 1142 份书面意见

---

[1] E. Taylor Atkins, “Oral History and IRBs: An Update from the 2006 HRPP Conference,” *Perspectives on History*, March 2007.

[2] Robert B. Townsend, Carl Ashley, Mériam Belli, Richard E. Bond, and Elizabeth Fairhead, “Oral History and Review Boards: Little Gain and More Pain,” *Perspectives on History*, February 2006.

[3] Department of Health and Human Services, “Protection of Human Subjects: Categories of Research That May Be Reviewed by the Institutional Review Board Through an Expedited Review Procedure,” *Federal Register*, Vol.72, No.207, October 26, 2007, pp.60848—60851; “Feds Invite Comments on IRB Rules Affecting Oral History,” *Oral History Association Newsletter*, Vol.41, No.3, Winter 2007, p.8.

[4] Zachary M. Schrag (ed.), *Historians' Comments to OHRP, October—December* 2007, February 2008 (https://web.archive.org/web/20080216010033/http://schrag.info/irb/historians_comments_to_ohrp.pdf，访问日期:2015 年 8 月 1 日)。

[5] “Arinita Jones's Letter to the Office for Human Research Protections,” December 20, 2007(https://web.archive. org/web/20080216010032/; http://www. historians. org/press/OralHistoryExclusionLetter. pdf); Robert B. Townsend, “The Feds and IRBs: Your Opportunity to Weigh in,” November 6, 2007(http://blog.historians.org/2007/11/ the-feds-and-irbs-your-opportunity-to-weigh-in/);上述网址访问日期为 2015 年 8 月 1 日。其他资料可参阅 Robert B. Townsend, “Historians Get Rare Opportunity to Comment on Federal Policy on Oral History,” *Perspectives on History*, December 2007; Scott Jaschik, “Threat Seen to Oral History,” *Insider Higher Education*, January 3, 2008。

[6] Department of Health and Human Services, “Human Subjects Research Protections: Enhancing Protections for Research Subjects and Reducing Burden, Delay, and Ambiguity for Investigators,” *Federal Register*, Vol.76, No.143, July 26, 2011, pp.44512—44531; David Brown, “U.S. Proposes Rule Changes for Human-Subject Research,” *The Washington Post*, July 23, 2011; Christopher Shea, “Historians and Human-Subjects Research,” *The Wall Street Journal*, August 5, 2011.

中,涉及口述历史伦理审查问题的大约占到11%(据笔者查询"oral history"共检索到127条),足见美国口述历史学界对于该问题的关注程度。[1] 其中,詹姆斯·格罗斯曼(James R. Grossman)和莉娜·本梅尔(Rina Benmayor)分别代表美国历史协会和口述历史协会于2011年10月致信人类研究保护办公室主任杰里·曼尼科夫(Jerry Menikoff)提出反馈意见,他们一致要求口述历史能够完全排除在"共同规则"和伦理审查委员会的监管与审查之外(修改意见仅仅指出哪些研究类型可以豁免审查),并且对于联邦法规有关限制信息风险(information risk)的规定表示担心,认为该规定将对口述历史、档案保存与历史研究造成重大潜在伤害。[2] 上述美国历史协会与口述历史协会两次要求排除审查的理由同之前的主张基本相同,无非是强调"共同规则"并不适用于口述历史研究以及认为伦理审查委员会的审查与监管制度极大地违背口述历史研究的基本原则与侵犯学术自由。遗憾的是,这两次诉求没有得到美国卫生与公共服务部或人类研究保护办公室的任何答复,甚至这两个机构原先提出的修改意见也没有正式公布与生效。[3]

综上所述,在经过与联邦政府相关机构长达将近20年的沟通与斡旋之后,美国口述历史学界争取排除口述历史伦理审查的努力却陷入困境当中。

---

〔1〕 详细内容可访问 http://www.regulations.gov/#! docketBrowser;rpp=25;po=0;D=HHS-OPHS-2011-0005,访问日期:2015年8月1日;Mary Larson, "Steering Clear of the Rocks: A Look at the Current State of Oral History Ethics in the Digital Age," *Oral History Review*, Vol.40, No.1, 2013, p.40。

〔2〕 "James R. Grossman's Letter to Jerry Menikoff," October 24, 2011(http://www.regulations.gov/contentStreamer?documentId=HHS-OPHS-2011-0005-0628&attachmentNumber=1&disposition=attachment&contentType=pdf);"Rina Benmayor's Letter to Jerry Menikoff," October 25, 2011(http://www.regulations.gov/contentStreamer?documentId=HHS-OPHS-2011-0005-1010&attachmentNumber=1&disposition=attachment&contentType=pdf).其他相关资料还可参阅 Robert B. Townsend, "Getting Free of the IRB: A Call to Action for Oral History," August 1, 2011 (http://blog.historians.org/2011/08/getting-free-of-the-irb-a-call-to-action/); Robert B. Townsend, "Oral History and Information Risk: A Response to the Federal Proposal," October 17, 2011 (http://blog.historians.org/2011/10/oral-history-and-information-risk-a-response-to-the-federal-proposal/);"Oral History, IRB and Information Risk: A Response to the Federal Proposal," October 18, 2011 (http://www.oralhistory.org/wp-content/uploads/2011/12/IRB-proposed-response.pdf);"AHA Reiterates Stance on Oral History Review and Cautions on Extension of Privacy Rules," October 25, 2011(http://blog.historians.org/2011/10/aha-reiterates-stance-on-oral-history-review-and-cautions-on-extension-of-privacy-rules/)。除这两个组织之外,美国历史学家组织和美国档案工作者协会(Society of American Archivists)也都致信杰里·曼尼科夫,建议完全排除口述历史的伦理审查。详细内容参阅"Historians and Archivists Comment on Oral History Review Rules," (http://historycoalition.org/2011/10/28/historians-and-archivists- comment-on-oral-history-review-rules/)。上述网址访问日期为2015年8月1日。

〔3〕 笔者通过查询美国卫生与公共服务部网站,发现最新的有关符合伦理审查委员会快速审查的联邦条例仍然是1998年11月生效的文件。而至于2011年提议的新规也遭受搁置。详细内容可参阅"Categories of Research That May Be Reviewed by the Institutional Review Board (IRB) through an Expedited Review Procedure,"(http://www.hhs.gov/ohrp/policy/expedited98.html, 访问日期:2015年8月1日);Christopher Shea, "New Rules for Human-Subject Research Are Delayed and Debated," *The Chronicle of Higher Education*, November 3, 2014。

3 现实困境与选择

口述历史在美国人文与社会科学中并不是主流的研究方法与领域，可是口述历史学界在抵制伦理审查制度向人文与社会科学的过度扩张方面所做的努力是有目共睹的，而且也受到其他领域众多学者的关注和赞赏。[1] 可是，为什么其效果仍然相当有限？究其原因，本文认为主要有以下几点。

第一，联邦法规与政策的模糊性与矛盾性造成解读与具体实施的混乱。有学者指出："令人吃惊的是，一个简单的政府制定的模糊性概念（诸如'普遍性知识'）能够导致政府、伦理审查委员会与专业协会之间的管辖冲突。同样值得注意的是，这些冲突倾向于通过制定特别决议来解决。概念模糊不仅导致'任务蠕变'，而且常常造成传播这些特别决议的串联。"[2]概念或政策的模糊性首先体现在"共同规则"对于何谓"研究"的定义，而"研究"定义本身是决定研究计划是否接受伦理审查的前提所在。由于该定义没有明确界定"普遍性知识"和"系统性调查"这两个核心概念，从而极易造成研究者、联邦监管机构与伦理审查委员会在理解与解读上的巨大差异，基本上是往有利于自己的方向进行合理性猜测与推论。[3] 正是如此，美国历史协会与口述历史协会以口述历史是以"记录特定经历""解释特定过去"和"提供独特视角"为由来强调它并不是为了获得联邦法规所规定的"普遍性知识"，进而主张它不是联邦法规所定义的"研究"类型并因此可以排除伦理委员会的审查。可是在实践中，由于不同口述历史实践者在研究方法（生平式与主题式访谈）与研究目的上的差异，也无法排除有些研究者希望通过较为系统的口述历史访谈与研究来得出结论、为决策提供信息或总结发现结果，显然这些研究带有获得某种"普遍性知识"的可能性。[4] 基于此，迈克尔·卡罗姆在 2005 年澄清人类研究保护办公室关于口述历史伦理审查政策的电子邮件中就强调，口述历史活动本身并不构成联邦法规所定义的"研究"。

---

〔1〕 Philip Hamburger, "The New Censorship: Institutional Review Boards," pp. 352—354; Rena Lederman, "The Perils of Working at Home: IRB 'Mission Creep' as Context and Content for an Ethnography of Disciplinary Knowledges," *American Ethnologist*, Vol.33, No.4, 2006, pp. 485—486.

〔2〕 Ronald F. White, "Institutional Review Board Mission Creep: The Common Rule, Social Science, and the Nanny State," p.553.

〔3〕 Caroline H. Bledsoe, Bruce Sherin, Adam G. Galinsky, Nathalia M. Headley, Carol A. Heimer, Erik Kjedgaard, James Lindgren, John D. Miller, Michael E. Roloff and David H. Uttal, "Regulating Creativity: Research and Survival in the IRB Iron Cage," pp.609—610.正是如此，有学者主张联邦监管机构或伦理审查委员会应该为"普遍性知识"和"系统性调查"提供清晰定义。详细参阅 Jeffrey Cohen, "OHRP and Oral History," November 28, 2006(http://hrpp.blogspot.com/2006/11/ohrp-and-oral-history.html，访问日期：2015 年 8 月 1 日)。

〔4〕 显然，上述 2003 年 10 月 30 日备忘录所提供的第二个评估原则与范例就符合这一点，因此这样的口述历史计划需要接受伦理审查。

他还举例指出，采集病史、抽血（为了检验血清生化指标）、胸透或脑部CT等活动一般而言都不包含人类受试者研究，可是当研究者利用这些程序进行非豁免的人类受试者研究时，这些研究（如果由美国卫生与公共服务部执行或资助）必须接受伦理审查委员会的审查。[1] 显然，从中可以看出，联邦监管机构确定口述历史活动是否接受伦理审查的标准是取决于它如何操作及其应用目的。而回顾美国主流口述历史学界要求排除口述历史伦理审查的理由，可以发现它们主要是从口述历史本身的性质出发来强调它不是联邦法规所定义的"研究"类型。

而作为美国口述历史学界努力排除审查的主要成果，2003年9月22日政策声明本身在关键术语使用上也是模糊不清，即声明中的"大多数"和"一般而言"两个术语很难让研究者或伦理审查委员会判断哪些口述历史计划属于"非大多数"或"非一般"情况。不过，如上所述，真正造成该政策声明效果不佳的主要原因在于人类研究保护办公室参与讨论并同意发布的与政策声明存在明显冲突与矛盾的2003年10月30日备忘录，该备忘录明确指出某些口述历史计划需要接受伦理审查，尽管其理由并不具有说服力。即使办公室随即于2004年1月8日发布电子邮件重新确认支持政策声明，可是已经造成比较明显的负面影响。当时就有学者指出："我们发现口述历史计划监管仍然是相当不同的政策与程序的令人混淆的拼凑。"[2]而就审查实践来看，绝大多数伦理审查委员会则倾向于赞同备忘录的指导原则。

联邦法规与政策的模糊性与矛盾性还体现在联邦监管机构自身的言行不一，即2004年人类研究保护办公室在启动贝尔蒙特口述历史计划（Belmont Oral History Project）时就没有经过伦理审查委员会的审查与批准。该计划由伯纳德·希维切主任在内的人类研究保护办公室工作人员对国家保护生物医学与行为研究中的人类受试者委员会（National Commission for the Protection of Human Subjects of Biomedical and Behavioral Research）前成员与职员进行视频访谈，并将视频与抄本资料发布在办公室官方网站上。而且，部分访谈资料还被应用到一个纪录短片当中，用来纪念和评价《贝尔蒙特报告》（*Belmont Report*）发布25周年。[3] 针对学者质疑与追问，办公室于2007年做出回应，他们坚决宣称该口述历史计划并不属于联邦法规所定义的"研究"类型，因为它不是一项为

---

〔1〕 Michael A. Carome, "Clarification of OHRP's Position on Oral History Information," November 22, 2005.

〔2〕 Robert B. Townsend and Mériam Belli, "Oral History and IRBs: Caution Urged as Rule Interpretations Vary Widely."

〔3〕 该计划官方网站为 http://www.hhs.gov/ohrp/archive/belmontArchive.html#histArchive2，访问日期：2015年8月2日。有关《贝尔蒙特报告》的详细资料，请参阅 National Commission for the Protection of Human Subjects of Biomedical and Behavioral Research, *Belmont Report: Ethical Principles and Guidelines for the Protection of Human Subjects of Research*（Washington: U.S. Government Printing Office, 1979）。

了获得普遍性知识而进行的系统性调查。可是,有学者仍然强调该计划网站(标题为"Oral History Archive")就像"一个为其他研究者提供研究资料的信息库",而且办公室利用部分访谈资料所制作的纪录片在某种程度上也具有为决策提供信息的目的。[1] 这些特征显然都符合2003年10月30日备忘录所提出的第二条和第三条原则,因而理论上需要接受伦理审查委员会的审查与批准,可是当时办公室却没有遵从任何相关程序。

第二,伦理审查委员会的风险规避思维导致他们宁愿在监管程度上犯错误,也不愿意直接放弃对某些研究类型的审查权。如上所述,"共同规则"本身只适用于那些由18个联邦机构执行或资助的研究计划,而事实上,绝大部分大学或研究机构会将伦理审查委员会审查扩展到所有研究类型,即使它们没有获得上述18个联邦机构的资助。[2] 正如有学者指出的,模糊的联邦政策以及管理者避免潜在诉讼或负面报道(因危险性或争议性研究所致)的本能培养了一种日益扩大的伦理审查委员会监管体制。正是如此,伦理审查委员会的风险规避思维导致审查范围不断扩大和审查要求日益严格;同时,也因为口述历史研究的不断发展与学术界的日益认可而引起它们的密切关注。[3]

伦理审查委员会要求审查口述历史的主要考虑是基于两个方面:对受访者可能造成的心理伤害与保护受访者隐私的需要。[4] 为避免心理伤害(甚至是人身危险),伦理审查委员会要求访谈者不能提问那些潜在的敏感主题。口述历史学界则认为,作为开放式的口述历史访谈很难预见是否或何时会涉及敏感主题。而且,与生物医学和行为科学研究中的人类受试者不同,作为具有高度自主性和能动性的受访者能够自我权衡敏感主题可能造成的消极后果(访谈者也会适当提醒受访者予以注意)。甚至有学者强调,根据传闻和科学证据显示,有关敏感主题或创伤经历的访谈并不总是造成伤害,反而可能具有积极

---

〔1〕 Zachary M. Schrag, "'Generalizable' revisited," Institutional Review Blog, January 10, 2007(http://www.institutionalreviewblog.com/2007/01/generalizable-revisited.html, 访问日期:2015年8月2日;Zachary M. Schrag, *Ethical Imperialism: Institutional Review Boards and the Social Sciences*, 1965—2009, p.158.

〔2〕 有学者之所以提出排除口述历史等人文科学领域的伦理审查要求,其重要理由是最可能资助人文科学研究的联邦机构——美国国家人文科学基金会(National Endowment for the Humanities)并不在"共同规则"监管范围之列。详细参阅 John A. Neuenschwander, *A Guide to Oral History and the Law*, p.104。

〔3〕 "Institutional Review Boards Threaten Scholarly Work," *Oral History Association Newsletter*, Vol. 40, No.3, Winter 2006, pp.8—9; Linda Shopes, "Oral History, Human Subjects, and Institutional Review Boards;" Robert B. Townsend, "Getting Free of the IRB: A Call to Action for Oral History."

〔4〕 Linda Shopes, "Negotiating Institutional Review Boards," *Perspectives on History*, March 2007.

效果。[1] 至于隐私问题,伦理审查委员会要求受访者保持匿名(美国口述历史协会允许在极端情况下这样做),甚至要求在研究完成之后由研究者(受访者)保存资料或销毁它们。显然,这些做法都完全违背口述历史研究的基本原则与目的,因为匿名资料在历史研究中缺乏可信性,而且对于绝大部分受访者而言,他们都为自己的经历能够成为历史记录的一部分而感到自豪因而希望可以公开自己身份。正如美国口述历史协会前主席迈克尔·弗里斯科(Michael Frisch)所说:"简单而言,口述历史的核心目的常常是将有名字的人(named people)纳入历史记录当中,而不是掩饰或隐去姓名。"[2]

基于此,美国历史协会指出,如果公开的话,访谈当中的某些信息可能会给受访者带来名誉或财产损失,甚至让它们面临民事或刑事责任。但是,历史学家更为重要的责任在于追踪证据所指引的方向,并在其所有复杂性当中认识与理解过去,而不是保护受访者免受他们过去的错误或罪行的可能性影响。[3] 不过,在实践过程中,自新世纪以来,越来越多的口述历史计划涉及政治(社会)运动、内战(战争)、非法移民或创伤事件等敏感主题,同时因为数字化技术的发展,使得口述历史资料的网络传播与使用变得更为容易、便捷,这些因素都使得口述历史工作所面临的法律与伦理风险进一步增加。当然,这些因素也直接导致伦理审查委员会对于口述历史研究计划的审查程序与要求变得越来越严格。

而发生于2011年并持续至今的美国波士顿学院口述历史传票案(Boston College Oral History Subpoena Case),就令美国口述历史学界要求排除口述历史审查的努力蒙上阴影。它是美国现代口述史学有史以来有关法律与伦理问题影响最为深远的法律诉讼事件。该案经过地区法院、巡回上诉法院多次审理并最终诉及美国最高法院(United States Supreme Court),引发了美国乃至国际同行对于口述史学法律与伦理问题的积极关注与争论。由于问题的敏感性和复杂性,该案更是牵涉政治、外交、法律以及新闻言论与学术

---

〔1〕 相关研究可参阅 Edward A. Walker, Elana Newman, Mary Koss, and David Bernstein, "Does the Study of Victimization Revictimize the Victims?" *General Hospital Psychiatry*, Vol.19, No.6, 1997, pp. 403—410; Elana Newman, Edward A. Walker, and Anne Gefland, "Assessing the Ethical Costs and Benefits of Trauma-Focused Research," *General Hospital Psychiatry*, Vol.21, No.3, 1999, pp.187—196; Kari Dyregrov, Atle Dyregov, and Magne Raundalen, "Refugee Families' Experience of Research Participation," *Journal of Traumatic Stress*, Vol.12, No.3, 2000, pp.413—426。

〔2〕 Michael Frisch, "Comment on the Department of Health and Human Services (HHS) Notice: Human Subject Research Protections: Enhancing Protections for Research Subjects and Reducing Burden, Delay, and Ambiguity for Investigators" (http://www. regulations. gov/#! documentDetail; D = HHS-OPHS-2011-0005-0751, 访问日期:2015年8月2日。

〔3〕 "Arinita Jones's Letter to the Office for Human Research Protections," December 20, 2007.

自由等尖锐问题。[1] 该传票案发生于2011年5月和8月，英国有关当局依据英美司法互助协议(Mutual Legal Assistance Treaty)，通过美国司法部向波士顿学院分别发出两张传票，要求交出保存在该校伯恩斯图书馆(John J. Burns Library)的两位爱尔兰共和军(Irish Republican Army)前成员布兰登·休斯(Brendan Hughes，1948—2008)和多勒丝·普莱斯(Dolours Price，1951—2013)以及所有涉及1972年一位名叫珍·麦高伟(Jean McConville)的北爱尔兰妇女的绑架与谋杀信息的口述历史访谈资料。这些资料是完成于2001年至2006年期间的波士顿学院"贝尔法斯特计划"(Belfast Project)的一部分，该计划由波士顿学院赞助和发起，旨在通过口述历史访谈来记录和保存那些参与长达30年的北爱冲突双方(共和派和忠诚派准军事组织)前军事成员的故事与经历。该计划聘请爱尔兰新闻记者爱德华·莫洛尼(Edward Moloney)担任计划主任，同时由爱尔兰共和军前成员安东尼·麦金太尔(Anthony McIntyre)和乌尔斯特志愿军(Ulster Volunteer Force)前成员威尔逊·麦克阿瑟(Wilson McArthur)担任首席研究者与访谈者。作为开诚布公的条件，所有受访者都被赋予保密承诺(promise of confidentiality)，除非他们自己同意公开访谈资料或去世。[2]

该案涉及众多的口述历史法律与伦理争议，其中一个关键问题就是："贝尔法斯特计划"在正式启动之前有没有接受波士顿学院伦理审查委员会的审查与批准？美国联邦第一巡回上诉法院(United States Court of Appeals for the First Circuit)在2012年7月6日的判决意见中指出，如果波士顿学院与爱德华·莫洛尼和安东尼·麦金太尔在有关保密承诺有限性问题上达成共识的话，此次诉讼显然是可以避免的。同时，相关协议对于资料保密期限的规定也过于简单，而且考虑到这些相当敏感的口述历史资料的公开对于计划参与者与北爱和平进程的消极影响，波士顿学院被批评在计划初始阶段没有征求必要的法律建议和实施尽职的伦理审查与监管。[3] 显然，对于那些可能开展涉及危险或敏感主题研究的大学或机构管理者来说，该案可能会让他们提高警惕，并要求伦理审查委员会加强对相关研究的审查与监管力度。同时，为避免引起不必要的法律纠纷或伦理风险，伦理

---

[1] "Oral Historians Express Concern about Boston College Subpoena," *Oral History Association Newsletter*, Vol.45, No.2, Summer 2011, pp.9, 11; John A. Neuenschwander, "Belfast Project Researchers Lose Court Battle," *Oral History Association Newsletter*, Vol. 46, No. 2, Summer 2012, pp. 3—4; John A. Neuenschwander, "The Impact of the Boston College Case on Interview Restrictions," *Oral History Association Newsletter*, Vol.48, No.2, Summer 2014, pp.1, 4, and 6—7.

[2] Motion of the Trustees of Boston College to Quash Subpoenas, M. B. D. No. 11-MC-91078, United States District Court District of Massachusetts, June 7, 2011, pp.1—5; Motion of the Trustees of Boston College to Quash New Subpoenas, M. B. D. No. 11-MC-91078, United States District Court District of Massachusetts, August 17, 2011, p.2.

[3] Ed Moloney; Anthony McIntyre vs. Eric H. Holder, Jr., Attorney General; Jack W. Pirozzolo, Commissioner, No.12-1159, United States Court of Appeals for the First Circuit, July 6, 2012.

审查委员会也习惯以"不怕一万，只怕万一"的心态要求审查所有以人为对象的研究计划，尽管某些计划根本没有研究风险可言。在某种程度上，这也能解释为什么大部分大学或研究机构并不赞同要求排除口述历史审查的政策声明。

第三，将口述历史定位为不是联邦法规所定义的"研究"类型降低了其学术性，从而造成口述历史学界内部在伦理审查问题上的分歧。如上所述，美国历史协会与口述历史协会为了将口述历史排除在审查之外，因而主张口述历史并不是"共同规则"所定义的研究类型。当然，它们很清楚这并不是刻意贬低口述历史本身的学术性。但是，这种策略引起部分口述历史学家的激烈反对，上述提到的 E.泰勒·阿特金斯就认为这是不明智和自掘坟墓之举。在他看来，任何希望在知名大学追求学术研究、终身教职或研究生学位的历史工作者都必须从事"研究"，即所谓的有助于获得普遍性(历史)知识的系统性调查。他进一步强调，如果从事的口述历史工作是没有经过审查的，将不能让他们获得期待的学术资历。[1] 而加州大学伯克利分校地区口述历史办公室(Regional Oral History Office, University of California, Berkeley)副主任马丁·米克尔(Martin Meeker)也指出："通过同意口述历史不能被定义为由诸如此类的资助机构所认定的研究类型，口述历史学家默认在学术层级体系中处于一种从属地位。……相对于一些过度扩张的伦理审查委员会来说，口述历史访谈在大学历史上和现在仍然延续的边缘化对这个领域的当前发展和未来健康将带来更大风险。"[2]

的确，作为美国战后兴起的为数不多的兼具学术研究意义、社会激进议程与公共历史价值的研究方法与学科领域，口述历史尽管在后两个方面取得相当大的社会影响力，可是其学术性(尤其是在职称晋升与学术资历评价方面)仍有待学术界认可。[3] 事实上，早在 2005 年美国口述历史协会就成立工作组来调查口述历史在学者专业评估当中的作用，其中包括教职聘任、留任、晋升、终身教职授予、教学服务与社会服务等方面的评价与考核机制。[4] 不过，这项工作没有任何进展，直到 2014 年 2 月，口述历史协会重启该项工作并准备起草一份有关"作为学术的口述历史"(Oral History as Scholarship)的文件。目前，口述

---

〔1〕 E. Taylor Atkins, "Oral History and IRBs: An Update from the 2006 HRPP Conference."

〔2〕 Martin Meeker, "The Berkeley Compromise: Oral History, Human Subjects, and the Meaning of 'Research'," p.131.

〔3〕 在大学终身教职评定中，很多口述历史工作者抱怨他们的工作被认为是没有价值和原创性的学术研究。详细参阅 Clifford Kuhn, "Considering Oral History as Scholarship: Comments Welcome," *Public History Commons*, June 17, 2015。

〔4〕 AHA Staff, "Oral History Association Task Force Calls for Reports," *Perspectives on History*, April 2005.

历史协会正面向学术界广泛征求意见，最后的文件将在2016年协会年会上公布。[1]

基于此，如果口述历史学界为避免伦理审查而主张口述历史不是联邦法规所定义的研究类型，这种策略的确会影响口述历史的学术性与科学地位，甚至导致口述历史被其他领域的学者嘲笑为“非研究”(non-research)工作。显然，这并不是口述历史工作者所愿意看到的。其实这个问题也促使他们不断调整策略，即不再过分关注口述历史与其他研究类型的性质差异，而是强调基于生物医学与行为研究伦理考量的联邦法规、政策与审查程序并不完全适用于口述历史。

正是由于上述各种困境，使得美国口述历史学界不断意识到联邦监管机构与伦理审查委员会根本不可能放弃审查权，即使符合豁免或排除条件，其决定权也属于伦理审查委员会而并非研究者。作为口述历史排除审查的主要倡导者，琳达·肖普斯也承认她们的倡导活动在很大程度上是无效的，而且她也悲观地表示：“口述历史学家不太可能从联邦监管机构那里获得许多让步。”[2]的确，伯纳德·希维切尽管承认更为清晰的政策指南可能有助于让伦理审查委员会不那么具有干预性，但是他仍然坚决主张在非医学研究中也需要保护人类受试者免受任何危险。正如他所说的：“如果说不存在任何风险，我想那是天真的。”[3]

正是因为如此，众多学者提出口述历史学界真正需要的是采取一种更为积极主动的态度，而不是一味地抵制伦理审查委员会。而其中最为关键的则是教育与协商，[4]以期达成一种相互尊重与信任的和睦关系，并在此基础上与伦理审查委员会合作，发展一套真正适合于口述历史的伦理审查政策与程序。

---

[1] Clifford Kuhn, “OHA and Oral History at NCPH,” H-OralHist, April 10, 2015; Clifford Kuhn, “OHA Document on Oral History as Scholarship,” H-OralHist, June 22, 2015. 2014年口述历史协会被美国学术团体委员会(American Council of Learned Societies)接纳为会员，也足见其学术性被逐步认可。详细参阅Clifford Kuhn, “Oral History Association Selected to ACLS,” H-OralHist, May 12, 2014; “Focus on the Oral History Association,” *ACLS News*, October 21, 2014(https://www.acls.org/news/08-21-2014/, 访问日期：2014年8月2日。

[2] Linda Shopes, “Oral History, Human Subjects, and Institutional Review Boards.”

[3] Patricia Cohen, “Ethics Panels Expand Grip, No Field Is Off Limits,” *New York Times*, February 28, 2007.

[4] John A. Neuenschwander, *A Guide to Oral History and the Law*, p.111.

口述历史资料收集中的法律与伦理探究
——以中国女性图书馆为例〔1〕

◎李慧波〔2〕

摘　要：

持续地收集口述历史资料与正确处理好收集机构、访谈员、受访者的关系有很大关系。口述历史资料收集过程中可能产生法律和伦理问题。在组织机构的非营利性及三种无上下级关系的基础上进行资料收集的过程中，预防首位，告知原则，制定符合中国国情的规范性业务操作程序和建立规章制度，伦理规范与法律规范并行对有效地预防访谈过程中发生的各种问题具有重要意义。

关键词：

口述历史资料；收集机构；访谈员；受访者；法律；伦理

The Exploration of the Legal and Ethical in Oral History Data Collection
——Taking China Women & Gender Library as the Example

◎　Li Huibo

Abstract:

It is most important to handle well the relationship between collection agency, the interviewer and respondents in the process of continuing to collect oral history data. In the process, it may lead to legal and ethical issues. The collection agencies belong to nonprofit. They don′t have leader-member relationships between collection agency, the interviewer and respondents. Therefore, it is of great significance to tell the principle, prevention first, formulate normative business operating procedures, establish rules and regulations, and make ethics and legal norms in parallel in the interview process.

Keywords:

Oral History Data; Collection agencies; Interviewer; Interviewee; Law; Ethical

---

〔1〕 本论文为中华女子学院校级课题“口述历史资源在图书馆特藏库中的管理和使用研究”阶段性成果，项目编号：KY2016-03026。

〔2〕 作者简介：李慧波，女，历史学博士，中华女子学院图书馆馆员。

1 口述史的法律论文问题的研究概况

中国口述史真正具有规模始于 2000 年，特别是 2002 年“抢救和保护中国人类口头和非物质遗产工程”的启动，对这项工作起到了积极的推动作用。目前，中国国家图书馆、中国传媒大学崔永元口述历史研究中心、汕头大学图书馆、贵州民族学院图书馆、新疆生产建设兵团党校图书馆、中华女子学院图书馆等都开展了口述历史文献工作。[1]

基于版权的口述历史文献类型可划分为叙述式口述历史文献和访谈式口述历史文献。前者由于口述的动义、目的、主题、结构、内容、表现形式等都由受访者决定，图书馆只充当收藏和管理口述历史文献者的角色，或者仅充当“辅助者”的身份。依据《著作权法实施条例》第 3 条第 2 款的规定，这些工作不具有创作性，图书馆不能对最终形成的口述历史文献主张任何权利，包括版权精神权利和版权财产权利。本文主要指的是图书馆积极、主动地介入的口述活动。[2] 在这种情况下，图书馆的工作具有创作性质，即已经成为口述历史文献作者，或者版权人之一。在访谈式口述历史文献形成过程中，图书馆的工作主要包括：确定访谈专题、对访谈专题进行背景资料研究、寻找访谈对象、设计问题、为访谈员提供清晰的框架、培训访谈员，并恰如其分地干预，以最终获得更多的信息[3]。然而，由于图书馆对口述历史文献创作活动的实质性参与，使其版权问题变得复杂，而与这类文献相关的纠纷也最易发生。[4] 可见，获取口述历史资料是一个相当复杂而微妙的过程。它的搜集、整理、典藏和使用既要有一套实务的规则、办法和技巧，又要不可避免地涉及诸多的法律和伦理问题。

从 21 世纪开始，我国出现了对口述历史法律问题的专门研究，代表性的论文有郑松辉《图书馆口述历史工作著作权保护初探》，徐亚文、肖琼露的《口述历史与法律》，尹培丽《口述资料及其著作权问题探究》，薛鹤婵《口述档案的知识产权研究》，王倩《谈口述档案著作权问题的特殊性》，蒋冠等人的《口述档案的法律证据作用》，余汝信《口述录音不可强求》，廖经庭《口述历史的伦理与法律问题——从温哈雄事件谈起》，王雯君《口述历史的法律与伦理议题》，熊咏梅、胡立耘《口述历史相关的法律问题与应对措施》，邢幸《图书馆访谈式口述历史文献的版权问题刍论》，郑松辉、陈俊华《图书馆口述历史工作的伦理问题初探》，琚青春《图书馆口述文献工作中的著作权管理问题探讨》，苏明强《图书馆在口述历史文献编研中的著作权研究》，董瑜芳《试论口述历史中的版权问题》，左玉河《口述史研究的

[1] 邢幸：《图书馆访谈式口述历史文献的版权问题刍论》，《图书馆学刊》2014 年第 1 期，第 8—10 页。
[2] 同上。
[3] 同上。
[4] 同上。

规范化问题》，胡志伟《海峡两岸口述历史的今昔及其牵涉的若干道德、法律问题》，王炎《口述历史工作中的法律与道德问题》，以及杨祥银编著《与历史对话：口述史学的理论与实践》等成果，对著作权、隐私权、名誉权等方面进行了探索。[1] 可见，口述史的法律和伦理问题涉及如何认识口述历史的著作权归属，如何处理口述历史作品所涉及的隐私，如何规避侵权风险，以及如何保护受访者的权益不受侵害等多个方面。

2 机构介绍及定位

中国女性图书馆是中华女子学院图书馆的特藏馆。目前，培养访谈员二百人，已收集到访谈资料三百余篇，涉及妇女生命史、妇女活动家、女知青等不同主题。从机构定位而言，首先是本收集机构具有非营利性，口述历史活动是在上级部门的指导之下，不以营利为目的而开展的一种互益性的活动。资源提供者主要来自受访者和访谈员。她们获得很少的经济回报，参与者都是自主提供服务，而且访谈资料的所有权归收集机构中国女性图书馆所有。对收集机构而言，采取此种方式的目的并不只是为了降低成本，而是在资源有限的前提下，希望借由访谈员的自愿投入，最大限度地利用她们的专业知识和开发利用社会资源。

3 相关概念解释

任何组织要正常运行，都需要规范自己的行为。规范一般指明文规定或约定俗成的标准，是群体所确立的行为标准。它可以由组织正式规定，也可以是非正式形成。规范影响着组织的决策与行动。[2] 除了明文规定的法律、规章制度、纪律等具有伦理规范的性质，处理人际关系的伦理规则也属于规范的范畴。

法律是为人们的行为所提供的标准和方向。对社会成员具有普遍约束力，是一种特殊的行为规范（社会规范）。古希腊哲学家亚里士多德于公元前350年写道："法治比任何一个人的统治来得更好。"（原文为"It is more proper that law should govern than any one of the citizens."）法律以各种方式全面影响着每个人的日常生活与整个人类社会。在口述史项目管理中，收集机构与访谈员和受访者之间或其他相关机构之间签署的协议具有法律效力。如果一方不遵守协议，便会受到相应的惩罚。

伦理在项目管理的过程中往往起着非常重要的作用。在我国，"伦理"一词最早见于

---

〔1〕 熊咏梅、胡立耘：《口述历史法律问题研究综述》，《兰台世界》，2015年第17期，第5页。

〔2〕 据百度百科·规范（2014-9-19）：http://www.baike.com/wiki/%E8%A7%84%E8%8C%83，访问日期：2014年9月24日。

《礼记·乐记》篇:“乐者,通伦理者也。”东汉学者郑玄解释说:“伦,犹类也,理,犹分也。”伦,可解释成“辈”;理即“分条理”“规范”的意思。伦理就是一类人,或者一个辈分的人,应当遵循的规范。五伦,父子有亲,君臣有义,夫妇有别,长幼有序,朋友有信。“人伦物理”在封建社会就指人与人之间的道德关系。“理”字从玉从里,最初之意是指剖析、研修石玉,许慎在《说文解字》中说:“理,治玉也”,后引申为道理。到了宋明理学家那里,如程朱学派就将“理”作为封建纲常,“宇宙之间,一理而已……其张之为三纲,其纪之为五常”。

西方文化中的“伦理”与“道德”是有着一定的联系的。黑格尔把伦理称为客观的法,指社会道德;把道德称为主观的法,指个人道德。但在日常生活中,人们总是将“伦理”“道德”并称甚至互用。所以,伦理一般指“人与人以及人与自然的关系和处理这些关系的规则”[1],即人们处理相互关系时所遵循的行为准则。任何持续性运作的团体都存在着其内在特殊的伦理的要求。

口述历史伦理,主要是指口述历史活动或行为过程所涉及的道德关系和口述历史工作中所应该遵循的行为准则。它不仅包括口述历史活动主体的道德品质和修养,同时还包括口述历史活动的道德观念、工作模式的道德准则、口述资料整理和利用的社会道德评价等。图书馆口述历史工作涉及口述史参与者在口述活动中以心理活动形式表现出来的道德观念、情感、行为和品质,包括对待访谈活动的态度以及口述历史工作的行为准则与规范。口述历史工作作为一种社会活动,其本身具有其内在的价值尺度,口述历史活动主体都具有一定的道德修养、道德观念及人格,他们从属于不同的利益个体或利益集体,具有不同的伦理角色。口述历史伦理包括口述历史工作过程中口述资料获取、整合、处理、使用以及评价过程中的道德问题,是关涉完整的口述历史过程及其行为的伦理。我们讨论分析口述历史的伦理内涵,“是要通过对口述历史各种复杂的关系的分析,形成科学的口述历史工作伦理原则和道德规范,指导口述历史工作的顺利进行”[2]。

4 收集机构与访谈员之间的法律与伦理规范探究

从图书馆收集口述历史资料的角度而言,访谈员是图书馆的代理人,代表图书馆直接与受访者打交道,并且完成相关的准备、采访,以及后期口述历史资料的整理制作活动。中国女性图书馆的访谈员主要由高校教师和在读研究生组成。她们多是经导师推荐或与中国女性图书馆有长期合作关系的人员。她们凭借专业知识和特殊的技能志愿为妇女口

[1] 据百度百科·伦理(2014-5-15):http://baike.baidu.com/subview/266635/5033401.htm? fr=aladdin,访问日期:2014年9月24日。

[2] 郑松辉、陈俊华:《图书馆口述历史工作的伦理问题初探》,《四川图书馆学报》2009年第4期,第67—72页。

述历史资料的收集提供服务。而且，这些人多是在完成繁重的教学任务或学业的同时来参加访谈资料的收集的。我们知道，志愿精神“是一种自愿的、不为报酬和收入而参与推动人类发展、促进社会进步和完善社区工作的精神，是公众参与社会生活的一种非常重要的方式”[1]。所以，访谈员与收集机构二者之间的关系不同于一般组织管理中机构与专职人员之间的控制与服从的关系。访谈员拥有相当的自主权，不受强制，可以根据情况规定自己的工作时间，以及决定是否继续为口述历史的收集提供服务。由于访谈员与收集机构之间没有明确的雇佣关系，也没有明显的薪资关系和职权指挥的权利义务关系，如果措施不力，往往会影响收集活动的顺利进展。所以，在一定价值观念认同的基础上保持项目正常运转的伦理道德观念和行为要求更甚于法律和其他组织规范。

4.1 权利归属

在美国，口述历史被认为是合作作品，并且判例承认了采访者和被采访者均享有作品的版权[2]。因为口述历史成果是受访者和访谈员合作的作品，所以涉及版权和收益的分割问题。一般而言访谈员和图书馆之间的版权问题涉及三种情况。第一种情况：如果访谈员仅仅为口述历史资料的采集、访问提供了录音、录像设备，或者提出了咨询意见，或者只是简单的提问，那么按照《著作权法实施条例》第 3 条的规定，访谈员的劳动就不被认定为创作，不能成为版权人。第二种情况：在口述历史资料收集过程工作中，访谈员从事了选择访谈主题、寻找访谈对象、准备访谈设备、安排访谈环境，研究了受访者的背景资料，周密设计了访谈的框架、方案和具体步骤，并且设置了访谈的各种问题，控制了访谈的进程与氛围，引导受访者完成了口述任务。[3] 按照《著作权法》第 2 条第 2 款、第 9 条第 2 款、第 11 条第 3 款享有版权。《著作权法》第 13 条规定：两人以上合作创作的作品，著作权由合作者共同享有。[4] 按照《著作权法》第 16 条第 1 款的规定，图书馆和访谈员之间是“普通职务法律关系”，访谈员就口述作品享有的版权在两年内由图书馆优先使用，“两年内，未经图书馆同意，访谈员不能就其在口述作品中享有的版权以与图书馆相同的使用方式许可给第三人使用”。第三种情况：图书馆在访谈前对访谈员进行了培训，包括访谈提纲的设置，受访者的选定等，但访谈员很多情况下根据受访者的具体情况调整或更改访谈结构。这种情况下，如果访谈员不是图书馆的员工，而是图书馆委托创作的人员或组织，

---

[1] 王智慧主编《非盈利组织管理》，北京大学出版社，2012，第 126 页。

[2] 徐亚文、肖琼露：《口述历史与法律》，《中共青岛市委党校青岛行政学院学报》2012 年第 1 期，第 110—116 页。

[3] 祖红波：《图书馆口述文献工作中的版权法律风险及其规避》，《晋图学刊》2015 年第 2 期，第 37—40 页。

[4] 王小平：《图书馆口述历史数据库建设中的版权问题研究》，《湖北理工学院学报（人文社会科学版）》2014 年第 3 期，第 44—46 页。

那么按照《著作权法》第17条的规定，图书馆和访谈员之间构成委托创作法律关系，双方就口述作品的版权归属要视委托创作合同而定，当然这必须排除受访者自己享有的版权[1]。所以，本馆与访谈员签署协议，给予劳务费。明确成果的所有权和著作权归图书馆所有，但使用和出版时必须署访谈员的名字。同意访谈员优先使用资料进行学术研究，并对其研究成果给予奖励。

4.2 访谈员对受访者口述内容的客观记录

访谈员递交的资料有录音/视频、逐字稿、整理稿和其他相关材料。要求逐字稿是原文转录（包括受访者的语气和动作）。口述历史的第一主体应当是受访者，因此受访者口述的原始记录是至为重要的，但是，除明显的人名、地名、时间、地点等方面的错讹可以改正外，访谈整理稿要保证受访者本人所表达意思的准确性。哪怕受访者的陈述有悖常理常识，观点离奇，述说怪异，用词生僻，一般情况下也应保留。只有这样，才能给日后的资料使用者留出一个可供"继续被阐释"的开放空间。当然，在口述史资料和实际事实或其他文献相抵触的情况下，访谈员可以在文章适当的位置通过注释或其他方式进行说明。

4.3 其他伦理规范的案例

案例一：受访者与访谈员是同一行业长辈与晚辈之间的关系。她们有一致的学术追求，受访者欣然接受访谈。但在逐字稿中注明某个部分不公开。在准备出版之际，当项目组把不公开部分删除之后，告知访谈员，访谈员建议受访者资料全部不公开，因为她曾经给过访谈员承诺，不公开受访者所有资料。

应对措施：访谈员是一位非常优秀的访谈员，为项目的进展曾作出很大贡献。如果这个时候按照授权公开内容，项目组尽管没有任何责任，但会影响访谈员与受访者日后的相处，也会打消访谈员对项目的热情和积极性，因此，遵照访谈员的意见。

案例二：访谈员接受培训后，不按照协议进行。如接受培训后杳无音讯。

应对措施：多次沟通，或与其导师或推荐机构联系。

案例三：访谈员无故推迟项目进度。

应对措施：多次沟通，或与其导师或推荐机构联系。

案例四：访谈员不能将整理出的口述历史资料及时向受访者反馈，或者受访者提出的某些要求访谈员没有及时回复。

应对措施：项目组建立跟踪调查计划。定期或不定期地对受访者进行调查，及时跟踪访谈员与受访者之间的进展情况以及受访者对项目的要求。

---

[1] 祖红波：《图书馆口述文献工作中的版权法律风险及其规避》，第37—40页。

5 收集机构与受访者之间的法律与伦理规范探究

5.1 权利归属

由于口述历史被认为是合作作品，受访者也享有作品的版权。但是，访谈员和图书馆在收集过程中付出了大量的人力和物力，特别是访谈提纲的制订、录音的转录及整理都是由图书馆和访谈员来完成的。因此涉及的版权和收益分割问题，我们常与受访者采取书面约定的方式，即法律授权书来明确各方的责任与义务。授权书强调的问题包括著作权的分配、知情同意、口述历史公开利用的限制设定等方面。

我们与受访者之间签署的具有法律效力的授权书，一方面打消了受访者对项目不信任的念头，确保涉及个人隐私和政治敏感问题的部分得到保密；另一方面也利于防止受访者在访谈过程中反悔或在将来资料使用方面引起纠纷。但项目组与受访者之间更多是伦理规范层面的协商与合作。

5.2 隐私的泄露和对他人的诽谤

网络为口述历史资料服务、传播提供了新的渠道，但是也带来了风险。收集机构对访谈资料的公开，一定要慎重。如果图书馆擅自将该口述历史资料公开，特别是录音和逐字稿的公开或者发表、出版，都有可能涉及侵犯受访者或他人权益的问题。口述史的收集过程中最常见的两种情况：第一，受访者同意公开某些资料，但该资料构成对受访者以外的人物的名誉的侵害；第二，收集机构没有按照受访者的授权而公开口述历史资料，甚至侵害相关人物的名誉。[1]

隐私权是一种保护个人私生活完整性的权利，也是一种排除他人干扰的权利。我国民法中《侵权责任法》第二条包括了隐私权，行为人因过错侵害他人隐私权益时，应当承担侵权责任。在口述历史活动中，许多播出或出版的事实都涉及他人的生活。由于被采访者的疏忽或是组织材料者的失误，使得许多被提及的当事人受到不必要的损害。[2] 所以，无论采取什么方式，图书馆在公布之前，一定要征得受访者的同意。

由于本机构的访谈员很可能会找人转录录音资料，这就需要转录者对口述内容的保密。为此，项目组要求转录者签署保密责任书(见图 3)。

---

〔1〕 1996 年台湾"中央研究院"近代史研究所研究员刘凤翰等人为前"联勤总司令"温哈熊进行口述历史访问，出版了《温哈熊先生访谈纪录》一书，书中部分内容暗指前"国防部长"俞大维之子俞扬和勾引蒋经国先生独生女蒋孝章，从而引发控告温哈熊涉嫌妨害名誉与诽谤死者罪。

〔2〕 徐亚文、肖琼露：《口述历史与法律》，第 110—116 页。

口述历史资料，并收藏于中华女子学院中国女性图书馆。甲方自愿接受访谈，乙方保证正当、合法地使用甲方的口述历史资料，为读者和研究者服务，为中国妇女事业的发展服务。

1、甲方基于对以上信息的了解，认可与乙方于＿＿＿＿＿＿＿＿（访谈时间）进行的访谈。甲方同意乙方对访谈进行录音（录像），并整理成与录音（录像）对应的原文转录稿和分章节的口述历史故事。经校阅无误后，授权乙方对这些资料收藏和保存。甲方若公开出版访谈资料时需与乙方协商。

2、甲方对访谈要求的其他说明：＿＿＿＿＿＿＿＿＿＿＿＿＿＿＿＿＿＿＿＿

＿＿＿＿＿＿＿＿＿＿＿＿＿＿＿＿＿＿＿＿＿＿＿＿＿＿＿＿＿＿＿＿＿＿＿＿＿＿

＿＿＿＿＿＿＿＿＿＿＿＿＿＿＿＿＿＿＿＿＿＿＿＿＿＿＿＿＿＿＿＿＿＿＿＿＿＿

甲方：（签字）　　　　　　　　　　乙方代表：（公章）

女性图书馆。乙方保证正当、合法地使用甲方的口述历史资料，为读者和研究者服务，为中国妇女事业的发展服务。

甲方基于对以上信息的了解，认可与乙方于＿＿＿＿＿＿＿＿（访谈时间）进行的访谈。甲方同意乙方对访谈进行录音（录像），并整理成与录音（录像）对应的原文转录稿和分章节的口述历史故事。经校阅无误后，授权乙方对这些资料作以下方式的保存、整理和利用：

1、同意乙方对录音（录像）、原文转录稿、口述历史故事进行永久性保存，**并且除甲方指定的不允许公开的内容外，**允许乙方的读者和相关研究者利用和引用这些资料；

2、同意**乙方将允许公开的**录音（录像）、原文转录稿、口述历史故事用于展示、出版或网络浏览，供学术研究之用。

3、甲方对相关资料的使用限制（包括公开时间、内容等）：＿＿＿＿＿＿＿＿

＿＿＿＿＿＿＿＿＿＿＿＿＿＿＿＿＿＿＿＿＿＿＿＿＿＿＿＿＿＿＿＿＿＿＿＿＿＿

＿＿＿＿＿＿＿＿＿＿＿＿＿＿＿＿＿＿＿＿＿＿＿＿＿＿＿＿＿＿＿＿＿＿＿＿＿＿

甲方：（签字）　　　　　　　　　　乙方代表：（公章）

日期：　　　　　　　　　　　　　　日期：

图1、图2，授权书合同模板（部分）

妇女口述历史转写员保密责任书↵

本人____________________自愿参与转写中华女子学院中国女性图书馆的'95+20 项目的访淡所获得的妇女口述录音资料，本人承诺：↵

1、不私自复制录音资料；↵

2、不向他人以任何方式泄露录音资料的内容；↵

3、即使在转写结束后也不随意在任何场合谈及访谈对象的具体录音内容；↵

4、保障能转写访谈对象的全部访谈信息，不遗漏任何细节内容并在最后形成完整的逐字电子文档；↵

5、保障如期完成转写工作并在工作结束后全部交回所有的资料，不留存任何相关的资料；↵

6、如若由于本人的原因造成泄密并产生不良后果的，本人愿意承担由此引起的法律责任。↵

↵

承诺人：↵

年 月 日↵

图 3 保密责任书模板

侮辱诽谤也是一种对他人的不法侵害行为。在民法中侮辱是指用语言(包括书面和口头或行动)公然损害他人人格,毁坏他人名誉的行为,从而使受害人感觉到一种不公正的社会压力或心理负担,精神上受到折磨,心理上遭受创伤,并且这种侵害行为不能被言论自由的范围所覆盖。我国《刑法》第 246 条规定了侮辱诽谤罪——以暴力或者其他方法公然侮辱他人或者捏造事实诽谤他人,情节严重的,处三年以下有期徒刑,拘役、管制或者剥夺政治权利。[1] 这类问题有时是受访者因为遗忘,记忆出现偏差,是无意识的;也有些人是选择性的失忆,其中夹杂了许多个人感情、认识和看法的事实。个人的恩怨也容易导致夸大事实,捏造并散布某些虚假的事实的行为。

虽然受访者在叙述时未意识到,而图书馆的工作人员如果对这些问题不能很好地把关,很可能会导致口述历史资料存在毁谤侵犯他人隐私等伦理问题,甚至会涉及法律责任。[2] 所以,即使征得受访者授权的情况下,图书馆在公布之前一定要检查受访者同意的口述历史资料是否侵犯了他人的权益。在整理的过程中将可能引起诉讼的内容与受访方协商后,进行专业处理。收集机构必须提前预防这种纠纷的发生,要发表的采访内容若涉及第三人的私生活,应当事先征得第三人或其亲属的同意,要尤其注意后期归档和公布

〔1〕 徐亚文、肖琼露:《口述历史与法律》,第 110—116 页。
〔2〕 郑松辉、陈俊华:《图书馆口述历史工作的伦理问题初探》,第 67—72 页。

的过程，保留涉及第三人隐私的内容。

如果公布于网站，需要通过技术手段对相关资源做出一定的限制，对访谈作品的内容进行控制，对访问的人数也可以进行适当控制，避免造成信息失控。我们目前采用访问限制技术，需要用户向我们申请并填写保证书，才可登录。如读者想要获取完整的整理稿就要亲临特藏室查阅，并由馆员提供咨询服务。

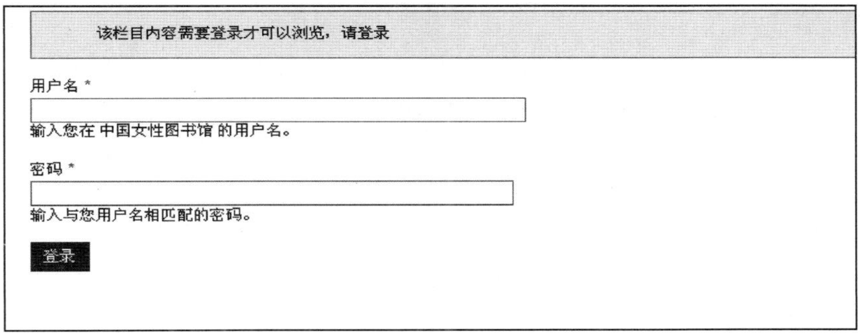

图 4　网站资源登录页面

5.3　案例

案例一：受访者口述一些对其他人人身攻击的话语。

应对措施：为保护受访者和当事人，与受访者协商，暂时隐去整理稿中部分内容。

案例二：受访者为一名离休女干部，同意访谈，而且访谈员访谈完毕之后，将整理稿给受访者及其家属过目。受访者子女拒绝让受访者授权，并且让访谈员将所有的录音、逐字稿和整理稿删除。原因是子女不想让其他人知道这位老人曾经受过强暴。还有一例为老人六个子女各持己见。

应对措施：访谈员与受访者家人多次沟通，还是没有获取授权，受访者也向访谈员表示无奈，最后访谈员答应了受访者家属的要求。原因是受访者与其子女一起生活，与子女有依靠关系，如果仅说服受访者授权，将来会影响受访者的生活。

案例三：受访者为一名法官，访谈员第一次访谈后，约第二次访谈时，受访者让访谈员把第一次的录音和逐字稿在其电脑上打开，然后让访谈员当面删除，并不再接受访谈。

应对措施：同意受访者要求，同时让访谈员做出说明，项目组给访谈员一定的交通费用补贴。

案例四：受访者与访谈员在校园里散步认识，受访者答应访谈后，访谈员将整理稿拿给受访者阅读，因为受访者曾屡次受过政治迫害，其家人有防备心理，不予授权。

应对措施：同意受访者要求。

这种情况下，收集机构尽力做好防备工作，在访谈之前，既要了解受访人的身体状况，也要了解其家人的态度，说明保密原则，以建立良好的信任关系；并告诫访谈员在首次接触时尽可能阐述清楚访谈原则，明确自己的责任和权利范围，不随意承诺受访对象自己和项目组无法承担的事情，而一旦答应受访对象则应尽力履行承诺，尽可能减少失信行为的发生。

案例五：经济问题——受访者可能会问项目组要报酬。

应对措施："如果口述历史资料的版权无法分割，那么图书馆就必须与受访者协商，在协商无果的情况下，如果受访者无正当反对理由，图书馆可以行使口述历史资料的版权，但收益应向受访者分配"。[1] 访谈员在访谈前除了说明授权问题，还要说明报酬。大多数情况下，受访者是自愿参与访谈，除了小纪念品，更多的是精神鼓励。

6 结 论

6.1 预防首位

纽恩斯万德(Neuen-schwander)在《口述历史与法律保护》一书中说："预防性法律总不如诉讼来得费时与昂贵。"[2]无论是受访者的失信和访谈员的失信，均会影响项目的顺利进行。从口述历史资料的形成开始就有必要通过协商就各主体的权限和利益作具体的界定，并以书面合约的形式相对固定下来，进行备案，以寻求各权益主体间的平衡。甚至必须进行事先的法律风险评估。尽管这些原则与标准繁复，但是多一种保护就少一分伤害。

口述历史工作是一项学术性和专业性都很强的工作，配备一支专业水平高、综合素质强的专业人才队伍是保证各项工作顺利开展的主导性因素。为了尽可能地不影响访谈进度，中国女性图书馆在项目管理过程中，实行了导师或部门推荐的方式来招募访谈员，即由导师或部门推荐符合项目要求的访谈员，以证明访谈员具备本文前述基本条件的能力、品德并有足够的时间来完成任务。这样基本确保了访谈员的质量。同时与访谈员签署协议要求访谈员做出承诺(见下图)，以确保访谈员既有足够的时间和精力来完成访谈，又善于采纳收集机构的指导和建议。

---

〔1〕 祖红波：《图书馆口述文献工作中的版权法律风险及其规避》，第37—40页。

〔2〕 同上。

‘95+20口述历史项目访谈员工作协议

甲方（访谈员）：

乙方：中华女子学院

甲方在2013年参与中华女子学院中国女性图书馆‘95+20口述历史项目，参与了由乙方是供的专业口述历史培训课程，并签署了《项目承诺书》，自愿成为项目访谈员。

1、甲方的权利和义务：

（1） 甲方负责根据项目要求进行访谈、录音（录像）或者文字记录，收集有关资料，并将录音文件转换成原文转录稿和口述历史故事。

（2） 甲方应将访谈过程中取得的资料以及整理后的资料，交归乙方所有。

（3） 甲方访谈所取得的资料以及整理资料所得的成果的所有权和著作权归乙方。

（4） 甲方应对各种项目文件和成果保密。未经乙方允许，甲方不得自行使用项目所得资料，不以任何形式公开项目资料。

图 5 访谈员工作协议模板(部分)

在收集资料过程中,笔者认为访谈员具备以下几方面的能力至关重要。以这些条件来招募访谈员对访谈的完成具有重要意义。

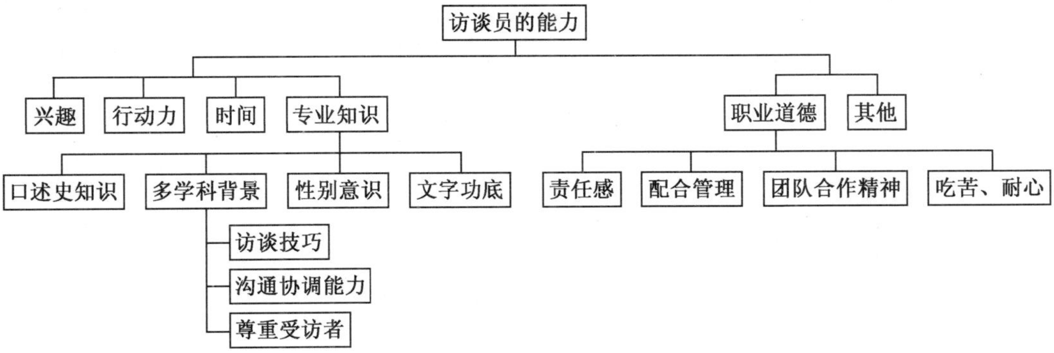

图 6 访谈员的能力

同时,在招募时明确列明基本权利与义务,比如组成团队后,一起制订细则;执行过程中,在团队内部公开权利义务履行情况;项目中后期,确定进一步履责可能性,及时进行人员调整,以推动未能按时展开的工作;项目结束后,按先前制订的规则进行奖惩。

6.2 告知原则

一般来说,刚开始受访者对于访谈员会有一定的戒备之心,担心自己的口述作品被滥用,担心自己的相关权利得不到保障(访谈之前就须跟受访者讲述此次访谈的目的)。为此，为提高访谈所获资料的充分性、真实性和分享的广泛性，收集机构除了要挑选有一定经验的访谈员，还需要在确定受访者之前充分告知项目目标、访谈内容、访谈所获各类的资料使用计划等，以及口述历史制作过程中双方的权益，包括编辑、访谈资源的整理、传播与利用方式，使用限制、著作权、优先使用权、版税以及该口述记录预期的处置方式等，在他们知情的情况下，请求他们签署法律授权书。这样，通过它的签署，能够明确各方的相关权利和义务，使受访方在毫无顾忌的情况下畅所欲言。[1]

6.3 制订符合中国国情的规范性业务操作程序和建立相应规章制度

1968 年，美国口述历史协会出台了《口述历史工作原则与标准》，这是世界上第一部较为完整的口述历史文献业务操作规范，其中规定了采访者、受访者和资助机构的权利、义务以及应当遵循的相关依据。1979 年，美国口述历史协会又制订了《口述历史文献评价准则》，此后经过 1989 年和 2000 年两次修订，现在的版本是 2009 年 9 月制订的，即《口述历史的通用原则和最优实践》，其中归纳了 8 条重要原则，包括版权管理原则。[2] 我国也在逐步进行探索的过程当中。比如 2001 年我国四川当代史编委会制订了口述历史采访的工作程序与标准，2003 年中国口述史研究会在其章程中提出了口述历史的规范操作标准，2004 年首届中华口述史高级论坛暨学科建设会议讨论了口述史的概念、规范、标准、原则等问题。2014 年第四届全国口述历史学术研讨会上，左玉河秘书长再次提出了口述历史的规范问题。可见，符合中国国情的口述历史规范性业务操作程序和建立相应规章制度势在必行。

6.4 伦理规范与法律规范并行

“乐者，通伦理者也”，良好地运用伦理规范，可以使得收集机构正确处理好与访谈员与受访者，以及访谈员与受访者之间的关系。下面试举例说明：

收集机构积极地为访谈员提供其他帮助。无论是在访谈前寻找受访者还是在访谈中，甚至是访谈后，访谈员都会遇到各种问题，收集机构都是积极、耐心、及时地予以解答。如访谈前为访谈员开具介绍信，提供相关证明，积极联系受访者所在的相关机构以获取更多的支持等。同时还成立了妇女口述历史资料研究中心，为访谈员利用资料做研究提供了机会和平台。此外，收集机构正在探索价值取向方面增加对访谈员的吸引和激励措施。如收集机构承担评价和推荐义务，当访谈员出色地完成任务后，收集机构为其提供书面的评价，并告知导师、领导或所在部门等。

---

[1] 熊咏梅、胡立耘：《口述历史相关的法律问题与应对措施》，《新世纪图书馆》2014 年第 5 期，第 10—13，18 页。

[2] 邢幸：《图书馆访谈式口述历史文献的版权问题刍论》，第 8—10 页。

作为访谈员，需要了解受访者的人生故事，只有与受访者建立亲密的关系才能使受访者充分诉说自己的故事。故事中有喜悦有悲伤有无奈有爱有恨，当受访者愿意与我们分享的时候，实际上就是把我们访谈员当作真诚的倾听者、知音。而访谈结束之后，访谈员与受访者再次联系的微乎其微，从某种程度上说，与受访者好不容易建立了联系，而在一个月后可能不会再见，对于年龄比较大的受访者来说，有一种情感上的欺骗与伤害。好像访谈员终于挖掘到自己想要的故事，却忘记给受访者一些温暖的问候。所以，要告知访谈员，访谈虽然结束，但关系并没有就此终止。访谈员在节假日可以送去一份问候。

总之，口述历史的法律与伦理所涉及的层面非常多，口述历史工作是一个动态的、有创造性的工作，需要在实践中不断探索和思考。

口述历史的档案价值、选题规划与实现路径

◎田丽君　柯　莹　李竟彤〔1〕

摘　要：

该文从口述历史的特点入手，分析了口述历史和档案的关系，阐述了口述历史所具有的抢救文化遗产、拓展档案业务领域、丰富馆藏资源、批判错误结论和实现文化传播等价值和作用；提出了口述历史在选题规划中应遵循的价值原则、特色原则、需求原则、系统原则和可行性原则；以"大学记忆"系列口述历史为例，探讨了高校口述校史、学科口述史、特色专题口述史的选题实践规划及其实现路径，提出了高校口述历史的三种协同建设模式：(1)档案馆—学院—口述对象协同模式；(2)档案馆—口述对象协同模式；(3)学院—口述对象—档案馆协同模式。

关键词：

口述历史；口述历史档案；档案价值；选题规划；建设模式

The Archives Value, the Selected Subject Planning and Implementation Path on the Oral History

◎　Tian Lijun; Ke Ying; Li Jingtong

Abstract:

This paper begins with a study of the characteristics of oral history, analyzing the relationship between oral history and archives. It then explores the value of oral history in rescuing cultural heritage, expanding archival work areas, enriching collection resources, criticizing the wrong conclusions, and realizing cultural dissemination. The paper further proposes the researchers of oral histories should follow the principles of value, features, demand, system, and feasibility in the plan of selected subject of oral history. As an example, the "Oral History of University Memory" series discuss the process of planning and execution in the history of universities, discipline, and feature topics. Three modes of collaborative construction are proposed in the oral history of the

---

〔1〕 作者简介：田丽君(1962—)，女，研究员，硕士，研究方向为信息资源管理、数字档案馆；柯莹(1966—)，女，副研究员，硕士，研究方向为口述档案、档案资源管理；李竟彤(1988—)，女，助理研究员，硕士，研究方向为口述档案、档案资源管理。

university: (1) the mode which archives interviews somebody with the college; (2) the mode which archives interviews somebody; (3) the mode which the college interviews somebody and submit oral history files to archive.

Keywords:

Oral History; Oral History Archives; Archives Value; Selected Subject Planning; Constructing Mode

口述历史一经产生,就与档案产生了千丝万缕的联系,它所具有的档案价值应是毋庸置疑的,二者的紧密联系已得到业界的认同。在口述历史和口述历史档案研究中,档案工作者如何有所作为,助力其发展壮大,已成为新时期档案工作者责无旁贷的历史使命。本文从口述历史特点研究入手,分析口述历史和档案的关系,阐述了口述历史的档案价值与作用,探索高校档案馆如何依托高校厚重的历史与文化积淀,捕捉"大学记忆"亮点作为口述历史选题,参与口述历史和口述档案研究工作,以拓展高校档案馆功能,有效发挥高校档案馆作用,为我国口述历史的繁荣和发展贡献力量。

1 口述历史的特点

1.1 生动性

口述历史就是问问题,独白、演讲都不应该是口述历史。由采访者提问,受访者回答或讲述,采访者是主导,受访者是主体。因为口述历史的采集过程是访谈过程,有问询,有对细节的追问,让受访者回忆亲身经历、亲眼所见的非虚构的事实。在你问我答中完成口述历史的采集。北京大学温儒敏教授曾这样评价口述史形式:"这种史学撰写有着更为浓厚的原生态特色,摆脱了以往史学研究的呆板僵化,因而更加生动鲜活,同时更多的人开始认识到这种口述历史研究的学术价值,而不是仅仅视为一种采访。相对于纯粹的回忆录和自传,这种口述历史多了一种真实到可以触摸的毛茸茸的感觉。"[1]这是对口述历史生动性的形象概括。

1.2 真实性

社会和公众对历史的最低要求就是客观、真实。作为预归档的口述历史,反映事物的真面目,使口述史更具真实性是其最低标准。

对采访者而言,扎实的专业案头基本功是获取有效信息的前提。确立选题后,要通过了解受访者出身、生活背景、生活经历来确定采访人选,选取档案价值较高的受访者;如果是学者,还要了解其研究方向、学术地位、对国家和社会的贡献等;在设置选题中,应尽可

[1] 凤凰卫视·口述历史:http://bbs.musicool.cn/thread-73968-1-1.html,访问日期:2015月9月30日。

能多地提问题，激发受访者的回答兴趣；举重若轻地营造采访氛围都是采访者必做的功课。把受访者带入一个能够平静客观地讲出他作为事件当事人当初经历的情境中，这是一种理想的状态。

为使采访的口述史更真实可信，一般的采访提问环节，会分为预采访和回访。预采访是为提高采访效率，让受访者明确目的，做好必要的准备。一次采访不可能问及所有问题，被忽略的细节和没有问到的问题，需要回访这一环节补偿。

因此，真实性是口述史的鲜明特色之一。

1.3 新颖性

口述历史是受访者说出来的历史。综合各方口述历史专家的论点，选择受访者要坚持价值原则，价值高者优先选择或重点选择。在主题确立后，选择经历丰富、有故事的人做。年长者优先，亲历者优先。因此，受访者在采访者的调动下，在良好的环境中，平稳地叙述他所亲历和目睹的历史事件过程，说出真相，凸显其新颖性和独到性。

赵一工老师讲过这样一段口述史，可视为其新颖性和独到性的具体解读。他说据一位参加过抗美援朝战争的小女兵回忆，她第一次亲临战场时，炸弹一响，一条被炸掉的腿就飞到她眼前，她害怕得哭起来。这时她的班长赶紧来安慰她，教她沉着应对。后来这位班长牺牲了，而那条炸飞了的腿就是这位班长的。在以往关于抗美援朝历史材料的采集和研究中，众所周知，最可爱的人具有英勇和大无畏的英雄气概，但初临炮火纷飞的战场，面对飞来的战友躯体，小女兵一时的恐惧表现，倒显得符合常理，故事新颖独到，真实可信。于细微处捕捉到了真实感人的战友情，英雄班长的高大形象得以彰显。这段史实如果不是女兵的亲见亲述，我们很难获取如此鲜活生动、感人至深的第一手故事。[1]

通过上述采集过程可以看出，同样一个历史事件，口述历史具有内容出新、形式鲜活、当事人讲述、详说细节等特点。

1.4 公信力

文字出现以后，白纸黑字的档案文献更具有公信力。在社会生活中口说无凭的说法也深入人心。在契约中也用立字据来做凭证。因此，现代口述历史公信度从诞生之日起就饱受争议。尽管如此，古人在编纂史册的过程中仍然使用口述历史收集来的档案记载，作为史料编纂史册。《诗经》《史记》等著作有大量口述史料传世，说明了史官对口述历史的信任。无论怎样采集来的史料，都有引起质疑的成分，这也正是史学研究的重要任务之一。

---

〔1〕 赵一工：《口述历史经验谈》，“家·春秋”口述历史工作坊（2015月9月18日参加）。

今天我们的口述历史采集者所做的工作，便是当年史官的工作，虽然貌似门槛降低了，但仍然应该秉持严谨的态度，为后人留下真实可信的口述历史。受访者所说的真实性夹杂个人感情色彩，是在所难免的。因为任何表达方式都会带有个人情绪，手书的历史同样会带有记录者自己的感情，因此，对口述历史的责难不宜过于严苛。不实之词可以通过比对、求证不予采信即可，不应以此否认口述历史的档案价值和凭证作用。因此，笔者认为口述历史所具有的历史佐证作用和公信度是不容抹杀的。

2　口述历史与档案的关系

2.1　口述历史是口述档案形成的前期阶段

《中华人民共和国档案法》明确规定，档案"是指过去和现在的国家机关、社会组织以及个人从事政治、军事、历史、经济、科学、文化、宗教等活动直接形成的对国家和社会有保存价值的各种文字、图表、声像等不同形式的历史记录"。[1] 纵观口述历史的产生与发展，口述历史和档案具有密不可分的关系。档案作为人类社会发展的原始记录，也是最早的一种文字记录，产生于原始社会仓颉造字时期，档案的成熟即指公文的成熟[2]。档案经历了甲骨、金石、简牍、缣帛、铁卷和纸质档案等载体阶段，到 19 世纪末录音录像技术的出现，档案的载体形式便发生了深刻变革，从此档案所再现的历史，也愈加真实和鲜活，档案步入了声像时代。

而现代意义的口述历史恰好是用声音记录历史，它产生的社会条件是录音录像技术的出现。美国人发起的现代口述史与中国古人口述历史最重要的区别就是载体的不同——必须有录音设备的参加。从这一角度出发，我们收集的口述历史必须同时具备以下要素：一是访谈形式；二是反映历史；三是文责共负（采访者与受访者）；四是有录音录像技术支撑。四元素并立才能称作口述历史。所谓访谈应该是采访者和受访者双方合作完成，个人演讲的录音录像不应该是口述历史。在档案馆业务中已有的声像档案收集，也不应该划入口述档案。

从档案学的角度来讲，口述历史是口述档案形成的前期阶段——即档案材料采集阶段。由美国参议院特约历史学家唐纳德·里奇对口述历史的定义可知，访谈要成为口述历史，必须是经过录音、做过特别处理后保存在档案馆，或者经过几乎逐字重制的方式出版。[3] 简言之，就是对某段历史的采访实录。受访者是访谈过程的主体。受访者用语言

---

〔1〕《中华人民共和国档案法》，法律出版社，1996，第 7 页。

〔2〕杨小红编著《中国档案史》，辽宁大学出版社，2002，第 6—13 页。

〔3〕唐纳德·里奇：《大家来做口述历史：实务指南（第二版）》，王芝芝、姚力译，当代中国出版社，2006，第 8 页。

表达出访谈的内容就是口述历史的内容。

业界认同的口述历史可以作为口述历史档案进行整理、归档保存和利用。从这一意义上说，口述历史工作也是档案工作的重要组成部分。

2.2 口述档案是口述历史的材料辨析和归档阶段

口述档案概念的提出，是档案机构介入口述史和口头传说资料收集与管理程度加深的结果。1984 年国际档案理事会出版的《档案术语词典》首次提出口述档案概念，并将其定义“为研究利用而对个人进行有计划采访的结果，通常为录音或录音逐字记录形式”[1]。中国古人就有对口述历史的采集，采集的产物作为档案保存下来，成为后人编纂的史书的材料。古人的实践活动已经证明，口述历史形成的史料，经过史官的比对、判断是有可以采信的成分的，我们看到的《史记》中就有这样按着一定的体例写入了史书当中的成分。

由此可见，口述档案是口述历史的材料辨析、归档阶段，以形成口述历史档案。现代兴起的口述历史采集完成后，经专业人员进行和其他史料的比对，确认具有档案价值的部分应该成为口述档案。口述档案具有了文书档案所能完成的各项使命。

《诗经》《春秋》等书都是对原始档案文献的汇编。“述而不作”是孔子为编撰历史文献确立的原则。孔子以此作为他保证档案史料的真实性的做法备受推崇。现代口述历史和中国古代的口述历史的本质是一致的，只是现在的口述过程有新媒体录像机和数码技术的参与，形成的是富于鲜明时代气息和现代化色彩的口述历史。

综上所述，笔者认同唐蔚的观点，也就是说口述历史材料确实是口述档案的采集阶段，口述档案是口述历史材料的归档阶段，旨在形成口述历史档案。口述历史档案经历了从口述历史到口述档案的过程，是档案工作者在获得口述历史史料之后，对其进行筛选、整理、研究和归档后形成的档案，两者先后有序，缺一不可[2]。

3 口述历史的档案价值

3.1 抢救文化遗产

凡做口述历史的人都知道与时间赛跑、与死神赛跑的说法。这是因为口述主体大多是有故事、经历丰富的高龄老人，他们为抗拒失忆而努力，说出压在心中多年的尘封故事，给近现代史记忆增添了丰富的细节。任何一个和时间对抗的人都注定是一个失败者。相

---

〔1〕 国际档案理事会：《档案术语词典》，http://baike.haosou.com/doc/5097457-5325785.html，访问日期：2015 年 11 月 16 日。

〔2〕 唐蔚：《丰满历史：论口述史与口述历史档案》，《云南档案》2013 年第 9 期，第 42—44 页。

对无限的时间而言，人的生命是有限的。口述历史的价值首先在于为后人留下一个千年后还可以和先人温馨对话的机会，也就是说对口述历史的采集具有抢救历史文化遗产的作用。

3.2 拓展业务领域

高校档案多为记录高校教学、科研、外事等实践活动的管理性文件，而高校口述历史是一种承载学校和师生过往、富含独特人文精神的历史文化资源。因此，开展口述历史和口述历史档案工作，不仅使馆藏从内容、形式到数量发生了巨大变化，更为重要的是它能弥补或充实学校办学过程中一些重大史实、重要历史脉络档案记载的不足或缺失，使档案所反映的学校历史更加丰满[1]，扩大了档案工作范围和研究领域。对于档案馆来说，口述历史和口述历史档案工作完全是一个崭新的业务领域，对档案工作和档案事业有着重要的开创意义和推动作用。

3.3 丰富馆藏资源

现有传统载体档案中，综合性、指示性档案较多，反映各时期具体情况的、形象生动、具有典型意义的档案较少；反映上级机关来文指示的较多，反映下级机关单位活动的较少；纸质文件较多，音像等其他载体档案较少。虽然有学者提出音像档案中的录像信息、研讨会、辩论会都归为口述档案，但学者丁东曾撰文指出，口述历史的基本要求是受访者和采访者不能是同一个人，必须由说的人和写的人合作完成。回忆录、自传、传记、评传，都不是口述历史。口述历史只能有两种方式成稿：一是一问一答，双方对话；二是用受访者第一人称叙述，提问者可以把自己的声音隐去[2]，两种方式都可以。因此声像类档案并非口述历史档案。从丁东老师界定的口述历史概念出发，高校档案馆中口述档案的收集还处于起步阶段。借助档案馆的收集功能和档案编研整理的优势，可选择适合做口述史的案例，设立专题、访问当事人，以口述的形式，回顾当时状况、经历，制作成口述历史资料。经过整理、鉴定和研究，可选择其中价值较高的口述历史作为口述档案。因此，采集口述历史，开展口述历史档案的立卷归档工作，将扩大档案馆的馆藏结构，丰富档案馆藏资源内容，提高馆藏资源质量。

3.4 凸显批判价值

口述历史的魅力在于刷新成见、扫描盲点、填补空白、对已有档案做必要补充。其更

---

〔1〕 杨艳等：《“高校记忆”中口述档案资源建设思考》，《北京档案》2014年第6期，第22—23页。

〔2〕 丁东：《在一次口述历史讨论会上的发言》，http://dingdong.blogchina.com/472220.html.访问日期：2015月11月18日。

高层次的价值是对传统的、已有错误结论的档案观点的批判和挑战。如果完全和已有档案观点一致、结论相同，就没有做口述历史的必要。因此我们在做口述史前的准备工作，即在确立选题时，应该充分考虑这一要素，发扬口述历史大家唐德刚先生所倡导的“杀手精神”，对已有结论勇于质疑，敢于挑战，直面问题，策略设计问答环节，追问新知，还原历史真相，最终形成最为真实可信的口述历史档案。对于高校档案馆来说，针对各种政治运动中保存的档案结论做口述历史，最能彰显其批判价值。这是对采访者、受访者的能力水平、档案意识、品格和胆识的考量，是口述历史研究者的最高境界与目标，也是口述历史档案最高水平的体现。

3.5 实现文化传播

口述历史成果可以制作成纪录片，撰写非虚构文学作品，举办人物展览，经受访者同意在报刊上发表，开展开放档案网上展览或实体展览。口述历史作品一经面世，它的文化传播作用即凸显出来。

比如中国最大的口述历史研究机构崔永元口述历史研究中心的艺术家馆，讲述的是电影人的故事，也从一个侧面展示了中国电影的历史。自此，人们了解到了诗人导演孙瑜拍的《武训传》、导演陈鲤庭影响深远的街头活报剧《放下你的鞭子》、汤晓丹导演的电影《红日》、最早把儿童叫作“祖国的花朵”的严恭导演，等等。不仅传播着电影文化和艺术，还发挥了思想教育的功效。

口述历史史料实现文化传播，也是其档案价值实现的主要过程和手段。有了档案文化的传播，历史可以重现，文化可以流传，知识可以创造，文明可以延续，人类在历史的长河中也不断地进步[1]。

4 高校口述历史选题规划

口述历史的档案价值与现实意义已不容置疑，它既可以在一定程度上验证某些史实，也能更为形象地说明当时的历史情形。正史和国家档案犹如整个历史的“筋骨”，而口述历史档案就成了历史的“肌肉”，历史因此而更加“丰满、健壮”[2]。置身于互联网和数字媒体时代，高校档案馆既迎来了新的发展机遇，也面临前所未有的挑战。口述历史、口述档案和口述历史档案作为一种新型的档案形式和重要的资源建设内容进入档案机构，不仅应成为一个新的业务领域和研究方向，更应成为人们学习、研究不可或缺的史料，体现

〔1〕 夏爽:《声像档案对档案文化传播的影响及对策研究》,河北大学,硕士论文,2014,第7页。

〔2〕 唐蔚:《丰满历史:论口述史与口述历史档案》,第42—44页。

其应有的价值，展示其独特的魅力。

要做好高校口述历史工作，其首要任务是应结合本校实际做好其选题和系统规划工作。口述历史选题规划应依据选题原则，结合本校历史、现实特点及口述历史人力资源等实际状况制订。

4.1 选题原则

4.1.1 价值原则

高校档案馆的口述历史选题如同其他口述历史选题一样，首先应选择在高校历史发展中具有深邃历史意义、现实意义、重要学术价值或显著社会效益的主题，以充分体现口述历史的价值和社会效益。

口述历史最终成果将通过公开出版的书籍、报刊发表的文章、广播电视播出的节目等为人所知，产生社会反响，引发社会关注。遵循价值原则，要求选题规划者了解国家和公众需求，关注社会热点问题，策划出符合时代发展主旋律的选题，以体现口述历史的档案价值和现实教育意义，产生良好的社会效益。

4.1.2 特色原则

坚持特色原则，是指高校档案馆的口述历史选题应围绕高校办学特色、重点学科或特色工作，形成特色专题系列口述。具有高校特色的口述历史选题将凸显高校特色，打造出高校口述历史特有的品牌效应，扩大高校影响。

4.1.3 需求原则

基于用户需求进行口述历史选题也是高校档案馆的选题原则之一。在长期的档案工作中，高校档案馆积累了丰富的档案利用经验，能了解馆藏状况和用户需求。在确定口述历史选题时，可以选择用户利用和研究最多的问题，旨在有的放矢地补充和丰富馆藏，更好地服务高校学术研究工作。

4.1.4 系统性原则

高校口述历史选题应有系统规划，每个选题的受访对象应达到一定规模，基本涵盖本选题口述历史的各个方面。受访者口述内容虽各有千秋，但又相互补充、相互衔接，浑然天成，方能成为一个有机联系的口述历史体系。

4.1.5 可行性原则

除了内容要求，口述历史选题还须考虑其可行性，并进行风险评估。可行性包括对选题访问难度、受访者身体状况、项目资金是否足够支持口述访谈和后期整理等项目的评估，如果只顾选题内容而未考虑操作层面问题，则无法确保口述历史项目如期顺利完成。因此，选题不仅要考虑其科学性、历史意义、现实意义和学术研究价值，还要兼顾其可行性和易操作性。确定口述历史选题，并进行具体规划，付诸实施，从而实现其对于大学和社会记忆建构的价值。

4.2 选题规划

基于上述原则，选题规划应从档案的视角，客观、真实地揭示和反映高校历史上发生的重大事件、开展的重要活动和涌现的重要人物，真实、生动地再现高校发展历程，渲染“高校贡献”这一主旋律，镌刻大学记忆和社会记忆，传承大学文化，弘扬大学精神，为高校腾飞注入活力。经过分析和研究，笔者认为如下选题可供高校档案馆开展口述历史参考。

4.2.1 口述校史

这是高校口述历史的重要选题之一，一般说来高校档案馆、校史馆的口述历史大都会以此为切入点。正如姚小平教授所言，口述历史无意取代、也不可能取代常规历史，前者是对后者的一种补充。

①选题意义。以“东师记忆”之“口述校史档案”选题为例。东北师范大学(以下简称“东师”)校史反映了中国共产党在东北地区创办的第一所大学的发展历程，系统展示东师对中国高等教育的贡献。而“东师口述校史”选题不仅对补充和丰富东师校史本身意义重大，而且对补充和丰富东北地区教育史和中国教育发展史具有更重要意义，在还原东师历史的同时，将进一步丰富东北地区教育史和中国高等教育史的研究内容，具有重要学术研究价值。

②受访对象。东师校史按时期可划分为：(1)建校；(2)“文革”前；(3)“文革”期间；(4)转型期；(5)强校之路。在学校创建、发展和壮大历史进程中的重大决策的参与者，重大历史事件、重大活动的亲历者、见证者或亲闻者，如历届校领导，机关部处和院系领导、老教授、老专家等，他们是口述校史的受访主体。

③讲述框架。受访者讲述学校当时总体概况，所处地位和影响，本人所属学院或机构概况；党政管理、教学、科研等某一方面的突出印象；本人亲身经历的学校或所在机构的重大决策、重大历史事件或重大活动始末及其影响，其中人物角色作用，本人角色作用；其他有深刻印象的人或事等等。

东师口述校史是东师校史的重要补充，它与常规校史档案、不同时期的声像档案将组成一幅生动鲜活、气势恢宏的东师历史画卷。

4.2.2 学科建设口述史

①选题意义。学科是高校教学、科研等功能单位的称谓，是对教师教学、科研业务隶属范围的相对界定。一个国家、一个党派、一个家族、一个阶级有其发展史，一个学科亦有其发展史。高校的学科建设是立校之本，高校历史研究离不开对其学科发展的研究，高校的学科发展史也是一部强校战略史。由众多学者分别讲述经历，可以使学科史研究趋向多元化，一门学科的进程从此具有丰富多姿、个性纷呈的面貌。学科口述历史也是高校口

述历史的重要选题之一。

②受访对象。学科建设和发展离不开教学、科研工作和教师主体,口述对象应选择对重点学科、重要基础学科及发展势头强劲的年轻学科发展具有重要贡献的老领导、学科创始人、学科带头人、老专家、老教授及学术新秀等,他们是学科口述历史档案的主体受访者。

③讲述框架。可以先由受访者本人讲述学科创建过程,当时的学科基础,本人治学态度、研究方法及特点,本人在学科创建与发展中的贡献。以口述的形式记录学科发展脉络,反映学校学科发展生生不息、枝繁叶茂的历史过程。

4.2.3 特色专题口述史

特色专题口述史可以彰显口述历史的价值与意义,产生显著社会效益。高校档案馆的特色或专门选题口述历史档案可以丰富高校鲜明的办学模式和办学特色,如东北师大的长白山之路口述史;或具有里程碑意义的重大事件或重大活动专题,如东师"211 工程"建设、"党代会"等都可以作为口述历史档案的特色或专门选题范围。也可以选择从不同角度体现高校独特精神和文化内涵的专门选题,如表现"三育人"或尊师重教的园丁之歌口述史、杰出校友口述史,也可以是高校的人文景观和校园建筑等口述史。

高校口述历史档案选题亦可围绕社会热点进行,如"世界反法西斯战争胜利 70 周年"等重大历史节点;国庆、校庆纪念;关乎民生的环境等社会热点等问题,访问其亲历者、见证者以形成专题,都将是高校档案馆的口述历史的重要选题参考。但是选题也不能一味地迎合公众的兴趣,丧失严肃的求是治学精神和历史探究目的,而使口述档案沦为庸俗的、仅供娱乐的市井传闻,不具真实性和科学性。公开发表在社会上的口述历史档案,应坚持真实性、科学性、学术性、教育性的统一,始终保持档案固有的权威属性,使口述档案的价值受到公认[1]。

特色专题口述史的受访对象及其讲述框架如同口述校史,恕不赘述。

4.3 实现路径

4.3.1 立项申请

确定选题和进行系统规划的过程,也是项目申请方案形成之过程。在反复调研论证后,形成立项项目申请书,向学校或上级部门申请立项,旨在获得项目资助,为口述历史档案项目提供经费支持。立项经费是口述历史档案工作可持续开展、做大做强的保障条件。

4.3.2 建设模式

绝大多数的高校档案馆人力不足,从调研中发现,有专门从事口述历史档案工作的高

---

〔1〕 马云娜:《口述档案对于社会记忆建构的价值及实现过程》,东北师范大学,硕士论文,2014,第 17 页。

校不多,具有口述历史档案经验的高校更是凤毛麟角。因此笔者认为,高校口述历史档案工作可以采取协同模式建设。

①档案馆—学院—口述对象协同模式

即档案馆拟定选题,做好口述访谈相关准备工作,档案馆与学院协商选择口述对象,档案馆为主(牵头),院系配合完成口述史建设。

②档案馆—口述对象协同模式

档案馆确定口述史选题,确定访谈对象,拟定访谈问题和访谈对象,直接与访谈者合作建设口述史模式。

③学院—口述对象—档案馆协同模式

院系自定选题,按照档案馆口述历史档案制作要求,组织实施(由院系老师负责,学生配合,采访口述对象),院系制作成口述历史归档。再按档案馆规定要求,整理完成后提交档案馆存档和建库,剪辑处理、编研并发布。

如何提升口述史的可信度[1]

◎熊卫民[2]

摘　要：

近现代研究离不开对重要当事人的访谈，而因为生理、心理和认识方面的原因，口述资料的精准度会或多或少存在问题，这在相当大的程度上影响了口述历史的学术地位。本文分析了大众所接触到的历史文本的产生过程和影响口述精准度的因素，并结合笔者的多年经验，提出一些针对性的方案以提升口述历史文本的可信度。

关键词：

口述史；精准度；可信度；仿真度

How to Improve the Credibility of Oral History Texts

◎　Xiong Weimin

Abstract:

Although interviews are very important to modern history, due to physical, psychological and cognitive reasons, their accuracy are more or less a problem. This problem has greatly influenced the academic status of oral history. This paper analyzes the production process of historical texts and the factors that affect the accuracy of oral history, and puts forward some corresponding schemes to improve the credibility of the oral history texts.

Keywords:

Oral History; Accuracy; Credibility; Simulation Degree

近年来，随着经济、方便的录音录像工具的普及，史学观念的转变，口述历史在中国呈现出方兴未艾的态势。一个重要表现是，口述历史实践越来越广泛，“老科学家学术成长采集工程”“我的抗战”“中国企业家口述历史”等大型口述历史项目的开展即是其中的几

---

〔1〕 基金项目：中国科学院专项项目“中国科学院院史编撰和研究”（项目编号：KACX2-YW-001）。

〔2〕 作者简介：熊卫民（1974—），男，中国科学技术大学科技史与科技考古系特任教授，主要研究中国近现代科学技术史。

个例子。关于口述历史的理论探讨，虽然“异常薄弱、严重滞后”[1]，但也取得了一定的成果。作为访谈过不少科学界精英、在口述历史领域耕耘了十几年的从业者，笔者对如何加大访谈的深度、如何提高口述历史的可信度，有一些新的体会和思考，愿意不揣浅陋呈现出来，供同行批评和指正。

1　不可或缺的访谈

访谈是我们日常生活中十分常见的活动，从新闻采访、社会调查、人类学研究，到心理治疗、化解仇怨、企业文化建设，许许多多的工作，都需要用到访谈。除提供资料外，访谈还有诸如和谐社区关系、加强代际沟通、克服独生子女的个人中心主义等多种功能。医生谢文维还发现，访谈或者说“走进老人心灵的深处，挖掘他们的内心世界”，可能是治疗阿尔兹海默症的最好方法[2]。所以，口述历史，尤其是作为其关键的沟通技巧、访谈方法，对我们非常有价值。对近现代历史研究而言，它主要有如下四类功能。

1.1　一类重要的资料来源

不论研究什么历史题材，我们都应当详细地掌握史料，尽可能贴切地去把握历史的走向，而不应该根据某个教条和有限的几个历史证据，将历史描绘成简单的直线或折线。

近现代史研究，有三类资料来源：文献（尤其是档案）、口述（历史当事人或见证人讲述自己的记忆）和实物（含实地调查）。文献和口述尤其重要，如果说前者是死的资料，那么后者是活的资料。如果历史事件的当事人或见证人还活在世上，还可以为我们的研究主题提供记忆证据，而我们没有去访谈他们，那么，这对资料获取而言，无疑是一种明显的缺失——缺了活的资料这样一个门类。在核心档案尚未解密的情况下，口述史料甚至可能成为当下某些研究的唯一资料来源。

1.2　入手研究的一条捷径

与古代史研究不一样的是，可供近现代史研究使用的文献资料往往浩如烟海。如何从真中有假、众说纷纭、错综复杂、断点众多的资料中快速分清主次、去粗取精，拎出一条比较正确的事件发展脉络？寻访关键的当事人，听他们讲一讲，是一种很好的办法。

现代史上，还有很多基本没被人研究过的人物或领域。也就是说，我们难以根据前人文章的参考文献向前追溯，进行更深入的探索。在这种不知道文献散布于何处的情况下，

---

〔1〕 左玉河：《中国口述史研究现状与口述历史学科建设》，《史学理论研究》2014 年第 4 期，第 61—67，160 页。

〔2〕 谢文纬：《走进老人心灵的深处》，东方出版社，2014，第 8 页。

寻访当事人和见证人，从他们的记忆和收藏中获取史料和脉络，是上手研究的最佳办法。

1.3 甄别史料，去伪存真的必由之路

对于某个历史事件，我们经常能在文献，譬如报纸、杂志、书本中查到相关的介绍，有时候这种介绍还相当详细。但这种介绍未必可信。比如说，翻阅1959～1961年的报纸，我们能看到大量丰产经验和“人民公社好”的介绍，而那几年正是全国性最困难的时候。这种现象很好解释。当时写在纸上的报道和史书，要求人们学习的那种，并不以展示真相为第一目标。即便它们确实没有说假话，它们的选材方式也可能很成问题——在彰显某些枝叶的同时，遮蔽掉了其他枝干乃至主干，以至对人们判断事件的总体构成误导。事实上，如果报纸、杂志、回忆录等百分之百真实可靠，那就不需要历史学家这种职业了。

如何去伪存真呢？只能靠其他资料，尤其是其他类型资料的甄别和印证。最重要的其他资料，对古代史而言，是考古发现；对近代中国史而言，是同期西方的相关报道、分析、文件、著作等；对现代史而言，是历史当事人和见证人的口述。访问那些知情人，钩沉出他们头脑中的活史料，就可能接近真相。研究现代史就像法官断案一样，我们不能只看原告的书面材料，还得找到当事人，让被告、原告和证人、律师等当庭论辩。当然，原告、被告的话，当事人、见证人留下的口述历史，也未必是完全可靠的。往往需要经过多轮答辩，澄清一个个疑点之后，才能越来越逼近真相。在核心档案大多难以读到的情况下，口述历史在印证、甄别文献方面所起的作用，往往十分巨大。

1.4 汲取智慧，洗涤灵魂

好的观念常由交谈、思想交锋所触发。在访谈那些才智高超、去日无多、其言也善的老人时，常让人感觉是在享受思想的盛宴；听他们含泪倾诉、总结自己的一生时，访谈者自己的灵魂也会受到洗礼。读一本好书，是超越时空与一些优秀人士交谈。而口述史研究，尤其是口述传记研究所做的，则是先与那些优秀人物交谈，然后再去制作一本好书。

对受访人，尤其那些年老的受访人而言，接受这样的访谈其实也是有好处的。老人喜欢回顾往事，尤其是那些相对辉煌的往事，可是，与他同龄的那些朋友可能大多已经死亡或者难得一见，而子女孙辈可能觉得他“唠叨”。结果是没人可以跟他深入交谈，没人愿意听他倾诉既往，这让他倍感寂寞，甚至觉得自己的生命是他人的累赘。在这种情况之下，如果有人去和他交谈，甚至带着仰慕的表情去倾听他壮年有过的辉煌，他会非常欢迎，会觉得衰朽的生命重新变得有价值起来。

口述历史的访谈对象通常是普通国民，他们与有较强的表达和写作能力并常被报道的科学精英和政治精英不一样，往往既没被他人报道过，自己也缺乏写作能力。给他们做访谈，用录音或文字的方式把他们的人生经历记录下来，还可以令他们少生出一个遗

憾——这辈子白白过掉了。要知道，大量的普通人，仅仅到他们和他们的子女辈去世，其故事和事迹，追求与挫折，经验与教训，就已随其名字一道湮没了。

2 可疑的口述史料

虽然访谈很重要，但将其作为史料应用到历史研究中去时，需要慎重。因为，口述历史的可信度存疑。在进行下一步的讨论前，我们需要先定义一下口述史的可信度。所谓可信度(credibility)，也即人或事物可以信赖的程度。对口述历史而言，其可信度包含两个方面：第一，它在描述历史时真实、细致和准确的程度，也即它本身的精准度；第二，它被受众信任、接受的程度。前者具备客观性，而后者则是受众对口述内容的主观感受。本文更多的是从第一个方面来谈论可信度这个词。一般说来，口述历史与真实的历史过程的吻合程度越高，越精准，越可以被我们所信赖，其可信度越高。但那些声名狼藉、诚信度不高的受访者，即使某次讲的百分之百是真话，也可能为受众所警惕和怀疑。

2.1 口述史料的可信度存疑

口述的内容经常不太稳定。上次是一个说法，这次可能是另一个说法。这人是一个说法，那人可能是另一个说法。不同说法之间，也许能够相互补充，但相互冲突的情况也不罕见。近年来的一些报道突出地彰显了后一类情况。譬如，在傅光明的系列访谈《谁为老舍收尸》中，有三位受访人均宣称是自己在渔民的帮助下独自打捞起老舍的尸体[1]。再如，关于1977年谁第一个提出恢复高考，就有多位当事精英出来争功，向媒体发布了一些相互冲突、并明显与当时记录不符的说法[2]。

于是，受众很容易产生一个感觉——口述历史不太可靠。事实上，正是因为口述历史的可信度或多或少存在问题，口述历史的学科地位才因此受到严重影响。要知道，在古代，口述历史是有重要地位的。作为古代东方、西方最重要的历史著作，司马迁的《史记》和希罗多德的《历史》均包含有很多口述的成分。而作为西方文学和历史之源头的《荷马史诗》，更是在相关故事口口相传了几百年后才成书。只是在进入近代之后，历史学家才变得越来越重视当时当地白纸黑字的记录，而忽视日后难免会基于个人利害而进行的口头重构。直到20世纪40年代磁带录音机发明并得到较广传播，在一定程度上克服了声音难以保存、空口无凭的问题后，口述历史才得以复兴。遗憾的是，即使面对录音机，人们还是可能有意无意地讲出一些相互冲突的说法。

---

〔1〕 傅光明等：《谁为老舍收尸》，载王俊义、丁东主编《口述历史》第1辑，中国社会科学出版社，2003，第43—267页。

〔2〕 王扬宗：《中国当代科学的历史研究刍议》，《中国科技史杂志》2007年第4期，第376—385页。

2.2 别的史料也可疑

但是,可信度成问题的,又何止口述史料呢?市场上见到的"古物""历史遗物"不少是后来伪造的。而文献,伪造的、记错的、误导性的,更是数不胜数。拿古代典籍来说,《列子》托名为先秦古籍,实是晋人之伪作[1]。《黄帝内经》声称记载的是黄帝的话,而实成于汉代[2]。唐朝李党人士托名牛僧儒写淫秽自传《周秦行纪》,清朝纪昀等编《四库全书》时大肆删改原书,更是广为人知。

2.3 怎么办

面对不十分可靠的史料,是怀疑一切,打倒一切,还是甄别史料,采信部分史料?史学家选的是第二条路子。他们发现,不同的资料有不同的可靠性。拿文献来说,在可信度方面,就有"传记不如年谱,年谱不如日记,日记又不如第一手的档案"之说[3]。这种说法基本可靠,只是简单化了一点。应当说,档案(当时或事发不久形成的记录,主要由内部人士用于备忘和工作参考)、日记(当时形成的材料,供作者整理思绪和工作参考用,通常独此一份)、内部出版物(面向高层,以掌握实情为目的,印数很少)、公开发表的文献(面向大众,经历过审查,不少以宣传为目的,印数较多),各有其利弊。譬如,手写,尤其是速记的档案未必好认,而公开出版物的编辑错误会少一些。我们应当扬长避短,善用各类史料之长,而审慎识别其所短。

既然我们并不因为文献、实物并不绝对可靠就弃用它们,既然所有的资料都需要经过甄别,我们为何要独对口述资料因噎废食呢?重要的是,甄别口述史料,在制造口述史料时就努力提升其可信度。

3 我们接触到的历史文本的产生过程

在讨论提升口述历史可信度的方法之前,我们需要先行分析我们接触到的历史文本的产生过程。在笔者看来,它分为以下九个阶段。

0.客观的历史:为当事者(本节含亲见者、亲闻者)所经历,一去不复返。是的,我们可以通过摄像把影像和声音留下来,但我们没法拍摄大脑的活动,而复原当事人思考和决策的过程正是历史研究之关键。

---

[1] 王东、罗明月:《〈列子〉撰写时代考——从词汇史角度所作的几点补证》,《西南交通大学学报(社会科学版)》2009年第6期,第1—7页。

[2] 廖育群:《两汉医学史的重构》,《科学文化评论》2005年第4期,第46—64页。

[3] 谢泳:《建立中国现代文学史料学的构想》,《文史争鸣》第2008年第7期,第66—93页。

1.脑中的历史:客观的历史在大脑中留下的痕迹,也即当事者所认识和把握到的历史。而当事人的观察和认识渗透有期待和理论。我们在观察周围的世界时,往往是处于浏览状态,只有那种合乎预期或者特别奇怪的信息能吸引人的注意,在大脑中留下印痕,其他信息则被视而不见迅速过滤掉了。

2.当事者记忆中的历史:只有极少数脑中的历史或信息会在事发当时被以或简或繁、或误或正的方式记录下来。然后,相对较为繁杂的历史迅速隐藏到黑暗的区域或潜意识中,只有少部分点在显意识中时隐时现,而这就是当事者记忆的历史。随着时间的流逝,显意识中关于某时段的历史点越来越少,最终可能全部湮没。

3.当事者讲述的"历史":因为种种原因,当事者会将记忆中的历史讲出来,甚至写下来,而这个过程必然包含取舍或剪裁——从记忆中挖掘出一些点,将其穿成一条比较有条理的线。取舍或剪裁必然涉及当事人的愿望,并合乎他所认可的理论或假设。

4.在传播中迅速变形的"历史":如果当事者讲述的"历史"不同寻常、足够有趣,它会不胫而走。而传播者往往会添油加醋,或者以讹传讹,不管是哪种情况,其结果都是迅速变形,而原本有价值的史料,就这样变成了传说、故事、小道消息,或者流言蜚语。

5.学者主动访谈当事者所得到的口述历史:听到一些传言后,学者带着问题主动去访谈相关人士。然后,把有价值的访谈从声音变成文字,有访谈当时形成的,有回去后誊录、整理出来的,有经受访人签字认可的,其完整性、准确程度各不相同。而这个过程,必然包含对历史记忆的采掘、剪裁和重塑。

6.为历史学家(含口述史家)所采信和记载的历史:历史学家多方收集各类史料,既包括当事人事发当时的记录、一两天后的追记、天长日久后的回忆录,又包括对当事人、知情人的访谈以及因此而形成的访谈稿。在收集、考证、消化这些史料之后,历史学家运用或明或暗的理论框架,将所采信部分史料连缀成某个有条理的叙事发表出来。这里面既包括对历史事件的记录,也包括对历史事件的解释。而历史解释和科学解释是迥然有别的。科学解释意味着用自然规律和初始条件来演绎出某个结果,初始条件和结果之间是因果关系,这种前后关系是可重复、可检验的。由于人类活动并无多少牢不可破的定则遵循——就连"食色,性也"、趋利避害这种倾向也有例外——历史解释只能靠以己度人来揣测当事人的心理,对当事人的选择作一种相关性的解释,很难重复,很难验证,具有无限的开放性。

7.教科书和大众传媒中的历史:历史学家发表史学成果后,教科书作者、大众传媒会对其进行加工、传播和再创造,又会产生一些新的文本。不少国家的历史教科书具有意识形态性。它们对学界研究成果的吸收,往往会拖延较长的时间。而大众传媒,尤其是视听媒体中的历史,不但有意识形态性,还有娱乐性、商业性,戏说味道很浓。

8.在人群中传播的大众历史:接触教科书和大众传媒中的历史文本后,人群再对其进行再次、三次……n 次传播。跟 4 类似，文本也会在传播中迅速变形，虽然这种变形可能因有教科书和大众传媒中的文本可供查证而较易得到纠正。

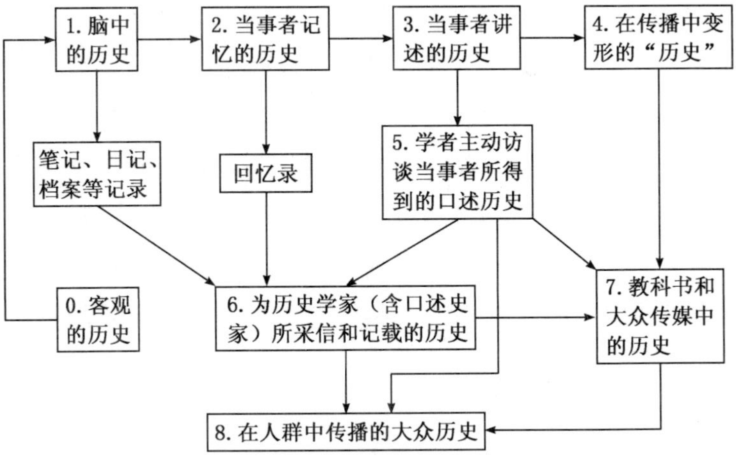

图 1　九类历史（资料来源：作者自绘）

每个人都在亲历自己的历史。但关于自己之外的事情，人们接触到的，通常是第 8、7、6 类历史文本。口述历史工作者要做的，主要是找到亲历者或见证人，做第 5 类工作。国家意识形态对第 3—8 类历史均有压力，并很可能产生重大影响。

4　影响口述史可信度的因素

了解历史文本的产生过程后，我们可以进而分析影响口述历史可信度，尤其是口述资料精准度的因素。左玉河教授曾针对这个问题做过精彩的理论探讨[1]。笔者将从自己的经验出发，对此做一些补充。从口述史料产生过程来看，影响其精准度的主要有以下四个因素。

4.1　历史真相的多元性（认识论因素）

在前述历史文本的产生过程中，从历史 0 至历史 1 的飞跃是最容易出错的。坊间常见的唯一历史真相观并不准确，历史真相实际是多元或多层次、多方位的。进而，在当事人大脑中的历史也是多样的。首先，谁都不是全知全能的上帝，对于某段历史，尤其是由不同等级众多人士共同创造的历史而言，每一个当事人，可能都只是"盲人摸象"寓言中的盲人——他们能从自己的角度观察、体会到一部分历史真相，但谁也没有把握说自己掌握了全部的真相。其次，观察渗透理论，不同的知识储备会导致不同的历史当事人看到、体会

[1]　左玉河：《历史记忆、历史叙述与口述历史的真实性》，《史学史研究》2014 第 4 期，第 9—21 页。

到、把握到不同的历史真相。正如读书、听课一样，面对同一本书或同一堂课，相关知识储备多、社会阅历丰富、智力高超、目光敏锐的人，可能感觉兴致盎然、醍醐灌顶，学到很多东西，而另一些人，则可能感觉索然无味、昏昏欲睡，全然体会不到其中的妙处。

人们基于事实而产生判断，但对于事实是什么，不同的当事人通常有不同的看法。这在家庭纠纷中，体现得尤其明显。对于同一件事，男人和女人可能有两种截然不同的看法——也许是某人过于感性、善于误解，但公说公有理，婆说婆有理，就是清官也难断这种家务案。对于重大的历史事件，处在不同位置、具有不同知识结构的当事人，也会产生类似的相互矛盾的看法。譬如，晚清之所以出现那么多教案，主要是因为传教士和乡民对教堂、医院、育婴堂有截然不同的看法。前者认为自己办的是慈善机构，而后者则把其看成是洋鬼子奸淫华人妇女、盗取小儿心肝的场所。

4.2 记忆的选择性和准确性(生理因素)

在反映不全、未必准确的同时，人的记忆(历史 2)还会迅速衰减。首先，人的记忆能力是有限的，对于过去的历史事件，通常只能记下某些场景，而那就是让人印象深刻的部分，就像长焦相机一样，聚焦到了某个地方，该地方清晰，而其他地方的影像就虚化了。其次，人的记忆还会随着时间的流逝而逐渐淡化。据说金鱼只有七秒钟的记忆，蚂蚁只有几十秒的记忆，我们人类的记忆要长久一些，但通常也只能持续较短的时间。只有极少数内容，在经过不断温习、强化之后方能长久记住。

那些被记住了的事情，也并不时常浮现到脑海之中，它们往往需要某些东西触发和勾起，方能被记起。就像一个图书馆一样，绝大部分书都隐藏于一排排的书架后面，只有我们提供了索书号之后，才有少量书被挑拣到前台。

这些可能都是自然选择的结果：先民处于危险之中，须对环境十分警惕，有限的脑内存首先要用于应对现实，对于既往，记住少数突出的点，用它们来勾勒出某个简略的历史图案即可。而新记忆的涌入，会压缩原本存于脑内存的信息，将旧有的历史点渐次驱入硬盘之中。

4.3 口述的选择性和准确性(心理因素)

人之差别，不仅体现在理解能力、记忆能力上，还体现在表达能力上。有不少人表达能力差，词不达意，想的是东，说出来的却是西。他们说错了，或者说得模棱两可，当然容易让人产生错误理解。

那些表达能力强，能够以我口说我心的人，在说什么方面也有选择性。如果说出真相就意味着自己会失去一些奖励和头衔，甚至因此而遭到打击或惩罚，他们很可能会选择闭嘴或者说谎。趋利避害，谈正确而不谈错误，回避自己在错误中的责任，夸大自己在成绩中的分量，这些都是人之常情。我在请受访人修订访谈稿时，时常见他们收缩一些说法，因为在口述或闲聊时可以稍微吹吹牛，加工加工，让故事更有戏剧性、更好玩一点，而白纸黑字见真章，需要面对其他当事人、知情人时，他们会变得严谨很多。

据笔者的经验，在口述往事时，当事人或多或少会出现一些偏差。以下是几种常见的情况：

(1)遗忘与想当然：十分的事情当时就只知道三分，接受访谈时只记得两分，却不肯承认，还逞能说自己无所不知，最后用大量的想当然来跨越证据的鸿沟。

(2)记错与颠倒因果：记错名字、弄混地点、混淆时间是访谈中很常见的事。最后一类失误所带来的后果尤其严重，因为时间混淆可能会导致因果颠倒。

(3)隐瞒与误导：记忆有选择性，叙说更有选择性，人们往往喜欢谈过五关斩六将的事，而不愿讲自己如何"走麦城"，有时还故意误导，以使访谈人和读者产生错误的印象。

(4)求美与涂抹：人是故事动物，喜欢听故事，也喜欢说故事，并有加工故事、让故事变得更加精彩的倾向。回顾往事时，人们往往会不自觉地对故事进行加工，使其变得更精彩，更漂亮，更有戏剧性。

(5)避讳与变形：谈论往事时，人们还难免会带有情感，难免会为自己和尊长辩护，难免会夸大己方贡献、缩小己方错误，也即多少有些文过饰非。

(6)随风而逝与不负责任：即使有录音笔在前面，受访人说了一阵后也可能会忘记。觉得说的话会随风而逝时，有的不严谨的人会不负责任，胡说八道。

4.4 记载的选择性和准确性

在记录和整理访谈稿时，整理者也会犯错误，也会有所选择：

(1)誊录时可能因为自己没听清、缺乏背景知识或理解能力不够等原因，把受访人或访谈人的意思写错。

(2)如果稿件是用于发表的，在整理时通常还需要对誊录稿进行删节，以削去枝蔓，突出主体，变信马由缰的漫谈为主题明确的文章。而抽掉或变更话语的环境后，话语可能会产生歧义。

总之，如果整理稿没经受访人、访谈人仔细审阅和斟酌，就可能曲解他们的意思。

4.5 影响历史见证人口述精准度的因素

前面第2、3条讲的还只是访谈历史当事人的情形，如果受访人并非历史当事人，那么，影响其口述精准度的还有一些因素。

在讨论这个问题之前，我们需要认识信息的传播规律：

(1)在传播过程中，尤其在口口相传时，信息会变形、失真。传播环节越多，相关叙述的可靠性越低。一般说来,在可靠性方面,亲历强于亲见,亲见强于亲闻,亲闻强于道听途说,道听途说强于想当然。

(2)信息的精准度与传播者距现场的远近关系复杂。多数时候,口述者离历史现场的空间距离越近,也即越是趋近中心地带,对那段历史的了解越真切,越精准。但“不识庐山真面目,只缘身在此山中”,有时也要离历史现场一定距离才能看得清全貌。多数情况下,口述时间与历史事件的时间距离越近,口述者越能记住细节,所讲内容越可靠。但隔上一段时间,排除一些疑点和传闻之后,也可能看得更为透彻。通常,口述者与历史事件利害关系越大,他对该事件越关心,因而越知情。但有时候,越是没有利害关系,越能表现得公正和可靠。

5 如何针对性地提升口述史的可信度

读了前面所讲的众多影响口述历史可信度的因素后,读者可能会认为:访谈工作遍地都是陷阱,口述历史太不可信了,也不值得去做。

这是因噎废食。历史真相确实难求,但这不能成为我们止步的理由;口述历史确实可疑,但我们要做的应当是努力提升它的可信度。如果说客观的历史是转瞬即逝、难以把握的,而大脑中的历史是肤浅片面、流动变化的,两种历史的真实都不可获得,那么,我们至少可以努力去挖掘记忆的真实、口述的真实。而对研究受访者本人,或者某时代、某地域的群体记忆而言,记忆即使出了错,即使在反映真实的历史时有明显歪曲,它仍然是有价值的。

记忆的真实和口述的真实是可以把握的,只要受访人和访谈人之间建立信任关系。如果对方信任你,就会跟你说实话,至少不会存心骗你。如果对方存心骗你,其诚信度很成问题,那么,你可能根本就不会采信他的言辞,整理他的录音,也即他的言说根本就不会被作为口述历史资料保存或使用。

了解影响因素后,我们可以有针对性地提升口述历史的可信度。

5.1 找多人谈,找聪明人谈

既然历史真相是多层、多元的,那么,为了更为充分、全面、系统地了解某段历史,我们需要找处于不同位置的多位当事人来访谈。研究事件时,既找处于中心位置的,也找处于边缘位置的;既找起决策领导作用的,也找上传下达、处在枢纽地位的,还找在基层具体执行的。研究人物时,既访谈传主,传主之亲属、朋友、秘书、学生、下属,又访谈其批评者、对手甚至敌人……

既然对历史的把握在很大程度上取决于知识储备之多少,那么,为了更为准确地了解某段历史，我们应尽量找聪明、睿智、理解能力强、表达能力较强的当事人访谈。那些有幻听、幻视现象，精神不正常的人不宜作为口述历史的访谈对象。当然，如果研究的是某个事件、某项政策对常人的影响，或者某位历史人物、某个历史事件的民间形象，我们还是得多访谈普通人，哪怕其中有些人文化不高、理解能力不强、看事情并不精准。

5.2 找记忆力强的人谈，通过平等对话钩沉出其幽深的记忆

既然人的记忆力有强有弱，且都会随着时间而逐渐衰退，那么，我们应当尽量找记忆力强的人，且在其记忆力尚佳的年龄段来访谈。有些口述史项目主要访谈九十岁以上的人，这肯定不是最优选择。对衰老到记忆紊乱、记忆丧失的当事人进行访谈，已经没有多大的意义。毕竟，历史并不是活得最久的当事人的胡说八道。访谈须趁早。据笔者的经验，访谈身体还比较健康、头脑还比较敏锐、记忆力还相当好的七十岁左右的老人所得收获通常比访谈八九十岁的人要大得多。

既然人的许多记忆不知道藏在什么地方，需要触发和"勾引"才能想起，那么，我们应努力做好这种触发工作。好的口述历史必然是对谈，而不是局外人所想象的一人（受访人）说一人（访谈人）记。在开始访谈之前，我们应当做大量的案头工作，对所谈的事情、人物、机构及其背景有较多的了解，对所谈议题有精到的见地。换句话说，我们应当具备与受访人平等对话的能力——在从他们那里获得史料和史识的同时，也能够给受访人提供新史料（来自于档案文献或其他当事人、以前不为受访人所知道的史料）、新视角（受访人没用过的视角）、新观点（受访人没想到过的观点）等，从而令这种访谈，变成史料汇集、视角碰撞、观点交锋的场所，以及更新的观点、更高的智慧的产生地。如果我们的准备时间不够，或者学识尚远不及受访人，还不能靠知识和智慧吸引人，那么，我们至少要靠热忱和理想主义情怀感染人。一旦受访人对访谈人建立了信任关系，谈兴被激发了起来，访谈就会变得愉悦，甚至成为难得的高峰体验。而受访人心灵深处的记忆也会因此而得以激活，并一吐为快。

5.3 录音，并加问一些问题、一些人

遗忘、记错、避讳、隐瞒、涂抹等都出自人性弱点，甚至人之本能，因而是难以避免的。怎么应对呢？笔者主要采取了以下几种方法：

（1）一定要录音，且让对方知情。这是口述历史工作的基本规范。没有录音，也没有现场笔录的，只能是姑妄言之，姑妄听之。

（2）加问一些问题。譬如"您当时在现场吗""您是如何知道这件事的"之类问题，分辨出讲述者和事件的关系，到底是亲历、亲见、亲闻，还是道听途说、想当然。如果只是道听途说、想当然，如果真相对讲述者的切身利益有不良影响，研究者和读者就可只采取"姑且

听之"的态度。

(3)多访问一些历史当事人。让这些人的言论相互甄别,相互印证。相合的可信度提升,相互矛盾的则存疑。

5.4　分四步整理访谈

既然誊录时容易出现理解错误,我们就不能轻信速记员的誊录稿,对于有疑问的地方一定要重听录音。既然整理时也难免会有理解错误,我们一定要将整理稿发给受访人、访谈人,请其审阅、改定,并以签字的方式表示认可。这也是改正口述时那些吹牛言论的机会。如果因种种原因整理稿未经受访人、访谈人审定,那么,其可信度会打折扣。

对于访谈整理工作,笔者的认识是,人的精力很有限,作为训练有素的历史研究者,我们得把很有限的精力用到较有价值的工作上去,而大部分的访谈并没有将录音全文整理出来的价值(也许 2 小时的谈话,较有价值的只是其中的 2 分钟,将那 2 分钟整理出来即可)。即使是那些价值略高、可以整理出全文的访谈,也未必达到了发表所要求的水准,值得报纸、刊物花费宝贵的版面去刊登。一般说来,好的访谈是充分准备、机缘巧合、辛苦耕耘的产物,甚为难得。

依笔者的经验,全文整理价值较高的访谈,有如下几个步骤:

第一步,将语音变成文字,所得为誊录稿。可请速录人员做前期工作,但他们难免会出现大量错误。

第二步,初步整理誊录稿,将其变成较有可读性的文字,所得为访谈初稿。

第三步,将访谈初稿送交受访人审阅,经受访人、访谈人、整理人商谈、修改多次,并经受访人签字确认,得到访谈定稿。此稿通常篇幅较长,所谈内容繁杂,可存诸于档案馆,或发布于口述历史网站。

若访谈稿对某个重要问题有较系统的介绍,则可进入——

第四步,进一步修订确认稿,将其整理成整理人、访谈人、受访人合写的比较严格的论文:通常需要添加导言以凝练主题;删掉一些与主题关系不密切的枝蔓;以添加注释的方式修正受访人的"错误"、补充整理人的研究所得(包括文献研究所得和访谈其他当事人、见证人所得);增补参考文献等。此稿可能包含对访谈人的商榷意见,如果不涉及对正文中受访人所谈内容的修订,不一定需要再次经受访人过目确认。

值得给报纸、期刊投递的是走完了第四步,经过了多轮修订、完善,凝练、提升了价值的访谈稿,而不是"我说你记"、很少互动、缺乏深度的口授稿或者散漫的闲谈稿。投递后面那两类稿件,必然会让人鄙视口述历史的学术价值;而走完前述四个步骤、完成前一类稿件,所耗心力,未必少于访谈人或整理人独自写一篇论文。

6 结 语

近现代研究离不开对重要当事人的访谈，而因为生理、心理和认识方面的原因，口述资料的精准度会或多或少存在问题。但这些问题并不是不可克服的，就像文献史料、实物史料所存在的问题不是不可克服的一样。通过具体分析影响口述精准度的因素，我们可以采取一些针对性的方案以提升口述历史文本的可信度。

高质量的口述历史文章不是简单地从某位历史当事人脑海中钩沉某幅既有的清晰的历史画面，而是访谈、整理人从多位历史当事人的记忆和实物、文献中建构、创造出一种前所未见的历史图景。与历史当事人、见证人合作，创造出洞若观火、充满真知灼见的历史作品，是口述历史工作的最大魅力之所在。

多语文地区口述历史的文本处理

◎邓耀荣〔1〕

摘　要：

澳门市民以广东话为主要沟通语言，形成了三文四语并存的现实。用广州话和土生葡人、外国人对话；用英语来访问葡侨；在汉语方言的对话中常常出现外语词汇、名字。澳门的历史、文化和语文环境是讨论澳门口述历史的背景所在。本文通过具体的项目、已出版的个案，以及参考香港和新加坡的经验，探讨在澳门特定的语言环境下，进行口述历史项目所面对的语言、文本以及如何处理文本中的外文问题，认为三文四语没有妨碍澳门口述历史的工作，反而提升了澳门的社会资本；广州话文本的存在不会降低书面汉语的水平，反而丰富了汉语的内涵。

关键词：

澳门口述历史；口述访谈的语文；方言文本；口述文本中的外语

How to Deal with the Text of Oral History in a Multi-Language District

◎　Tang Io Weng

Abstract:

Macao citizens use mainly Cantonese to communicate, creating the reality of three written languages and four spoken languages. We converse with the Macanese and foreign people in Cantonese and interview Portuguese immigrants of Macao in English. Many foreign terms and names appear also in our Cantonese conversation. The history, culture and language environment of Macao is the background to discuss the oral history of Macao. Through concrete project, published case study and the experience of Hong Kong and Singapore, we search for a suitable method to deal with the language, written text, and the foreign language within the text under the specific language environment of Macau. We consider that the complexity of language situation in Macao does not create difficulties for the oral history, but does increase the social capital of Macau. The existence of the

〔1〕 作者简介：邓耀荣，男，2013年夏毕业于北京大学新闻与传播学院，取得传播学博士学位。现在澳门特别行政区科技大学人文艺术学院，任助理教授。研究方向包括中国近代新闻史、澳门新闻史、澳门广播史、电视新闻广播，以及澳门口述历史的发展和应用。

Cantonese written form does not lower the standard of the written Chinese, but does enrich the content of Chinese languages.

Keywords:

Macao Oral History; the Written Form of Oral History; Written Text in Dialect; the Foreign Language within the Text of Oral History

引　言

澳门本来是广东省香山县南端的细小半岛。1557 年,即明嘉靖三十六年,葡萄牙人的到来改变了它的命运。在四个半世纪中,葡萄牙、西班牙、英国和荷兰人曾经或长或短地在半岛上停留,其中最长的住客是葡萄牙人。他们从早期的租借,继而在鸦片战争后利用清政府的弱势,于 1887 年透过《中葡里斯本草约》取得澳门的行政管辖权。从此葡萄牙人遂实质管理整个澳门半岛。

上世纪八十年代中期,中葡两国展开关于澳门前途的谈判。1987 年 4 月 13 日,中葡两国政府签署《中葡关于澳门问题的联合声明》。经过十多年的过渡,中国政府在 1999 年 12 月 20 日恢复对澳门行使主权。

澳门在过去四百多年一直是中西文化交流的平台。葡人上岸借居,是租客的身份,没有改变澳门的主权,更无法改变当地华人的身份认同。明、清两朝从未视澳门为殖民地,而在澳门的华籍居民亦自视为天朝子民。他们在文化、民族和国家认同上跟内地同胞一样。与此同时,欧洲殖民者东渐的大趋势,和葡人实际管治澳门的现实,令它成为西方文化、科技和人员进入中国的前沿。

长期以来澳门存在两个颇为疏离的社群:一是以广东人为主的华人社群;另一个是由葡人和土生葡人组成的葡人社群。两个社群说不同语言,其中的交集是土生葡人。他们可以讲和写葡文,又能够讲广州话。澳门居民的主流语言是广州话[1],经过第二次世界大战、内战的难民潮,澳门曾经接待和吸纳大批内地居民,但他们大都融入到本地的语言中。中国改革开放之后曾经移入大量福建人,他们虽然通晓普通话,但他们及其后代很快掌握了广州话,并将其作为工作和生活语言。此外,澳门还存在口语和书写语分离的情况。华人口讲粤语,手写现代汉语。基于本地的教育政策,澳门学生自小便以现代汉语来学习和表达思想。

葡文和英文的运用与政治和商业有关。自 1887 年至 1999 年,葡文是统治者的语言,

---

〔1〕 根据李新魁等人所著《广州方言研究》,狭义的广州方言是指广州市所使用的话即广州话。粤方言流行于广东境内的广大地区,广西一部分县市也使用粤方言。总计起来全世界使用粤方言的人数约有七千万。

在政治、行政和司法三方面影响巨大。回归后，澳门基本法第九条仍保障葡文作为正式语文的地位[1]。因应英国的影响力，英文的商业价值，土生葡人和部分华人都会学习英语。二战之后，传教士纷纷在澳门创办英文书院。这种英文教育的影响一直维持至今，并且随着城市的国际化有扩大的趋势。

1　澳门口述历史的发展

本文仅将以下三种成果视为澳门的口述历史：一、将访谈作为主要研究方法的书籍和论文；二、以口述历史为标题的作品；三、严谨地依循口述历史操作规范的项目成果。

1.1　口述历史的分期

澳门口述历史的发展可分为三个阶段[2]：第一阶段（1972—2000 年）是学人借着访谈去收集写书和撰文的材料；第二阶段（2001—2011 年），除了学界的努力，政府机构开始进行专题研究、主办展览，展现一种多元化、公私平分秋色的景象；第三阶段（2012 年至今），政府投入更大资源，支持收集口述材料作为史料的项目。

第一阶段最早的成果是 1976 年由葡萄牙历史学者安娜·玛丽奥·阿马罗（Ana Maria Amaro）撰写的书籍《澳门的游戏和大众娱乐》（*Jogos, Brinquedos e Outros Diversões Populares de Macau*）。该书描述二十世纪中叶澳门流行的儿童游戏和歌谣。作者共访问 113 人，澳门占 85 人。郑炜明 1987 年在澳门东亚大学撰写硕士论文《澳门附近岛屿凼仔、路环历史初探》。为此他搜集了路凼各方面一些口述的史料，并将部分经整理的内容附录在论文内。[3] 另外香港浸会大学在 2000—2001 年间，通过李孝智的一篇硕士论文《澳门"一二·三事件"的口述历史与葡萄牙的殖民统治》。

这个阶段所采用的方法不是十分严谨，但安娜·玛丽奥·阿马罗在书中以拼音方法来记录广州话民谣，让外籍读者可以凭拼音听见民谣的原音，是一种尝试。郑炜明在其硕士论文的基础上，在 2004 年开展"凼仔、路环两岛村落史及行业史"的口述历史研究计划，将研究进一步深化。该计划的研究方法严谨，符合学术规范。

第二阶段是官方、民间团体和个人各自进行研究。个别政府部门投入较大的资源去做口述历史，目的是举办展览和出书。官方的研究包括 2011 年澳门博物馆的"抗战时期

[1] 澳门基本法第九条：澳门特别行政区的行政机关、立法机关和司法机关，除使用中文外，还可使用葡文，葡文也是正式语文。

[2] 邓耀荣：《澳门口述历史的发展和前瞻》，《现代传播》2013 年第 2 期，第 83—86 页。

[3] 郑炜明：《凼仔路环历史论集》，澳门：民政总署文化康体部，2007，第 148—149 页。

的澳门”；从 2007 至 2010 年，文化局在修复郑家大屋的过程中[1]在澳沪两地访问了郑观应的亲人和十位郑家大屋的住客。

学术机构的介入始于这个阶段。澳门大学教育学院在 2006 年启动“澳门教育人物志口述历史计划”，访问了三位教育家。澳门理工学院在 2010 年成立历史研究中心，并在过去两年向一百多人采集口述材料。[2]

为纪念抗日战争胜利 60 周年，澳门东亚大学公开学院同学会在 2004 年展开访谈，并与团体“录像空间”合作拍摄录像，出版了《口述历史——抗日战争时期的澳门》一书。翌年，由林发钦负责的“《澳门回归历程》征集计划”访问了见证澳门回归的数十名人士，搜集有关澳门回归的史料，汇编成《澳门回归历程纪事》，分第一辑和第二辑两册公开出版。

在口述历史受到政府和学界的重视之前，社团和个人的努力是十分重要的，例如蔡珮玲就在有限的条件下完成六个项目，出版了六本专书。[3] 这批作品反映了本土历史的面貌，引起社会重视，并促进了口述历史的研究。除了上述成果，民间人士及外地一些学者搜集澳门口述史料，开展历史、掌故研究和梳理民间文化。

第三阶段始自 2012 年，政府投入更多的资源，包括首次向研究人员作专项拨款，为对 97 岁的资深报人陈大白进行深访[4]，系统地保留其口述录音，以文字、录音和录像的形式储存，方便将来研究者使用。继陈大白项目后，档案馆拨款进行澳门造船业和著名广播人梁送风的研究计划。

澳门档案馆近三年引进新加坡师资培训本地人才，为将来搜集和保存口述史料做准备。同时口述历史的研究和实务日渐受学术界的关注，澳门理工学院 2012 年 10 月举办了“众声平等：华人社会口述历史的理论与实务”研讨会。澳门大学澳门研究的课程近年开始探讨与口述历史有关的课题。

1.2 个案介绍及其意义

本文从上述阶段中选择六个例子，来说明它们在口述历史研究上的意义。

(1)《澳门的游戏和大众娱乐》(*Jogos, Brinquedos e Outros Diversões Populares de Macau*)

安娜・玛丽奥・阿马罗是澳门长大的葡萄牙人，懂广州话，但不能书写中文。她在 1976 年出版的著作《澳门的游戏和大众娱乐》是第一本系统地研究澳门儿童游戏和歌谣的

---

[1] 郑家大屋是晚清著名的官商和改革思想家郑观应在澳门的祖屋。

[2] 林发钦在 2012 年 8 月 9 日接受访问时证实此数字。

[3] 蔡珮玲现职公务员，利用工余时间进行相关研究。她从 2005 年至今共出版九本作品，并准备在 2015 年内出版《口述历史：抗日战争时期的澳门》的第二集。

[4] 陈大白的访谈在 2012 年春夏之交完成，而他在同年 11 月去世。

专著。附录列出澳门、果阿和马六甲三地被访者共 113 人的名字。这反映出作者十分依赖访谈去搜集撰稿的材料，可惜书中没有附上访问文本。按本文的界定，它属于第一类口述史的成果，即是将访谈作为主要研究方法的书籍和论文。

该书的第一部分（主要部分）图文并茂地介绍澳门土生和华人的儿童游戏。第二部分介绍葡国的儿歌，和澳门收集到的中文儿歌。她从两个社群的儿童共搜集了四十九首广州话儿歌。她先用汉字把每一首歌的歌词记录下来，再以葡文字母拼出字音，然后把中文歌词译成葡文。例如“食饭食得多”一句的拼音是“Sec fan sec tac to”，葡文译作“come muito arroz”。

下表将一首儿歌歌词的三种表达规律做对比。

表 1　打大脾（拍打大腿外侧）等的汉语、拼音和葡文对比[1]

汉语	葡文拼音	葡文
打大脾	*Tá* tai pei	Batemos nas coxas
唱山歌	Cheong *sán* có	A cantar canções da montanha
人人话我	Ian ian *wá* ngó	As pessoas dizem de mim
无老婆	Mou lou pó	Que não tenho mulher
有钱娶	Iau chin chôi	Tiver dinheiro casar
个娇娇女	Có kiu kiu nôi	Com uma rapariga bonita
无钱娶	Mou chin chôi	Não tiver dinheiro
个豆皮婆	Có tau pei pó	Casar com uma rapariga bexigosa.

作者没有解释该拼音系统的来源。但该书出版前，澳门和香港均创设了各自的系统，能够把广州话的单字拼写出来。[2] 安娜·玛丽奥·阿马罗共运用三套符号记录歌词：一、汉字，可以让看懂中文的人看懂含义和听见歌声；二、葡文拼音，可以让葡人听见歌声；三、葡文意译，让葡人看懂歌词。她这样去记录澳门儿歌的歌词，是方法上的创新尝试。

(2)《凼仔、路环口述史：村落卷》

这是澳门民政总署和香港大学饶宗颐学术馆合作的项目。根据项目总监，也是该书编者郑炜明说：全部访谈数据作录音、录像和文字记录。印书时所用编纂抄本，就是原始抄本，即广州话逐字稿。

“至于我们坚持用粤语这一点，是一个非常重要的口述史与语言关系的理论问题。我们连最后把影音资料转成文字时，还是坚定不移地将原本全部以粤方言进行的访谈，一字

---

〔1〕 Ana Maria Amaro, Jogos , *Brinquedos e Outros Diversões Populares de Macau*（Macau：Imprensa Nacional, 1976）, pp.447—449.

〔2〕 黄锡凌在 1941 年出版的《粤音韵汇：广州标准音之研究》，做出了完整的广州话拼音表。澳门在 1990 年代前出版的“葡中字典”，其中文解释的内容全部附加广州话拼音。

一句地按照原话以粤语写出,拒绝意译地整理成书面语。"[1]

郑炜明发表时使用广州话文本,是在澳门口述史领域将粤语入文的前卫者。该书既展现了严谨的工作程序,又符合学术规范,可供后学参考。

(3)《圣木十字架儿童合唱团》

该书是蔡珮玲的第六部口述史的作品,其内容是对 13 位鲍思高旧生,也是合唱团成员的访问,所有访问以广州话进行。除了梁官汉拥有中文名字和葡文名 João Baptista Manuel Leão,其余 12 人的葡文名不作中译。在文本中提及的葡文、英文地名、专有名词会作中文解释。文本的核心内容是访谈,中文文本是对话形式(书面语),但葡译本和英译本则是第三人称的简略叙述,不是一字一句的翻译。

继《圣木十字架儿童合唱团》之后,蔡珮玲分别编了《澳门水源和水井》和《从家传的土生菜说起》。她在 2015 年年底会出版第九本作品《口述历史:抗日战争时期的澳门(续篇)》。她近年编著的四本口述史书籍均以中、葡、英三文出版[2],需要极大的毅力和工作量。

(4)梁送风口述历史项目

这是本文笔者为澳门历史档案馆所执行的项目。访问对象是一位资深播音人。他从 1952 年至 1985 年先后在绿邨电台和澳门电台任职,专门讲述广播剧,特性是一人扮演剧中不同的角色。

访谈地点在美国费城梁送风家中,时间是 2014 年 6 月 11 日至 18 日,以广州话进行的访谈编辑成十个录音档,共 14 小时。广州话的原文抄本 191 369 个汉字,转为现代汉语后共 171 671 字。两个文本相差 19 698 个字。执行项目时严格按照历史档案馆的要求,进行全程录音、部分录像,收集照片和访谈对象的资料。将录音转为文本时,为每个录音档提供一篇摘要和两个文本:一是广州话逐字稿,二是现代汉语的誊字稿。

由于被访者的年龄,以及广播专业,访问中出现了儿歌、传统说唱文学的唱词、旧体诗,以至生龙活现的播音片段。访谈中梁送风提及启蒙老师用五字句教授学生知识和认字。"记得细时好,跟娘去饮茶;门前磨蚬壳,巷口抹泥沙;赤脚骑狮狗,屈针钓鱼虾;至今成长大,心事乱如麻。"[3]

他小时候听村中长辈唱木鱼书有唱词如下:"叫呀夫人,叫呀夫人,次次呀交兵得你坐

[1] 郑炜明编《凼仔、路环口述史:村落卷》,澳门:民政总署文化康体部,2012,第 5—6 页。

[2] 据蔡珮玲说,自《圣木十字架儿童合唱团》一书起,受访者大部分是土生葡人。其中有提出要求加上葡语或英语。考虑到在澳门的出版及有关研究澳门的出版,以外文刊印的甚罕有(除非外国人所写)。为方便其他语种人士认识和了解澳门,故用三文。

[3] 梁送风口述历史档案项目 001 文件广州话文本,档案尚未公开。

阵，杀到呀呀金兵乱纷纷，全凭你的鼓声惊敌人。”[1]访谈中又提及上世纪七八十年代一首广告歌。“菊花牌，乳胶漆。颜色就靓喇。日晒雨淋，水洗都不变。楼房外内，请用菊花牌乳胶漆！啦啦啦！”[2]

对以上的例子，抄录时没有将“原话”译成现代汉语。无须译的原因有二：一是读者可以看懂，二是经演绎后的文本可能会失真。旧体诗也不必处理，因为诗文本身就是书面语，例如他最喜欢的创作诗《中华民族》：“万里长城长万里，千秋文化远千秋，古今几许英雄辈，有如长江滚滚流。”[3]

1954 年 1 月 17 日在澳门新花园举行了轰动港澳的“吴陈比武”，梁送风在现场主持直播。在访谈时，他应访员的要求重新演绎一趟。在誊写文本时，工作团队制作了两个版本。

梁：啊！“啷啷啷啷……，钟声一响！比武开始喇！睇到比武台上便，立即就出现两名雄纠纠武夫。一个呢，就系吴师傅。睇到吴师傅身着住长衫成个中国典型嘅掌门人打扮，年纪诶五啊零岁啦，精神奕奕喎。咁另一个呢，就系白鹤派掌门人陈克夫师傅。佢着住一件长袍，年纪三十零岁，正系年轻力壮。咁两个人揸手之后呢，即刻就展开拳脚交手喇！哇……！好似猛虎出闸！睇到陈克夫，佢使出佢嘅本门嘅绝招出嚟喎。佢个本门绝招呢就系，‘连环手’喇。左右交替、步步进逼，向住对方进攻。说时迟，那时快。吴师傅一拳打中咗陈师傅个鼻梁。而陈克夫个拳头呢，似乎呢就掂到吴公仪嘅心口哥度嘎喇。咁哥阵时见到吴师傅，进攻个陈克夫。陈克夫嘅鼻梁就流出血，因为一锤（拳）打正佢个鼻梁，所以一滴滴鲜血，就染咗个佢件……佢件白线衫。”[4]

现代汉语版本如下：

梁：啊！“啷啷啷啷……，钟声一响！比武开始！看见比武台上立刻出现两名雄纠纠武夫。一个就是吴师傅。看出吴师傅身穿长衫，中国典型掌门人的扮相，年纪五十多岁，精神奕奕。另一个就是白鹤派掌门人陈克夫师傅。他穿着一件长袍，三十多岁。正是年轻力壮。两个人握手之后，立刻展开拳脚交手喇！哇……！好似猛虎出闸！看见陈克夫。他使出本门绝招。他的本门绝招就是‘连环手’喇。左右交替、步

[1] 梁送风口述历史档案项目 001 文件广州话文本，档案尚未公开。
[2] 梁送风口述历史档案项目 003 文件广州话文本，档案尚未公开。
[3] 《中华民族》是梁送风的诗作。
[4] 梁送风口述历史档案项目 003 文件广州话文本，档案尚未公开。

步进逼,向对方进攻。说时迟,那时快。吴师傅一拳击中陈师傅的鼻梁。而陈克夫的拳头呢,似乎接触到吴公仪的胸部。那时看见吴师傅,进攻……陈克夫。陈克夫的鼻梁流出血,因为一拳击中他的鼻梁,所以一滴滴鲜血,便染在他那件……白线衫上。"[1]

读懂广州话的人便感觉到两者传真度的差距有多大。倘若研究者或读者能透过广州话原音去理解,便是更佳选择。为确保注音准确,附梁送风重新演绎的广州话口述片段的国际音标,以供参考。

/liæŋ/:/a:/ ,/la:ŋ/ /la:ŋ/ /la:ŋ/ /la:ŋ/……,/zɔŋ/ /ʃeinŋ/ /ji/ /hɔin/! /bei/ /məu/ /hɔi/ /tʃi/ /la:/! /tei/ /dəu/ /bei/ /məu/ /tɔi/ /ʃʌnŋ/ /bin/,/lʌ/ /zi/ /tʃə/ /in/ /lʌŋ/ /min/ /hɔ:ŋ//dau/ /dau/ /məu//fu:/. /ji/ /gəu/ /nə/,/zau/ /hei/ /ng/ /si:/ /fu:/. /tei/ /dəu/ /ng/ /si:/ /fu:/ /sʌn/ /dʒə/ /dʒi/ /tʃa:n/ /sʌŋ/ /sein/ /gəu/ /zəuŋ/ /gɔ/ /di:n/ /ji:n/ /gæ/ /jɔŋ/ /mun/ /jən/ /dʌ/ /bʌn/,/nin/ /gei/ /ai/ /mu/ /a:/ /liəŋ/ /sui/ /la:/,/jinŋ/ /sən/ /je/ /je/ /wɔ/. /gʌŋ/ /liŋ/ /ji/ /gəu/ /ne/,/zau/ /hei/ /bʌ/ /həu/ /pai/ /jɔŋ/ /mun/ /jən/ /tʃən/ /hʌ/ /fu:/ /si:/ /fu/. /kɔi/ /dʒə/ /dʒi/ /ji/ /giŋ/ /tʃa:n/ /pau/,/nin/ /gei/ /sai/ /a:/ /liəŋ/ /sui/,/ziŋ/ /hei/ /nin/ /hen/ /li:/ /zɔŋ/. /gə:m/ /liɔŋ/ /gəu/ /jen/ /tsɔ:/ /sau/ /zi:/ /hau/,/ji/ /kʌ/ /zau/ /zin/ /hɔi/ /kuin/ /gɔi/ /gau/ /sau/ /la:/! /wa:/…… /həu/ /ji/ /ma:ŋ/ /fu:/ /tʃu/ /zʌ/! /tei/ /dau/ /tʃən/ /hʌ/ /fu:/,/kəu/ /sai/ /tʃu/ /kəu/ /ge/ /bun/ /mun/ /ge/ /ju/ /jui/ /tʃu/ /lei/ /wɔ/. /kui/ /gɔ//bun/ /mun/ /ge/ /ju/ /jui/ /le/ /zau/ /hei/,/lin/ /wæn/ /sau/ /lʌ/. /drɔi/ /jau/ /gau/ /tei/,/bəu/ /bəu/ /zən/ /bi/,/heŋ/ /ju/ /dui/ /fʌnŋ/ /zən/ /gəuŋ/. /ʃui/ /ʃi/ /tri/,/nʌ/ /ʃi/ /fai/. /mu/ /si/ /fu/ /jʌ/ /kun/ /da:/ /zɔnŋ/ /zɔ:/ /tʃən/ /si/ /fu/ /gɔ/ /bei/ /liɔŋ/. /ji:/ /tʃən/ /hʌ/ /fu/ /gɔ/ /kun/ /tau/ /le/,/zi/ /fu/ /ne/ /jiu/ /din/ /dəu/ /mu/ /gəuŋ/ /ji/ /ge/ /sʌn/ /hau/ /gəu/ /dəu/ /gʌ/ /lʌ/. /gʌn/ /gɔ/ /zən/ /si/ /gin/ /dəu/ /ng/ /si/ /fu/,/jin/ /gəunŋ/ /gɔ/ /tʃən/ /hʌ/ /fu:/. /tʃən/ /hʌ/ /fu:/ /ge/ /bei/ /liɔŋ/ /jiu/ /lau/ /tʃu/ /hiu/,/jin/ /wei/ /ji/ /tʃɔi/ (/kun/) /dʌ/ /jəŋ/ /kɔi/ /gɔ/ /bei/ /liɔŋ/,/sɔ:/ /ji:/ /ji/ /di/ /di/ /sin/ /hui/,/jiu/ /jin/ /zɔi/gɔ: /kɔi/ /jin/……/kɔi/ /jin/ /bʌ/ /sin/ /sʌn/.

访员对梁太李丽坤(Lisa)进行了长达 74 分钟的访谈。由于李丽坤在年轻时上英文中学,又在美国生活了 29 年,访谈中出现了大量的英文人名、地名等专有名词和其他英文单词。她提及丈夫把英文单词入诗时举了一个例子:"越洋既有 Telephone,天涯何处不相

[1] 梁送风口述历史档案项目 003 文件广州话文本,档案尚未公开。

通。夜半铃声催梦醒，对方已是 Afternoon。”[1]这里 Telephone 的 phone 音，和“通”音是押韵的，倘若做中译只能明其意思，但失去神髓。

(5)粤华中学建校 90 周年校友访谈录

为了纪念澳门粤华中学建校九十周年，本文作者在 2015 年访问了 40 位校友，准备刊印访谈录。在处理文本时，首先基于广州话访问录音整理出现代汉语的逐字稿。整理时保留方言特色，也不回避英文词汇，因为这是本土的特征。

把录音转录为文字期间涉及很多问题，包括众多的名字、英文词汇，广州话至书面语的转换，以及文化差距构成的误解。由于部分访问对象长期接受英语教育，毕业后的工作与英语关联，再加上英文对港澳市民日常口语的影响，以至这系列访问中出现了大量的英文词汇。

(6)魏美昌回忆录

魏美昌是印度尼西亚华侨，年轻时回中国，长期担任国家领导人的翻译。他在 1979 年初移民来澳门，曾经在澳广视和政府部门工作，退休前任澳门文化司副司长。自 2011 年至去年，澳洲学者巴拿达斯 · H.M.库(Barnadas H.M. Koo)每年为魏美昌做访谈，对谈以普通话和英语进行。他的回忆录于 2016 年 1 月出版，书名为《历史的见证：一位生活在大陆与澳门的海外华侨》(*A Witness to History：an Overseas Chinese in Mainland China and Macau*)；访谈的目的就是出版一本书，录音只供写作之用，并不存档，也没有进行录像。本文认为该项目的意义在于它是以普通话和英语进行的口述史项目，最后以英文出版。为了填补中文版的缺失，澳门大学一位教师正在为魏美昌做访谈，准备出版一本中文书，其内容有别于巴拿达斯 · H.M.库的著作。

1.3 口述历史实践中的语文选择

通过上述个案，可以反映在进行这项工作时所面对的语、文问题。澳门不是孤立的现象，为了更好地探讨口述历史中的语文选择，本文做出横向的比较。

1.3.1 澳门的实践

安娜 · 玛丽奥 · 阿马罗撰写《澳门的游戏和大众娱乐》是用葡文和广州话进行采访的，出版物是葡文写的；郑炜明的《凼仔、路环口述史：村落卷》用广州话进行采访，出版的是广州话文本；蔡珮玲的《圣木十字架儿童合唱团》用广州话采访，出版物是中、葡、英三文并用。梁送风口述历史项目以广州话访谈，制作广州话和现代汉语文字稿，并将以中、葡双语出版印刷版本。魏美昌回忆录以普通话和英语访谈，出版英文本。

其余口述史项目大多是政府部门或私人主持的，他们会将录音内容直接转为现代汉

[1] 梁送风口述历史档案项目 010 文件现代汉语文本，档案尚未公开。

语，甚至翻译为葡文和英文，以便出书和制作展览材料。郑炜明编著的《凼仔、路环口述史：村落卷》为广州话文本的实践开了先河。最近两年历史档案馆进行的几个项目，以广州话进行访谈，之后制作广州话和现代汉语两个文本，但这方式未形成规律，也不一定为民间团体所接受。

面对着三文四语的环境，澳门过去的实践是多元化的，同时也消耗了巨大的人力、物力。面向未来，澳门需要参考性质相近地区的操作，例如香港和新加坡。

1.3.2　香港的启示

香港与澳门非常相似，回归前后的官方语言是汉语和英语；回归之后其人口结构和普通话教育令普通话影响加大，形成两文三语的现状。

香港大学亚洲研究中心从 2001 至 2004 年间推行“香港口述历史档案库计划”，共收藏两百个口述历史档案。所有档案整理成数码档案和访谈文字稿，并编上关键词和访谈摘要。港大研究员王惠玲表示该计划所收藏的档案拥有声音档，但访谈文字稿是指广州话逐字稿。除了广州话，暂时没有尝试其他方言的访谈。该计划所藏档案也有以普通话和英语来进行访谈的。以汉语做的访谈提供中文文本；而英语访谈则提供英文文本，不做中英之间的对译。她解释在广州话之外不做现代汉语版，是由于抄本令工作量倍增，兼且有可能导致不当演绎的错误。[1]

王惠玲总结说：“每种选择均有背后的理由，要看项目的出发点，是为研究累积原始材料(primary material)，抑或是考虑更大的阅读范围。成本也是考虑的因素。只做摘要或广州话版，可以将部分制作成本转嫁给研究者。她认为未来的趋势是按访谈做出中、英文书面语摘要。若有资源的，可做广州话文本，或英文版本。倘若用普通话访谈便做现代汉语版本。[2]

1.3.3　新加坡经验

新加坡的华人来自中国的不同地区，操着各种方言以及华语。1965 年新加坡建国之后推行双语政策，将英文放在首位。李光耀在回忆录中这样描述：“所有新加坡的学生除以英语为主要教学语言外，第二语文成为必修课，必须修读所属族群的母语课程。以华族学生来说，在基础教育阶段，将修读十年到十二年的华语课程。”[3]

新加坡 1979 年设立口述历史中心，藏有各个领域的录音访问超过一万六千小时。新加坡的口述历史工作一开始就由政府主导，拥有财政、人力资源的优势。据新加坡历史档案馆前馆长毕观华说，他们会以汉语方言，或华语来做访谈。录音带是第一手资料，然后

---

[1]　王惠玲的观点是在最近一次电话谈话中提出的。

[2]　同上。

[3]　李光耀：《李光耀回忆录：我一生的挑战——新加坡双语之路》，台北：时报文化出版企业股份有限公司，2015，第 328 页。

对所有华语(包括普通话和方言)一律做现代汉语的抄本。对马来民族可用马来语访谈;对印度族裔以英语访谈。不论是马来语或英语访谈,最终做成英文的逐字稿。保存录音和基本文本是第一要义。

表 2 新加坡口述历史语文档

族群	访问语言	存盘语言	录音	录像
华人普通话群	华语(普通话)	现代汉语	是	部分
华人方言群	汉语方言	现代汉语	是	部分
马来语群	马来语	英语	是	部分
印度语群	英语	英语	是	部分

2 访谈语文的选择和理由

新加坡是行政主导的国家,政府为人民制定双语政策。设立口述历史中心三十多年来,进行口述历史时所用的语言、由录音所做的抄本均由政府机构选择,其中当然有政治和实际运作等多重考虑。香港的口述历史主要由大学和民间组织进行,没有成规。现时的选择是多元的,亦考虑到制作单位的资源、访员的语言能力,以及项目的最终目的。澳门起步较晚,处于学习、引进外部经验和探索的阶段。澳门面对复杂的语文现实,进行口述历史项目时,仍须考虑一连串的问题。

2.1 选择访谈的语言

选择访谈用语的第一原则是以被访者为本。理论上访谈对象最流畅的口语是首选。但理想之余还要考虑访员的语言能力,因为在口述历史的访谈中,提问者与对方的互动,问题的内容对效果影响至大,所以要求访员对所运用的语言得心应手。澳门用广州话、普通话、葡语、英语来做访谈;香港用广州话、普通话和英语;新加坡用英语、华语、汉语方言和马来语。

内地的实践总结出类似的经验。中国电影艺术研究中心研究员陈墨 2015 年初发表的文章,提及他向云南的朋友建议"应抓紧时间为说本民族语的长辈做口述历史,而且一定要以各自民族的语言及民族语的本地方言做"[1]。

2.2 选择原始抄本的文字

在完成访谈之后,随即要考虑原始抄本,又称逐字稿的工作。陈墨的观点是"在口述

---

〔1〕 陈墨:《口述历史与语言学》,《西南大学学报(社会科学)》2015 年第 4 期,第 142 页。

历史录音抄本的整理过程中，保留口语形态，致力于保持语、文张力。”他认为原始抄本须按录音逐字抄录，而在原始抄本的基础上所做的编纂抄本可以稍为变通，即在保持口语的形态的前提下兼顾书面语的阅读习惯。

澳门现时有几种选择：一是按录音顺序做摘要，让使用者整理逐字稿；二是选择录音语言纪实地做（例如广州话逐字稿）；三是选择一种共通的文字（中文和英文）来做逐字稿。当然也有其他选择，就是直接从录音跳到出版的文本，略过摘要、逐字稿告和誊字稿。

香港选择了广州话版本，新加坡选华语版，澳门是两者俱备。提供两个文本既涉及巨大的人力、物力，也无法保障其准确性，故王惠玲博士认为要根据项目的目的而决定方法。为研究者搜集原始史料的项目可撰写广州话版；目的是吸引更多读者的可撰写现代汉语版。

郑炜明博士支持广州话逐字稿，所持理据是保存文化论。他认为“做一个小地方的口述历史，其中一个最重要的目的，是要记录和保存它惯用的语言（特别是该社群中的词汇），也就是要记录和保留它的文化史。”[1]至于粤语入文的技术一早便解决了。1912 年英国语音学家丹尼尔·琼斯（Daniel Jones）编写了《广东话音标读本》（*Cantonese Phonetic Reader*），之后黄锡凌出版的《粤音韵汇：广州标准音之研究》参考前者，以国际语音符号来标音。[2] 在这些工具书的支持下，每个广州话的汉字都能够达到读、写准确的地步。在粤语入文的实践上，过去六十年港澳在两方面是非常广泛和有效的。一是报刊上的小说、杂文和讽刺诗，第二是电视台和电台的新闻稿、剧本创作，均是清一色以广州话写作。

支持现代汉语的理由也很清晰，因为全国统一的书面语较多人读得懂，在撰写时也较广州话版本省时间。笔者对“梁送风口述历史项目”进行计算，14 小时录音的广州话逐字稿共 19 万字，而现代汉语约 17 万字。就是说每小时录音，广州话版本的抄本多了 1 400字。[3]

2.3 对说唱文学的唱词处理

香港的主流是撰写广州话版本。从过去的经验总结是越少演绎越加存真。被访者提及的歌谣、说唱文学和诗词大都是非常的书面语，亦非常独特。2014 年所做的“梁送风口述历史项目”便是很好的例子，访谈中的儿歌、说唱文学的唱词、旧体诗，以至生龙活现的播音片段，是无须转为现代汉语的。改写之后的文本亦不见得有准确的演绎。

---

〔1〕 郑炜明编《氹仔、路环口述史：村落卷》，第 5—6 页。

〔2〕 黄锡凌：《粤音韵汇：广州标准音之研究》（重排本），香港：中华书局（香港）有限公司，1996 年，第 393 页。

〔3〕 录音长度为 13 小时 58 分 4 秒，广州话版本 191 369 字；白话文版本 171 671 字。

2.4 双语版本

澳门、香港和新加坡三地均是多语言地区，但为正式存档而做的项目全以单一语文来撰写逐字稿。出现两文或三文纯粹是出版所需，目的是让更多读者看懂。为了节省资源，在策划正规的口述历史项目时，香港的同行正在考虑逐字稿是否有存在的必要，更不用说提供一种以上的文本。这绝对是昂贵，又吃力不讨好的。

2.5 中文文本内的外语

澳门的华人社会主要以广州话沟通，近年普通话的运用和影响日益强大。土生葡人大多通广州话和葡文，个别也通普通话和英文。在澳的葡国人说葡语、英语或法语。在这样华洋杂处的社会，对华人的访谈经常出现英语，对土生的广州话访谈，会出现英语和葡语。

(1)外文名字

在处理外文名字时以存真为第一原则，一般无须翻译，例如 Ana Maria Amaro 就不必译了。官方的翻译部门为政府官员、政治人物设有正式译名，便跟随官译，例如葡萄牙总统 Cavaco Silva 译作施华高。有一些社会名流的名字不一定有官译，但习惯使用同一译名几十年，便按约定俗成的译法，例如 Pe. Lancelote Rodrigues 译作戴思乐神父。

很多港澳人在中、大学时取了个英文或葡文名字。遇上这种情况便不应保留外文，而要使用其正确中文名，例如前行政长官、全国政协副主席 Edmund Ho 要写作何厚铧，澳门文化局前局长常用 Heidi Ho 的名字要写成何丽钻才对。至于外文地名可以参考媒体新闻部的工具书来翻译。为了减少错误，最好保留原文，然后尾随放在括号内的中译。

澳门和香港的居民身份证都有中文名字和拉丁拼音，所以中外对译没有困难。澳门的华裔天主教徒领洗时会取一个圣名，做文本时可用这个圣名来与中文名对照。

(2)外文的名词、语句

最简单的方法是保留外文原字、原句，后面附中文解释。倘若可以透过文本内容理解某单词的，便不再翻译了。为什么这么强调保留原文，一是求真，另外被访者使用外文的习惯、使用频率，以至用字均反映个人的文化特质，是口述历史追求的材料之一。

就访谈的语文进行探讨后，发现口述历史要史料存真的话，首选的访谈语言是对象的母语，当然这选择受到访员能力、政治和资源因素的制约。为了存档和广泛地利用史料，需要制作录音档的摘要、逐字稿、誊字稿，甚至印刷本，但必须意识这些版本的生产是一个遗失意义的过程。在考虑逐字稿是使用汉语方言抑或现代汉语时，须考虑项目的性质和应用范围，也要善用有限的资源。

粤语入文在粤方言地区是有需要的，也有其理论基础，但不是口述史项目中最为关键的议题，因为对谈的录音带才是本尊。粤语入文在珠三角拥有近百年的历史，更加有强大的文化和经济基础。粤语文本和现代汉语文本之间存在一定的张力，却不是全然矛盾的。广州话是可以书写的，也能够被读懂。香港中文大学樊善标教授探讨粤语入文时指出，不应厚内地和台湾的寻根、乡土作品揉入地方土话，而薄香港作家企图把广府话融入作品。[1]

澳门社会的口述史项目仍会继续下去，倘若能够在不同的因素间取得平衡，善用资源，澳门的三文四语并不是障碍，而是珍贵的社会资本；粤、港、澳地区撰写逐字稿时以粤语入文不会降低汉语的标准化，反而会丰富汉语的内涵。

3 结论

澳门口述历史的实践走了约三十年的路，渐渐在澳门史中占有一定的地位，把历史话语权从葡国统治者、葡萄牙学者手中接了过来。借着口述历史的多元性和草根性，让本地人用熟识的语言来讲述自己的故事、澳门的历史。口述历史不单保留口头史料、故事、意见，还保存了特定的语言、文化，强化了当地居民的身份认同。

本文认为访问录音才是口述历史项目最珍贵的成果；要让被访者以最熟识的语言来谈话。对澳门华人社群主要使用广州话来访谈，该方言的运用不局限于华人社会。普通话、葡语和英语也是口述历史的工作语言。

完成访谈之后，从声音到文字的转录可以兼做广州话和现代汉语版本；没有资源的只做汉语方言的逐字稿，再考虑葡、英版本。倘若是以葡、英文访问的，可以制作访问语种的摘要、书面语。目前将粤语入文的确会加重工作量，但是有其文化上的需要。粤语入文是切实可行的，它不是一个雅、俗的问题，而是涉及文化、身份认同，以及资源、受众的考虑。

过去不少口述历史的成果是以书籍和展览形式出现。面对着三文四语的语文环境，的确会增加在访问、出版和展览过程中的工作量。但长远而言，三文四语没有妨碍澳门口述历史的工作，反而提升了澳门的社会资本；同样广州话文本的选择是为了更准确地记录，广州话文本的存在不会降低书面汉语的水平，反而丰富了汉语的内涵。

澳门口述历史的实践时间不长，规模也不大，却拥有独特的政治、文化和语文环境。特别是在访问语言的选择、方言入文，以及处理文本中的外国语几方面，澳门的实践也许能够提供一些可参考的经验。

---

〔1〕 文洁华主编《香港嘅广东文化》，香港：商务印书馆（香港）有限公司，2014，第2页。

抗战老兵口述历史语篇的多维度分析

◎赵 雪 鲁瑾芳 张颜雪〔1〕

摘 要：

多维度分析法是一种基于语料库的量化分析方法，它所揭示出的抗战老兵口述历史语篇的语体特征，主要包括：重在资讯传递，具有单向性的倾向；重在对历史事件的重构，具有叙事性；重在对事实的客观陈述，具有一定的客观性。多维度分析法所揭示出的抗战老兵口述历史语篇内部话语的差异，主要包括采访者话语重在人际互动和个人情感或立场的表达；受访者话语则重在资讯的传递、历史事件的重构以及对事实的客观陈述。

关键词：

抗战老兵口述历史语篇；多维度分析；人际互动 vs 资讯传递；事件重构 vs 逻辑说明；个人情感表达 vs 对事实的客观陈述；功能

Multidimensional Analysis of Oral History Text about the Anti-Japanese War Veterans

◎ Zhao Xue; Lu Jinfang; Zhang Yanxue

Abstract:

Compared with daily conversation and academic papers, oral history text focused on one-way information delivery; focused on the reconstruction of historical events, with a narrative; focused on the objective statement of facts which has a certain character of objectivity. Oral history interviewers text focused expression of human interaction and personal feelings or position; respondents text focused on transfer of information, reconstructing historical events and stating a fact.

Keywords:

Oral History Text about the Anti-Japanese War Veterans; Multidimensional Analysis; Interpersonal Interaction vs. Information Transmission; Event Reconstruction vs. Logical Explanation; Personal Emotional Expression vs. the Fact Objective Statement; Function

---

〔1〕 作者简介：赵雪(1960—)，女，中国传媒大学文法学部教授，博士生导师，主要研究方向为现代汉语语体学、语篇分析、媒体语言研究等；鲁瑾芳(1991—)，女，中国传媒大学文学院语言学及应用语言学专业硕士研究生；张颜雪(1991—)，女，中国传媒大学文学院语言学及应用语言学专业硕士研究生。

1 引　言

1948年，现代口述历史学之父艾伦·内文斯(Allen Nevins)提出了“口述历史”(Oral History)这个术语，他认为“口述史是用现代科技产物录音机、录像机来实现口述语言、声音、形象的保留，是有声音、可倾听、可观赏的历史”[1]。60多年来，国内外口述历史研究取得了丰硕的成果。口述历史研究范围主要涉及历史学的各个分支，广泛应用于社会学、人类学、新闻学、医学等领域。

值得注意的是，语言学视角下口述历史的研究，目前成果较少。该领域仅将口述历史作为一种研究方法，例如张宜的《中国当代语言学的口述历史》和《中国当代语言学史的口述研究》。因此，语言学视角下的口述历史研究，尚有较大的探索空间。

语篇指任何长度的、语义完整的口语或书面语的段落。“语篇的形式多样，可以是口头的或书面的、散文或诗歌、对话或独白。从一句谚语到整部戏剧，从瞬间的一句求救到会议上一整天的讨论，无不属于语篇的范围。”[2]虽然口述历史语篇采用了口头的交流方式，但是它与典型的口语体——日常谈话，还是有一些区别的。那么，口述历史语篇在语体上有什么特点呢？这是一个很值得我们探讨的问题。

本文以抗战老兵口述历史语篇为语料，采用多维度分析法，通过与日常谈话、学术论文语篇的对比，探讨口述历史语篇的语体特征。

2　语料及研究方法

本文语料包括以下三部分：一是抗战老兵口述历史语料，二是日常谈话语料，三是学术论文语料。全部语料共约42万字。其中，抗战老兵口述历史语料大约30万字，由中国传媒大学崔永元口述历史研究中心提供；日常谈话语料大约5万字，由我们转写、标注；学术论文语料大约7万字，均是从中国知网随机下载的近三年的期刊论文，论文的研究范围涉及语言学、文学、法律、大众传媒等领域。

本文采用多维度分析法(Multidimensional Analysis)来探讨口述历史语篇的语体特征。多维度分析法是以定量和统计的方法，根据不同的语言参量(即维度)，来对比不同语体之间的差异。美国学者Biber认为不同语体在维度上存在着某些差异，研究者通过对不同维度分值的计算，可以有效地、客观地描述语体之间的差异，进而概括出某种语体的普

---

〔1〕 转引自岳庆平《关于口述史的五个问题》，《中国高校社会科学》2013年第5期，第81页。

〔2〕 韩礼德(Halliday, M. A. K)、哈桑(Hasan, R.)：《英语的衔接》，张德禄等译，外语教学与研究出版社，2007，第1页。

遍性特征。[1]

下面我们就用多维度分析法来探讨抗战老兵口述历史语篇的语体特征。

3 语料处理与语言特征的提取

我们采用"中国传媒大学在线分词标注系统",按照粗颗粒度对抗战老兵口述历史语料分词标注,并对标注的结果进行了人工校对,建立了词类语料库,共计 166 892 个词;采用 Python 程序对抗战老兵口述历史语料进行分句,并人工标注了句型、句类和句式,建立了句子语料库,共计 9 878 个句子。

同时,我们采用同样的方法对日常谈话和学术论文语料进行分词和句子标注,建立了词类和句子的对比语料库。其中,日常谈话语料共计 27 246 个词、3 717 个句子;学术论文语料共计 38 596 个词、1 258 个句子。

根据语料及张斌关于词类和句子的理论[2],我们共提取了 48 个语言特征。在提取了语言特征之后,我们用 Microsoft Excel,AntConc3.3.5,Hyconc,SPSS 等软件对每个语言特征的分布情况进行了统计,详见表 1:

表 1 语言特征

序号及代码[3]	语言特征	抗战老兵口述历史语篇		日常谈话语篇		学术论文语篇	
		总比值[4]	标准差	总比值	标准差	总比值	标准差
1 CX	词型例比	2.70	1.35	3.36	1.28	4.16	0.92
2 N	名词	27.82	0.59	16.43	3.11	36.00	3.69
3 PN	普通名词	17.42	0.73	13.28	2.75	31.70	4.47
4 NR	人名	1.90	1.64	0.26	0.27	1.73	0.73
5 NS	地名	2.20	0.25	0.08	0.08	0.80	0.28
6 NT	机构名	1.12	0.58	0.04	0.04	0.36	0.31

---

[1] Douglas Biber and Susan Conrad, *Register*, *Genre and Style* (New York: Cambridge University Press, 2009), p.223.

[2] 张斌主编《现代汉语描写语法》,商务印书馆,2010,第 74—266,415—710 页。

[3] 词的标注代码采用中国传媒大学在线分词系统的词性代码;词型例比和句子的标注代码均采用汉语拼音首字母的大写形式。

[4] 为方便统计,使统计数据具有可比性,我们将原始数据进行标准化处理,这里的总比值的计算方式为原频率×100,即以 100 个词(或句子)为单位的频数。

续表

序号及代码	语言特征	抗战老兵口述历史语篇		日常谈话语篇		学术论文语篇	
		总比值	标准差	总比值	标准差	总比值	标准差
7 NZ	其他专有名词	0.19	0.09	0.04	0.05	0.27	0.29
8 T	时间名词	1.89	0.55	1.41	0.74	0.00	0.26
9 V	动词	23.32	0.89	22.34	2.67	0.59	2.11
10 XV	心理动词	0.38	0.89	1.23	2.67	24.95	0.23
11 A	形容词	3.46	0.47	6.45	1.58	0.27	1.79
12 D	副词	9.33	0.93	10.60	1.93	6.53	0.98
13 R	代词	10.81	0.95	14.73	1.50	1.24	1.23
14 R1	第一人称代词	2.91	0.57	3.96	1.54	3.71	0.12
15 R2	第二人称代词	0.57	0.16	2.63	0.80	0.08	0.25
16 R3	第三人称代词	1.98	0.57	1.37	0.67	0.10	0.42
17 RZ	指示代词	3.89	0.40	4.62	1.98	0.47	0.61
18 RY	疑问代词	0.57	0.16	1.41	0.41	1.13	0.05
19 P	介词	2.69	0.82	2.39	1.09	0.05	0.60
20 C	连词	1.76	0.15	2.77	0.99	4.29	1.00
21 Y	语气词	4.30	0.42	7.02	0.89	10.42	0.25
22 E	叹词	0.10	0.03	1.92	0.94	0.15	0.05
23 O	象声词	0.08	0.05	0.24	0.24	0.01	0.01
24 I	成语	0.11	0.05	0.02	0.02	0.00	0.23
25 L	习语	0.11	0.03	0.03	0.01	0.32	0.48
26 DJ	单句	32.39	2.87	71.54	3.98	38.08	8.46
27 ZW	主谓句	22.39	1.45	30.48	6.52	26.55	7.55
28 VZW	动词性谓语句	17.56	1.06	23.14	4.37	31.64	7.62
29 AZW	形容词性谓语句	1.30	0.22	3.26	1.09	0.79	1.51
30 NZW	名词性谓语句	0.64	0.25	1.32	0.44	0.16	0.37
31 ZWW	主谓谓语句	2.90	0.94	2.77	1.24	1.83	1.02
32 FZW	非主谓句	3.48	0.47	30.64	12.15	2.38	2.36
33 AFZW	形容词性非主谓句	0.22	0.07	5.84	2.98	0.08	0.39
34 NFZW	名词性非主谓句	0.99	0.07	7.13	2.98	0.40	0.61

续表

序号及代码	语言特征	抗战老兵口述历史语篇		日常谈话语篇		学术论文语篇	
		总比值	标准差	总比值	标准差	总比值	标准差
35 VFZW	动词性非主谓句	2.02	0.43	9.25	1.78	1.91	2.12
36 XFZW	象声词非主谓句	0.01	0.01	0.19	0.21	0.00	—
37 TFZW	叹词非主谓句	0.23	0.13	8.23	6.40	0.00	—
38 FJ	复句	66.62	3.34	22.73	6.98	61.92	8.46
39 CS	陈述句	88.76	1.62	66.85	3.93	96.58	6.39
40 GT	感叹句	1.82	1.30	5.17	3.32	0.87	4.32
41 QS	祈使句	0.26	0.07	1.67	1.20	0.56	1.12
42 YW	疑问句	7.87	1.47	19.10	3.57	1.59	1.73
43 FW	反问句	0.29	0.14	1.48	1.29	0.40	1.17
44 YOU	有字句	2.31	0.67	1.94	1.30	1.27	1.01
45 CUN	存现句	0.60	0.25	0.38	0.35	0.87	0.68
46 SH	是字句	7.07	1.61	6.38	2.43	8.19	3.28
47 DZ	倒装句	0.12	0.08	0.83	0.66	0.08	0.39
48 SL	省略句	14.04	1.32	17.25	5.37	2.38	1.93

4 抗战老兵口述历史语篇维度的确定

在建立语料库、提取出语言特征之后，我们采用因子分析来确定抗战老兵口述历史语篇的维度。

因子分析，又称探索性因素分析，是英国心理学家查尔斯·斯皮尔曼在1904年提出来的。因子分析的目的是利用降维的思想，将相关性较高的数据变量归入一组，形成新的变量，即公共因子，用以描述和反映原数据的大部分信息[1]。它是统计学中一种重要的研究方法。

我们用SPSS对表1中的语言特征进行降维。我们选择主成分分析法，抽取特征值大于1的成分，将48个语言特征简化为9组共现特征(因子)，它们分别涵盖大约46.09%、14.91%、10.39%、7.02%、4.85%、4.33%、3.49%、2.45%和2.29%的语言特征。统计分析

[1] 张玉、郭会雨、陈建青:《我国数据挖掘研究现状分析——基于共词分析视角》,《情报科学》2011年第10期,第1589—1593页。

的结果，详见表 2 和图 1：

表 2　解释的总方差[1]

	初始特征值			提取平方和载入		
成分	特征值	方差贡献率(%)	累积方差贡献率(%)	特征值	方差贡献率(%)	累积方差贡献率(%)
1	22.125	46.093	46.093	22.125	46.093	46.093
2	7.159	14.914	61.007	7.159	14.914	61.007
3	4.987	10.389	71.396	4.987	10.389	71.396
4	3.367	7.015	78.411	3.367	7.015	78.411
5	2.329	4.852	83.263	2.329	4.852	83.263
6	2.08	4.332	87.596	2.08	4.332	87.596
7	1.674	3.487	91.083	1.674	3.487	91.083
8	1.176	2.451	93.534	1.176	2.451	93.534
9	1.097	2.286	95.82	1.097	2.286	95.82
10	0.683	1.423	97.243			
11	0.512	1.067	98.31			
12	0.491	1.022	99.332			
13	0.321	0.668	100			
14	1.11E−15	2.31E−15	100			
15	9.54E−16	1.99E−15	100			
16	7.76E−16	1.62E−15	100			
17	6.77E−16	1.41E−15	100			
18	6.55E−16	1.36E−15	100			
19	5.61E−16	1.17E−15	100			
20	5.35E−16	1.12E−15	100			
21	4.99E−16	1.04E−15	100			
22	4.53E−16	9.43E−16	100			
23	3.65E−16	7.60E−16	100			
24	3.26E−16	6.78E−16	100			
25	2.93E−16	6.09E−16	100			

[1] 表中方差贡献率用来表示所提取因子能够解释的信息量；“提取平方和载入”栏中的累计方差贡献率表明提取 9 个因子，能够共同解释 95.82%，丢失的信息量较少。

续表

	初始特征值			提取平方和载入		
26	2.61E－16	5.43E－16	100			
27	1.93E－16	4.01E－16	100			
28	1.55E－16	3.22E－16	100			
29	1.28E－16	2.66E－16	100			
30	9.34E－17	1.95E－16	100			
31	6.06E－17	1.26E－16	100			
32	－2.79E－17	－5.81E－17	100			
33	－9.30E－17	－1.94E－16	100			
34	－1.21E－16	－2.52E－16	100			
35	－1.62E－16	－3.38E－16	100			
36	－2.25E－16	－4.68E－16	100			
37	－2.43E－16	－5.06E－16	100			
38	－2.83E－16	－5.90E－16	100			
39	－3.29E－16	－6.86E－16	100			
40	－3.86E－16	－8.04E－16	100			
41	－4.62E－16	－9.62E－16	100			
42	－5.01E－16	－1.04E－15	100			
43	－5.43E－16	－1.13E－15	100			
44	－6.38E－16	－1.33E－15	100			
45	－7.63E－16	－1.59E－15	100			
46	－8.05E－16	－1.68E－15	100			
47	－9.47E－16	－1.97E－15	100			
48	－1.03E－15	－2.15E－15	100			

从表 2 来看，如果我们从这 48 个语言特征中，提取 2 个公共因子，那么就能够涵盖大约 61.01％的语言特征；如果提取 3 个公共因子，那么就能够涵盖大约 71.40％的语言特征。而表 1 中的 9 个公共因子涵盖了大约 95.82％的语言特征。

因为，数据挖掘理论认为"所提取的因子应能概括总体信息的 60％以上"[1]，所以，在综合考虑因子特征值和碎石图之后，我们决定提取 3 个公共因子，将其作为维度分析的基

〔1〕 张玉、郭会雨、陈建青：《我国数据挖掘研究现状分析——基于共词分析视角》，第 1589—1593 页。

本维度。根据各维度中语言特征的分布情况，我们将这三个维度分别命名为：

维度 1：人际互动 vs.资讯传递

维度 2：事件重构 vs.逻辑说明

维度 3：个人情感表达 vs.对事实的客观陈述

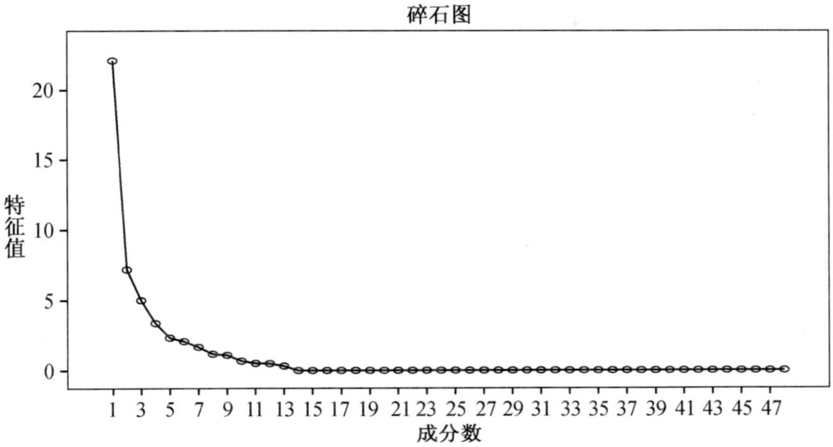

图 1　因子碎石图[1]

我们用最大方差法(Varimax)进行因子旋转。在下面的表 3 中，我们列出了因子旋转后分布在这三个因子(维度)中的语言特征及其因子负荷量。负荷量越高，就越能代表该因子。我们以绝对值 0.35 为界，选取了绝对值在 0.35 以上的语言特征来代表对应因子(维度)。详见表 3：

表 3　三个因子(维度)的语言特征及其因子负荷量[2]

因子 1		因子 2		因子 3	
FZW	0.98	R31	0.96	GT	0.94
E	0.98	NS1	0.78	DZ	0.89
TFZW	0.97	NR1	0.77	AZW	0.88
NFZW	0.96	R11	0.69	FW	0.85
AFZW	0.92	D1	0.66	ZWW	0.68
DJ	0.90	SL1	0.65	O	0.45
VFZW	0.87	R	0.61 *	XFZW	0.40

〔1〕 碎石图用于因子分析，显示降序的与分量或因子关联的特征值以及分量或因子的数量，以直观地评估哪些分量或因子占数据中变异性的大部分。一般而言，曲线越陡，该段代表因子所占数据的变异性越大，即越能涵盖整体信息，显著性越大。

〔2〕 表 3 中负荷量后带“ * ”号的为重复的语言特征，且仅作为参考特征，在计算维度时不计分值。

续表

因子 1		因子 2		因子 3	
YW	0.81	Y	0.50 *	XV	0.40 *
RZ	0.74	RZ	0.46 *		
Y	0.72	XV	0.43 *		
R2	0.72	RY	0.41 *		
RY	0.69	O	0.40 *		
XV	0.67	T	0.39 *		
R	0.62				
NZW	0.59				
T	0.50				
SL	0.49 *				
R1	0.45 *				
D	0.41 *				
AZW	0.38 *				
NS	−0.36 *	V	−0.35 *	CS	−0.58 *
NR	−0.37 *	C	−0.41		
I	−0.41	N	−0.54 *		
P	−0.45	PN	−0.75		
NZ	−0.49				
PN	−0.55				
V	−0.61				
CS	−0.71				
N	−0.73				
FJ	−0.89				

需要说明的是，有些语言特征具有多重交际功能，在因子分布上可能出现同一个语言特征同时分布于两个或两个以上因子中的情况。而我们在计算维度分值时，仅计算其分值最高的维度，其余的则作为用于解释维度的参考特征。

因子平均维度分值的计算方法是，先计算所有语料文本在各个维度上的分数，即正极和负极的显著语言特征的标准化分数之差，再计算各种语体维度分值的平均数。我们用SPSS对上述三个维度在分值上的显著性差异进行了检验，检验结果详见表4：

表 4 GLM[1] 检验结果

维度	F value	P	R^2
1	26.35	<.0001	67%
2	1.80	<.0001	12%
3	13.13	<.0001	50%

表 4 中,F 值和 P 值用来检验所划分的维度是否具有统计上的显著差异,当 $P<0.05$ 时,则表明各维度具有显著差异;R^2 用来检验所划分维度的重要性。由表 3 可知,这三个维度均能有效地区分语体差异;在这三个维度中,维度 1 最为重要。

5 抗战老兵口述历史语篇维度的功能性解释

根据表 3 中语言特征的分布情况,我们运用语体理论,对人际互动 vs.资讯传递、事件重构 vs.逻辑说明、个人情感表达 vs.对事实的客观陈述这三个维度中的语言特征进行功能性解释。

5.1 抗战老兵口述历史语篇的三个维度

5.1.1 维度 1:人际互动 vs.资讯传递

如表 3 所示,在维度 1 正极中共现的语言特征有[2]:非主谓句、叹词、叹词非主谓句、名词性非主谓句、形容词性非主谓句、单句、动词性非主谓句、疑问句、指示代词、语气词、第二人称代词、疑问代词、心理动词、代词、名词性谓语句、时间名词、省略句、第一人称代词、副词和形容词性谓语句。

上述语言特征一般出现在人际互动中,表现某种人际关系。其中,非主谓句较少用在书面语中;叹词较多出现在口语中,用来表达发话者对某事的情感态度;叹词非主谓句在口语中除了表达某种情感,还多用于简单的应答中,具有较强的互动性;名词性非主谓句、单句、动词性非主谓句常出现在日常谈话中;疑问句除用于提问外,还有鼓励受话者积极参与交谈的功能,因而是参与感(involvement)或人际互动的标记[3];指示代词如“这”“那”用于指称双方共享的旧信息,多用于日常谈话中;语气词表示发话人的语气;第二人称代词和负荷量较低的第一人称代词,多用于发话者和受话者之间的互动;疑问代词用以

[1] GLM 是 General liner models 的简称,是 SPSS 软件中一般线性模型的统计方法。

[2] 以下维度 1、维度 2 和维度 3 正、负两极的语言特征排列按表 3 中因子负荷量的绝对值由大到小排列。

[3] Chafe Wallace, “Linguistic differences produced by differences between speaking and writing,” in D. Olson, N. Torrance and A. Hildyard (eds).*Literacy, Language and Learning: The Nature and Consequences of Reading and Writing*(Cambridge: Cambridge University Press,1985), pp.105—123.

构成疑问句,达到互动的效果;心理动词表示动作行为上的心理情感倾向;名词性谓语句口语色彩较浓;时间名词表示事件发生的时间,可用于日常谈话中对动作或事件的描述;省略句往往出现在口语体中;副词表示动作行为或状态特征;形容词性谓语句常用来表示个人对某事或某物的评价。

在维度1负极中共现的语言特征有复句、陈述句、动词、普通名词、其他专有名词、介词、成语、人名和地名。

上述语言特征与资讯传递有关。其中,复句是书面语体的标记,能够较准确地传递丰富的资讯内容;陈述句较多地出现在书面语,尤其是学术论文中,用以客观陈述观点,传递资讯;动词表示行为主体发出的动作所处的状态,多用来描述事件的过程;普通名词、其他专有名词多用于传递资讯;介词的句法功能主要是附着于其他词语之前构成介词短语充当状语和定语[1],表示与动作、性状有关的时间、处所、方式、原因、目的、施事、受事、对象等,多用于补充说明相关信息;成语的书面色彩较浓;人名和地名则用于表明事件的参与者和发生地点,也是资讯的重要组成部分。

总之,从交际目的和参与者、场合等情景因素来看,维度1中正、负两极所显示的语体差异可以概括为互动的或非互动的、即时的或有备的、口头的或书面的。因为正极中的语言特征表现出较强的人际互动性,负极中的语言特征倾向于对资讯的单向传递,所以,我们将维度1命名为人际互动 vs.资讯传递维度。

5.1.2 维度2:事件重构 vs.逻辑说明

在维度2正极中共现的语言特征有第三人称代词、地名、人名、第一人称代词、副词、省略句、代词、语气词、指示代词、心理动词、疑问代词、象声词和时间名词。

上述语言特征和事件重构密切相关。其中,第三人称代词常被视为叙述的标记[2];地名、人名用来表示事件发生的地点和参与者;第一人称代词是叙述者的身份标志;副词则体现参与者动作的情状等;指示代词用于指代已知信息,使事件叙述更简洁明了;心理动词常用于表达叙述者或事件参与者的心理情感;象声词用于描绘声音;时间名词则用来表示事件发生的时间。

在维度2负极中共现的语言特征有普通名词、名词、连词和动词。

上述语言特征与逻辑说明有关。普通名词,既可以是说明的主体,也可以是说明的对象,既可以指称具体事物,也可以指称抽象概念;连词用来表示并列、承接、转折、因果、条件、假设、让步等逻辑关系[3],多出现在书面语,尤其是学术论文中;动词主要用于说明主

---

〔1〕 张斌主编《现代汉语描写语法》,第212页。

〔2〕 张学谦:《台语口语及书面语体的多面向分析》,*Language and Linguistics*(《语言与语言学》)1.1,2000,第89—117页。

〔3〕 张斌主编《现代汉语描写语法》,第197,201,203页。

体发出的动作或所处的状态。

维度 2 中正、负两极所显示的语体差异表现为叙事性或逻辑性。因为正极中的语言特征表现出较强的叙事性，负极中的语言特征具有较强的逻辑性，所以，我们将维度 2 命名为事件重构 vs.逻辑说明维度。

5.1.3　维度 3：个人情感表达 vs.对事实的客观陈述

在维度 3 正极中共现的语言特征有感叹句、倒装句、形容词性谓语句、反问句、主谓谓语句、象声词、象声词非主谓句和心理动词。

上述语言特征与个人情感表达有关。其中，感叹句表示某种强烈的感情；倒装句用来强调；形容词性谓语句一般用来表达个人的主观评价；反问句也表示强调；主谓谓语句则体现对话题或信息焦点的高度关注；象声词和象声词非主谓句在模拟声音的同时，还表示发话者当时的心理状态；心理动词则与表达个人情感和立场有关。

维度 3 负极中共现的语言特征只有陈述句，因为在其他维度上，它具有较高的因子负荷值，因此我们不再计算它在这个维度上的维度分值。陈述句往往用于客观陈述事实、表达观点，基本不带主观感情。

维度 3 中正、负两极的差异主要体现为是否能用于表达发话者的情感。因为正极中的语言特征体现为对个人情感的表达，负极中的语言特征则体现为对事实的客观陈述，所以，我们将维度 3 命名为个人情感表达 vs.对事实的客观陈述维度。

5.2　抗战老兵口述历史语篇的维度分析

为进一步揭示口述历史语篇的语体特征，我们对抗战老兵口述历史语篇、日常谈话语篇、学术论文语篇在这三个维度上的分布情况进行了对比，详见图 2：

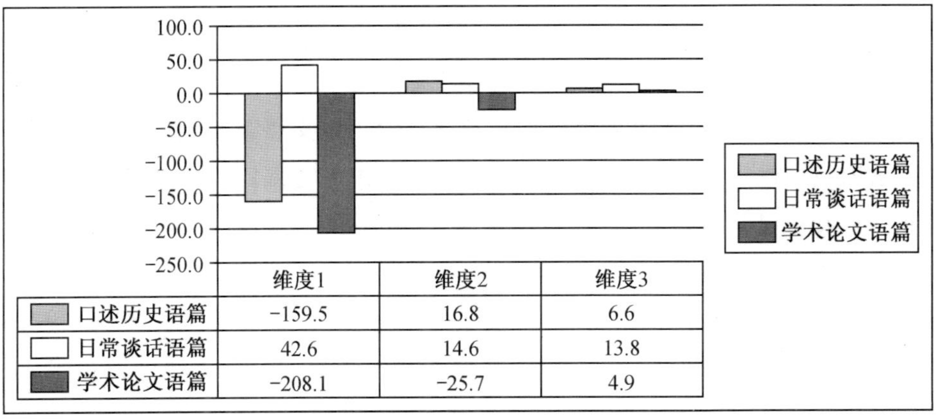

	维度1	维度2	维度3
口述历史语篇	-159.5	16.8	6.6
日常谈话语篇	42.6	14.6	13.8
学术论文语篇	-208.1	-25.7	4.9

图 2　口述历史语篇、日常谈话语篇、学术论文语篇维度分布对比图

图 2 显示，抗战老兵口述历史语篇在维度 1 上和维度 3 上的分值，表现出与学术论文语篇相近似的倾向。

在维度 1 上，抗战老兵口述历史语篇与学术论文语篇的维度分值均为负值，前者为－159.5，后者为－208.1；而日常谈话语篇的维度分值则为 42.6。维度 1 的分值说明，抗战老兵口述历史语篇虽然采用了与日常谈话语篇相同的口头交流的形式，但是从维度分值来看，它更接近学术论文语篇。这与抗战老兵口述历史语篇的交际目的有一定的关系。抗战老兵口述历史语篇的交际目的既非人际互动，也非个人情感或态度的表达，而是传递资讯。抗战老兵口述历史语篇中大段近乎独白的话语，与单向传递资讯的学术论文语篇非常类似。例如：

(1)

记者：杨成武。

杨永松：杨成武。所以这样呢，他不是没有得力的军事干部，就是经我的理解，杨成武咱们今天也可以说，杨成武打仗他还是不如黄永胜。但是当时定的呢，是要黄永胜去当副团长，参谋长熊伯涛要跟他调到一起去，他们两个人都是湖北人。但是我不在团部住，团部的工作人员告诉我，说他们两个人啊，事前没跟他谈，他思想不太通，有点不满意。（抗战老兵杨永松的口述历史语料）

(2)

我国现有传统媒体管理制度参照了前苏联的传媒管理模式，其核心目的是满足党和国家政治功能的需要并确保宣传思想文化的安全性。审批制度、主管主办制度、行业管理制、属地管理制构成了我国传统媒体管理的四大制度。从实践来看，这四大制度在较好地实现其设计初衷的同时，客观上为传统媒体的发展提供了诸多保护，使传媒业在较长时期内都是一个收益较高的行业。（朱鸿军、农涛：《媒体融合的关键：传媒制度的现代化》，《现代传播》2015 年第 7 期）

例(1)摘自抗战老兵口述历史语篇，例(2)摘自学术论文语篇。例(1)中受访者用近乎独白的话语向我们讲述了当年任命杨成武为团长、黄永胜为副团长的往事。例(2)中作者介绍了我国现有传媒管理制度的核心目的、四大制度及其实践意义。这两个例子说明了抗战老兵口述历史语篇与学术论文语篇一样，重在资讯传递。

而日常谈话语篇则重在人际互动。例如：

(3)

甲：Hi，干吗呀？

乙：我下来跟寿仁打个招呼。

甲：你要上厕所吗？

乙：我不要。（日常谈话语料）

例(3)摘自日常谈话语篇。例(3)是甲乙两人相遇时的问候，并没有实质性的内容，这段对话只是为了维系正常的人际关系。

同时，图2还显示，抗战老兵口述历史语篇在维度2上的维度分值与日常谈话语篇较为接近。前者是16.8，后者是14.6；而学术论文语篇的维度分值则为−25.7。这表明抗战老兵口述历史语篇和日常谈话语篇一样，具有叙事性的特点。例如：

(4)

记者：陈老，那您接着讲。

陈锐霆：我当了32军特务团炮兵大队的区队长，就是连长嘛。光有兵，没有炮。第二年，弄了十门重迫击炮，十公分的很大的重迫击炮，(但是)又没炮弹。这个时候就是1933年嘛，调32军到长城抗日嘛。日本"九·一八"把东三省占了，去承德以后就向我们的冀东啊，冷口这一带侵犯。32军这个时候已经编成三个师，39师、41师、42师，一个特务团。（抗战老兵陈锐霆的口述历史语料）

(5)

甲：你为什么考到二中啊？

乙：考砸了啊，越来越差，越来越差，不爱读书了。考到二中的时候是考砸了，后来到了二中就不是考砸了，就真的是砸了。

甲：你不是说，你刚才不是说你之前很热爱学习？

乙：对呀，刚刚进入二中的时候，我还想着奋发图强什么的，结果后来就再也没有奋发了。（日常谈话语料）

以上两例都是叙事。例(4)摘自抗战老兵口述历史语篇，例(5)摘自日常谈话语篇。例(4)中受访者讲述了1933年日本侵占东三省，以及当时自己所在的32军的情况。语篇中的语言特征包括时间名词、地名、机构名、第一人称代词等，上述语言特征用于交代事件发生的时间、地点、参与人员和机构以及事件结果等信息，体现了抗战老兵口述历史语篇叙事性的特点。例(5)是日常谈话语篇中甲讲述自己当年的学习情况，同样包括了表示时间、地点和当时的心理状态及结果的语言特征。由此可见，抗战老兵口述历史语篇的主要内容是受访者讲述亲历、亲闻的历史事件。同样，日常谈话语篇大多也是对事件或动作的描述。

而学术论文语篇则重在逻辑论证、说明，即对论点展开论述、进行论证、得出结论，而非叙事。例如：

(6)

正是由于旧理念存在问题,行政诉讼原告资格发展到一定的阶段,有些国家不得不对其进行限制。例如在美国,最高法院在"卢汉诉野生动物保护者组织案"中的判决是近年来最高法院关于原告资格的最重要判决。经过这次判决,美国对行政诉讼的原告做出了一些限制,这使得"一些个人作为纳税人或者公民提起诉讼,主张其唯一利益在于要求政府履行法定义务"成为过去,法院把这种复杂的利益衡量过程交给国会和行政机关。(张扩振:《论行政诉讼原告资格发展之历程与理念转换》,《政治与法律》,2015 年第 8 期)

例(6)摘自学术论文语篇。作者首先提出论点——旧观念使得有些国家对行政诉讼原告资格进行限制,接着以美国最高法院对"卢汉诉野生动物保护者组织案"的判决为例来佐证其论点。可见,学术论文语篇重在逻辑论证;同时也说明了学术论文语篇在维度 2 上的分值比抗战老兵口述历史语篇和日常谈话语篇低很多的原因。

在维度 3 上,抗战老兵口述历史语篇与学术论文语篇的维度分值也很接近,前者为 6.6,后者为 4.9;而日常谈话语篇的维度分值则为 13.8,比抗战老兵口述历史语篇高出一倍多。这说明抗战老兵口述历史语篇与学术论文语篇一样,重在对事实的客观陈述,而非个人情感或立场的表达。例如:

(7)

记者:大四岁,当时他也才十五岁。

陈海峰:他开始只有十五岁,我 1931 年去的了,他是 1934 年参加革命,他比我大四岁,那个时候他已经满师了,当师傅了。1934 年,他参加地下党,就离开我们印书馆了,他到别的印书馆去了,不在我们这里了,就是私下联系了。这个地方里面还有地下党,这个我们不知道,当时是保密的。那么受这些熏陶以后呢,我只有十四岁,虚岁是十五岁,刚满师,受了地下党的影响。(抗战老兵陈海峰的口述历史语料)

(8)

在中国当代社会由模仿挪移阶段转向自主创新阶段之际,不少文学理论家不能与时俱进,不敢突破,而是搁置当代文学理论分歧,甚至限制和阻碍当代文学理论争鸣。而文艺批评家聂珍钊则没有小成即安,而是积极解决当代文学理论分歧,勇于批驳一些流行的理论成见。2004 年,在把握创作自由和社会责任的辩证关系的基础上,聂珍钊深入地探究了作家包括文学批评家的社会道德责任,提出了文学伦理学批评,在一定程度上推动了当代文学理论的发展。(杨和平、熊元义:《文学伦理学批评与当

代文学的道德批判》,《外国文学研究》2015 年第 2 期)

例(7)摘自抗战老兵口述历史语篇,例(8)摘自学术论文语篇。从上述两例中可以看出,抗战老兵口述历史语篇与学术论文语篇都重在对事实的客观陈述,而非个人情感、立场的表达。

然而,日常谈话则是"用语言来维持并发展与对话者的关系","说话者在日常谈话中通常更注重情感和态度的表达"[1]。例如:

(9)

丁:太尴尬了。

甲:你第一个吃还可以挑吃哪一个。

丁:也没什么好挑的。

乙:爽吧。

丁:这酸爽。

丙:有这么酸呢?

丁:这酸爽。不是,因为我脑子里是厦门的绵绵冰的感觉,真的。

乙:原来这个是惩罚呀,真是悲伤啊。爽吗?

丁:哇,甚至连它旁边的这个冰都是酸的!我真是醉了。

甲:笑尿了。(日常谈话语料)

例(9)摘自日常谈话语篇。下划线部分都表达了发话者的情感、态度或立场。可见,日常谈话语篇更具"立场性"[2]。

就整体而言,抗战老兵口述历史语篇重在资讯传递,而非人际互动;抗战老兵口述历史语篇的主要内容是受访者讲述抗战时期自己亲历、亲闻的历史事件,具有叙事性的特点;抗战老兵口述历史语篇重在对事实的客观陈述,而非个人情感或立场的表达。

5.3 抗战老兵口述历史语篇内部的维度分析

抗战老兵口述历史语篇是由采访者话语和受访者话语构成的。为进一步分析抗战老兵口述历史语篇的语体特征,我们对抗战老兵口述历史语篇中采访者和受访者话语的维度分布也进行了对比,详见下图 3:

---

[1] Douglas Biber and Susan Conrad, *Register, Genre and Style* (New York: Cambridge University Press, 2009), p.85.

[2] Douglas Biber and Susan Conrad, *Register, Genre and Style*, p.88.

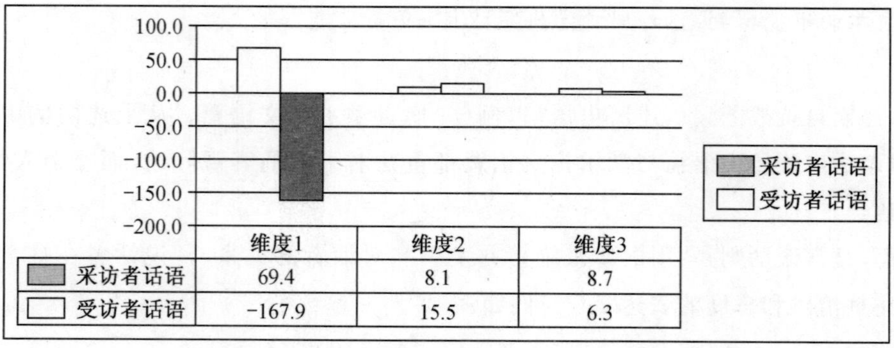

图 3 采访者和受访者话语维度分布对比图

从图 3 可以看出，采访者和受访者话语之间最显著的差异是在维度 1 上。在维度 1 上，采访者话语的维度分值为 69.4，而受访者话语的维度分值为－167.9。维度 1 上的分值表明，采访者的话语重在人际互动；而受访者的话语则重在资讯传递，受访者近乎独白的话语，与资讯的单向传递更类似。例如：

（10）

陈锐霆：……教程都还是中央军校的，也是从日本翻译过来的，日本是从德国(学)的东西比较多一些。

记者：您在那学的是炮科？

陈锐霆：嗯，我有一些东西(说的时候)我都简略了。以后阎锡山怕商震靠不住，就把他的河北省主席免掉了，调任山西省主席，把他这个军校也给他撤销了，把河北军事政治学校一编编到山西，他叫第三集团军的教导团，在南营房跟它合并到一起了。我们到那个地方就是 1929 年的 12 月了。(抗战老兵陈锐霆的口述历史语料)

例(10)中采访者用疑问句来提问，这是采访者维系双方互动的表现。受访者则用大段的话语来传递有关历史事件的信息。可见，采访者倾向于双向互动，受访者倾向于单向传递信息。

在维度 2 上，受访者话语的维度分值明显高于采访者，前者为 15.5，后者为 8.1。这是因为在抗战老兵口述历史语篇中，受访者是叙述者，是历史事件的重构者；而采访者在谈话中只起引导作用。例如：

（11）

记者：当时这个黄河渡口是国民党守着的，是吧？

杨永松：当时好像他(们)没有守兵在那里，他(们)没有必要，我们要出发抗战，当时地方政府呢，也帮助我们动员船只啊，是坐船过去。

记者：当时还没有兵把守，是吧？

杨永松：我没看见。他(们)不需要在那里把守，那把守对我们没有意思，对日本，日本人还没来呢，是吧。过了河以后，经过荣河县，经过万泉县。我这个原来写的万泉，他们给我改了。(抗战老兵杨永松的口述历史语料)

例(11)中采访者以两个疑问句引导访谈。受访者根据采访者的提问，讲述历史事件。可见，在抗战老兵口述历史语篇中，受访者是主要讲述者、历史事件的重构者，而采访者只起引导作用。

在维度3上，采访者话语的维度分值略高于受访者，也就是说，在采访者话语中表达感情的语言特征值较高，这主要与采访者的身份有关。采访者在整个访谈过程中是引导者，需要引导受访者展开叙述；同时，采访者还是一个倾听者，他要对所听到的事件发表自己的观点。例如：

(12)

陈海峰：我们都是实际到病房去，要给病人擦澡，给病人测量体温。传染病呀，我们都戴口罩……

记者：我感觉那个时候教学方式有点像师傅带徒弟，不像现在(上)大课这样。(抗战老兵陈海峰的口述历史语料)

例(12)中采访者在受访者陈述后，适时表明了自己的看法。这既体现了采访者对受访者话语内容的关注，也拉近了双方的距离，推进谈话。

由此可见，采访者的话语更注重人际互动和个人情感或立场的表达，因为采访者更希望把谈话进行下去，更希望通过采访，挖掘出有价值的东西。相比较而言，受访者的话语则注重传递资讯、重构历史事件、客观陈述事实。

6 结语

本文采用多维度分析法，探讨了抗战老兵口述历史语篇的语体特征。通过因子分析，我们确定了三个公共因子，并将其作为基本维度。它们分别是人际互动 vs.资讯传递、事件重构 vs.逻辑说明和个人情感表达 vs.对事实的客观陈述。

通过与日常谈话、学术论文语篇维度分值的对比，我们发现抗战老兵口述历史语篇重在资讯传递，具有单向性的倾向；抗战老兵口述历史语篇重在对历史事件的重构，具有叙事性；抗战老兵口述历史语篇重在对事实的客观陈述，在一定程度上具有客观性。

就抗战老兵口述历史语篇内部而言，采访者话语具有较强的互动性、立场性，既要表达个人评价，又要引导受访者对其所述事件或人物表明态度、立场；而受访者话语则更注重传递资讯、重构历史事件，并通过客观叙述还原历史事件。

由于水平有限，本文还存在着一些不足。首先，因为这是我们首次尝试采用多维度分析法进行语体研究，所以我们的理解可能还不够精准。其次，由于样本仅限于抗战老兵口述历史语篇，因此我们的结论难免以偏概全。最后，我们所提取的语言特征局限于词和句子，尚未涉及短语层面。今后，我们将增加样本数量、扩大样本范围，从更多层面来分析口述历史语篇的语体特征，为语体和口述历史的研究尽绵薄之力。

参考文献：

[1]道格拉斯·比伯(Douglas Biber)、苏珊·康拉德(Susan Conrad)：《语体变异模式的多维度分析》，赵雪、胡正艳、路越译，《当代修辞学》2016 年第 1 期，第 47—55 页。

[2]冯云：《美国口述历史伦理审查机制研究》，《图书馆建设》2015 年第 2 期，第 88—91，95 页。

[3]付艳丽：《现代汉语省略句研究》，硕士论文，东北师范大学，2007 年。

[4]阚明刚：《几个语体参数的定量对比研究——以新闻报道和访谈对话为例》，《语文学刊》2011 年第 9 期，第 46—48，54 页。

[5]孙德山：《主成分分析与因子分析关系探讨及软件实现》，《统计与决策》2008 年第 13 期，第 153—155 页。

[6]姚力：《试论口述历史对中国当代社会史研究的启示》，《当代中国史研究》2012 年第 4 期，第 33—39 页。

[7]杨祥银：《口述史学：理论与方法——介绍几本英文口述史学读本》，《史学理论研究》2002 年第 4 期，第 146—154 页。

[8]张瑛、赵雪：《官方微博与门户网站新闻语体的计量对比分析》，《理论与现代化》2014 年第 4 期，第 107—111 页。

[9]桂诗春：《基于语料库的英语语言学语体分析》，外语教学与研究出版社，2009。

Ⅱ　口述历史实践的多元化主体

Subject：The Multiple Subjects of Oral History

当代中国大学生口述历史实践初探：理路与路径[1]

◎沈一民[2]

摘　要：

从文化传承到市场培育，将口述史学与当代中国大学生结合是一条必由之路。一方面，这是口述史学内在理路的要求。口述史学的学科性质、特点、发展历程等方面都指向当代中国大学生参与的必要性。另一方面，从具体操作上，可以从以下3个方面入手。一是将口述史学纳入到大学生的课程设置；二是公益机构、民间基金会、媒体等多方面力量合力打造口述史学的平台；三是与大学生创业紧密结合。

关键词：

口述史学；大学生；大学生创业

The Studies on Relationship between Contemporary College Students and Oral History: Theoretical Path and Path

◎ Shen Yimin

Abstract:

Oral history must be combined with contemporary Chinese college students. The reason is to meet oral history's discipline nature, characteristics, development course, etc. The direction of the efforts should be including 3 paths. The one is to put oral history into the curriculum of college. The second is to establish a platform of oral history by public agencies, private foundations, the media, etc. The third is to bond tightly with the start-ups of college students.

Keywords:

Oral History; College Students; the Start-ups of College Students

作为一种治史方法，口述传统古已有之；作为一门史学分支学科，则迟至1948年口述

---

〔1〕 基金项目：黑龙江大学新世纪教育教学改革工程重点项目“公众史学介入下的‘课堂＋社会’教学模式研究”（项目编号：2015A15）。

〔2〕 作者简介：沈一民（1978—），男，教授，博士，主要研究方向是东北史。

史学才最终确立。尽管出现时间晚近，但口述史学却呈现出突飞猛进的发展趋势。以今日的中国而言，口述史的应用领域广泛，从传统的政治史、经济史、文化史、科技史、军事史、教育史、宗教史，直至民族史、社会史、音乐史、体育史、灾害史等等，甚至于社会学、人类学、民俗学、非物质文化遗产保护等领域，各种“口述史项目”层出不穷，相关讨论方兴未艾。本文主要讨论当代中国大学生与口述史学的关联性。

1　中国口述史学的发展与困境

新中国成立后，我国一直自觉地进行口述史料的搜集与整理。20 世纪 80 年代，随着西方口述史学理论的传入，中国的口述史学开始与国际接轨，经过几十年的发展，今天的中国口述史学发展得如火如荼。主要表现在以下四个方面：

1.1　以口述史学为名的著作数量庞大

姚力将近年国内口述史著作分为五类：“第一，带有社会学、人类学倾向的口述史。”“第二，立足文学的口述史。”“第三，自传体口述史。”“第四，政要人物口述史。”“第五，普通民众口述史。”然而“前两者虽用口述史之名，但并不把口述史著作作为最终产品。研究口述史的目标也不只是存留历史或澄清历史事实，而更多的是把口述史看成一种方法或手段。研究者一般不深究口述资料的真伪，也不严守历史学的规范，甚至不在乎口述者说了什么”。[1] 何兆武的评价更是一针见血：“近年来我国也陆续出版了不少口述史，但显得支离零散，缺乏完整的、系统的构想。”[2]可以说，图书市场上口述史学的繁荣实际上是一种虚假的繁荣。

1.2　电视荧屏上陆续出现以口述史学为内容的栏目，乃至于出现以播放口述纪录片为主的频道

从 20 世纪 80 年代开始，随着《话说长江》《话说运河》《望长城》等一系列纪录片的热播，纪录片作为一种电视艺术形态一直是电视荧屏的主力军。在纪录片之中，类于口述史学的纪录片无疑是其中的一支主要力量。以中央电视台为例，陆续推出了各式各样的现场对话、访谈节目，如《艺术人生》《大师》《流金岁月》《见证》《电影传奇》等，多是以访谈形式出现，类于口述史学。凤凰卫视也推出了《口述历史》《往事》等栏目。各地方台也先后推出了一系列栏目。如上海电视台的《大师》《往事》等栏目，都有着不俗的收视率。

---

〔1〕 姚力：《谈一谈眼下的口述史著作》，《北京日报》2010 年 1 月 4 日，第 19 版。

〔2〕 何兆武：《谈口述历史》，王俊义、丁东主编《口述历史》第 4 辑，中国社会科学出版社，2006，第 5 页。

以播放纪录片为主的频道也如雨后春笋般出现。最早的是2001年7月开播的中央电视台科教频道(CCTV-10)。2011年1月1日，中央电视台纪录频道(CCTV-9)开播。各地方台中，2002年，在《纪录片编辑室》的基础上，上海纪实频道成立。此后中国教育电视台3频道、湖南金鹰纪实频道、辽宁北方频道、北京电视台纪实频道、重庆科教频道、天津科教频道等相继开播。互联网视频网站也陆续推出了自己的纪录频道。包括搜狐、爱奇艺、CNTV、腾讯、优酷、土豆、乐视、新浪、酷6、网易、激动、凤凰、风行等多家视频网站，相继推出了自己的纪录片视频频道，或投放优质的纪录片。

然而纪录片的整体市场不容乐观，也导致了以口述史学为内容的纪录片在发展上步履蹒跚。制约纪录片发展的一个最重要因素是受众群窄小。观看纪录片的受众呈现出高学历、高收入、高职位、大龄化的趋势。此外产能不足、人才匮乏、过多强调教育意义、盈利模式缺乏生长点等等因素都制约着纪录片的发展，也影响着以口述史学为内容的纪录片的发展。

1.3 各层级的“口述史项目”层出不穷

随着口述史学的发展，由不同主体推动的口述史项目愈发繁多。第一个层面是政府层面，地方政府机构在发掘自身文化和历史的过程中，不约而同地转向口述史学。如2011年，沈阳市档案局开展了主题为“写家史忆人生叙亲情促和谐”的“万户家庭写家史”活动。第二个层面是公益机构，其中侵华日军南京大屠杀遇难同胞纪念馆所开展的工作最具影响力。侵华日军南京大屠杀遇难同胞纪念馆联合南京市教育局等单位，于1991年和1997年先后对南京市及其周边地区进行南京大屠杀幸存者普查、复查和口述史料征集工作，此外，还联合高校开展了一系列抗战史的口述史项目。[1] 第三个层面是民间机构。北京市永源公益基金会一直致力推动口述历史公益项目，包括“家·春秋”大学生口述历史影像计划、抗美援朝口述历史影像计划等。2011年，《看历史》杂志创设了“公民写史基金”，与《中学历史教学参考》杂志社合作，推出了“中学生写史计划”，取得了良好的效果。

1.4 口述史学在高校中生根发芽

一方面是以口述史学为内容的课程陆续设置，如1996年，杨立文在北京大学开设了“口述史学研究”;1998年，刘一皋在北京大学开设了“口述史学的理论和实践”。此外，中山大学的赵立彬、何文平开设了“口述史理论与实践”，温州大学的杨祥银开设了“口述史学概论”。2010年，沈一民在黑龙江大学开设了“口述史学与影像史学”。2012年，钱茂伟

〔1〕 具体情况请参见徐国利《中国当代抗战口述史学的发展和研究内容》(《学术研究》2005年第6期)的相关介绍。

在宁波大学针对研究生设置了“口述史学”。另一方面，一系列的研究机构相继设置。2008年，复旦大学口述历史研究中心、温州大学口述历史研究所相继成立。2012年，崔永元联合中国传媒大学建立了中国传媒大学崔永元口述历史研究中心。2015年，天津大学依托冯骥才文学艺术研究院组建了中国传承人口述史研究所。

而以口述史学为内容的大学生调查更是表现活跃。如2004年成立的宁波大学细菌战调查会，在王选的指导下，对金华、衢州、宁波等地的细菌战受害者与历史见证人进行了40余次的田野调查。2008年，华东师范大学成立了“南汇新四军口述史整理项目”。北京大学、清华大学、南开大学、复旦大学、南京大学、华东师范大学、河南大学等高校，以校友、校史为中心进行了口述历史的采访和收集工作。2010年，以唐德刚创办的中国近代口述史学会在中山大学举办“暑期抗战口述史访问团”为契机，中山大学从次年开始，每年定期举办全国大学生口述史成果交流赛，鼓动了大学生的参与热情。

尽管在各方的努力下，中国的口述史学已经取得了长足的进步，但总体上，中国的口述史学仍然停留在小众的层面，社会的参与度仍有待提高。以“家·春秋”大学生口述历史影像计划为例，第一季共收到78个报名提案，第二季共收到来自全国84所高校的104个报名提案。尽管数量有所增多，但是这相对于全国918所本科大学(截至2014年7月9日)而言，仍然是沧海一粟。中国口述史学要寻求发展，必须走向大众，这已经成为共识。但是如何走进大众，则是一个问题。从口述史学长远发展的角度来讲，与当代中国大学生紧密结合无疑是一条必由之路。

2　口述史学的内在理路要求当代中国大学生的参与

口述史学在中国要取得长足的发展，离不开当代中国大学生的参与，这与口述史学的内在理路有着密切的关系。

2.1　口述史学的学科性质需要大学生的参与

口述史学出现之后，围绕着口述史学的定义一直是纷争不断，学者多从自身出发，给出了诸多不同的界定。[1] 造成这种局面的原因，杨祥银解释道：“之所以产生上述的差异，这是由研究者的身份决定的，因为人类学家、社会学家、历史学家、博物馆工作者和新闻记者由于其背景知识、研究对象和研究方式的差异，在他们使用口述历史这一研究方法

〔1〕 诸学者所下定义，可参见杨祥银《与历史对话：口述史学的理论与实践》(中国社会科学出版社2004年版)中“什么是口述历史?”的内容，以及岳庆平《关于口述史的五个问题》(《中国高校社会科学》2013年第5期)等的相关介绍。

的时候，其侧重点是不一样的。”[1]综合各家所说，钟少华的定义似乎更为全面：“口述历史是受访者与历史工作者合作的产物，利用人类特有的语言，利用科技设备，双方合作谈话的录音即是口述史料，其可信度与文字史料相等，可以归入档案类别。将原录音整理成文字稿，再经研究加工，可以写成各种口述历史专著。”[2]

钟少华实际上是从四个层面对口述史学的定义加以阐释。一是强调访谈者和受访者之间的互动。二是强调科技手段的介入。口述史学的独特之处在于记录方式的改变。它改变了以往传统史学注重文字的传统，将文字与声音、画面有机结合呈现出全景式的记录方式。从这一层面来说，相较于传统史学而言，口述史学与科技手段有着密切的关系，从阿兰·内文斯使用打字机开始，每次科技革命浪潮的到来，都会带动口述史学记录手段的变化。从录音机到摄影机，直至今天数码技术的运用，口述史学不断丰富和更新记录手段。恰恰是科技手段的广泛应用，对口述史学的发展起到了反哺的效果。三是强调口述史学的资料性。将口述史学的核心——口述资料纳入到史料的分类之中，从而强调口述史学可以给历史学的发展提供新的证据。这也正是贝丝·罗伯森所强调的，“应让其他研究者也能应用此成果”。[3] 四是强调口述史学的研究性，也即“研究加工”，从而将简单的访谈、对话摒除于口述史学之外。正是这四个方面的阐释最终完满地界定了口述史学。

依据钟少华的定义，口述史学从确定受访者、熟悉材料，到采访、提供资料、数码设备的使用以及逐字稿的整理，都需要大量的时间和人力的投入，原有史学工作者单独进行工作的方法根本无法适应口述史学的需要，合作成为必需。具有一定知识储备、熟悉各种设备的大学生无疑是史学工作者首选的合作对象。

2.2 口述史学的特点也需要大学生的参与

口述史学具有合作性的特点。口述史学需要访谈者和受访者共同参与。斯代夫指出：“要从事口述史，你必须是个优秀的历史工作者，有很好的研究背景。你要能清楚理解你的课题。你要从被采访者那里得到想要的东西，就必须事前做好准备。你必须熟悉要进行的课题，知道你要与被访者谈些什么……所以一定要认真仔细地做好准备工作。要将历史记录与口述史相结合，不能光靠叙述者的记忆，要回到历史记录中考察、核对。”[4] 左玉河也有同样的论述：“访谈者是以互动的方式与受访者合作的，他要提问题，针对受访者的回应做追踪，并提供人名、日期和其他一般人容易遗忘的资料来协助对方。口述历史

---

〔1〕 杨祥银：《与历史对话：口述史学的理论与实践》，中国社会科学出版社，2004，第7页。

〔2〕 钟少华：《话须真实方传远　语必关风始动人——中国口述史学漫谈》，《进取集：钟少华文存》，中国国际广播出版社，1998，第414页。

〔3〕 贝丝·罗伯森：《如何做好口述历史》，黄煜文译，台北：五观艺术管理有限公司，2004，第2页。

〔4〕 B.斯代夫：《口述史的性质、意义、方法和效用》，《北大史学(6)》，北京大学出版社，1999，第259页。

乃是双方共同参与制作的产物。"[1]由于合作性的特点，以至于唐纳德·里奇戏称口述史学工作者是"史学界唯一专门和活人打交道的历史学家"。[2] 口述史学具有动态性的特点。受到受访者记忆衰退、体力有限等因素的影响，访谈者需要与受访者进行长期、多次的访谈。也就是说，完成一项口述史项目，需要一定的时间、财力和人力的投入。口述史学具有跨学科性的特点。"在某种程度上，口述史学本身的方法与理论几乎涵盖了全部的人文社会科学。口述史学访谈需要新闻学的采访技巧；受访者的选择需要社会学的社会调查和统计方法；口述资料的转录和编辑需要语言学和文学的表达方式；口述史学的解释需要诠释学和心理学理论；口述史学的收藏需要图书馆学和档案学的编目和保存知识；口述史学的传播需要掌握现代各种媒体的操作方法。口述史学的著作权、隐私权和名誉权则涉及复杂的法律问题。"[3]这些特点使得口述史学是无法由一两个人单独完成的，这需要一个团队的通力合作。而当代中国大学生具有一定的文化基础和技术技能，可以为口述史学提供必要的支持。

2.3 口述史学的发展历程也彰显了大学生参与的必要性

经历了半个多世纪的发展，口述史学已经呈现出多元化的趋向。一是传统政治史趋向。内文斯在提出口述史学之初，便把口述史学视为传统政治史研究的一种资料来源方式。唐纳德·里奇评价道："内文斯是个政治史学者，所访谈的都是政界、商界和社会名流。在内文斯退休后很久，该馆还继续保持这项传统，所有受访的人都具有法官、内阁成员、参议员、出版家、商界经理，或民间领袖等的身份。"[4]这一趋向在当今中国的口述史学中仍占据着主流地位。二是社会史趋向。与美国口述史学的发展轨迹不同，二战后的欧洲史学界深受马克思主义史学思想的影响，关注人民是左翼学者的共同旨趣。尤其是1963年爱德华·帕尔默·汤普森出版了《英国工人阶级的形成》，立即成为学术界关注和争鸣的焦点。在其影响下，普通民众的社会生活成为口述史学关注的主角，"欧洲的口述历史计划自一开始就是社会史学者的天下，他们只试图记录劳动阶级的生活与经历"。[5]美国的口述史学工作者直至20世纪70年代以后，才转向社会史。"一直等到1970年代，新一代的美国历史学者才开始动手撰写'来自社会底层'的历史。由于缺乏类似精英阶层所能提供的丰富手稿和正式文件，历史学者们乃转向口述资料。"[6]三是"记忆转向"趋

---

〔1〕 左玉河：《近年来的中国口述历史研究》，《中国科技史杂志》2009年第3期，第279页。

〔2〕 唐纳德·里奇：《大家来做口述历史：实务指南（第二版）》，王芝芝、姚力译，当代中国出版社，2006，"前言与致谢"第3页。

〔3〕 杨祥银：《关于口述史学基本特征的思考》，《郑州大学学报》2010年第4期，第8页。

〔4〕 唐纳德·里奇：《大家来做口述历史：实务指南（第二版）》，第7页。

〔5〕 同上。

〔6〕 同上。

向。二战以后，以犹太幸存者的记忆为契机，记忆研究逐渐引起史学家的重视。20世纪80年代以后，“记忆转向”逐渐成为一种趋势。“史学界‘记忆的转向’所突出的，正好是史料的不确定性和主观性，以及史家如何从现在出发再现历史。”〔1〕口述史学一马当先。四是公众史学趋向。“所谓公众史学，是指由职业史学人士介入的、面向公众的历史文化产品创制与传播。”〔2〕从20世纪70年代开始，作为解决历史学学生就业的公众史学一经推出，迅速蔓延开来，到了今天，公众史学已经成为极具特点的历史学分支学科。一方面，公众史学强调从历史研究转向历史书写。历史学家不仅仅关注知识的追求，而且也应该注重向普通民众推广历史。另一方面，公众史学“强调史学的实用性，以社会需求为导向”。〔3〕不再以历史学家自己的爱好为研究导向，而是更多地关注普通民众的需求。口述史学具有人民性的特点，保尔·汤普逊指出：“口述史是围绕着人民而建构起来的历史。它为历史本身带来了活力，也拓宽了历史的范围。”〔4〕这使得口述史学被纳入到公众史学的视野之中。

口述史学的这四种趋向，虽然拓展了口述史学的领域，但是也在某种程度上强化了口述史学的专业性，提高了对口述史学工作者的要求。例如：“从社会伦理的层面来说，社会弱势群体、生活在底层的无数人的过去被忽略、被遗忘，常常是一种政治经济策略的运用，是为了将他们推到社会边缘。与此相反，记录他们的声音以及他们的过去，也是一种策略，是为了让他们不被忽略、不被遗忘。”〔5〕关注人民体现的是人文关怀，是口述历史工作者对弱势群体的关注，而这需要一定的人文学科素养。“口述史的研究不只是一种怀旧方式，同时也是一种运用口述访谈的方法，了解过去的人、事、物与现在的人、事、物之间的丰富关联。”〔6〕这意味着口述史学工作者需要一定的史学基础。以上简单枚举的两例，都反映出口述史学对访谈者的高要求，访谈者必须接受一定的训练才能够胜任。而当代中国大学生的学术素养恰能与这一需求相对接。

纵观口述史学的发展历程，口述史学的发展与历史学的发展息息相关。1948年口述史学创立之初，由于兰克学派的影响，口述史学更多的是强调自身的史料价值，实际上仍是传统史学的一种补充形式。随着后现代主义的影响深入，口述史学出现了重大理论转向。在理论与实践中，口述史学对其工作者有着更多的学术背景、知识内涵、技术技能的要求，有着一定基础的大学生成为参与口述史学的不二人选。陈墨早已指出：“大学生，尤

〔1〕王晴佳：《历史学的“记忆转向”》，《中国社会科学报》2010年3月2日第3版。
〔2〕陈新：《“公众史学”的理论基础与学科框架》，《学术月刊》2012年第3期，第118页。
〔3〕《公众史学的中国式境遇》，《社会科学报》2014年1月2日第5版。
〔4〕保尔·汤普逊：《过去的声音——口述史》，覃方明、渠东、张旅平译，辽宁教育出版社，2000，第24页。
〔5〕李向平、魏扬波：《口述史研究方法》，上海人民出版社，2010，第3页。
〔6〕同上，第5页。

其是经过口述历史课程或口述历史专业的大学生，当是口述历史的专业人员。”[1]

3 当代中国大学生参与口述史学的出路

尽管口述史学从理论基础到实际操作都呼唤当代中国大学生的参与，但是如何将呼唤转换为内在的驱动力还是漫漫长路。要有效地加速当代中国大学生参与口述史学，应该从以下几个方面着手：

3.1 将口述史学纳入到大学生的课程体系之中

以往对口述史学的呼吁与宣传，多停留在专业人士和口述史学爱好者之中，并没有获得多数大学生的认知。为了更好地让口述史学走入大学，可以从以下三个方面入手：首先，在大学中设置口述史学课程。口述史学对大多数大学生来说，仍然是一个陌生的概念，这与大学课程的设置有着密切的关系。在当今的大学教育之中，能够讲解口述史学的课堂仍属少数，专门设置口述史学课程的大学，更是少之又少。为了解决这一问题，一方面需要国家行政权力的干预，可以尝试在“两课”中添加口述史学的环节。[2] 另一方面，在历史系、档案系、图书馆系、博物馆系、人类学系、社会学系等与口述史学有着密切关系的专业中添设相关课程。陈墨更是乐观地认为：“我毫不怀疑，大学里很快就会有口述历史专业教育。……大学口述历史专业，将来肯定会独立成系，甚至独立成院。”[3]

其次，加速教师队伍的培育，壮大作为一门学科的口述史学。这方面中国公众史学的经验可资借鉴。2014 年和 2015 年，上海师范大学和重庆大学先后举办了两届为期半个月的“中国公众史学高校师资培训班”，全国几十所高校的 40 余名教师得到了系统的培训。许多受训的教师也开始在自己所在的高校中推广公众史学。口述史学完全可以模仿这一模式，举办“口述史学高校师资培训班”，培养更多了解口述史学的高校教师，以教师为突破口，在全国各地推广口述史学。

最后，在口述史学课程中增添更多的实践环节。与其他历史学分支学科不同，口述史学更注重实践，在实践中发现问题，解决问题。因此在口述史学课程中设置一定的课程实践环节是必要的。但课程实践过程中，不仅需要发挥教师及时且有效的引导作用，更需要一份在行业中得到普遍认可的、具有可行性的口述史学工作规范和操作手册，让大学生在明晰口述史学的内涵基础上，懂得如何操作，而这正是我们现在所匮乏的。左玉河指出：

---

〔1〕 陈墨：《口述历史门径（实务手册）》，人民出版社，2013，第 156 页。

〔2〕 具体论述可参见刘新玲、翁高花《口述史实践教学模式研究》（《福建教育学院学报》2010 年第 6 期）的相关论述。

〔3〕 陈墨：《口述历史门径（实务手册）》，第 154—155 页。

“不仅缺乏一套关于口述历史采访、出版、研究的规范、章程和工作规程，而且从事口述历史访谈及整理者缺乏必要的口述历史常识及基本技能培训。”[1]这就需要高校教师与其他口述史学从业者的共同努力。

3.2 公益机构、民间基金会、媒体等多方面力量合力打造口述史学的平台

除了高校，当代中国大学生参与口述史学还需要公益机构的支撑。博物馆、图书馆等机构要更好地履行自身的教育功能，口述史学无疑是一项有益的尝试。通过口述史学的阅读、倾听、观赏等特点，将公益机构的教育功能活化起来。在这方面，汕头大学图书馆成为国内最早开展口述资料研究与实践的图书馆。从2005年开始，汕头大学开发的潮汕文献数据库中，专设了“口述历史资料库”。[2] 此外，湖南图书馆、吉首大学图书馆、青海大学图书馆、扬州大学图书馆、清华大学图书馆、首都图书馆等也陆续开展了一些口述史学项目，对口述历史资源进行收集、整理。2011年，国家图书馆开始着手“中国记忆”的口述史活动。其中“东北抗日联军专题”在社会上引起巨大的反响。这些努力无疑推动了口述史学的发展，也为大学生认知口述史学提供了一个新的渠道。

资金匮乏往往是制约口述史学发展的瓶颈。除了利用国家拨款，调动民间基金会的积极性也是非常重要的手段。彩虹公益基金会从第二届开始承办“中学生历史写作大赛”，至今已经成功地举办了5届。2014年，北京师范大学历史学院《春秋人文报》牵头举办了“首都高校大学生家史征文大赛”，与“中学生写史计划”相得益彰，显示出民间基金会对口述史学的推动力量。

而公益机构和民间基金会的努力，都需要媒体的大力配合与宣传，以期将口述史学的影响最大化。从2010年开始举办的“历史嘉年华”活动，已经成为一年一度口述史学的盛宴。“历史嘉年华”活动影响力的迅速扩大，与媒体的宣传有着明显的因果关系。钱茂伟指出：“历史嘉年华活动的强项在于会借助新旧媒体扩大自己的影响。”[3]名人效应也能凸显媒体对口述史学推广所起到的作用。崔永元口述历史研究中心就是最典型的例证。崔永元口述历史研究中心能够从2002年坚持至今，发展出“电影人口述史”“抗战军人口述史”“新中国建立和早期建设参与者口述史”“抗美援朝口述史”“知青口述史”“民营企业口述史”及“西南联大口述史”等多个系列，无疑源于崔永元自身的影响力。而崔永元在口述史学方面的努力也就成为中国传媒大学崔永元口述历史研究中心建立的契机。

---

[1] 左玉河：《中国口述史研究现状与口述历史学科建设》，《史学理论研究》2014年第4期，第66页。

[2] 祁兴兰：《国内图书情报档案领域口述资料研究进展及特点》，《图书情报工作》2014年第9期，第125页。

[3] 钱茂伟：《中国公众史学通论》，中国社会科学出版社，2015，第33页。

3.3 将口述史学与大学生创业紧密结合

以往的口述史学更多的是依靠个人的使命感和自觉性加以推动，与市场经济的关系较为疏远。这条道路固然没有错，但也制约了口述史学的发展。面对市场经济大潮，口述史学不能独善其身，而是应该积极开拓。正如杨祥银所说："在研究目的上，口述史学摆脱了传统的历史学政治借鉴和垂训功能，而注重挖掘口述史学服务于现实社会一切潜力为目的，即口述史学把历史学纳入实用性、赢利性的轨道，使历史真正地与市场接轨。口述历史学家把解决社会的现实问题和困难作为他们确定项目的首要标准。口述历史学家可以提供包括为家族、公司、慈善机构、各类政府和私人机构撰写历史或帮助制定政策的服务。"[1]

在国家鼓励大学生创业的背景下，将口述史学与大学生创业进行结合，有其可行性。一是针对特定人群进行采访，大学生帮助其撰写回忆录。这也即钱茂伟所说的"个人史书写"。"个人史写作有着极大的市场行业前景。"[2]西南交通大学中文系学生胡溪曾经成立工作室帮助老人撰写回忆录，陈光标承诺给她 10 万元创业基金。具体的运作可以模仿回忆久久文化传媒有限公司的操作模式。二是在公益机构、民间基金会、媒体等配合下大学生参与制作纪录片。纪录片市场，完全可以向大学生创业开放。通过适当的引导，将大学生带入到纪录片的选题、拍摄、制作等领域。"互联网＋"的时代背景也使得大学生参与纪录片市场成为可能。一方面数码设备的普及，智能手机的高端化，使得纪录片拍摄不再遥不可及，另一方面网络媒体使得纪录片的准入门槛降低，"从纪录片发展趋势看，网络新媒体自制的微纪录片可能是一个新方向"。[3] 这一切新的变化都使大学生在纪录片市场上创业成为可能。为了解决大学生创业的资金问题，民间基金会可以发挥更大的作用。此外采取众筹的方式募集资金，也是解决资金紧缺的一条行之有效的道路。"家·春秋"大学生口述历史影像计划无疑是这方面的先行者。

综上所述，口述史学与当代中国大学生的关系是相当紧密的。这从口述史学的学科性质、特点、发展历程等方面都能得到强烈的体现。至于具体操纵，则可以从三方面入手：一是将口述史学纳入到大学生的课程设置；二是公益机构、民间基金会、媒体等多方面力量合力打造口述史学的平台；三是与大学生创业紧密结合。

---

〔1〕 杨祥银：《当代美国的口述史学》，王俊义、丁冬主编《口述历史》第 1 辑，中国社会科学出版社，2003，第 281 页。

〔2〕 钱茂伟：《中国公众史学通论》，第 170 页。

〔3〕 张同道、胡智锋：《中国纪录片 2013》，《中国电视（纪录）》2014 年第 2 期，第 19 页。

见证历史　记忆西城

——对西城区口述历史工作的调研与思考

◎李肖华[1]

摘　要：

北京市西城区文化底蕴深厚，区内已有部分单位开展了口述历史工作，并取得了一定的成果。在对这些单位进行调研与走访的基础上，本文对其口述历史工作的运作模式进行了梳理，归纳总结目前条件下开展口述历史工作的局限与问题，提出在区域内开展口述历史工作的方法与路径。全文分成四个部分：一是开展口述历史的重要意义；二是西城区各机构开展口述历史工作的现状及特点；三是西城口述历史工作存在的问题；四是深化西城口述历史工作的对策与建议。后两部分是论文的重点，通过调研分析，发现西城区已开展的口述历史工作存在诸多问题，如缺乏有效的整体规划；资源分散；宣传方式陈旧；重记述、轻研究，成果转化利用率低。针对这些问题，文章最后提出建立"口述西城"工作领导小组，加大统筹协调力度；加强对口述历史的宣传、研究与指导；建立"口述西城"文献数据库等具体建议。

关键词：

口述历史；北京西城；对策

A Witness of History and A Memory of Xicheng

——Investigation and Thinking of Oral History Work in Xicheng District

◎　Li Xiaohua

Abstract：

Oral history work has been carried out and some results have been achieved by some institutes in Xicheng, a place rich in culture heritage. On the basis of the study on these institutes, this paper investigates the operational mode of oral history study, summarizes the limitations and problems of current work, and proposes novel methods for future work in this region. This paper is divided into four parts: the significance of oral history study;

---

[1] 作者简介：李肖华（1977—），女，副研究馆员，学士，主要研究方向：图书馆地方文献、参考咨询。

the status and characteristics of oral history study in Xicheng; the problems of oral history study in Xicheng; and suggestions for the oral history study in Xicheng. The last two parts are the key points of this paper. Some problems have been found in this work, such as the lack of effective overall planning, scattered resources, obsolete publicity, emphasizing on narration but neglecting on research, and low achievement utilization rate. To solve these problems, this paper proposes to launch a work group for "oral history of Xicheng" to enhance co—ordination, to strengthen the publicity, study and guidance of oral history, and to establish the literature database for "oral history of Xicheng".

Keywords:

Oral history; Beijing Xicheng; Strategy

口述历史是以录音访谈的方式,搜集整理口传记忆及有历史意义的个人观点。[1] 具体是指一位准备完善的访谈者向受访者提出问题,并且以录音或录影记录下彼此的问与答,制作抄本、摘要,列出索引,以文献的形式储存在图书馆或档案馆。20 世纪 90 年代以来,口述历史在我国受到广泛关注,许多电视、报纸、杂志相继开设以"口述历史"冠名的栏目,相关的著作陆续问世。

西城区[2]是历史文化与现代文明相互融合的重要地区。"十二五"期间,西城区提出大力实施"文化兴区"发展战略。2015 年初,西城区确定建设"记忆西城、书香西城、艺术西城、时尚西城"的文化发展目标。在这期间,西城区的部分部门相继开展了"口述历史"工作,并取得了一定的成果。

为了全面了解西城区口述历史工作的开展情况,认真总结其成功经验,针对存在的不足提出进一步推动口述历史工作的建议,笔者对西城区口述历史工作进行了调研,旨在探索通过口述历史,深度挖掘西城文化资源,"记忆西城"的有效路径。

1 口述历史的重要意义

2014 年 6 月,习近平总书记在北京考察工作时提出:"让历史文化与自然生态永续利用,与现代化建设交相辉映。"后来在讲话中进一步指出,历史文化是城市的灵魂,要像爱惜自己的生命一样保护好城市历史文化遗产,要本着对历史负责,对人民负责的精神,传承历史文脉。开展口述历史,对于挖掘地方优质资源、传承历史文化、巩固城市记忆、强化区域认同,发挥着重要作用。

---

[1] 唐纳德·里奇:《大家来做口述历史:实务指南(第二版)》,王芝芝、姚力译,当代中国出版社,2006,第 1 页。

[2] 本文所说西城区是指原西城区与原宣武区合并以后的新西城区。

1.1 口述历史抢救性地保存史料，为今后的历史研究提供素材

口述历史是保存精神文化遗产的一种重要方式，有很强的抢救历史性质。现代中国，转型迅速，许多历史事件的当事人，年龄都已经比较大，如果不记录下来，可能很多历史情节就会不为人知了。在官方的正史之外，口述历史可以丰满正史的骨架，补充正史的不足，纠正正史的讹误，为未来的历史研究提供有血有肉、生动形象的资料、信息、素材。同时，从改进和完善历史研究方法的角度考察，口述历史工作的成绩，也可以启发未来的历史学，不再仅仅是面对纸张文献和考古实物，而是直接与历史人物对话：在采访的现场声音和表情中倾听和研究过去的故事，寻找历史的信息，发现历史的真相，把握历史发展的深层次规律，更好地服务西城未来的发展。

1.2 口述历史关注普通大众，是人民的历史

历史是帝王将相的历史，更是人民的历史。人民的历史应该如何书写？在这方面，口述历史的优势与贡献十分突出。通过口述历史，让老百姓讲述自己的故事，使那些没有掌握话语权的人们，包括社会底层的百姓、少数族群都有了发出自己声音的可能性，使这些人的经历、行为和记忆有了进入历史记录的机会，并因此构成历史的一部分。

1.3 口述历史是活的见证，让历史面貌更加生动

档案和文献是冰冷的，而口述历史是有温度的。口述历史能够捕捉到更多鲜活的细节，它对现象层面的挖掘，比笔述具有明显的优势。同时，口述历史的采访对象是个人，不把个人消化在模糊的群体之中，还能让历史丰富多彩，这是历史研究中的宏大叙事所缺乏的。

1.4 口述历史能记忆乡愁，利于建构地方认同

随着城市现代化进程的推进，地域风貌发生了翻天覆地的变化，原住民陆续迁出，新居民不断涌进。乡愁如何寄托？地方认同感和归属感如何建构？开展口述历史是一个有效的途径。一个家庭或家族可以通过口述历史保留自己的根，一个街道、社区、城市可以通过口述历史保存对家乡的记忆，获得集体文化认同。2010 年以来，西城区实施人口疏散工程，大批老旧区居民外迁。伴随着北京城市功能的转型、升级，还将有愈来愈多的西城居民迁往别的地区。这个群体中，有相当一部分是老北京城的见证人，以他们为对象进行采访，使他们的生活成为西城记忆的重要载体，将有效丰富西城历史文化宝库，同时也将在情感上给他们带来巨大的抚慰。

2 西城区口述历史工作现状

近些年来，从事口述历史工作的单位和个人明显越来越多。但最应该做口述历史的单位，应该是国家各级档案馆、博物馆、图书馆，地方志办公室、行业志办公室、党史征集办公室，大学社会科学院系以及相关研究机构。[1] 本次调研也基本针对西城区内具有类似性质的单位展开，并涉及部分街道办事处。调研显示，2009 年以来，西城区委党史资料征集办公室（以下简称区党史办）、西城区委社会工作委员会（以下简称区社工委）、月坛街道办事处（以下简称月坛街道）等部门采取多种方式，相继开展了口述历史工作，体现出鲜明的特点，在一定程度上推动了“文化兴区”战略和“记忆西城”建设。

2.1 西城区口述历史工作的主要形式

调研显示，西城区还没有专门负责口述历史工作的机构，开展这项工作的机构基本都是从本身职责及服务对象出发，因而在主题选择、方案策划、运作模式等方面均有明显不同。目前西城区的口述历史工作，主要包括以下几种形式。

2.1.1 个人生平讲述

口述历史最基本的形式，是个人生平讲述，即采访人就受访人从小到大的经历进行系列提问和采访。

2014 年，区社工委启动“百岁老人口述史”公益项目，招募“50 后”[2]“90 后”[3]采访志愿者，为全区的百岁老人记录口述历史，从老人的记忆中分享、传承、感悟人与社会、人与幸福的关联。项目一期通过 20 余位志愿者对 9 位百岁老人的口述采访，整理、制作完成个人传记、视频、影集等“人生档案”，于重阳节作为礼物赠送给老人。2014 年 9 月—11 月，“西城老人 · 百年记忆——百岁老人口述史”的主题展览在万寿公园举办，向公众集中展示了项目成果。2015 年，“百岁老人口述史”延续之前的运作模式，将项目服务的老人的年龄由 2014 年的百岁左右扩展到 95 岁以上，户籍仍暂时限定于西城。为使更多市民了解项目成果，项目组在万寿公园的“百岁苑”建立了百岁老人博物馆，收藏百岁老人的口述史以及老人们珍藏的老物件。

2.1.2 历史事件的集体回忆

历史事件的口述历史，是收集亲历者的个人回忆，重点是讲述者本人对特定历史事件的参与、见闻和记忆。

---

〔1〕 陈墨：《口述历史杂谈》，海豚出版社，2014，代序第 14 页。

〔2〕 60 岁以上的退休老人。

〔3〕 90 年代出生的年轻人。

2009 年初，区党史办启动“北平和平解放”口述历史课题，邀请可以联系到的北平和平解放亲历者参加座谈，并对 10 余位身体健康且能顺利回忆当年岁月的老人进行了采访。后根据采访和座谈的录音资料，党史办整理了《内四区第一个群众缝纫组》《我在内二分局第十派出所做的几项工作》等文章，发表在《西城追忆》“庆祝新中国 60 华诞”专刊上。

2.1.3 个人与家庭、家族口述史

2011 年，受西城区文化委员会委托，西城区第一图书馆（以下简称图书馆）工作人员[1]对西城区非物质文化遗产传人“草编大师”裕庸进行了采访，以口述史的形式记录其家族历史及从艺经历。这份口述史料为话剧导演穆德筹拍的《什刹海人家》提供了重要的基本素材。

2.1.4 社区居民口述历史

社区居民口述历史，是口述历史最常见的一种形式。城市里的每一个社区，农村地区的每一个村落，都有其特殊的人口结构、风俗习惯、社交方式及文化传统，可以通过口述历史的方式予以记忆和传承。

2009 年，月坛街道“穿过幸福时差”口述项目启动，将革命年代的亲历者作为首期采访对象，委托北京联合大学的大学生对 60 位革命老人进行访谈，整理出版了《穿过幸福时差——听月坛老人讲故事》。从此之后，月坛街道致力挖掘地区各类优秀人物资源，聚焦于社区工作者、志愿者、身边的好人、抗战亲历者等，先后与北京邮电大学、北京建筑工程学院、中国传媒大学、香港理工大学等高校开展合作，让一批 90 后大学生志愿者走入社区、走近居民，倾听他们的故事和心声，与他们进行面对面的交流。几年来，大学生们共走访了 300 余位月坛居民，到 2015 年 9 月，《穿过幸福时差》系列口述实录已出版 5 册，成为月坛地区的一张文化名片，对弘扬爱国精神、奉献精神、志愿精神，推进地区文化建设，营造团结进取、昂扬向上的社会氛围起到积极作用。

2.2 西城区口述历史工作的特点

西城区的口述历史工作基本上由政府主导及参与，虽然没有明确成为某一机构的职责和任务，但一些机构率先、持续开展口述历史工作，取得了很好的成果。从调研情况来看，西城区口述历史工作有三个方面的特点比较突出。

2.2.1 政府主导，计划实施

口述史的开展，已经越来越多地成为一种政府行为。“百岁老人”“穿过幸福时差”等口述历史项目都由政府主导或参与，经费均来源于政府拨款。大部分接受调研的机构表示，对口述历史有明确的工作计划及专门的资金安排。政府不但提供经费，同时还积极参

---

〔1〕此项目由笔者采访、整理。

与具体项目，有利于口述历史工作的顺利进行。

表1 口述历史工作资金及计划情况

机构名称	2014年经费预算	资金来源	有无工作计划
社工委	10—15万元	政府拨款	有
党史办	5—10万元	政府拨款	有
档案馆	5—10万元	政府拨款	有
图书馆	无		无
月坛街道	5万元以下	政府拨款	有
牛街街道	5—10万元	政府拨款	有
陶然亭街道	不详	政府拨款	有

2.2.2 成果显著，从不同角度反映区情区貌

调研显示，西城区政府机构几乎在近十年才开始口述历史工作，起步虽晚，但在工作中重视对成果的整理，注重工作的系列化和连续性，从不同角度反映了西城区的各个方面。例如，社工委关注个人幸福感，反映民生情况；月坛街道涉及多个主题，反映历史、社区管理等多个方面的内容。此外，口述历史不仅反映过去的故事，也能够为未来的历史研究提供资料、信息、历史素材。西城区的这些口述历史成果无疑将为后人研究今天的西城留下宝贵的、民间视角的素材。

表2 西城区口述历史成果一览表

机构名称	成果	时间	是否对外公开
社工委	《西城区百岁老人口述历史——王光阀》等9册图书	2014年	否
党史办	《内四区第一个缝纫组》等6篇文章	2009年	是
档案馆	"抗战中的西城"口述光盘	2015年	是
图书馆	《寄情钰华与草堂——草编大师爱新觉罗·裕庸口述》	2011年	否
月坛街道	《穿过幸福时差——听月坛老人讲故事》	2009年	是
	《穿过幸福时差Ⅱ——红色故事会》	2011年	是
	《穿过幸福时差Ⅲ——小巷总理》	2012年	是
	《穿过幸福时差Ⅳ——月坛志愿者之歌》	2013年	是
	《穿过幸福时差Ⅴ——月坛好人》	2014年	是
牛街街道	"牛街往事"口述资料	2014年	否
陶然亭街道	"口述拾遗"6篇收入《陶然文化》	2015年	是

2.2.3 开展合作，引入"外援"

口述历史是一个边缘新学科，对于政府机构来说，口述历史工作也是一种边缘新职

能。因为职能不明确,各机构自然也没有专门的口述历史工作人员。问卷调查显示,上述机构虽然都有1—2名或者更多人员涉及口述历史工作,但基本上都不是专职工作人员。事实上,机构内其他工作才是其主要职责,口述历史属于临时安排或“分外”之事。在这种情况下,要有效地开展口述历史工作,引进第三方专业机构或志愿者等外援力量不失为明智之举。社工委将“百岁老人项目”外包给专业机构,月坛街道、牛街街道都由志愿者负责采访与文稿的撰写,这样的探索为今后开展口述历史工作提供了值得参考的模式与路径。

3 西城口述历史工作存在的问题

西城区已经开展的口述历史工作成果显著,但问题也不少,资源分散、重记述轻研究、闭门造车等问题尤其突出,既不利于史料的保存和利用,也不利于“记忆西城”文化品牌的形成。

3.1 缺乏整体规划,没有凸显地方文化特色

西城区的历史文化体现出五大特点:一是三千年历史文脉连绵不断,是唯一能体现北京建城、建都历史变迁全过程的区域;二是拥有博大精深的皇家宫苑、王府、坛庙文化;三是历史文化名人荟萃,士大夫文化、士绅文化高度聚集;四是五大宗教俱全,宗教文化特色突出;五是老北京市井风情浓郁,传统商业文化、戏曲文化、民俗文化种类齐全,繁荣发达。[1] 现已开展的口述历史工作大多以受访人年龄或某一居住区域为划分标准,对历史文化、宗教文化稍有涉及,其他文化元素则鲜有体现,更无法从全区的高度、历史的角度、宏观的视野反映出西城的地方文化特色。

3.2 宣传方式陈旧,社会影响力低

“每个人的历史都不应该被遗忘”,这是写在《老北京人的口述历史》扉页上的一句话。从这个角度来说,西城的口述对象数量还太少太少,社会参与度低。同时,对于现有工作和成果,又没有进行大范围的、持续的、及时的宣传,使得西城口述历史工作在社会上的知名度与影响力整体偏低。

调研显示,除区社工委开通了“西城百老汇”的微信公众号,向公众及时推送信息之外,其他机构基本上采取报纸、电视等传统媒介进行宣传,图书馆、档案馆几乎未对其口述历史工作做过任何形式的宣传。

宣传意识和方式的不到位,在读者调研中也得到了印证。64%的读者表示,对西城区已经开展的口述历史工作及成果不了解。对这些成果有所了解的读者,又有85%是通过

〔1〕 刘洋主编《北京西城历史文化概要》,北京燕山出版社,2010,序言第1—2页。

传统媒体了解的，仅有15%的读者从网络中了解到这些信息。

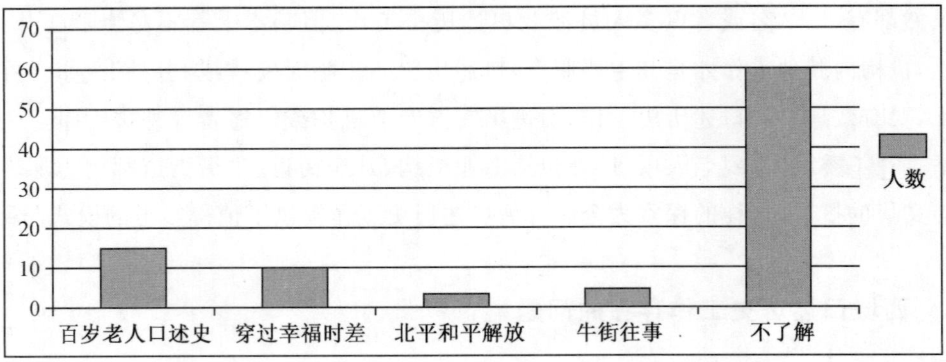

图1　公众对西城区口述历史工作的了解程度

3.3　资源分散，对外公开比例不高，无法实现资源共享

各部门在进行口述历史资源建设时，缺乏横向联系。成果大多散落在项目负责人、机构档案室等处，对外公开的比例不到一半（见表2）。也有的是部分公开，如社工委的口述历史最终成果仅作为礼物赠送给受访老人，对外展览的只是很小的一部分内容或图片。投入大量人力、物力和财力而产生的有价值的公共产品，却被“养在深闺人未识”，利用率很低，这不能不说是一种遗憾。

3.4　重记述、轻研究，口述历史研究深度不够

口述历史也有明显的弱点，其中最受诟病的就是它的真实性。人的记忆力毕竟是有局限的，口述者对往事的记忆总会出现有意无意的偏差。任何一个从事口述历史工作的人都不应回避一个事实：口述历史陈述的事实细节，不可完全采信，而需要认真的考据和甄别。西城区现有的口述历史成果，基本上都是对受访者个人生平或某一历史事件的回忆，一方面缺少对专业史料、历史文献的比对、印证，可信度大打折扣；另一方面又过分关注微观个体，几乎没有把具体的人放到时代背景里去思量、比较和研究，欠缺宏观视野。重记述、轻研究的工作思路，势必在很大程度上削弱口述历史的史料性。比较好的做法是，采访者要做充分的案头工作，对口述者讲述的历史背景有深入的了解，将口述访谈、个人研究与专业史料结合起来，相互比对，使口述历史更接近真相。

4　深化西城区口述历史工作的对策与建议

针对调研中发现的问题，课题组认为，应该进行系统思考、整体谋划、循序推进，加大口述历史资源普查、征集、保存与利用工作力度，实现开发、整合、利用各环节的协同推进，

大力推动“口述西城”工作。

4.1 成立“口述西城”领导小组

在现有体制条件下，建议设立“口述西城”工作领导小组，加大统筹协调力度。领导小组由区委宣传部、区文委牵头，参与单位包括区社工委、区教委、区商委、区社科联、区文联、区史志办、区委老干部局、区档案馆、区图书馆以及各个街道办事处等部门。此外，有一些企事业单位也开始采用“口述”存史这一手段来充实完善自己的企业文化；通过回忆久久等商业机构，民间自发、自费编写的各类回忆录更是数不胜数。要制定相关措施，吸引这些社会力量广泛参与，并给予必要的帮助。

4.2 制定口述资源征集与保存制度

由“口述西城”工作领导小组牵头，加强对口述历史工作的指导。建立健全相关制度，规定各单位都应有征集和保存口述资料的责任，尤其要明确机构变动过程中已有口述资源的保存工作、负责人员岗位更替调整后的工作职责交接义务等。牛街街道曾下发《牛街街道开展“牛街地区历史文化”收集整理与保护利用工作的建议》，对于推动口述历史工作发挥了重要作用，可供有关方面参考。

4.3 统筹规划选题，防止散、乱、滥

口述历史最有意义的两点是它的民间性与个人性。口述历史强调从个人的角度对历史事件进行记忆和认识，但这并不意味着对采访对象没有选择。如果没有专题进行限定或集中，那么采访对象就会零散无序，很难有代表性，采访内容也只能是访谈资料，无法形成“口述历史”。因此，一般口述史应以专题对多数人访问，而不是专为访问某一个人。

综合调研数据和西城区历史文化特点及独特的优势资源来看，除现已开展的口述史项目之外，西城区还可以优先从以下几个方面进行选题：①非物质文化遗产传人。西城区有 162 个非物质文化遗产项目，这些非遗项目的传承人中不乏皇族、满族后裔，且大多都已经是 70 岁以上的老人，有的还面临着传承“后继无人”的境况。通过对这个群体的集体访谈可以折射出西城区独特的皇家文化与鲜明的士大夫文化。②“老字号”企业。2013 年 5 月，西城区启动了“西城老字号谱系研究”工作，系统梳理近 100 家老字号的历史沿革，研究老字号的发展走向、与城市形象的关系、与百姓生活的关系等问题。配合这项工作，可及时开展与“老字号”相关的口述访谈工作。③近现代名人之后。近代以来，在西城居住、活动过的历史名人有 100 多位，为西城涂抹上了非常丰富的人文色彩。2014 年，区第一图书馆推出“名人之后话名人”系列讲座，邀请区内历史文化名人之后讲述先辈们的文化思想、艺术造诣、学术传承、社会交往及生活轶事。讲座一经推出，就引起了社会的强烈关

注。图书馆可在此基础上，继续以名人之后为采访对象开展访谈，通过他们的讲述走近名人，走近历史。④名师、名校、名医。西城区的优质教育、卫生资源拥有量名列北京各城区之首，有关部门应尽快确定采访名单，根据重要程度和被采访者年龄，组织社会志愿者分批进行采访，汇总成册。

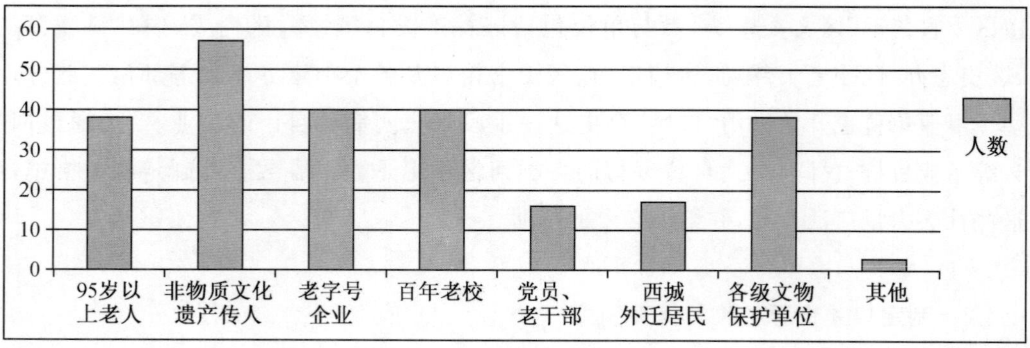

图 1　建议尽快开展的口述历史项目人数

4.4　设立口述历史工作专项资金

口述历史工作包括前期的口述史选题策划、访谈和访谈后的抄本、摘要、索引、存储、研究、传播、开发等后续整合工作，鉴于这些工作的复杂性和艰巨性，为了保证必要的人力、物力、财力支撑，建议结合西城区文化建设整体规划，设立口述历史工作专项资金，由领导小组统筹管理使用。

4.5　加强对口述历史的宣传与研究

一个不容忽视的问题是，不止普通读者，一些与历史文化相关的机构也对口述历史的基本概念不甚清楚。有些单位组织编写的老同志回忆录和个人撰写的自传，书的封面或标题上就赫然写着“口述历史”几个字，给读者带来了误解与困惑。根据调查，29％的人对口述历史非常感兴趣，46％的人比较感兴趣，22％的人一般感兴趣，只有 3％的人不感兴趣。但对西城区口述历史成果完全不知道的人高达 64％。“口述西城”领导小组成立后，要通过广播、电视、报刊、网络等传播媒介大力宣传，建立微信公众号、微博账号等现代沟通平台，争取让更多民众参与到口述历史工作中来。

“口述西城”领导小组要尽快加强对口述历史的理论研究，厘清口述历史的内涵与边界。尤其应该重视对口述史主题相关文献的研究，让口述历史与文献互证，做到口述历史规范化。

4.6　加强队伍建设，提高专业化水平

口述史学涉及历史学、人类学、社会学、法学等学科，研究和应用的领域十分广泛。因此，要通过理论培训、案例展示、交流研讨、亲身参与等方式，对口述史工作者加强史学、心理学、社会学、档案学等方面知识的培训，提高他们运用数字科技及网络技术的意识和能力，帮助他们掌握完善的访谈技巧，不断提高工作人员在口述资料收集、整理、利用和研究过程中的专业化水平。特别是应该以《北京市西城区志》《北京市宣武区志》《北京西城历史文化概要》等为参考材料，加强西城文史知识的培训，帮助口述史工作者更加全面地把握西城区情，提高工作的针对性。

4.7 建立“口述西城”资源数据库

国内“口述历史”数字化尚在起步阶段，其规模与水平，与欧美有很大差距，但还是有一些机构，进行了“口述历史”数字化的勇敢尝试，如中国记忆项目实验网站、潮汕特藏网、中国当代作家口述历史计划、温州大学口述历史研究所等。其中，国家图书馆的中国记忆实验网站为口述历史在图书馆的开发与运用，起到了模范带头作用。[1] 地区内如果没有一个专门机构来集中收藏整理口述史成果，就会给用户在采用口述历史资源时带来诸多不便。出于长期保存与方便利用的目的，建议设立“口述西城”资源数据库。首先，要切实加强有利于不同机构工作成果共享的机制建设。调研显示，近 1/3 的机构出于隐私、版权、用途等方面考虑，不愿意共享资源。在愿意共享的机构中，又有 1/3 表示只愿意部分内容共享，而不是全文共享。为此，要根据不同项目、不同主题、不同内容，确定公开的内容、程度、方式等重要问题。其次，要认真解决管理、协调、观念、成本、服务、技术等诸多问题。最后，一定要定期编制口述历史资源联合目录和专题索引，及时传播能够公开的口述历史档案及成果。

4.8 设立“口述西城”博物馆

博物馆主要承担对外展示的功能，以视频、展板、实物等多种形式展示口述历史项目成果，馆内应酌情设置视频区、主题展区、特色展区、互动区等版块。区社工委、牛街街道均有设立博物馆的具体做法与计划，可提供参考与借鉴。

口述历史是一项与时间赛跑、与死神赛跑的工作，具有抢救历史的性质。许多当事人正在迅速地、不可挽回地离去，已对历史的许多方面造成缺门。[2] 希望通过本次调研，能进一步引起社会各界尤其是政府部门对口述历史工作的关注和重视，记忆过去的西城，展示今天的西城，为明天的西城历史文化研究留下鲜活的、宝贵的口述史料，更加有效地推动“文化兴区”战略的实施和“记忆西城”的建设。

---

〔1〕 许勇：《“口述历史”相关网站调查——以两岸三地图书馆、大学、研究所为对象》，《中国索引》2014 年第 3 期，第 7—12 页。

〔2〕 定宜庄：《老北京人的口述历史》，中国社会科学出版社，2009，前言第 14 页。

作为公众教育的口述历史实践：以香港某社福机构口述历史义工计划为例

◎夏一红[1]

摘　要：

口述历史除了有史料价值，也具有公众教育的意义；关于后者实践的讨论相对较少。2015 年，以文化保育和长幼共融为目的，香港某社福机构在香港旺角地区开展了两期口述历史义工服务计划。半年中，义工参与总计 1000 小时，参与的社区人士超过 50 人，完成了 15 个地区人物故事，并以此为基础进行了展览和几次面向公众的汇报、分享活动。回顾计划开展的过程，从策划、宣传、义工招募、组织、培训到义工访谈、撰写逐字稿，再到组织分享会和策展等，每一步都渗透了公众教育的用意。文章在介绍这次以公众教育及传播为目的的口述历史实践的同时，也展示了过程中的挑战和最后的成效，总结了其中经验，并就值得讨论的部分进行了分析。

关键词：

口述历史；义工服务；公众教育

Oral History Practice for Public Education: A Case Study of an Oral History Volunteer Service Project in Hong Kong

◎ Xia Yihong

Abstract:

Besides for data collection, oral history can also be a means for public education; however the latter is less discussed. In 2015, a social service agency in Hong Kong organized an oral history volunteer service project for cultural reservation and social integration. In six months, the project involved over 50 community members, finished 15 key persons ' stories. To complete this, near 60 volunteers spent about 1000 hours in total. As the output of the project, exhibition, public presentations and forums based on the data collected were held. The

---

[1] 作者简介：夏一红，女，中山大学史学学士、香港科技大学人类学哲学硕士、香港中文大学社会工作硕士，注册社工。现在香港担任社工，口述历史义工服务计划为其中部分工作。

paper reviewed the whole process of the project. From planning, promotion, volunteer recruitment, organization, volunteer training, interview to output, public education was emphasized in each step. Besides introducing the experience, challenge and impact of the project were also discussed.

Keywords:

Oral History; Volunteer Service; Public Education

1 导 言

2015年初起，以文化保育、长幼共融为目的，香港某社福机构开展了一次义工主导的口述历史计划。半年中，义工参与总计1000小时，参与的社区人士超过50人，完成了15个地区人物故事，并以此为基础进行了展览和几次面向公众的汇报、分享活动。本文将就这次计划进行梳理和总结。

2 回 顾

2.1 口述历史概念

琳恩·艾布拉姆斯(Lynn Abrams)认为口述历史是为引导出人们过去的资料而进行的访谈记录，它同时是访谈的产物和过往事件的故事叙述；它既是一种研究方法学，也是研究过程的结果，亦即时录音行动及录音记忆。[1] 唐纳德·A.里奇(Donald A. Ritchie)则从流程角度来界定口述历史，它包括：采访者必须精心准备好问题，在访谈的过程中，提出询问，同时以录音或录影的方式记录彼此的对话；接着要把访谈的影音档，转写成文字记录(record)，将内容组织概述并加以总结，并且有条理地做出索引(index)，收藏在图书馆或档案馆中。[2]

口述历史看似容易，实则不然。吕芳上认为：口述历史是一门学问，对操作者来说，除了要掌握一套实务规则，还要涉猎学术脉络与深刻理论的探讨，如不然，容易发生各种问题。[3] 口述历史的组成包括“口述者的回忆”、采访者“引导访谈进行”(conducting an interview)的过程、“记录访谈”及“撰写访谈记录”四个部分。琳恩·艾布拉姆斯强调了“引导访谈”的重要性：口述历史是一种实际操作也是一种方法，它必须通过实际操作的行为，去记录口述者说的有趣的事，并且分析这些有关过去的记忆。它是指采访者引导的过

[1] Lynn Abrams, *Oral History Theory* (London: Routledge, 2010), pp.2—3.

[2] Donald A. Ritchie, *Doing Oral History*(Oxford: Oxford University Press, 2003), p.19.

[3] 吕芳上：《关于口述历史二三事》，《近代中国》2003年第6期(总第149期)，第6—7页。

程及记录访谈,以引出受访者关于过去的资讯。[1]

而口述历史对受访者也有要求。林德政总结道:一般情况下,只是单纯拥有一般性的人生经验的人,就只能进行一般性的人生故事(life story)的采访。若要论及口述历史访谈,则拥有历史经验(historical experience)的人才是更适合做口述历史访谈的受访者。历史经验是指不同程度地参与或者是见证历史事件(historical affairs)以及公共事务(public politics)的人。[2] 并且,需要确认受访者是否愿意接受访谈,提供有关过去真实的讯息。关于历史事件与公共事务的定义,可宽可窄。城市变迁这个相对宽泛的主题是本文所讲述的口述历史计划的主题。看似平凡的人们各自经验了城市几十年间的变迁,他们的叙述为人们展示出一幅幅已经成为过去的社区画面。

2.2 口述历史功能:史料价值之外的社区教育功能

口述历史的珍贵性,即是在弥补、扩充官方及学院式的传统历史经验。传统式的历史,与人民的历史经验有所距离,透过口述历史可以了解人民的感受,记录许多过去官方缺漏或未记录的事物,是重建底层历史的重要途径。[3] 本次口述历史计划将地区圈定在旺角及周边,在此之前,还鲜有底层叙述记录回顾这个地方的变迁,这也是本次计划得到的史料价值所在。

口述历史也能作为一种公众教育手段。玛塔·库比斯恩(Marta Kubiszyn)指出,口述历史能够提供一个社区成员间沟通的平台,增加代际、多文化交流。以此,重建社区历史和故事叙述,增加人们对土地及群体的认同,促进社区民主进程和公民社会发展。可以说,口述历史作为一种手段,是义工与受访者、社区互动的过程,既接收信息,也是他们参与社区的过程。[4]

除了以上价值,口述历史还具有心理功能及医疗功能。如美国纽约新海德公园的犹太养老院医疗中心主任沙比洛(Edith Shapiro)所说:访谈令长者们再次肯定自己的人生是有价值和成就的。[5]

2.3 声音到文字:关于口述历史文稿处理的讨论

口述史的保存记录有许多来自自身的挑战。通常访谈都以录音方式保存,然后整理

---

[1] Lynn Abrams, *Oral History Theory*, pp.1—2.

[2] 林德政:《口述历史的定义与要领》,载许雪姬《台湾口述历史的理论实务与案例》,台北:台湾口述历史学会,2014,第 8 页。

[3] 林桶法:《口述历史的特性与公用》,载许雪姬《台湾口述历史的理论实务与案例》,第 26 页。

[4] Marta Kubiszyn, "Oral history as a dialogue with the Polish-Jewish past of a local community from the perspective of social pedagogy", in Marta Kurkowska-Budzan and Krzysztof Zamorski (eds.), *Oral History: The Challenges of Dialogue* (Amsterdam and Philadelphia: John Benjamins Publishing, 2009), p.177.

[5] 唐纳德·里奇:《大家来做口述历史》,王芝芝译,台北:远流出版事业股份有限公司,1997,第 395 页。

成文字。林德政指出：将访谈记录依逐字稿整理，可能会因为没有条理或过于支离破碎而不堪卒读，所以可以整理成“对话形式”的访问稿，之后再整理成第一人称叙述方式的文稿。[1] 村上春树通过实践，也很同意录音稿的局限：“正如大部分日常会话那样，话题往往跳东跳西，或走进岔路迷失或中途消失了，之后又突然复活起来。”他提出：“必须将那内容选择取舍，前后对调，消除重复的部分，将文章分节或串连，整理成某种程度容易理解的文章，编写成适当长度的原稿。”而即使如此，他仍然觉得他难以捕捉受害者的感受：“他们说‘我们所尝到痛苦心情你们不可能真正理解’，我想那也是没办法的。真的是说得有理。我想我们是不可能了解的。”[2]黄克武则更深一层指出，访谈记录工作如果只依赖录音来做整理的话，已经是对一个复杂情境的简单化。因为声音其实只是访谈情境中的一个面向。访谈场域在声音之外还包括肢体语言所表达的感受、心境、气氛等，这些部分尤其显示了相当细腻的心理反应，然而却往往是录音所捕捉不到的东西。[3]

口述史文字稿的整理一直都要面对还原内容、可读性、客观准确性等多方面要求。但是，这部分也可能受到质疑。口述历史与一般的历史叙述一样，要非常小心避免将主观想法加入文本，而实际上，甚至使用第一人称的手法也有剑走偏锋的风险。

总体来说，可以发现很多情况下逐字稿不是口述历史的最终产品，其文字化的过程需要平衡多方面的因素。

3 本次口述历史义工计划

3.1 筹 备

此次义工计划是一项为期十个月的地区计划中的一部分，于 2015 年初开始筹备招募。这次是机构首次，也是无论社福界或史学界都少有的义工主导的口述历史计划，工作团队多少是摸着石头过河。

为保证本次活动质量，机构邀请了有丰富指导、执行口述历史计划经验的导师参与计划的整个过程。而机构则负责义工招募、访谈对象招募、计划统筹、活动执行等。为此，在主要工作开始之前，工作小组特地与导师一起进行了一次工作会议。

在会议上，明确本次培训除有全天义工培训之外，还增设组长培训，义工以三人左右小组为单位进行访谈并负责整理逐字稿，增设访谈报告会，并安排项目结束后有出版或展

---

〔1〕 林德政：《口述历史的定义与要领》，载许雪姬《台湾口述历史的理论实务与案例》，第 8 页。

〔2〕 村上春树：《地下铁事件》，赖明珠译，台北：时报文化出版企业有限公司，1998，第 12—19 页。部分译文有改写。也参见张玉佩《与村上对话：反思采访写作中的语言机制》，《当代》第 150 期，2000 年 1 月，第 110—119 页。本文的部分译文曾有笔者改写。

〔3〕 黄克武：《记忆、认同与口述历史》，载许雪姬《台湾口述历史的理论实务与案例》，第 54 页。

览等产出。另外，工作组也初步确定本次口述历史收集范围是以花墟为中心的旺角地区，延展至油尖旺，为此工作组称之为“大旺角”地区。

3.2 义工招募

招募在准备会议之前已经开始，分为义工招募和受访对象招募两部分。

义工部分首轮招募采用的是最传统的张贴海报方式，很快便有了些零星回复，一些对地方历史有兴趣的朋友看到招募消息之后开始联络机构。分析可能有兴趣参与本次义工服务计划的对象后，很快宣传消息集中发向了大学教职员及学生、有一定教育水平的刚退休人士及社区人士。具体来说，消息发放到了计划的社交网站专页、机构网页及机构内部长者义工网络、大学邮件组以及社交网站相关兴趣群组等。招募是成功的，原本30人的名额很快爆满，甚至超过了一倍多。近2/3报名者是通过大学网络招募而来，另有部分受过一定教育的退休人士及一些对此有兴趣的公众人士。为此，工作组决定加开一期并通过问卷对义工进行筛选。

首先工作人员将报名义工分成两期，考虑到本义工计划周期较长，期末到暑期学生的时间较难安排，因此第一期义工以学生为主，而第二期以工作人士和退休人士为主。然后，工作人员向每个义工了解他们是否能配合所分配的义工培训日期，是否有口述历史经验，对本次计划的期待，是否能自行寻找受访人以及是否有期望的小组成员等。根据义工回复，工作人员又对培训安排进行了调整；过程中一些义工自然退出。

值得注意的是，在活动开始之初，工作组及导师没有充分意识到逐字稿和时间要求对义工产生的压力，没有将这部分作为义工筛选的选项，造成了后来一些义工的负面感受。

3.3 受访人招募

受访人招募方面显得有些无从下手。本次口述历史计划所属的计划为配合旺角的一个新机构开展服务而设计，与工作组所在办公地不同。因此，在本次口述历史计划展开时，工作人员对这个地区认识寥寥，更不要提人脉。

主要负责本计划的同事本身有口述历史实践经验，同时也曾修读人类学，对挖掘受访对象有一定的概念。然而，要在一两个月内找到近二十位合适的受访人依然不是容易的事情。

经过几次摸底，同事了解到该区中可以有三组潜在受访群体：区内以花店为主的店铺店主、雀鸟公园里的店主和雀友及老街坊。同事首先入手的是区内一家可以摆放雀笼的茶餐厅。除了逐户拜访，同事还从与茶餐厅老板、光顾的雀友、附近店铺店主建立关系入手，了解社区情况，逐步打开局面。在这间茶餐厅，同事认识了一位雀鸟公园信息提供人泰哥，经泰哥介绍，同事终于能够有的放矢地找寻到合适的受访人，后来所有的雀鸟公园受访人都有赖于泰哥的倾力帮忙。而花店及其他店主则依然全赖同事逐个上门自我介绍，逐个摸索。同事几乎摸遍了花墟里所有有可能成为受访者的店铺。很显然，以上工作方式于要求短期内找到大量受访人的目标来说毫无效率可言。同事还采取了另外一种方式：联络本地的长者活动中心，上门做宣讲，以此招募适合的受访者。事后证明，这是最快捷的一种方式，超过一半的受访人通过这种方式招募，且招来的都是本地老街坊。

受访人招募经历了一个较长的摸索尝试过程，所接触的人数远远超过最终采访人数，中间还出现了义工流失、时间地点无法配合、受访人临时改变主意等变数。虽然最后每组留下来的义工都在截止时间前得到了访谈机会，顺利完成计划，但当中的仓促也一定程度影响了计划的推进和质量。

3.4 培　训

培训之前，同事收集了一系列该地区的基础资料，准备了访谈所需的各种文书，并与义工保持沟通。培训由导师负责，内容包括口述历史基本知识、口述历史个案分享、流程技巧教授和练习等，配以各种活泼生动的体验活动。而组长培训则更有针对性，具体介绍了小组分工、具体个案的访谈准备、困难情况的处理等。

最受欢迎的培训环节是“说说你心目中的旺角”和“现场访谈练习”。前者，请参加者画出、写出各自的旺角记忆并进行分享。随着参与者的分享一张张贴出来，大家看到了丰富多元的、发生在不同时间区域的旺角记忆。有关于购物、关于朋友、关于交通、关于工作以及社会运动的记忆。这个联系，一方面可以激活参加者对旺角的想象力和记忆，能够更好地找到做口述历史的感觉，另一方面也在教大家接纳多元记忆、学会倾听。导师首先邀请大家讨论什么是好的口述历史故事，之后邀请志愿者出来分享自己的记忆故事，由其余的参加者扮演访谈者、聆听者等角色，实战练习如何通过访谈收集到好的合乎要求的口述历史记录。

3.5 口述历史访谈

一日培训之后，同事按大家的兴趣和实际情况统一分配受访人，并协调受访时间、地点。最终的受访对象有十五人，其中有三位雀友公园人士、三名花店老板及一位驻守花墟几十年的校服公司老板，其余均是旺角街坊。同事事前会与受访人沟通，了解他们的基本情况、受访意愿，简介义工背景、访谈流程及工作目的等。机构为义工准备了一定数量的录音笔等访谈工具。

采访前导师要求义工提前联络受访人，自我介绍并了解对方基本情况，并将想要询问的问题或想要的资料，告知对方好做准备。活动过程中还有义工准备了详尽的采访大纲，得到同意之后工作人员将大纲分享给了其他义工作为参考。部分访谈中有同事在场，主要负责协调现场，部分情况下介入访谈。工作人员也邀请第二期的义工及相关人士参加第一期的义工汇报会。导师在汇报会上也会就大家遇到的实际情况进行分析，提供建议。

经验证明，义工吸收多少培训内容、做怎样的准备会很大程度影响义工访谈的质量。而受访人的情况也影响着访谈内容的质量。大部分义工组都顺利完成了访谈。

3.6 逐字稿撰写

这部分是整个义工服务中最有挑战的部分。负责同事了解这部分的挑战性，在工作真正展开之后曾反复向工作组及义工提醒这部分的难度，以 1∶8 的时间比例提醒每 1 小时的访谈需小组整体花费 8 小时时间来完成录音整理。在没有直接反对的情况下，负责同事才将访谈任务分配下去。

应导师要求，所有逐字稿将按广东话原汁原味记录。就此，一些义工表示了困难：中文打字困难或广东话录入困难等。事前在安排小组时，工作人员已经部分考虑到这个问题，小组成员老中青搭配。另外，也提供了一些文字录入解决方案。

但是，逐字稿录入始终是非常考验耐心的工作，过程中拖拉难免，甚至有一个小组最终未能完成逐字稿，也造成了一些不愉快的情绪。就一个公众教育为导向的口述历史计划，其产出未必有非常大的史料功用，是否需要如此严格地整理逐字稿，有待下文商榷。

3.7 计划产出

本次义工计划有几样产出：汇报会、论坛和展览，后续还计划将成果放上网络。

汇报会安排在义工完成访谈、整理逐字稿的阶段。每组义工简报介绍所采访的人物故事及义工访谈的反思等。除了邀请同期义工参加，工作组还邀请了被访人、另一期义工及公众人士等。

论坛和展览是在整个义工服务计划结束之后进行的，是整个大型计划结束的嘉年华的一部分。论坛有两场，主题分别是“旺角旧日生活”和“雀鸟故事”。展览则以人物访谈素材为基础整理出人物故事片段，以黑底白字打印，装裱入相框，分主题悬挂。

嘉年华的宣传相对广泛，渠道包括活动宣传网站、机构平台、邮件群组等等。但由于种种原因，主体的参加者仍然是机构长者服务的会员们。这造成了论坛上场面热闹但实际效果平平的情形。而展览则一直在场地展览，工作人员还鼓励参加者写下观后感，贴在画框或者留言板上。

3.8 义工计划的完成和反馈

部分义工也参与到了展览筹备和论坛活动中，提供了部分展览文案，担当了论坛的义工嘉宾。义工完成了十五个人物访谈，其中部分非常有质量，而有些则相对一般。

义工分别填写过对培训、访谈及汇报会的反馈。从反馈来看，义工对培训很满意，认为学习到了口述历史的技巧。在第一次经验的基础上，第二次培训的效果更好。义工们对访谈和汇报会也给予了总体积极的反馈，但有不少义工一致反映访谈后的逐字稿及汇报会的设定让他们感到意外及增加了额外的负担。

在受访人方面，绝大部分都给予了积极的反馈，并非常高兴自己的记忆能够被人聆听。

在机构层面，经过这次尝试，积累了一定的类似计划的实践经验。同时，也看到了作为社福机构开展类似计划对人力、资源的压力。

4　实践反思与讨论

4.1　关于本次口述史计划的评价

从前文唐纳德·A.里奇和琳恩·艾布拉姆斯的定义来说，本次口述历史义工服务计划基本符合正统口述史的规范，有访谈、录音、文字记录和概述，也有整理成可供查阅资料的计划。当然，如果从有质量的口述历史要求来说，本次计划有明显不足：非专业的义工及未必是最佳的受访人。

在准备时，工作组将本次口述历史的重点放在了“普通人的社区变迁记忆”上，这个相对广泛及相对容易入手的主题让义工访谈相对容易掌控。如前文所述，口述史工作者需要受训并有一定的功底以避免一些潜在问题的发生。显然，培训、引导和准备成功地帮助几乎所有坚持下来的义工达成了最基本的目标，所有的访谈都能够将人物人生经历与所居住社区之间发生的故事讲述出来，故事大致能清晰定位所发生的时间、空间，甚至有些能结合食色声味让当年的记忆变得非常生动，令人回味。但这并不代表没有瑕疵。口述历史很强调放下自己的经验，帮助对方讲述自己的故事和历史记忆。在实践过程中我们发现，有本社区生活经验或者有一些史学背景的义工，反而可能因为被既有经验过多影响而降低了对受访者的倾听度。

另一方面，虽然本次所有的受访人都经过初步筛选，拥有一些自己的社区历史经验，但由于初筛时没有与每个受访人进行足够的访谈，导致访谈后才发现一些受访人并非是最佳候选人。这与准备时间仓促有关，在两三个月的时间里从完全没有社区资源到找到那么多位受访人已属不易。可以说这次找寻受访人的工作更像一次严肃口述历史研究项目的初步阶段，接下去将更有可能找到高质量的受访对象。可惜受社福界项目制限制，虽然也有内部人士表示了遗憾，但多数是不可延续的。

当然，对本次口述历史计划来说，相比史料产出，更看重的是意欲将口述史采集过程变成社区教育的过程。

4.2 公众教育成效分析

口述历史计划的公众教育目标通过两个层面来实现：义工的参与及社区层面的参与。

义工层面来说，招募时工作人员将重点放在了对社区文化、历史有兴趣的潜在人群，报名的义工也表明了这方面的兴趣。在培训开始前，导师针对义工的背景为他们调整了内容。整个计划给予义工机会体验了完整的口述历史工作过程；出于对口述历史的热爱，导师也对义工提供了充分的支持。

当然，作为一个义工计划，本次活动对义工提出了非常高的要求。以小组为单位，义工要完成一个专业人士的任务；同时还要平衡小组分工合作，即需要他们有相当的团队合作能力。除此之外，义工需要投入的远比他们预期的多。如果不是非常感兴趣，并且时间上可以兼顾到，本次服务对义工来说无异于是一个大的负担。

受访者方面的反馈相对积极很多，不少人直接表达了因为有人愿意如此认真地聆听自己的故事而感谢，而高兴。

口述历史计划结束之后的展览和论坛除了直接吸引了观众，还吸引了几次媒体报道。参考本次计划收集的资料以及经工作人员引荐，记者们从自己的角度向读者介绍了这个地区的历史故事。在此之前，鲜有类似角度的报道。

反思本次计划成效，一大总结是这样的计划需要时间的浸泡和发酵，时间会酝酿计划口碑的传播，逐次带来更多高质量的受访人，也让社区中更多人知道这个计划的存在。本次计划的工作人员尽所有可能做了所有能做的宣传和准备，但由于信息传播的滞后效应，无论是受访人招募还是活动结束后的宣传都显得匆忙，宣传发酵的时间还不够。另外，活动结束之后涟漪效应明显还在，但随着计划的结束，工作人员较难推动进一步的社区传播工作。这样的活动如果能有更加充裕的时间，或者有下一阶段的工作，收到的效果将会好很多。在短暂的时间里，要兼顾资料收集和公众传播的广度、深度，非常有难度。

4.3 口述史产出的讨论

声音转化为文字是口述历史工作不可避免的部分。本次口述历史计划最影响义工感受的是逐字稿部分，很多义工感到负担太重。如第一部分中所回顾的很多口述历史工作指引中，都提及逐字稿的必要性，但它不是唯一的一种文字化形式。

在本次口述史计划中，文字化分几步进行：逐字稿→人物分片段故事稿→展览文稿（片段及少量逐字文稿摘录）。由于逐字稿太花时间，只有少部分义工有能力再抽精力完成故事稿。因此后两种形式绝大部分都依赖同事完成，这对同事造成负担，也与“义工完成主要产出”的初衷相左。

逐字稿的意义在于最大限度地保存讲述者所说的话，供引用和历史研究用。受到受访人素质及义工功底限制，就现在这批录音材料的质量来看，史料的研究价值相对不高，将来使用到逐字稿的可能性较低。反而是比较耐读的故事文本由于其通俗性，更利于公众教育，更利于传播，也更可能被用到。

因此，是否可以省略逐字稿，或只做部分逐字稿，而直接邀请义工撰写多段人物故事文稿是值得考虑的。如果可以简省义工的逐字稿负担，就更有可能改善义工的参与感受，提高计划参与的成就感，强化公众教育的成效。

展览文字是在人物片段故事稿基础上形成的。在易于阅读和完整性之间工作人员选择了前者，将文字编辑成短小有趣的片段，装裱入不同规格的相框内，辅以图片。工作组接受了设计师以“相框、黑底白字形式”展览的建议，这种方式成本低，可以 DIY 且效果看起来专业。为照顾读者视线，相框内的文字需要放大，每个框的字数有限。如果要完整地叙述人物故事，篇幅不够，场地也有限。

工作人员花费了相当多精力在文字编辑、校对和排版上。文字风格为白话夹杂原稿原句。工作人员曾经与导师沟通过是否保留第一人称，但考虑到已经在逐字稿基础上进行了改写，最终决定采用第三人称方式叙述。最终十五个人物中，有三个作为重点人物进行了较详细的展示，其余则按主题分类进行展示。

由于时间限制，展示没来得及上传网络，未能让产出跨越展览时间和空间的限制，更加易于分享。这变成了计划未完待续的部分。

5 小结：社福机构的口述历史计划

作为一次少有的社福机构主导的口述历史计划，本次计划达到了一定的公众教育效果。社工也体现出了组织义工计划方面的特长，在组织协调、义工动员管理、质量监控等各个环节都体现了社工特有的专业和效率。在半年左右的时间里，从无到有，完成了大量工作。

而在另一方面，虽然这次工作组中有具有口述历史专业经验的同事，并全程受到专家督导，但仍然因其义工服务计划的性质而受到限制，做不到研究计划的专业程度。并且，受工作周期影响，计划缺乏持续性，使得艰难开拓出来的工作之后难以为继。

在实践过程中，工作组一直都在努力平衡专业程度和公众教育。至于如何更好地平衡，恐怕还需要更多口述历史理论领域的研究来支持，给予前线实践更明晰的指引。

93 岁老父亲的口述史

◎口述者　曹泽民

整理者　曹淑文，曹书元〔1〕

摘　要：

口述者曹泽民，93 岁，有着在京津两地务农、学徒、当兵、做工的经历。论文是父亲对子女的口述记录，是对常年家庭口述活动资料的整理。文中记录了家谱、天津三条石、国民政府十一战区、井冈山摩托车、北京 BJ-130 汽车等话题，涉及草根阶层的家庭生活、人际交往，连接着近百年中国社会的动荡与变迁。整理者采用与相关当事人核对、与文献核对的方法，对口述内容加以考证，在文中做出附注，使口述记录有据可查。

关键词：

曹氏家谱；通州漷县曹庄；天津三条石；井冈山摩托车；北京 BJ-130 汽车；口述史

An Oral History of a 93-year-old Father

◎ Interviewee Cao Zemin

◎ Interviewer Cao Shuwen，Cao Shuyuan

Abstract：

The interviewee，CAO Zemin，93 years old，experienced being a peasant，an apprentice，a soldier，and a worker in Beijing and Tianjin. This article is an oral history of a father. It is a compilation of records collected by his children within decades. He spoke on the topics of CAO genealogy，Tianjin Santiaoshi，the National Government 11th War Area，Jinggangshan motorcycles，and Beijing BJ-130 Automobile. His personal life reflects family life of grass-root class，social relationships，and societal changes in China in nearly a century. The article also includes footnotes as evidences obtained from interviewing related persons and from publications.

---

〔1〕 作者简介：曹泽民（1922—2015），北京第二汽车制造厂退休工人。有着在京津两地务农、学徒、当兵和做工的经历。生活中经常向子女讲述往事，本论文提交之后去世，享年 93 岁。曹淑文，曹泽民之女，美国普林斯顿大学图书馆专业馆员，北京大学图书馆学系 77 级学生，硕士学位，1987 年版国家标准《古籍著录规则》的作者之一。2013 年及 2015 年先后提交论文，在中国、日本参加了国际研讨会；曹书元（1963—），曹泽民之子，北京轻型汽车有限公司下岗工人，京剧迷。曾在父亲工作过的工厂上班。长年照料父母，倾听老人讲述，留心记录、收集了相关资料。

Keywords:
CAO Genealogy; CaoZhuang, Huoxian, Tongzhou; Tianjin Santiaoshi; Jinggangshan Motorcycles; Beijing BJ-130 automobile; Oralhistory

1 引言

本文是家庭内父亲对子女的常年口述记录及考证。口述者曹泽民老人,1922年出生,93岁,头脑清醒,表达流畅。在80大寿时曾多次提及家谱被焚一事,嘱咐子女收集整理与家谱有关的资料。儿孙们多方走访查询,于2001年编写了《梁家务曹氏支谱》。

老人家在90大寿时嘱咐子女关注其所在工厂的历史,并时常在聊天中向子女讲述个人经历。2015年7月,老人93岁生日,我们看到了本次会议征文,决定撰写参会论文。为此,父亲每天向我们讲述其人生经历。父亲知道我们提交了论文很高兴。然而,就在论文提交给"口述历史在中国"国际研讨会之后不久,老人家离我们而去,使此文成了子女对父亲的永久思念之作。

图1 曹泽民,2006年,虚岁八十五大寿。张晓宇、何佳策划拍摄于家中

父亲留下了不可再得的宝贵资料,给子女的写作以最大限度的支持,用生命提醒口述史料收集刻不容缓。

父亲的讲述内容除了涉及北京通州漷县镇曹庄及梁家务村的家庭往事,还涉及天津三条石全盛德铁工厂、抗战时期的津浦铁路厂、国民政府第十一战区孙连仲所属部队、北京汽车制造厂的第一代井冈山摩托车、私人企业永新修配厂、北京第二汽车制造厂的BJ-130汽车等事物。

我们用电话、录音、录像、笔录、开设网上账号等形式记录整理了老人的口述史。曹书元长年照顾老人,又与父亲在同一厂工作,留心收集资料,负责协调联系及文稿审校;曹淑文是本文执笔人,采用与相关当事人核对、与文献核对的方法做考证,力求口述记录有据可查;曹淑珍、曹淑琴照顾老人,协助老人准时与海外女儿越洋通话半小时,做专门讲述,并回答相关提问;曹时遇等孙辈们协助电脑及网络的使用。儿女的努力,饱含了儿媳、女婿在背后的付出。

感谢崔永元口述历史研究中心举办首届“口述历史在中国”国际研讨会，把我们随意的家庭口述活动领入轨道，使我们在公益活动中，体会到草根阶层的口述史可以从你我做起、从家庭做起。

图 2　曹泽民全家福，1995 年

2　北京通州区漷县镇曹庄[1]

2.1　曹氏祖先

北京通州漷县镇曹庄以达汉爷[2]为始祖。曹达汉是北宋名将曹彬[3]的十二世孙。

[1] 曹庄，“位于通州镇东南 27.2 公里”，“曹姓名达汗[应作汉——整理者注]，人称达汗爷，偕同全家至该地定居，因姓而名曹家庄”。——通县地名志编辑委员会编《北京市通县地名志》，北京出版社，1992，第 254 页。

[2] 2001 年，整理者在曹庄曹英家看到民国六年序手写线装本《曹氏支谱》，该支谱立达汉为始祖。家谱中康熙甲午(1714)序记载：“漷之有曹氏何始也？始于元至正十年间。漷曹之始祖何始也？始于宋武惠王十二世孙达汉居于燕都之安定门。因避时忌，迁漷。盖漷之去京百里，僻而安也。汉生从义，汉卒，葬于邑之定安里。义因就里之平原构庐舍而家焉，即今之曹家村也。”

[3] “曹彬(931—999) 北宋将领。字国华。真定灵寿(今属河北)人”，“以不滥杀掠而得到宋太祖赵匡胤的褒奖”，“宋真宗赵恒即位后，召拜枢密使”。——中国大百科全书出版社编《中国大百科全书·中国历史》，中国大百科全书出版社，1994，第 38 页。

图3　曹彬(931—999),北宋将领。曹泽民为曹彬第三十一世孙。图片引用互动百科“曹彬图册”

曹氏源流简表

曹振铎（周文王第十三子）
⋮
曹彬　（宋武惠王，宋开国名将）
⋮
曹达汉　（曹彬十二世孙）
|
曹从义　（达汉子）
|
曹均泽（从义次子）
⋮
曹如兴（达汉十六世孙）
|
曹师董　（达汉十七世孙）
|
曹万宝（达汉十八世孙）
|
曹启恩（达汉十九世孙）
|
曹泽民（达汉二十世孙，曹彬三十一世孙）

图4　此表据曹庄所藏家谱序及曹泽民口述整理

图5　曹庄始祖曹达汉(约1351年)。此铜像将于2016年清明安放于曹庄曹氏祠堂。照片提供者:曹辛宇

现在全国各地有很多曹彬的后代,都以曹彬为荣。曹彬,谥号武惠王,史书上称“宋良将第一”[1]。曹彬仁义敦厚,带兵(与百姓)秋毫无犯,课本和民间故事里都有曹彬行善的事。曹彬为后代积德,不像大贪官和珅,弄得后代都不敢说祖上是谁。

曹达汉的儿子有曹从义,从义的次子是曹均泽。咱们家这一支是曹均泽的后代。我爷爷的爷爷是曹如兴,他是曹达汉十六世孙,曹师董是曹达汉十七世孙。我爷爷曹万宝[2]是曹达汉十八世孙,我爸爸曹启恩[3]是曹达汉十九世孙。我是曹达汉二十世孙,是曹彬三十一世孙。

---

〔1〕“曹彬以器识受知太祖,遂膺柄用。平居,于百虫之蛰犹不忍伤,出使吴越,籍上私馈,悉用施予,而不留一钱;则其总戎专征,而秋毫无犯,不妄戮一人者,益可信矣”,“君子谓仁恕清慎,能保功名,守法度,唯彬为宋良将第一,岂无意哉?”——脱脱等《宋史》(卷二百五十八,列传第十七),见“国学导航”http://www.guoxue123.com/shibu/0101/00songs/257.htm.

〔2〕曹万宝(1872—1925)。口述者曹泽民之祖父,曹庄出生,因家里贫穷,倒插门去了梁府。

〔3〕口述者父亲曹启恩(1898—1977)。

图 6、图 7　曹庄的曹氏祠堂旧貌及曹氏先祠匾额。照片提供者：曹辛宇

2.2　曹庄始于元代

我小时候常从梁府到曹庄去我大爷家拜年。我大爷叫曹啓昌，他特喜欢我，我到了曹庄就像人核儿，特受宠。曹庄家里的一些事都是我大爷给我讲的。

2001 年，你们去曹庄找到曹英收藏的家谱，这就有文字证明了。家谱上说，元朝至正十年(1351)就有漷县曹氏了。

曹庄的人提起祖先，都很荣耀。曹庄出了不少能人。曹达汉的小孙子叫曹晓伍，人们常尊称为晓伍爷。他在明朝靖难之变时立军功，在山东打仗时阵亡，赠武城后卫指挥佥事。曹晓伍的长兄叫均让，均让的次子曹瑗世袭了晓伍爷封号。曹瑗的弟弟曹琏，明朝时做过江西抚郡郡守[1]。

曹庄有曹家庙，也叫曹氏祠堂[2]，是祭祖的地方。好多年没有祭祖了，家庙也破旧了。前几年曹忠志[3]到咱家来，提到曹庄打算修祠堂的事，也不知道后来怎么样了。要是真修，咱们也拿点钱[4]。

---

〔1〕 曹英所藏家谱中康熙甲午(1714)《漷邑支谱序》记载："明太宗靖难兵起，义季子晓伍以军功授副千户，从征山东阵亡，赠武城后卫指挥佥事。兄让次子瑗世袭。瑗弟琏与迎英宗还驾之功授苑马寺少卿，寻出为江西抚郡郡守"；《(嘉庆)庐州府志》卷二十四第二十三叶："曹琏，通州漷县人，永乐八年任庐州府同知，临政不苛，能贞白自持，考满，擢甘肃苑马寺少卿"；《(弘治)抚州府志》卷八第四十二叶："曹琏 ，漷县人，太仆少卿，任宣德二年；王升宣德六年"。从以上资料可知，曹琏在永乐八年(1410)任安徽庐州同知，于宣德二年至五年间(1427—1430)任江西抚州知府，而英宗还驾是在正统十四年(1449 年)。曹琏名称、立功与任职时间关系待考。

〔2〕 曹氏家祠，"[漷县曹庄西北・清代]明代曹氏移民定居后创建，清乾隆间北运河泛滥淤没。乾隆四十九年(1784)在原址上重建。祠南向，二进院落，占地面积 670 平方米。主要建筑有：大门一间，硬山筒瓦调大脊；二堂门三间，清水脊，饰有倒挂楣子；享堂三间，硬山箍头脊，六抹菱花格隔扇门窗。后院东西配房各五间。享堂前廊近西山墙立有汉白玉方首方座重修碑一座"；重修曹氏家祠碑，"清乾隆四十九年(1784)季秋立。立于曹家祠后殿前廊西次间前，汉白玉质。方首方座，通高 1.85 米。额篆书双沟'先祠碑文'四字，碑文首题：曹氏重修先祠记。记述曹氏宗族集资重修家祠事。香河县韩烈撰文，韩为书丹"。——北京市文物局编《北京文物地图集下》，科学出版社，2009，第 338 页。

〔3〕 口述者五世同宗侄子。

〔4〕 2016 年 1 月 5 月，曹书元偶然在网上看到曹庄新修曹氏祠堂并接近完工的消息，立即与曹辛宇等联系，得知曹庄将在 2016 年清明举行新修祠堂后的祭祖典礼。

曹家传统上恪守孔孟伦理，守家法，有规矩。你看你爷和你老爷[1]都很规矩本分。曹忠志到咱家来也是站有站相、坐有坐相。违反家法，触犯家规的人，会从家谱上除名。曹英的那份家谱里，有康熙年间曹天纵撰写的家法八事四十四条。家法的八事是：敬守身体、勉力学问、严择师友、肃治闺门、慎重葬祭、谨择婚姻、善恤族人、勤治本业。家法的四十四条里列出该做和不该做的事。包括：毋贪货财、畏圣人之言、毋兄弟较力、周恤贫苦、绝赌博淫技，等等。

2001年我过八十大寿时，亲朋好友来了有一百来人，我把曹氏家法印出来给了他们一人一份。看不看是他们的事，我是想让曹家的后代守规矩，别干缺德事，别胡作非为。

2.3 曹氏家谱及南门

滦县曹氏有修谱和保存家谱的传统。从曹英保存的家谱中的序年看，清康熙到民国间多次修过家谱。这些序年包括：康熙甲午(1714)，乾隆丙戌(1766)，嘉庆十九年(1815)，道光十六年(1836)，光绪七年(1881)，光绪二十四年(1898)，光绪戊申(1908)，民国六年(1917)，民国十三年(1924)。

咱家的家谱是你爷在1935年前后从曹庄我大爷曹啓昌那儿请人抄写来的[2]，卷轴式，还专门定制了一个木头盒。家谱上记始祖达汉，下至达汉十八世孙万宝，完整无缺。你爷1977年没了以后，放在你老爷那儿。你老爷1987年没了以后，你三婶不识字，就把家谱随着一些遗物给烧了。

家谱没了以后，我心里一直惦记着。2001年我八十寿辰，倍感思念祖先。上慰祖先，下传后人，是我的心愿。这就有了你们回曹庄走访查询家谱的事儿。

查访线索起自大女婿何留锁。他的战友曹文连是曹庄人，文连委托同乡曹家忠寻访有关曹氏家谱的现况。2001年8月4日，留锁、文连、家忠与书元、淑文前往曹庄，见到了曹英家里保存完好的一册曹氏支谱。这是达汉长门之孙均让之支谱(又称东门支谱)。据东门支谱可知，达汉生一子从义，从义有四子：均让、均泽、均实、晓伍。我爷爷曹万宝为均泽后裔(又称南门)。南门支谱去向在曹庄没有打听到[3]。你们几个人就把收集到的材料，在2001年，以曹万宝为始祖，将万宝后代，不论男女，一一列入，写成了咱家的《梁家务曹氏支谱》。这件事做得挺有用。

咱们家在曹庄属南门曹氏一支。现在还在曹庄住的、和咱们有五世血缘关系的，有曹

---

〔1〕 口述者叔叔曹啓惠(1908—1987)。

〔2〕 据曹啓瑞之子曹泽亮2016年1月30日回忆，曹啓昌、曹啓寿、曹啓瑞三兄弟分家时分了家谱，啓昌、啓寿去世后，家谱在啓瑞处。“文革”时期家谱浸水，没有保留住。

〔3〕 2016年1月21日，在修订本文时，收到了曹辛宇寄来的、原以为失传了的《曹氏总谱》扫描抽页。

忠志一家。我爷他哥哥的大闺女嫁给了张福寿，他们的后代[1]好像也在曹庄。

曹万宝是我爷爷，他还有个哥哥叫曹万全，他们哥俩，同父异母。我大爷(yé)曹万全有仨儿子一闺女：我的大姑张曹氏，我大大爷(ye，轻声)曹啓昌、二大爷曹啓寿、三大爷曹啓瑞。

曹庄家里本来有十多间房，北房。我大爷曹万全给地主家扛长活。地主家的少爷有钱，抽大烟。我大爷当长工，不敢不听他的，他让抽就得跟着抽。开始是跟着白抽，不用花钱买，后来抽着上瘾，把家产都抽没了。曹忠志他爷爷曹啓凤也抽大烟。他们家有个四合院，抽大烟先把院子门卖了，还没等卖房子就抽死了。

家里太穷了，我爷爷就离开了曹庄到了梁家务。

图8　曹英，曹氏(东门)家谱的保存者。2001年，曹书元摄于曹庄曹英家

3　北京通州区漷县镇梁家务村[2]

3.1　从曹庄到梁家务

我爷曹万宝和我大爷曹万全他们哥俩是穷散了，我爷大概在1890年前后从曹庄到了梁府，做倒插门的女婿。我奶奶姓孙[3]。他们有俩儿子俩闺女，这四个孩子与曹万全的孩子按一爷之孙大排行：我二姑秦曹氏，我爸爸曹啓恩(行四)，我老叔曹啓惠(行五)，我老姑曹啓芝。

我爸爸是在梁府出生，我妈姓米[4]，是安平街[5]人。我妈生了我和我妹妹曹桂英。后来我妈得了痨病(肺结核)，我七岁就没了妈呀(流泪)。我妈得病后，还到北京去看过，那时候痨病就是不治之症。我妈快不行的时候，我正在学校上课，等把我叫回家的时候，

---

[1] 据口述者老姑的儿子常振海说，张福寿的后代叫张有才，应该还住在曹庄。

[2] 梁家务，当地口语习称“梁(fǔ)儿”，或“梁(fǔ)儿街”，家字省略，务字发音作府，再加儿化结尾；据《北京市通县地名志》“梁家务”条目，“位于通州镇东南32公里”，“明代已成村。梁姓自香河县梁家务迁此地定居，崔、王二姓相继至此，形成聚落，村名仍依香河县旧村名，以怀故地；清代李姓大户自香河县窝坨村迁此，成为该村主要姓氏，梁姓转迁他地，但村名未变，沿称至今(习称梁府)”。——通县地名志编辑委员会编《北京市通县地名志》，北京出版社，1992，第255页；“府、甫、务本为三个不同形态，不同读音，但在地名中却有时更替使用。如……德仁务习称德仁府，梁家务又称梁府等等……就其字音来源讲，在古代均为一个音，读府。”—窦凤仪：《府、甫、务在地名中的运用》，《通州文史》1989年第3期，第11页。

[3] 口述者祖母曹孙氏(1874—1952)，梁家务出生，卒后与曹万宝同葬于梁家务。

[4] 口述者母亲曹米氏(1896—1929)，卒后与曹啓恩同葬于梁家务。

[5] 河北香河县安平镇，俗称安平街。据百度地图，从安平镇到梁家务约5.4公里。

我妈就没了。我连一句话都没跟我妈说上。后来我爸爸续弦,我后妈[1]是梁府街人。后妈生了我妹妹曹兰英和我弟弟曹泽忠。后妈家里人少,就是一妈带俩闺女。我后姥爷叫李荣春,死得早。后姥姥姓蓝,是边槐庄的娘家。后妈的姐姐嫁给了大辛庄祁家。

安平街米姓我姥姥家人多。我姥爷也是哥俩,家里是臭皮行[2],传辈做大车绳套。安平街一条街,上百年都是干这行的。我姥爷叫米文友,我大姥爷叫米文达。我姥爷爱喝酒,别的倒没什么。我姥姥的娘家是河各庄(音)的。我姥爷有俩闺女俩儿子:我大舅、老舅、我妈和我姨。我大舅叫米香甫,比我妈还死得早,1929 年以前就没了。我姨比我妈小,嫁到了南屯。我老舅叫米香贵,他最小,比我大两轮,累死的,盖房没盖完就死了。我大姥爷有俩儿子,没闺女,特喜欢我妈和我姨,大姥爷拿侄女当闺女。我大姥爷的两个儿子跟我的舅舅大排行,我的二舅叫米香云,三舅叫米香斋,他们就没干过庄稼活。我二舅在北京开买卖,是北新桥至宝楼首饰店掌柜的,后来得瘩背疮死了。我三舅活到新中国成立后,60 多岁没的。

我爸爸跟我老叔都在梁府念过私塾,念私塾要交钱。梁府街有不少人出去做工。我爸爸十几岁就到北京广安门外桂兰斋[3]学徒做工,我老叔在绥远。桂兰斋的差事是我大舅给找的。我爸爸在桂兰斋站柜台,管账,大约 1913—1933 年,在那儿干了二十多年,带回家八百块现大洋,倒了一炕。他用这八百块现大洋置了二十亩地。原来有十几亩地,加上这二十亩,我爸爸和我老叔没分家的时候,家里有三十几亩地。那时候我爸爸在梁府街挺有名。村里有仨人置了二三十亩地,别人不行。村里把前街李熙珍、中街曹启恩、后街汪永泰一块提,算是三个有成绩的人,我爸爸就占一份。

图 9　曹泽民之父曹启恩。1958 年 60 岁退休时摄于西直门外照相馆

我爸爸在桂兰斋和安平街来的一个师兄弟张安(音)闹别扭,就不在桂兰斋干,回梁府了。在梁府,被大伙儿选为村长。干了一阵子,实在没法干,不光不挣钱,还得自己掏钱,就辞了。后来村里花

[1] 口述者继母李秀兰(1906—1990),卒后与曹启恩同葬于梁家务。

[2] “从民国建立到二十年代中期,天津民族工业逐步进入发展阶段。到一九三六年制革业发展到了顶点”,“制革业得到发展,并获得很大的利润。当时制革事业有‘能舍爹和娘,不舍臭皮行’的说法”。——中国民主建国会天津市委员会,天津市工商业联合会文史资料委员会编《天津工商史料丛刊(第七辑)》,1987,第172 页。

[3] “1956 年公私合营时,清华斋与另外 9 家私营糕点铺合并,改名为‘清华斋糕点厂’。1958 年,又与‘桂兰斋’合并,易名‘北京宣武食品厂’。1970 年,在广安门小马厂扩建厂房”。——张庶平、张之君主编《中华老字号(第五册)》,中国商业出版社,2007,第 236 页。

钱雇村长，村长一个月好像挣一石二左右的棒子，我记不清了。冯克明当过挣钱的村长。我爸爸不在梁府种地，又出去干，家里把地卖了一些。大约在1936—1945年左右，在天津四品香[1]食品店站柜台。后来因为有飞机轰炸天津，就回到梁府。1955年又被师兄弟叫回到北京桂兰斋，一直干到1958年退休。

我爸爸和我妈住在金鱼池苏家坡胡同64号，那是我三大爷曹啓瑞的房。1963年咱家买了南小街的房以后，我爸爸和我妈也就搬过来一起住了。我爸爸在这儿住的时候，常去小官园[2]遛弯，末代皇帝溥仪也去小官园遛弯[3]，我爸爸在小官园碰见过溥仪。

3.2　在梁家务上学

我在梁府出生，在梁府念的书。学校在庙里。梁府街庙里的六间房是瓦房，其他都是土房。庙是官修的，敕建。庙里有三间房上课用。学生大概有100来人。学生虽说是分不同年级，可几个年级的都在同一个教室上课。每个年级都有课本，老师给一拨儿讲完再给另一拨儿讲。有语文、算术、常识课，还学打算盘。尺牍课教写信。上完课回家自己背书，没什么别的作业。第二天上课要是背不下来，就有挨板子的。我没少挨打。学校大秋、麦秋放假。上学还拜孙中山，讲三民主义、总理遗嘱。

教我的老师里有曹竹芳[4]、曹菊芳。他们是亲哥俩，家也是曹庄的。他爸行四，管他叫什么四爷，跟我大爷曹啓昌在村里的关系好着呢。他们哥俩家里在曹庄是大户，有三顷多地，相当于300亩。他们家有钱，所以能上好学校。他们俩没打过学生。村里有假装圣人的，在学校打学生。

---

〔1〕 四品香，天津老字号食品店，以做冰激凌著称。“开业于1930年，原址在今长沙路永安里口，只有一间门面”；“1937年停业出兑，由周世勋承兑”，“四品香成了全市唯一常年出售冰激凌的专业户”。——中国人民政治协商会议天津市委员会文史资料研究委员会编《津门老字号》，百花文艺出版社，1992，第207—208页。

〔2〕 当地居民俗称官园公园为小官园，南侧为官园体育场；”官园最早被称为‘瓜园’‘官菜园’，久而久之便有‘官园’之名”，“ 青年宫绿地前身是官园公园，1994年北京市政府批准其西部建设青年宫，东部保留原有绿地性质”，“地理位置北京市西城区后广平胡同36号”——百度百科”官园公园”条目 http://baike.baidu.com/subview/8218992/8140399.htm，访问日期：2015年10月11日。

〔3〕 东冠英胡同，“位于福绥境地区东北部。东西走向，东起赵登禹路，西至南草厂街。全长374米，均宽5米。明代称观音寺胡同，以寺得名。清代称观音寺，亦称东观音寺胡同，简称东观音寺，与其西南的西观音寺(今国英胡同)相对称。1965年改称东冠英胡同。观音寺1958年拆除，15号院为其旧址。东冠英40号(原东观音寺甲22号)为末代皇帝溥仪的旧居。1962年6月1日溥仪和夫人李淑贤搬入此处，直到1967年10月17日溥仪病逝。1990—2003年，胡同西段部分住宅拆除。”——段柄仁主编《北京胡同志(上)》，北京出版社，2007(上)，第382页；“一九六六年……3月4日星期五上午，到官园公园散步”，“3月14日星期一早，到官园公园散步”，“3月25日星期五到官园公园散步”，“3月26日星期六到官园公园散步“——溥仪：《溥仪10年日记，1956—1967》，同心出版社，第134，176，178页。

〔4〕 “1921年在奉天(沈阳)举行的第九届华北运动会，陈昌佑为领队，率李友珍、徐恩厚、王志德、曹竹芳、胡殿节等运动员代表潞河中学参加”——王维屏：《潞河中学的体育运动》，《北京体育文史》第一辑，1984，京教纵横网 http://jyzh.bjedu.cn/jysh/2013-05-28/10993.html，访问日期：2015年8月22日。

图10　曹泽民老家梁家务村牌
2013年曹书元摄于梁家务村口

曹竹芳很有本事，好像当过海军，是潞河中学[1]毕业的。学校没有英语课，曹竹芳就是显摆着教我们学英文字母，还教英文单词。我背英语字母和单词比谁都好，曹竹芳挺喜欢我的，他跟我就像天天离不开似的。后来村里知道曹竹芳抽白面，就不用他教课了。曹竹芳是抽白面抽死的。曹菊芳就是一般学校毕业，他和咱家住对门，是梁府街西头李家的女婿。

老师教书挣工资，一年挣一百块现大洋。工资挺高，比种地强多了。我上学念的课本有《三字经》《千字文》《百家姓》《二论典故》。《二论典故》就是上《论语》、下《论语》典故。还有《孟子》《大学》《中庸》。我会背好多呢。我学的是孔孟这一套，到什么时候也没人说出孔子的不好。

我从七周岁开始上学，一直念到十四岁，念了七八年。有的小孩还念十来年呢。村里小孩都得去念书，没什么逃学的，不念书满街跑就得挨打。五、六年级的课本我念完了，七、八年级的课本也拿到手了，可是没来得及念，就去天津开始学徒，不再上学了。

3.3　在梁家务结婚生子

我老姑曹啓芝[2]嫁给了前尖平庄[3]的常柏。曹常两姓如同一家[4]，常姓是从曹庄迁到尖平庄的。我老姑做媒，就把你妈[5]介绍给了我。你姥爷叫常锡福，你姥姥姓高。你妈有三个弟弟：常樟、常柡、常校。

1940年农历十一月初三(12月1日)我和你妈结婚。那年你妈周岁十七，我周岁十八。结婚前没见过面。那时候没车，就用四抬大轿把你妈给抬来。娘家陪了首饰、花瓶什么的。抬轿人是梁府街的，他们是专业户，专做这行。老乡、亲戚一块吃顿饭，热闹热闹。

---

〔1〕“始建于1867年，由美国基督教公理会创建，始称潞河男塾，后改称潞河书院。1901年更名为协和书院，设有大学和中斋二部，1912年更名为华北协和大学。1917年大学部迁到北京城内与汇文大学合并，后组成燕京大学。其中斋部仍留在通州原址，为私立潞河中学”——百度百科“潞河中学”词条。

〔2〕据曹啓芝(1906—1966)之子常振海介绍，曹啓芝本无名，结婚后就叫常曹氏。后来到生产队干活，需要有个名字，才起了这个名。

〔3〕据百度地图，前尖平距梁家务约5.7公里；“位于通州镇东南27.4公里”，“明初常姓自曹庄迁此，将沙尖削平建村，成为大户，故曾名尖平庄；1913年后称尖平庄前街，与后尖平为一个行政村；1949年后称今名。”——通县地名志编辑委员会编《北京市通县地名志》，北京出版社，1992，第253页

〔4〕曹庄曹英所藏《曹氏支谱》，有光绪戊申(1908)序，序中提到：“常之族与曹之族本世为婚姻。”

〔5〕常秀玲(1923—2013)，口述者妻子，整理者母亲，一生容忍、善待每一个人，有口皆碑，是家里平安、幸福、团结的支柱。

图 11　曹泽民与老伴常秀玲结婚后一起生活了 73 年。中国照相馆，王府井，2007 年

我奶奶看见大孙子娶媳妇高兴着呢。奶奶婆也疼你妈，喜欢着呢。

1944 年第一个儿子小寰子出生，属猴。小时候出白喉，嘴都抓破了，没瞧好，出不来气憋死了。后来生了个闺女大凤儿，大眼睛好看着呢。大凤一岁左右时出疹子，后背肿，起[liù]子。想带着去瞧病也没瞧成，又没了。淑珍等于是第三个孩子，淑琴等于是第四个孩子，她俩都是梁府街生人。淑珍"文革"时没去山西插队，就到梁府插队，1972 年回城。

1951 年，我到北京来了。那时候没有户口这一说，不用迁户口。1958 年你妈病得很厉害，到北京看病，再不看就快要命了。那时候就有户口管制了，村里有的人想迁出来就没迁成。你妈人缘好，到大队跟王文忠一说，就开了证明，到马头〔1〕公社把他们娘儿仨的户口迁出来了。淑文和书元都是在北京生的。咱们这一家就这么从梁府落在了西城，离中心多近，都快跟皇上一被窝儿了。

3.4　梁家务土地改革

1949—1950 年我在梁府，赶上了土改〔2〕。上级没有派来土改工作队，就是村里自己弄。挺复杂的，事挺多的。有人不满意就骂大街。那时候李熙恩当村长，李熙恩外号叫黑老二。我管民政，相当于二把手，在村里人五人六的。

李柽他们家是地主。听说李柽和蒋介石一起照过相，他算是梁府街最高级的知识分子了。我在村里英文认得最好，李柽最喜欢我。李柽基本不在梁府待着，他在通县县城。他比我大好几十岁，回村时老上学校去，和老师打交道，跟我逗着说英语。他就爱看书，他老丈人是曹庄的。梁府街姓李的分东南西北，李柽是东头李家的，我后妈也是东头李家的。李柽后来因为历史问题在茶淀农场〔3〕劳动改造，刑满释放后他也没回村，就留在农

---

〔1〕 马头，"位于通州镇东南 22 公里"，"1952 年起，历为区、乡、人民公社驻地；1978 年 5 月，迁马头人民公社驻漷县东新址"。——通县地名志编辑委员会编《北京市通县地名志》，北京出版社，1992，第 138 页。

〔2〕 "京郊土地改革于一九四九年十月半开始，经过五个半月，于一九五〇年三月底胜利地结束了。"——聂荣臻等：《北京市人民政府关于北京郊区土地改革的总结报告》（一九五〇年十一月二十一日经中央人民政府政务院审核批准），《福建政报》，1950 年第 12 期，第 40 页。

〔3〕 "茶淀农场，被称为清河农场的劳改队坐落在天津东北方向宁河县茶淀站附近"，"清河农场虽然在河北省境内，但隶属北京市劳改局。整个清河农场由东而西连绵数十里，南北宽约十余公里，是北京市公安局在北京市境外最大的劳改场所"，"共和国建立之初，清河农场便是关押犯人的所在[地]"——百度互动百科"茶淀农场"词条，http://www.baike.com/wiki/%25E8%258C%25B6%25E6%25B7%2580%25E5%2586%259C%25E5%259C%25BA&prd=so_1_doc，访问日期：2015 年 8 月 22 日。

场。他们家的地在土改时被分了。

李柽的哥哥李樾(音),外号叫傻三爷。傻三爷被划成富农,他们家有地,他自己也种地干活。他有四个儿子。其中二郎爷李亚然,小四李增然,麻五李坦然。他们家的地跟咱们家的地挨着,土改时他们家的地分给了咱们家一块。土改也有不服的。于正明(音)自己是党员干部,他们家是地主。地主家的房产给没收了,于正明他爸在村公所的八仙桌上躺着,我就去劝,跟他说:这是村公所,您老躺这儿不合适,惹于大爷您生气了。我就这么把他爸给劝起来了。

中农的地不添也不抹,还是原来那么多。村里不添不抹的有的是。我爸爸置的那二十亩地,土改前卖了一些。土改时我爸爸这一家按人头平均,划成了下中农。咱家的地就是自己种,家里人都下地干活儿,耪地时找人帮帮忙。种小麦、玉米、高粱、大豆、小米、白薯什么的,打下的粮食吃不了。自己也养猪。有条小驴,推磨拉碾子使。小驴看你妈老实,欺负你妈,不好好拉碾子。家里还买了条牛,牛也不听使唤,没两年就给卖了。

村里有抽白面的,李三麻子、王金奎都抽。王金奎把他们家的地都抽没了,土改时他分到了地,划成了贫农还是雇农。

土改是先划成分后分地。我在村里管民政,敢说话,不怕得罪人。土改完了,我就到北京做工去了。村长李熙恩还舍不得让我走,我一走,他缺了个帮手。

4 在天津三条石[1]全盛德机器厂[2]学徒

4.1 十四岁来到全盛德

1936年我周岁才十四,就离开梁府来到全盛德。我爸爸当时也在天津,在四品香站柜台。我爸爸常年站柜台,不想让儿子再站柜台,说怎么着也得学点手艺。我倒是学了车工,有手艺。可是车工比站柜台还站柜台,老得站着。

---

〔1〕“1870年左右,天津机械局裁员,一部分技术工人来到三条石地区,有力地推动了技术工艺革命和产品质量的提高”,“1915年—1936年,三条石地区发展全盛,手工作坊和工厂达三百余家,成为天津乃至华北地区颇具影响的机械制造及铸铁业的中心地区”。——谭汝为编著《天津地名文化》“工业摇篮——三条石”条目,天津古籍出版社,2005,第136页。

〔2〕据该厂“金钟”牌注册商标(见附图)可知,厂名为“全盛德机器厂”,简称全盛德:“全盛德1920年创办,其时资本2000元,徒弟45人,地址在北开,只有5间房子和一个院子,设备有8尺车床2台,三马力电滚子1台。1921年迁西车站红桥对过一个小院子里,有10多间房。1922年迁至三条石大街东口,并增加了4尺刨床1台(贾恩波)。”——天津市档案馆编《近代以来天津城市化进程实录》,天津人民出版社,2005,第255页;还有称“全盛德铁工厂”的,比如,浙江省长公署训令财政厅准税务处咨天津全盛德铁工厂所制各种机器照机制洋货纳税由,训令列出“商厂名称:全盛德铁工厂;设立地点:天津河北三条石;货种类:各种机器;物商标:金钟牌。民国十四年”——“浙江省长公署训令第三〇三一号”,《浙江公报》,1925,4815号,第1—2页。

去全盛德是我二姑[1]的小姑子的公公张国恩给介绍的。我二姑嫁给了香河王家摆村[2]的秦槐，她小姑子跟我一边大。张国恩在全盛德当厨子，是厨房大师傅，他们家是大友垡[3]的，我管他叫亲(qìng)爷。张国恩跟全盛德掌柜的关系很好，像把兄弟。一般人家儿也不愿意把孩子送那么远。去全盛德之前就明确说了，到了那儿，死活不管。

图 12　三条石。图片取自百度百科"三条石"条目。按口述者所说该厂"位于三条石大街东口路北"而推测，照片右侧疑似为"[全]盛德铁工厂"

我拿了个铺盖卷，穿着棉衣裳，就跟着我爸爸坐汽车去了天津三条石。那时候京津公路有长途汽车，从家到天津大约 140 里[4]，村口没有车站，可是跟司机说好能就近下车，车票好像是一块钱[5]。

我能说得上的全盛德地点就是：天津河北大街三条石街东口路北全盛德机器厂。全

[1] 曹万宝长女(1893—1966)，秦曹氏。不叫大姑而叫二姑，是按一爷之孙大排行，曹万全家的长女为大姑。

[2] 王家摆，口语称王摆儿。属河北香河县。百度地图，距梁家务步行约 8.9 公里。

[3] 大友垡，口语"垡"字轻声。属天津武清县。百度地图，距梁家务约 3.9 公里。

[4] "1921 年京津公路通车，途经杨村、河西务等重要市镇。"——天津社会科学院、天津市社会科学界联合会主办《城市史研究(第 28 辑)》，天津社会科学院出版社，2012，第 21 页；"安平—20—河西坞—18—小王庄—18—蔡村—25—杨村—19—汉沟—36—天津"——"北京市长途汽车公路分线里程图"，见北京市公路交通史编委会编《北京交通史》，北京出版社，1989，第 188 页。

[5] 据"北京市长途汽车公路分线里程图"，从朝阳门到安平票价 1.20 元，从朝阳门到天津票价 2.20 元。依此推算，从安平到天津大约一块钱。——参见北京市公路交通史编委会编《北京交通史》，北京出版社，1989，第 189 页。

盛德门帘儿直冲金钟桥，一点都不歪，路南是马路，郭天成机器厂[1]在马路西边把角，全盛德在马路东北角。如果把三条石那一片比成八仙桌，全盛德就在八仙桌当间儿。

4.2 在全盛德学徒四年半

大约是1936—1941年，我在全盛德学徒。来到全盛德，吃住都在厂子里。吃的还可以，有馒头，管饱，比在家吃得好。每逢初一、十五还给炖肉吃。让到外边玩，半个月出去洗一回澡，一个月给六个铜子儿零花。春节过年时可以回家。我有时候就在初一、十五到我爸爸上班的四品香去，四品香在英租界。我坐车去，无轨电车、公共汽车都有，每次坐车最少要花两大子儿或四个大子儿[2]。油条两大子儿一个。我没在四品香住过，都是当天返回。

全盛德干活儿和住处都在一个地儿，白天把铺盖卷卷起来，在车间里干活，晚上把铺盖卷打开，在车间里睡觉。冬天屋里隆火。全盛德还发过一身裤褂。理发的人到一定时候就来给我们理发。全理成秃头，不留头发。在全盛德都叫小名[3]，我的小名叫小福。

全盛德有很多像我这样的童工，一个师傅管几十个人[4]。一天要干十二个小时都不止。我刚来的时候岁数小，受不了那么长时间地干活，经常犯困打盹儿，没少挨打。有个烧焊工宋之俊(音)，小名叫宋常青(音)。一乍去时我和宋之俊一块干烧焊，我一打盹儿就扶不稳，影响宋之俊焊接，他急了就打我。全盛德生产给自行车车胎打气的气筒子。有一回我打瞌睡，宋之俊用气筒子的管子往我脑袋上打，把管子都打弯了。还有一回，他用焊条烫我后背，现在后背上还留着伤疤。我脑袋上和后背上的两个疤瘌都是宋之俊给打的。学徒时吃了好多苦。我学徒时挨打，后来我跟他们学，带徒弟的时候也打人。

我刚学徒时什么活儿都干，扫天刮地儿、倒洗脸水、搭床拆铺叠被都干。师兄马克俊(音)比我早去几年，他看我手脚麻利挺勤快，特喜欢我，就向他的师兄牛庆年(音)推荐说，让这小家伙学车工吧。牛庆年比马克俊早去几年，也挺喜欢我，第二天就让我学车工去了。机灵的、手脚麻利的才能干车工的活儿。那时候我还是个小孩儿，个儿又矮，开车床够不着卡盘，还得多垫一块脚踏板。

我是正儿八经地学车工，三条石的车工技术挺过硬。我的师兄马克俊、牛庆年干活很

---

[1] “郭天成机器厂是三条石建立最早的机器厂”，“成为三条石最大的机器厂”。——天津市红桥区地方志编修委员会编《红桥区志》，天津古籍出版社，2001，第109页。

[2] 据百度地图，从三条石到四品香，大约5公里。

[3] “天津三条石街道的一些工场还专门为学徒制订如下规则：(1)学徒进厂后不许私自外出；(2)学徒期内不许留头发，不许学名称呼，只可小名听唤；(3)学徒期内应以学艺为重，不许娶媳妇……”——《当代中国的集体工业》编辑委员会编《当代中国的集体工业(上)》，当代中国出版社，香港祖国出版社，2009，第47页。

[4] “全盛德机器厂，经常只有一个师傅，而徒弟却有四十来人。”——河北大学政专二乙社会调查小组：《三条石的变迁》，《河北大学学报》1960年第2期，第34页。

麻利，手底下有两下子。我的师傅叫许自成（音），他是车工方面的头把手，是厂里缺一不可的主儿。我干车工活时，长的、圆的、扁的、方的全干。我做过柴油机零件、车零件，脚蹬轮盘[1]。还有别的什么零件，哪儿用的零件我就记不清了。一般学徒需要六年，因为有张国恩在那儿当厨师，我又学得快，四年半就出师了。出师可以挣四块半。正式出师，能独立操作车床，能带徒弟的挣六块。再多干些年的工人，一个月挣十二块。

4.3　伤寒病及天津发大水

我学徒时得了伤寒病。具体是哪一年，我记不清了。那时候看着就是活不成了，汽车不让上，船也不能坐。全盛德花钱雇了个骡子拉的木车把我拉回家。马走不了那么远。一百四十多里的路走了一天。我发高烧，说胡话，头发都掉没了，见谁骂谁，我自己根本不知道。那时候谁都觉得我准得死了。回梁府后，安平街忆允堂（音）的石先生给开了治伤寒的药。我吃了药还真出汗管用了，命大又活了。

1939年天津发大水[2]。全城都被淹了。我爸爸在四品香柜台上睡了一个月。全盛德也被淹了。比起别的厂来，全盛德平时收拾得利落，损失还算小。有的厂一直被水淹着。全盛德院子里水退了之后，地上拿火筷子一扎，冒出来的全是水泡。发大水厂里没法开工，别的交通工具也不通了。张国恩就说：孩子，别在这儿待着了，先回家吧。

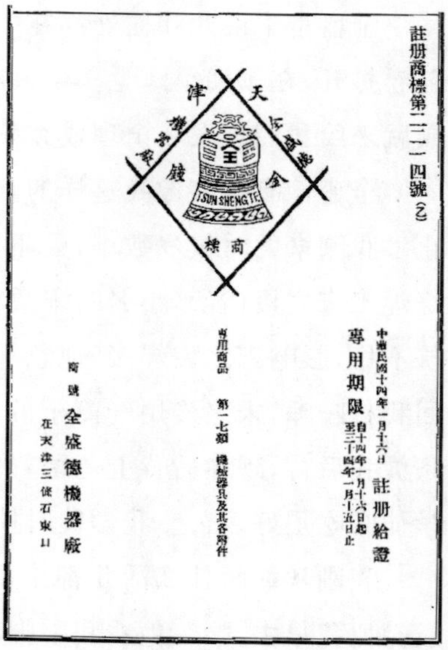

图13　全盛德机器厂“全钟”牌注册商标（1925—1946），转引自《商标公报》，1925年，第25期，第35页

掌柜的贾恩波给我买好了船票。掌柜的认识船老板，把我托付给人家。这船不是客运船，是运货的船，我一个人搭乘货船，船上管饭。坐船比马车慢多了，水倒流，三五天才能到。我从全盛德后头的河边

〔1〕“1929年该厂做车零件，如气管、脚蹬轮盘等，以售价比别处低贱而大量销售”，“在设备方面有车床13—14台”。——天津市档案馆编《近代以来天津城市化进程实录》，天津人民出版社，2005，第288页。

〔2〕1939年水灾，“市区78%地区被淹，致使65万人流离失所，一般街道水深1.5米”；“天津大部分地区被水浸泡月余，陆路交通完全中断，工厂大都被迫停工”。——天津市历史博物馆等编《近代天津图志》，天津古籍出版社，1992，第212页。

上船，到水牛[1]下船。水牛有码头，到了水牛，船主就告诉我该下船了。我下船后从水牛走几里地回梁府。水退了以后又回到全盛德。

4.4　全盛德金钟牌[2]及掌柜的全盛德在华北挺有名气[3]，最多的时候有300多人。日本统治时期全盛德也排得上队。一提全盛德，就知道它的金钟牌。

为什么叫金钟牌我不知道。我知道全盛德在三条石的位置是正对着金钟桥。还有就是全盛德的人差不多都是从南边宁津、吴桥来的，也有从交合[4]来的。

全盛德从北边来的人很少。我是一个，还有一个叫袁长吉(音)的，他学钳工，是河北易县西压子村(音)的。宁吴二县的铸造和翻砂很著名。宁吴二县的人手艺好，他们锔锅锔碗的，锔上一点不漏。我的师兄马克俊就是宁津人。宁吴二县、交合以铸造出名，听说大钟寺的钟是他们那儿的人造的，钟鼓楼的钟也与他们那儿的人有关。

全盛德掌柜的姓贾，叫贾恩波，宁津人，在郭天成机器厂学过徒[5]。我在全盛德老能见着贾恩波，他除了打牌不做什么具体事。掌柜的哥四个，老三有四个儿子，其他哥仨没有儿子。贾恩波是老四[6]，他有俩老婆，没生孩子，抱了个女孩叫贾宝顺，小名叫小顺儿。还有个叫贾宝柱的。他们哥几个全家都住在全盛德里头，他们单有个院子，三间房。老三

---

〔1〕“流经武清县全境的北运河是古代南北水路运输的要道，元朝利用潞河疏浚而成。北运河由武清县北部水牛村入境，南至小街出境，境内河段长53.2公里”；“民国时明，北运河虽然仍为民间利用，但受平津铁路和公路影响，运输大不如前，仅天津、通县少数地区民船来往。当时，境内各码头仍有船只停靠，只内外农副土产和日用百货经陆路与运河在码头沟通集散罢了。1931年至1932年，县境内先后建起进水闸和节制闸，致使水流不足，河运基本停顿，只稀疏小舟可见”。——政协武清县委员会文史资料研究委员会编《武清文史资料选辑(第6辑)》，1993，第69，71页。

〔2〕从“金钟”牌注册商标(见附图)可知，厂名为“全盛德机器厂”，地点“在天津三条石东口”，商品类型为“机械器具及其各附件”，商标注册有效期为二十年(民国十四年至三十四年[1925—1945])。商标图转引自《商标公报》，第25期，第35页。

〔3〕“全盛德机器厂仅在1924年，就销售轧花机6000台。”——史建云：《从市场看农村手工业与近代民族工业之关系》，《中国经济史研究》1993年第1期，第56页。

〔4〕“天津市第一代农民工包括工匠、运输工和工厂操作工等。工匠主要来自河北和山东两省。据调查显示，三条石107个店主中，有41人来自交河，11人来自吴桥，只有13人来自天津市。另73个铸铁匠中，几乎80%(58个工人)来自交河县。学徒类似。”——梁丽辉、李紫烨、张琴：《民国时期农民工婚姻问题探究——以天津市为中心的历史考察》，《河北经贸大学学报(综合版)》，2014年第14卷第2期，第46页；“这个行业当中机器厂的经营者，过去是河北省宁津、吴桥等县的人为主，而铸铁厂则几乎为河北省交河县人所独占。他们地处津南，离家不远，相互之间可以天津不见家乡见，家乡不见天津见。”——政协天津市红桥区文史委员会编《红桥文史资料选辑(第二辑)》，2001，第278页。

〔5〕“我在1904年到郭天成当学徒，那时郭天成已开办三四年(约在1900、1901年)，地址在北马路，北海楼对过玉家大院胡同，最初做铜活，主要产品有铜锣、铜鐾等。(原全盛德经理贾恩波)”——天津市档案馆编《近代以来天津城市化进程实录》，天津人民出版社，2005，第247页。

〔6〕“全盛德的创办人贾恩波，河北宁津人，其早年家庭情况是有父母、兄弟、妹妹等6口人，他排行第四。”——天津市档案馆编《近代以来天津城市化进程实录》，天津人民出版社，2005，第288页。

家的那四个儿子，也就是贾恩波的侄子，都在全盛德上班。大侄子叫贾书文(音，或许是贾树润)[1]，大胖子，当官，挺能干，日本时期做过天津的什么长，跟日本饭岛工业所有关，算是大汉奸，让国民党给枪毙了。

贾恩波的二侄子叫贾书元[2]，他是我的老师，我整天围着他转。那里的车工活儿我都跟着做过。能在全盛德学车工，在全华北，或者说在全国都是不错的了。

和别的三条石厂比起来，全盛德对工人算是很善良了。全盛德后来就公私合营了[3]。

5 一九四九至一九五五年：四处转移

1941—1955年间，日本侵华、国共内战、政权交替、公私合营。口述者在此期间四处转移。

5.1 津浦铁路天津机厂[4]

1942年前后，我二姑的女婿李新[5]把我介绍到津浦铁路厂。李新的爸爸是铁路工人，有两儿两女。他爸去世早，李新挣钱养家。李新娶了我二姑的闺女秦宝兰[6]。我去

---

〔1〕“日本侵略中国，占领天津后没什么活干，因此产品不固定，什么活都干，以零活为主，这期间其[贾恩波]侄子贾树润为铸铁机器同业公会会长，常与日本人接触，据说日本人叫饭岛的经常往来期间，全盛德替日本人做炮弹、医疗器、文件箱、保险箱等。”——天津市档案馆编《近代以来天津城市化进程实录》，天津人民出版社，2005，第288页。

〔2〕“1938年12月，全盛德铁厂贾书元状告志兴成刘金魁、股东曹国平欠债不还。事情缘于志兴成前后积欠全盛德铁厂货款洋992元8角9分，有账可凭，有折据可证。但全盛德多次催偿，支支吾吾。刘金魁是志兴成财东兼经理，曹国平为财东，所以要求法院调解偿还。最后双方以调解告终：乙方志兴成刘金魁对于所欠甲方全盛德铁工厂货款国币992元8角9分，承认就志兴成所有材厂变卖清偿倘有不足，由刘金魁负责清偿。”——参见冯剑博士论文《近代天津民间借贷研究》第161页注释2，引文出处为“天津档案馆：J0044-2-044035，全盛德铁工厂贾书元、志兴成刘金魁等三人债务，天津地方法院及监察处，1939年”。

〔3〕据“1956年三条石机械铸造业公司合营状况表”可知，全盛德机器厂与三条石的天利祥机器厂、郭天成机器厂、郭天祥机器厂、德祥顺机器厂、郭天兴机器厂合并，使用的新厂名为农业机器厂。基点厂为天利祥机器厂。三条石外并入农业机器厂的有：祥和顺机器厂、庆顺城机器厂、宝中机器厂、宝兴成机器厂、玉祥机器厂、合义成机器厂。后来，农业机器厂迁至杨柳青，改为汽车发动机厂——参见天津市红桥区地方志编修委员会编《红桥区志》，天津古籍出版社，2001，第111页。

〔4〕“铁道部天津机车车辆机械工厂：全民所有制企业。前身是津浦铁路天津机厂，始建于1909年。1958年改为铁道部天津机车车辆配件工厂，生产弹簧、制动机、减震器、蒸汽机车、内燃机车、电力机车附件等。该厂是中国铁路工业生产机车车辆主要配件的重点企业。”——《中国城市综合实力五十强丛书·天津市》编委会编《中国城市综合实力五十强丛书·天津市》，中国城市出版社，1996，第215页。

〔5〕据李新(1916—1968)独子李建华介绍，其父母于解放初期随单位安排，从天津到了济南铁路局。

〔6〕秦宝兰(1922—1976)，口述者表姐。“文革”中表姐弟与宝兰的婆婆、小姑子相互安慰，共度撕心裂肺的艰难时期。

铁路厂的时候,李新不在这个厂,在外面跑买卖。我和李新他们一大家人一起吃住。我和李新他妈、他妹妹李文霞就是那时候认识的。“文革”中我们共患难。

图14　津浦铁路卫生运动大会在天津机厂开会摄影(民国廿三年四月十三日)照片,转引自《天津卫生》1934年第7期第8页

我是考进津浦铁路厂的,做车工,算厂里的正式工人。后来还以我的名义从厂里要了宿舍,在李新他们家的后边。从住处到厂里上班,走着也就十几分钟。地点在天津转盘大街。我每月挣40多块钱,花的是中国联合准备银行[1]的票子,比国民党时的票子稍大一点。中国联合准备银行,俗称“大被窝”。

厂子被日本人管了。里面有几千人,都是亡国奴,我谁都不认识。在那儿上班两班倒,礼拜天休息。我中午带饭吃。厂里不发工作服。

大约1945年,美国参战打日本后,日本人管辖的津浦铁路厂是必炸之地。美国B-29飞机[2]在天上飞。我爸爸让我当天就走,我赶紧回梁府了。在津浦铁路厂也就干了两三年吧。

5.2　国民政府十一战区当兵

大约1947年,国民党在老家抓壮丁。我爸爸不想让我当壮丁,就托四品香老板的二

〔1〕　中国联合准备银行,“1938年2月由北京伪中华民国临时政府财务总署王时璟创办,简称‘联银’。其准备金靠强迫京津等地的河北、中国、交通,金城、盐业、中南、大陆、冀东等8家银行‘共同投资’筹集。其功能除处理调剂华北全融业务外,还发行纸币‘联银券’,与华中的‘华兴券’相等使用,面额为1元,5元、10元、40元等。”——杨立强、刘其奎主编《简明中华民国史辞典》,河南人民出版社,1989,第84页。

〔2〕　整理者看到类似记载:“太平洋战争以后,美英反法西斯同盟国家在空中对日开展攻势,美军飞机经常在中国的日军占领区上空执行任务。1945年3月9日下午,美军飞机6架轰炸天津后沿津浦路经沧县上空返回原防时,美空军准尉谢罗曼驾驶的“B29轰炸机被驻沧县的日军高射炮击伤”。——山东省政协文史资料委员会编《山东文史集粹(修订本)(上集)》,1998,第495页。

女婿张兆麟(音)介绍,让我到北京十一战区当后勤兵。听说张兆麟是国民政府十一战区司令长官孙连仲[1]的副官。张兆麟家在北京,他花 70 条黄金买下新华书店旁边地安门外 34 号。我当兵穿的不是绿制服,是黑色制服。我在西直门火车站给部队运过米面什么的。

孙连仲的夫人罗毓凤[2]在北京平安里成立四维慈幼院[3]。我在慈幼院当勤杂工,打扫卫生。我常见到罗毓凤,她喜欢京剧,喜欢听奚啸伯。孙连仲还与四维剧校[4]有关。四维剧校是中国戏曲学院[5]的前身。

图 15 孙连仲在四维慈幼院开幕典礼中讲话,1946 年。图片转载自罗毓凤著《我与孙连仲将军》,台湾,荣民印刷厂印,1967 年,第 148 页

1948 年初,孙连仲和夫人去了台湾。四维散了,我也没工作了。我就在北新桥吴记修理厂跟王军山学修车。那儿还有个姓董的。我跟他们开车到门头沟煤厂拉煤。晚上没地方去就睡在车上。那时候挺惨。有一次坐卡车,出了卡车和火车相撞的大事故。卡车在顺义附近跟一辆军用火车相撞,火车把卡车撞出七节铁轨那么远,卡车上坐在靠火车撞着

---

〔1〕 孙连仲(1893—1990),1945 年 7 月升任第 11 战区司令长官。抗日战争结束后,孙连仲负责北平、天津地区日军的受降事宜。在第二次国共内战中,孙连仲与中国共产党军队交手,损失较抗日战争时尤大。1947 年,孙连仲提出辞职。翌年,转任首都卫戍司令。1949 年 3 月,转往台湾。——参见维基百科"孙连仲"条目。

〔2〕 罗毓凤(1910—1986),满族人,是晚清端郡王爱新觉罗·载漪的亲孙女,也是道光皇帝的五世孙女。1928 年,载漪的 3 个孙女经冯玉祥牵线、保媒,分别嫁给西北军高级将领孙连仲、西北军高级将领门致中和西北军军长鲁崇义。——见"端王载漪孙女成立伤兵医院",《人民政协报》,2015 年 07 月 02 日,http://cppcc.people.com.cn/n/2015/0702/c34948-27241345.html,访问日期:2015 年 8 月 31 日。

〔3〕 "在平安里成立'四维慈幼院',收集难童八百多名。名誉院长由蒋介石夫人宋美龄担任,院长由八姑妈罗毓凤担任。剪彩那天,宋美龄也来到四维慈幼院。大小各报记者均争先恐后来到,抢拍走很多镜头。"——爱新觉罗恒懿:《我的皇室家族》(下卷),安徽人民出版社,2013,第 416 页;"四维慈幼院,北平太平仓平安里,该院创办于民国三十五年十二月十二日","收容家境赤贫,贫苦无依之男女儿童。除供衣食住外,并按照程度,分班施教","院长为罗毓凤女士,兰州女子师范学院毕业"。——《儿童福利通讯》,1948 年第 11 期,第 19 页。

〔4〕 "四维总校后又隶属河北省保安司令部孙连仲编下,校址在保定市东关大街路北一剧场","后又迁回北平东城禄米仓,校所迎门上方挂有孙连仲题写'四维戏剧学校'之横匾"。——刘嵩崑:《京师梨园轶事》,江西美术出版社,2007,第 267 页。

〔5〕 口述者之孙曹时遇为中国戏曲学院毕业生。"中国戏曲学院,是座戏曲艺术的最高学府,原名中国戏曲学校,俗称中国戏校。它的建成是与戏剧家田汉分不开的,它是在'四维戏校'三分校的基础上组建而成的。1956 年,中国戏校的首届毕业生,大部分是原四维戏校的学生。"——中国人民政治协商会议北京市宣武区委员会文史资料委员会编《宣武文史》,第 6 辑,1997,第 182 页。

那边的人，当场死了四个。我坐在另一边，卡车没翻，我也没受伤。车上有个老太太手拿痰盂，痰盂都没翻。我是万幸捡条命。北平报纸上有这次事故的报道。

眼看国民党屡战屡败，当兵的好多都开小差跑了。我也脱下军制服，一件公家东西都没拿，开小差回老家了。

5.3 第六汽车制配厂〔1〕

1951年前后，我进了南纬路的第六汽车制配厂（六厂），它是北京第一汽车制造厂的前身。这个工作是我的表兄米玉智帮的忙。他是我大姥爷的孙子，我二舅米香云的儿子。他和我一样也是后妈（管），对我特同情。他劝我从梁府农村出来，坚决不让我回家种地，找不着工作就在他家随便吃住。我一辈子念他的好。米玉智他爸是北新桥至宝楼首饰店掌柜的。到至宝楼串门的有个叫张永智（音）的，日本时期在机械修理所做事。他说六厂招车工，我就去考。我是考试进六厂的，在六厂赶上了制作井冈山摩托车〔2〕。我主要是车零件、做工具。厂里每月有生产指标评比，我铁定排在前三名。第二、三名还算差的，我经常是第一。

在汽修六厂时，避震器工具的活儿明明是我做的，结果算到朱景全（音）头上了，他得了劳模。

1953年我被评上厂先进，厂里还给了我一张赠票，在天桥剧场〔3〕看开张后的首场演出。那是张君秋演《玉堂春》《女起解》。我的座位很靠前，那时候我简直都不知道自己有多神气了。

六厂晚上有宿舍住，三五个人，七八个人一屋。我是最初级的三级车工，每月才挣46.99元。我嫌挣钱少，就辞职到外边找工作。六厂不愿意我辞，结果我在外边找工作，六厂就到哪儿哪儿踹，弄得我没法儿找。没辙了，就到了私人的永新修配厂。

---

〔1〕 第六汽车制配厂为北京汽车制造厂的前身，名称沿革简述如下：1945年8月，北平汽车修理厂；1951年8月，中国人民解放军总后勤部第六汽车制配厂；1952年7月，中国人民解放军总后勤部第五汽车制配厂；1958年7月，北京汽车制造厂。——参见《当代北京工业丛书》编辑部编《当代北京汽车工业》，北京日报出版社，1989，第134页。

〔2〕 "建国初期，北京汽配六厂制造出'井冈山'摩托车。从1951年到1954年共计生产4328辆"——《中国摩托车工业史》编委会编《中国摩托车工业史》，人民邮电出版社，1995，第113页。

〔3〕 "1953年建成的天桥剧场成为当时全市设计最出色、设备最先进的剧场"，"剧场开业演的第一场戏是京剧，我忘了当时是谁演的了，但是座无虚席是肯定的，天桥剧场在接下来几年里的演出状况，基本上天天一票难求"。——新京报社编《大城记 1，1949—1968》，中国建筑工业出版社，2009，第65—66页。

5.4　永新修配厂[1]

1954 年前后,我辞了六厂工作以后到处逛,碰巧遇上了齐哲英[2],还有几个“三反”“五反”下来的破落户、无业游民。我们凑在一起开了个公司。这几个人是:齐哲英、任作勋、任作云、我、于承江(又叫于方明)、赵宝生(名字均据音)。齐哲英注册的永新修配厂,他是掌柜的,负责买卖。任作勋、任作云是哥俩。任作勋是国民党时期的律师,个子矮点;任作云是国民党军队的上将。他们俩在厂里不太做具体活儿。我是车工,老于和赵宝生都是钳工。

图 16　首批验收合格的军用重型机器脚踏车照片。转引自新浪曹永明博客:《时代的印记(28)——1951 年八一诞生了“井冈山”摩托车》,http://blog.sina.com.cn/s/blog_48fca72f0102uy98.html (2015 年 9 月 13 日访问)

永新修配厂在王府大街 27 号[3],就是个小门脸儿。在八面槽北边,王府大街路西。

---

[1] 私营单位。口述者记不清是“永新修配厂”还是“永新修理厂”。北京市汽车修配厂合营中提到“永茂实业公司新生汽车修理厂”,其间关系待查——参见中国轻型汽车工业史编委会编《中国轻型汽车工业史,1949—1989》,机械工业出版社,1995,第 28 页。

[2] 据北京第二汽车制造厂齐佳强说,其父齐沧海为三分厂厂长,人们把齐沧海和齐哲英称为“二齐”,以为齐佳强是齐哲英的侄子。实际上二齐没有血缘关系。齐佳强夫人傅洁说,齐哲英在二厂退休后,于 2010 年去世。

[3] 永新修配厂与孙琢良眼镜店同为王府大街 27 号。据北二汽同事傅洁解释,27 号应是同一个房主,把房产分成小门脸儿出租,不同商号使用的仍是同一个门牌号码;“民国时把这条大街分为 3 段,北段叫王府大街,中间十字路口叫八面槽,南段叫王府井大街。解放后,仍沿用三段旧称。至 1962 年才把这三段大街恢复为一条完整的大街,叫做王府井大街。”——张仁忠:《北京史》,北京大学出版社,2009,第 137 页。

右手旁边是孙琢良眼镜店[1]，公私合营时合到了大明眼镜店[2]。听说孙琢良是从美国留学回来的。永新修配厂管吃管住，我就住在小门脸里，搭铺。齐哲英每月挣120，我每月挣80，比在汽修六厂挣得多一倍。那时候百货大楼开张，我就买了几大件。梁府的张德富他爸在北京有买卖，跟我是你我不分，借钱让我买东西，开了支再还他。我花280块钱买了瑞士西马表；花330块钱在百货大楼旧车堆儿买了二手英国产三枪牌自行车；还在委托行买了美国军用的绿皮猴儿（大衣）。

图17　曹泽民，上世纪50年代摄于北京

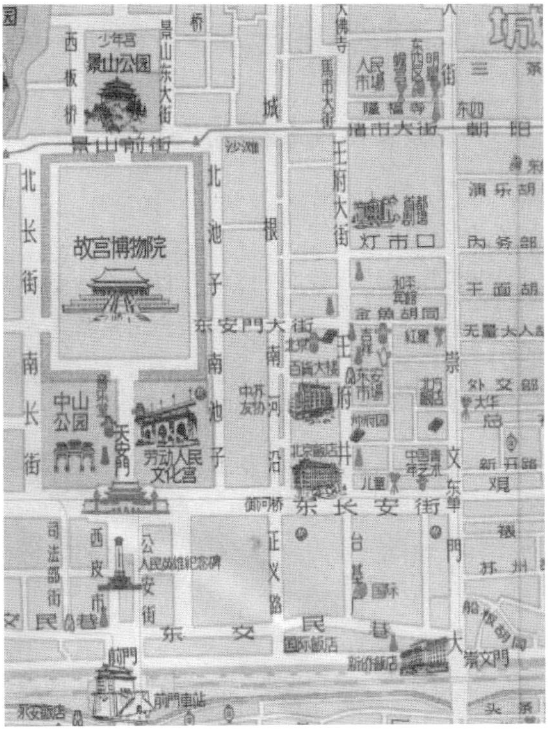

图18　永新修配厂位于王府大街27号。王府大街与王府井位置图节选自“北京市区街道略图”，载《北京游览图》，地图出版社，1957年

永新修配厂主要是卖车上用的避震器。避震器是我在汽修六厂学的技术。北京市交

〔1〕“1931年孙琢良开业于王府井，由于其精于磨制镜片，工艺精湛，在北平颇有口碑，其时在业内有‘北（北平）有孙琢良，南（上海）有吴良才’的说法”；“商号名称：孙琢良；商号地址：王府井大街27号，店员人数：3”。——北京市地方志编纂委员会编《北京志·商业卷·日用工业品商业志》，北京出版社，2006，第112—113页。

〔2〕“1956年大明眼镜公司参加了公私合营，1958年商业网点调整时，将王府大街的孙琢良、昌眼、东安市场里的激石、振华、秀峰等眼镜行和亨得利、慎昌等钟表店的眼镜部都并入大明跟镜公司里，统称‘大明眼镜公司’。”——王永斌：《北京的商业街和老字号》，北京燕山出版社，1999，第137页。

电公司[1]的人到我们这儿来看避震器，不相信是我们做的，以为是进口的。齐哲英让交电公司的人亲眼看我们怎么做，他们才信。我们的避震器卖得特红，供不应求，交电公司是有多少(避震器)要多少。

这几个人里最惨的就是于方明，他比我岁数小，是至信的朋友。他真冤，我老惦记他。"三反""五反"的时候他作为工人代表去参加学习班。去着半截他就不去了，他嫌会上说的都是瞎话。因为这个，他就被戴上了"坏分子"帽子，一辈子是"坏分子"。赵宝生在合营之前就到别处干去了。任作勋、任作云、老于公私合营时去了北京汽车制造厂。去哪儿是分配的，不是自己挑的。我和齐哲英公私合营时去了北京第二汽车制造厂。

6 北京第二汽车制造厂[2]

6.1 七级车工

1955年公私合营时，我和齐哲英从王府大街27号的永新修配厂来到汽修二厂。我知道王府大街还有汽车修理厂，属于北京汽车修配厂，我没到那儿干过活儿，直接来到二里沟。二里沟一盖成我就来了。二里沟的厂房是新盖的，主要是修柴油车。二厂修柴油车在华北是响当当的。

二里沟有各地来的人，有东北帮、山东帮、上海帮。厂长曹延成[3]是从沈阳来的，在沈阳就当头儿。他是调来当厂长。他眼力好，会看人，会用人，在管理上真是有一套。他和人接触三分钟，就能看透一个人。

我逗他说："你眼睛哪儿生产的？"

---

〔1〕"北京市交电公司：中国交通电工器材公司北京市公司，是一九五三年一月建立的"，"从一九五四年到一九五五年又先后建立了西四电料门市部、东华门电讯门市部、王府井统配物资门市部、天桥门市部。一九五四年十月，市商业局筹建的八面槽商场开业，公司在商场设立了业务小组"。"一九五六年，公司参加筹建郊区六个联合商场"，"商场的交电业务，除汽车配件的业务和人员属公司领导外，其他业务和人员一律移交给百货公司领导"。——北京市第一商业局史志编纂组编《北京市第一商业局史料汇编 1949—1985·行业卷》，内部发行，1988，第125—126页。

〔2〕北京第二汽车制造厂，口述者习称"二里沟"或"二厂""北二汽"。工厂已破产。该厂名称变化大致如下：创建于1955年7月，原为柴油车修理分厂，隶属于北京市汽车修配厂，1955年12月从王府井大街29号(整理者注：当为王府大街29号，见蔡云龙主编《北京工业志 汽车志》，中国科学技术出版社，2001，第247页；另据1957年地图出版社《北京游览图》，灯市口以北为王府大街，首都剧场地址为王府大街)迁至新建的西郊二里沟厂区；1956年2月改厂名为北京市汽车修配厂第二分厂；1965年7月更名为北京市汽车修理公司第二修理厂；1972年7月更名为北京市二里沟汽车制造厂；1976年1月更名为北京第二汽车制造厂；1988年4月与中国国际信托投资公司、香港肖特吉汽车公司共同投资成立北京轻型汽车有限公司。——参见《中国轻型汽车工业史》，机械工业出版社，1995，第288页。

〔3〕据二厂同事张学敏说，曹延成已于前几年去世；"1956年4月曹延成接任该分厂厂长以后，充分发挥李镇潮等技术人员的作用，从加强企业管理入手，制订了一整套以计划管理为中心，以工时定额和各项技术指标为基础的管理制度。"——《当代北京工业丛书》编辑部编《当代北京汽车工业》，北京日报出版社，1989，第18页。

他说:“有你这么说话的吗?”

我说:“许你一个个把人看透,不许我打听打听你的眼睛是怎么回事?”

曹延成和我同岁,他和我特说得来,挺迷信我。一到二里沟他就看上我,说我和别人不一样。刚合营时各厂人员先集中,再调配分到各厂。有个上海来的姓李的,他和曹延成负责挑人。有的级别高的分到运输公司,有的分到东直门。曹延成嘴上说让别人先挑,心里打定主意要挑我。曹延成把心爱的人都留下了。曹延成人不错,他把厂子当成家,实打实地干。他当厂长时,二厂是北京市红旗单位〔1〕。

建厂不久,有时苏联专家来厂里,外交部的人陪着,帮助解决技术问题。我进厂时才30岁出头,给活儿就干,给修车做件,也做汽车配件。苏联专家还夸过我干的活儿。

图19　曹泽民徒弟李志奎。大约上世纪60年代中后期穿工作服与北京130卡车合影。照片提供者:李志奎

1958年张三儿〔2〕分到厂里,跟我学徒。他大名儿叫什么我不知道,他哥哥叫张学敏,也是车工。张三儿没学两年就离开厂子,后来得病没了。我还有个徒弟叫耿福永,“文革”以后调到第三机床厂去了。李伏良挺聪明,我们老叫他小良子。他在机修车间干过,也在热处理车间干过。李伏良虽说不是我的徒弟,可跟我特投脾气,说得来。我退休后他跟我住得近,老来家里和我聊汽车的事。

1962年厂里近来一批新工人,分给我带的徒弟是李志奎。李志奎中学毕业分到厂里,他正直守规矩有良心。他家里是知识分子,他爸是辅仁大学的。李志奎跟我做了三年。我也不用特意教什么,就是跟着干,三年后就出师了。出师以后他还跟我在机修车间。“四清”和“文革”我挨整时李志奎不整我,也不跟我划清界限,还尽力保护我。李志奎在厂里一直干到退休。他喜好照相,“文革”初期就买了相机。咱们家的铁锅、镜框还有窗户框子都是李志奎给的。

“四清”“文革”时,曹延成挨整,说他是汉奸,他不服,和“四清”工作组顶着干,不投降。

---

〔1〕“厂长曹延成带领全厂职工发扬自力更生,艰苦奋斗的革命精神,先后研制出气缸套、活塞环、活塞、巴氏合金轴瓦等汽车配件,代替进口配件。1962年该厂被评为北京市红旗单位。”——《当代北京工业丛书》编辑部编《当代北京汽车工业》,北京日报出版社,1989,第36页。

〔2〕据张学敏介绍,张三儿名叫张长福。离开二厂去了勘探局。因病去世。

他说日本统治时他不干活就没饭吃，没当过汉奸。我也挨整，厂里去老家调查我八趟，我没干坏事，梁府街的人没说我坏话。村里告诉厂里：有什么事直接问曹泽民本人得了。车间好几回要把我定成“坏分子”，到了厂部，厂部不承认，厂子里不同意给我扣上“坏分子”的帽子。

我在二厂制作的刀具，结果让别人得了先进。我一看那人的先进事迹介绍，心想那不是我做的吗？他知道多大尺寸啊，怎么按到他身上了。

1963年我升了一级。评级时，如果给我评六级工，工资还不到80块钱，等于给我落钱。七级工是87.08块，比80块钱多，就给我靠到七级工了。二厂董玉敏是八级工，他和我一边大，前些年得病去世了，他是钳工。车工里没有八级工，车工里我是最高的了。从1955年公私合营进二厂到1963年提级，我的工资是照在永新修配厂的数拿[1]，每月80块。这算是高工资了，厂长没有我挣得多。从1963年到1982年退休，没提级也没涨工资，我一直是七级车工。

6.2　北京130，国产名牌车

二里沟最有名的就是北京130小卡车，自己设计、自己制造，国产名牌车，红遍全国20多年。[2]

李镇潮[3]是全厂总工程师，他管130设计，是公认的权威。李镇潮是西南联大毕业，比我大一两岁。他是业务上的皇上，我对他没有不好的评价。李镇潮和我特有共同语言，他对我老客客气气，对我干活放心。老是曹师傅长，曹师傅短的，不叫我小曹。从瑞典进口的硬质合金做车床刀头，一小点儿，跟手指头那么大，贵着呢。硬质合金比金刚钻硬多了。李镇潮说这材料比黄金还贵，一般人不让领，只让我动，他批准才能领。李镇潮“文革”时挨整，靠边站了，做不了什么事。“文革”以后又被重用。我在“文革”时也挨整，老写

---

〔1〕“公私合营企业的工人、职员、私方人员的工资标准同当地同类国营企业的工资标准相比较，高的不减少，低的根据企业生产经营情况和实际可能，分期地逐步增加。”——庄启东等：《新中国工资史稿》，中国财政经济出版社，1986，第77页。

〔2〕“BJ130汽车是该厂1966年在国内首次设计并试制成功的产品，1968年经国家鉴定投产，为我国填补了轻型汽车品种的一项空白”，“产品已畅销全国29个省、市、自治区，1981年销售量达12 028辆”——胡永祥：《北京第二汽车制造厂是怎样提高经济效益的?》，载《红旗》杂志社经济编辑室编《经济调查》第三辑，红旗出版社，1984，第59页。

〔3〕“李镇潮，男，汉族，北京汽车工业联合公司高级工程师，上海市人，1920年9月出生，1943年毕业于西南联大，现从事机械设计及制造专业。1943年起任昆明汽修、上海华信、苏中、建中、北京汽修等厂工程师；1957年至今任北二汽技术副厂长，副总工，总工；1988年退休。对北京130从设计到性能完善的技术改造项目达80余项”——庄毅主编、国家人事部专家司编《中华人民共和国享受政府特殊津贴专家、学者、技术人员名录》1992年卷第一分册，中国国际广播出版社，1995，第39页。

检查，大太阳底下撅着挨斗，说我偷听敌台。都是我的嘴惹的祸，咱家现在还有我“文革”时写的检查呢。

李镇潮一挨整，北京130设计的事好多就是袁家桢[1]干的。袁家桢是技校的，后来又到清华念过汽车专业。他到二厂实习时就说：要是能分到二里沟多好啊。那时候毕业生能分到二厂都挺高兴的。袁家桢给我帮过床子，他是技术员，后来成了工程师。他对我挺客气。他设计，我做机加工。袁家桢设计的图纸，有些就指定让我做。

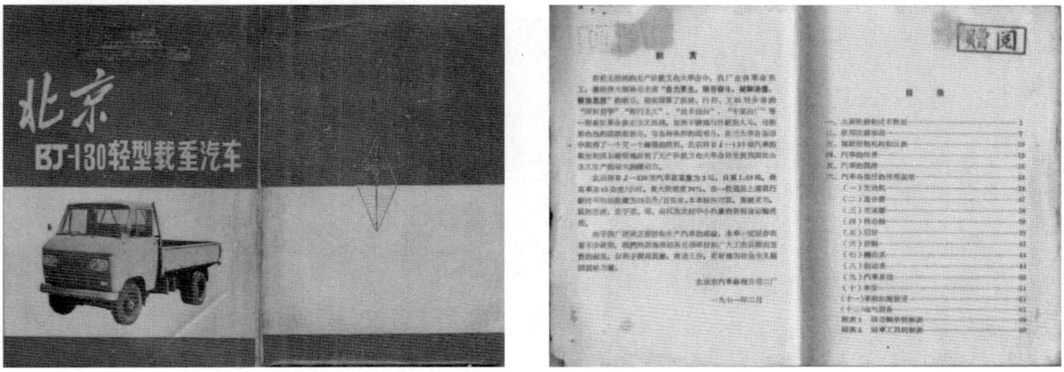

图20　北二汽印制的赠阅本《北京BJ-130轻型载重汽车》，1971年2月出版，属于现存稀见本BJ-130手册，曹时遇协助收藏

王振荣[2]是从工人中提拔的厂长，全国劳模，我们管他叫王瘦儿，他长得瘦高个儿。王振荣肯干，二厂给国家上缴的利润全国领先，平均一人一万[3]，一年能赚回一个厂。利

---

[1] “袁家桢，男，1935年7月出生，O血型，北京市人，汉族，大专学历，高级工程师。1955年中专毕业，1958年清华大学动力机械系进修结业。先后服务于北京汽车修配厂、第二汽车制造厂、旅行车制造厂，历任工程师、车间主任、汽研所长、副总工程师等职。主要成果有：BJ-130车的开发设计，并对制动、转向、传动、前后桥等总成作了重新设计，使BJ-130成为中国第一个自行设计成功的国产车型；设计的长轴距车投产成为北京二汽长久不衰产品”——邓伟志主编《中国当代高级专业技术人才大辞典》，中国华侨出版社，1995，第1998页。

[2] 据二厂同事张学敏2015年9月20日介绍，王振荣在医院住了三个多月，已不能说话：“王振荣没有太高的学历，16岁就进了北京第二汽车制造厂（轻汽公司的前身）当学徒”，“从学徒到8级工、高级技师，从车间主任到北二汽厂厂长”，“60年代研制BJ-130轻卡时，王振荣就以能工巧匠和善于技术攻关而著称，为填补我国轻卡空白立下了汗马功劳。因此，他曾经作为汽车工人的代表，在70年代初光荣地出席了由周总理主持的‘五·一’国宴招待会。BJ-130研制成功之后，‘一枝独秀’20余年，直到80年代改革开放，一直‘闭门造车’的中国人才被震惊了：在我国的轻汽工业一直停滞在BJ-130阶段时，国外同类汽车工业早已突飞猛进”——龙新民、郑守廷主编《有特殊作用的人们》，京华出版社，1993，第149—150页。

[3] “从1966年开始生产130汽车，到1982年底，累计生产汽车73 338辆，产值9.4亿元，上缴利润和税金28 294万元”，“1966—1981年共上缴利润20 508.4万元，税金4 206万元，两项合计相当于同一时期国家投资的13倍。1981年该厂实现利润总额相当于固定资产原值的1.5倍。全员劳动生产率达到42 501元，平均每个职工一年为国家创造利税额达11 883元”——胡永祥：《北京第二汽车制造厂是怎样提高经济效益的?》，载《红旗》杂志社经济编辑室编《经济调查》第三辑，红旗出版社，1984，第59页。

润都上缴了，厂里自己穿不上裤子，工人没得什么特别好处。[1]

我在机修车间，就是老老实实干活儿。机修车间在修车时期是修理，在生产130时就是做试制品，做模具，你得琢磨动脑子。机修车间的活儿都不是同一规格的，跟生产车间流水线不是一码事儿。生产车间是在我们试验完成后成批生产。机修车间要和技术员、工程师配合，把图纸上的设想做成真东西出来，碰了钉子再琢磨重改。

厂里有500吨摩擦压力机，200吨冲床。刚开始别人不敢动，我敢用。我也因为这个出了名，用200吨压力冲床，把毛坯件一摆，别人就服了。我这两下子，全凭实干。原来捷克出的活塞，不能互换。我做的配件，可以互换，一用就合适。这就是我红的地方，我在李镇潮心里是比较不错的了。每天上班没有具体规定需要做什么，就是给什么活做什么，需要什么车什么。要问我车了什么，那得有上万件，我也说不出都是什么了。

图21　曹泽民被评为北二汽厂先进生产者，1978年

北京130，产品可靠，没有偷工减料，质量过得硬，全国各地抢着买，街上跑的BJ-130到处可见，给北京带来不少好处。[2]

6.3　大修检验

大约1977年，我被调到厂部设备科当全厂设备大修检验员。这个位子是专去挑刺儿，得罪人的活儿。我从车间到厂部，不溜须、不拍马，就凭两只手实干。总工程师是我的后台，厂长王振荣也给我撑腰。车间里单有自己的产品检验员。我管全厂设备大修检验，

---

[1] “1981年汽车产量超过了国家对该厂扩充建设规定的设计能力的1.4倍，即多生产汽车6 000辆，相对多创造产值8 000万元以上，多创造利税2 000万元以上”，“1982年由于国家限产，能源紧张，该厂生产BJ-130汽车11 132辆，比1981年下降7.2％，工业总产值为14 797万元，比1981年下降3.2％；而上缴利润却达到该厂的最高历史水平（3 350万元），超过年利润计划的34％，比上年增长11％，从而连续三年做到了‘一年赚回一个厂’”—— 胡永祥：《北京第二汽车制造厂是怎样提高经济效益的？》，载《红旗》杂志社经济编辑室编《经济调查》第三辑，红旗出版社，1984，第59页。

[2] “这个车自打生产，一直到92年底，总是供不应求，谁主管经营谁就出头签那个，开订货会的时候到什么程度？订两个房间，回来财务不给报，后一年再开订货会把财务科长带去，晚上开会的时候，说晚上你在这住，我上那个秘密的地方去住去，要130的数量砸破你这门。我才体会到原来是这么回事”；“由于销量少于市场需求量，因此130货车还经常被作为紧俏商品，和外地的特产品进行交换”；“跟新疆协作棉花，跟内蒙协作肉，全是130跟人家换，别的人家不要。北京市提出指标，一年新疆得多少130，他给咱们多少棉花。北京市解决这个牛羊肉全是用130来换”——搜狐汽车：《北京汽车工业的足迹2之130货车》，http://auto.sohu.com/20041013/n222471508.shtml，访问日期：2015年9月6日。

合格不合格我说了算。

各项指标都有标准，我按标准来。有的地方我用手一摸就知道哪儿有毛病，就像个神医诊断似的。我说话难听，技术过硬。合格的打√，不合格的打×，谁不合格退给谁。我做检验不含糊，不客气，不打马虎眼。我办事死认真，把关把得严，别人抹稀泥，我绝不抹稀泥。我被厂部搞科技的人捧了再捧，在车间招恨。厂部的人不计较我说话难听，看中的是技术。二里沟技术科没有不知道我的。李镇潮、袁家桢、朱亚敬，都是科室技术干部，对我迷信着呢。厂里的人知道别惹老曹，他咬住不撒嘴，老曹说的都有书本依据，争来争去最后得依他。

(19)77年恢复高考，厂里知道我有个闺女考上北大，挺羡慕的。那时候没什么人能上大学，工人家里能考上北大的更少了，厂里议论这事儿的人还挺多。1978年，我被评为厂里先进工作者。

大修检验是厂部设备科里的一个位子，我在这个位子干到1982年8月退休。我退休以后这个位子就没有了。

6.4 工厂福利

二厂是国企，我在二厂虽然工资有限，可是有不少福利。

厂子里发工作服、手套。上班八小时，干多了给加班费。一建厂就有食堂。在食堂吃着方便，可是比自己带饭贵，在食堂吃一顿，够自己带吃三顿的。我基本上是自己带饭，带饭可以在厂里热。厂子里有幼儿园，小孩在厂里上幼儿园[1]，交不了多少钱。小孩上学一年交五块钱学费，上大学也不用交学费。咱家你爷退休28元，我的工资87.08元，一家八口人，日子过得很简单，没管别人借钱过日子，也不欠谁的钱。

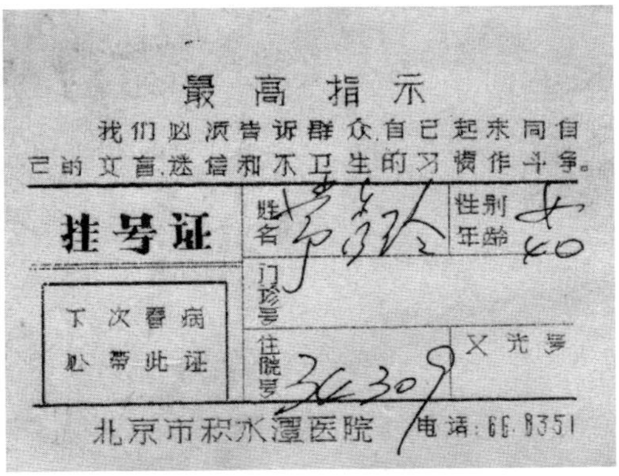

图22 曹泽民老伴常秀玲40岁时(1963?)在合同医院积水潭的挂号证

看病就到医务室拿三联单，到合同医院去看，其他甭管。家属看病也是拿三联单。二里沟的合同医院是积水潭，555222是我在积水潭的病历号，大夫态度好着呢。1958年，你妈病得快没命了，就从梁府来北京看病。来

[1] 口述者之孙在该厂上了四年幼儿园。

北京后两个小孩都是在积水潭医院生的（见图 16 挂号证[1]），不要钱。后来这种大锅饭看病，浪费太大，厂里头的街坊邻居亲戚朋友都拿个三联单就去看病，国家受不了，就改了。

二里沟盖厂子时，就有宿舍。我进二里沟就住在宿舍，十来个人一个屋。厂里盖了宿舍楼后，按家里人口和工龄资历，我可以分个三居室。因为咱家是私房，国家还没有私房买卖的政策，厂里不能办私房收回手续，就不好再分我房。1980 年，作为福利分房，厂子把西四的两间平房分给了我。西四房是二厂别人家交出来的房管局的公房，交出房的那家分到了二厂盖的宿舍楼房。

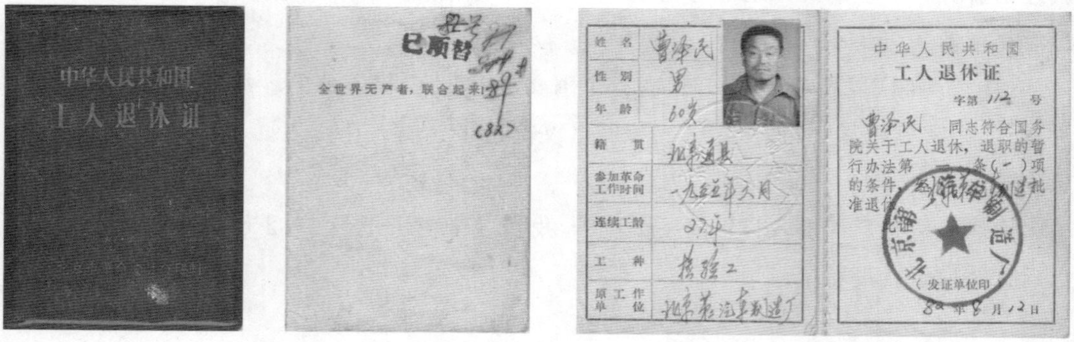

图 23 退休证。1982 年 8 月 12 日，曹泽民在北二汽工作 27 年后从大修检验岗位退休，由其子曹书元顶替接班

退休前厂里还给了我一次出差的机会，去了杭州、上海、苏州。我退休时，是厂子生产红火的时候。厂里还允许退休人员的子女接班顶替，1982 年书元就顶替去了二厂，退休证上还有“已顶替”三字。

从 1955 年 6 月到 1982 年 8 月，我在二厂的工龄是 27 年，按原工资 87.08 元的 75％拿退休金，每月 69.03 元。到 2015 年，我的退休金涨到 3000 多元了，看病住院有医疗保险。我退休后本来是在厂里领退休金，2005 年工厂破产，退休金关系就转到街道了。

图 24 北京第二汽车制造厂已破产，照片约摄于上世纪 80 年代后期。收藏者：桑跃然

[1] 此挂号证夹在 1967 年签字的油印本小册子中，具体年代待考证：1. 常秀玲 1923 年出生，根据证件上所写“年龄 40”“住院号 34309”，此证当为 1963 在积水潭住院生子时的挂号证；2.“最高指示”一词，1965 年林彪提出（参见互动百科“最高指示”词条 http://www.baike.com/wiki/%E6%9C%80%E9%AB%98%E6%8C%87%E7%A4%BA）。1963 年时，当不会使用“最高指示”一词。或许此挂号证是 1967 年前后据 1963 年住院资料重新填写。

6.5　工厂破产

我退休之后，1988 年，北二汽跟中信和香港肖特吉合资，组建了北京轻型汽车有限公司（简称轻汽）。[1] 轻汽第一任董事长是王军，总经理是赵法奎。[2] 轻汽组建后，北二汽也还在。厂子里具体怎么回事我也不知道了。2005 年 9 月，北二汽劳动人事科往离退休职工家里寄信，要核实健康情况，把退休关系转到街道，因为厂子要破产了。

2005 年底，北二汽破产。[3] 后来北京轻型汽车有限公司也没了。昌平的厂区拍卖了[4]，厂子二里沟的那片地，东区盖起了“国兴家园”[5]，西区盖起了“主语城”[6]；顺义

---

〔1〕“1988 年 4 月，由北京第二汽车制造厂（甲方）、中国国际信托投资公司（乙方）和香港肖特吉有限公司（丙方）三方共同投资组建北京轻型汽车有限公司。甲乙丙三方分别以 70%、5%、25% 比例投资，注册资金为 2 亿元人民币。甲方以其现拥有的用于制造 BJ-130 汽车的厂房、设施、机器设备、流动资金、专用资金、制造技术和工业产权作为对公司的投资，总值为 1.4 亿元人民币。公司前五年建设总投资为 5.371 5 亿元（1992 年总投资额已扩充到 7.9 亿元）”——中国轻型汽车工业史编委会编《中国轻型汽车工业史（1949—1989）》，机械工业出版社，1995，第 287 页。

〔2〕“合营期限为 15 年。第一任董事长由中国国际信托投资公司副经理王军担任，第一任经理为赵法奎”——蔡云龙主编《北京工业志・汽车志》，中国科学技术出版社，2001，第 409 页

〔3〕“在上世纪 80 年代中期，北京二汽把主要的资金、技术和人力都拿出来支持新成立的北京轻型汽车公司，1993 年北京二汽留下全部厂房和部分生产设备，搬到了昌平中滩村，从此一蹶不振。加上经营管理不善等原因，企业逐步陷入困境”，“2005 年 11 月 18 日，一中院审理北京二汽申请破产一案。经审计，截至 2005 年 10 月末，北京二汽总资产 8 500 余万元，负债总额 1.4 亿元，已不能清偿到期债务，符合法定破产条件，依法应裁定宣告破产”——杨昌平，李大华：《北京第二汽车制造厂破产程序今被终结》，新华网，2008-02-22，http://news.xinhuanet.com/legal/2008-02/22/content_7648306.htm，访问日期：2015 年 9 月 7 日。

〔4〕“九十年代初期北京二汽由二里沟搬到了原有的昌平区东小口镇中滩村二汽分厂”，“2006 年 5 月 28 日，在北京国际会议中心举行的北二汽破产财产拍卖会上，有 50 年历史的北第二汽车制造厂以 1.16 亿元的被拍卖，这与北二汽破产财产资产评估值 4 570.04 万元相比，溢价率高达 253%。有 16 家房地产开发公司参加了竞拍，最后被北京荣佳农业发展有限公司竞得，该地块建筑用地面积为 33 333.96 平方米，旧有房屋建筑面积 15 162 平方米。这里能建设一个总面积大约 10 万平方米的住宅小区”——陈君远：《拍卖北京第二汽车厂昌平厂区》，载《百年北京城》（此书尚未出版），见作者新浪博客 http://blog.sina.com.cn/s/blog_4aba1d6f0101ehfp.html，访问日期：2015 年 10 月 3 日。

〔5〕“‘国兴家园’住宅小区，位于海淀区首体南路 22 号，车公庄大街与首体南路的交汇点，使用的是北京轻型汽车厂东区旧址”，“小区于 2000 年建成，2001 年起陆续入住，占地面积 4 万多平方米，总建筑面积 26 万平方米，由 4 栋高层塔楼（4、5、6、7 号楼）、3 栋小高层板楼（1、2、3 号楼）、国兴写字楼 8 栋楼房围合而成，其中园林绿化面积 1.4 万平方米，塔楼高 22—24 层”，“建筑设计单位是中国建设规划设计研究院。1999 年商品房销售均价 6 800 元/平方米”，“开发商是能源开发公司所属的北京国兴房地产开发公司。购房单位主要是建设部、中建总公司等央企单位”——陈君远：《二里沟北京第二汽车制造厂老厂区—国兴家园住宅小区》，载《百年北京城》（此书尚未出版），见作者新浪博客 http://blog.sina.com.cn/s/blog_4aba1d6f0101ehfp.html，访问日期：2015 年 10 月 3 日。

〔6〕“‘主语城’住宅小区，是北京轻型汽车制造厂西区改造项目，位于车公庄大街与首体南路的交汇点，总建筑面积达 42 万平方米。是三里河及其周边地区不可能再有的如此大面积的开发建设用地了，由于地皮珍贵，周边拥有稳定的高收入人群，因此项目定位在高档住宅区，以大户型为主，户型面积 220—390 平方米”，“该项目由加拿大著名建筑师 James Cheng 担当总体规划设计”——陈君远：《二里沟北京第二汽车制造厂老厂区—主语城》，载《百年北京城》（此书尚未出版），见作者新浪博客 http://blog.sina.com.cn/s/blog_4aba1d6f0101ehfp.html，访问日期：2015 年 10 月 3 日。

厂区属于北京现代汽车有限公司[1]了。

7 退休之后

7.1 “老头儿队”

退休之后，我还在外面干了十来年。退休人员凑在一起干的地方，我们就叫“老头儿队”。先是邻居陆喜德介绍我到海淀东升施工队干，修理施工用的机械零件，我在那儿还干车工。认识了三建公司退休的沙庆余，四机部退休的高富春、张旭东，三机床退休的孙宝巨，还认识了马玉泉。后来二厂的同事孙玉林把我找去，在清河小营那边的北京农工商总公司长建公司长建汽车修理厂干活。那里差不多也都是退休的人。孙玉林的弟弟孙杰英也在那儿干。孙杰英技术上有一套，他原来是公共汽车公司的，他才是无名英雄。以前汽车前轱辘的一个连接部位老折老断，他想出一个改进主意，把方角改成圆角，问题就解决了。捷克斯柯达汽车的工程师当时就给他鞠躬。这个主意被世界上好多汽车设计采用，就是没人提孙杰英的名字。我把我老叔的孙女儿介绍给了孙杰英的儿子。这一家子的关系好着呢，公公婆婆跟儿媳妇的关系特好。

我在“老头儿队”特受尊敬。护国寺西口有个柳泉居，那里用电梯上下送菜。电梯用的圆球是我车的，一做就准。我车的圆球给他们看，拿千分尺一量，一下就把他们镇住了。他们说四机部找不到我这样的车工。

在“老头儿队”挣的钱我也是一分不少地全交给你妈，退休金我也不管。我在家里不过问钱的事，身上带的钱超不过100，也就买点花生米、便宜的进口货(指进口零食)。

七十岁以后我就不出去干了。

7.2 生活规律

你问我长寿有什么秘诀？我告你一个偏方，那就是脸皮厚。我就是个工人，不惦记着

[1] “2002年4月29日，北京汽车工业控股有限责任公司利用北京轻型汽车有限公司原外方退股后在顺义厂区的厂房、设备与韩国现代汽车公司合资成立北京现代汽车有限公司，生产‘索娜塔’轿车。”——徐秉金、欧阳敏：《中国轿车风云 1953—2010》，企业管理出版社，2012，第354页。“2002年6月28日，由北汽控股、北京市国有资产经营有限责任公司、北京国际电力开发投资公司、北京首创股份有限公司和北京阳光房地产综合开发公司等5家股东共同出资成立了‘北汽投资’，作为中方投资主体与韩国现代进行合资合作。‘北汽投资’注册初期总股本为11.7亿元人民币。其中，北汽控股实际现金出资1.7亿元人民币，其他4.8亿元人民币是北京轻型汽车有限公司(以下简称‘北轻汽’)的土地、厂房和设备等固定资产入股，总投资6.5亿元人民币，占55.6%的股份。这时，北汽控股仍然缺钱。为了筹措北京现代汽车项目扩大生产所需资金，‘北汽投资’于2003年5月进行了增资扩股，吸收了首钢总公司、东方控股集团有限公司(以下简称‘东方控股集团’)等国有及民营企业加入，共募集资金14亿元人民币，使公司注册资本金增加到25.7亿元人民币。‘北汽投资’的主要控股子公司是北京现代汽车有限公司。在北汽控股投资后，北轻汽的作用不可小觑，它的前身是创建于1955年的北京第二汽车制造厂”——付辉：《汽车的底牌：现代汽车的中国“阴谋”》，中信出版社，2008，第5页(北京现代股权结构图见第6页)。

升官发财，也不想占谁的便宜。我花的钱，不是贪污腐化来的，不是偷来抢来的，也不是坑蒙拐骗来的。我这人就是说话难听，脾气不好。看什么不顺眼腾腾腾就说出去，一般人接受不了。别人还生气呢，我睡一宿觉就忘了。我不记仇，错了就说对不起，心里不搁秘密。

图25　曹泽民骑小三轮拉着老伴，和儿孙们一起逛北京。1997年，75岁，曹书元摄

我做事就是顺其自然，不和老天爷作对。我按时按点，生活有规律，不乱。每天早中晚三顿饭，早上喝牛奶加麦片，吃桂香村、稻香村的点心，中午和晚饭给什么吃什么，剩菜剩饭全吃。有时候买庆丰包子、买安平巷徐记烧饼铺的烧饼。这家私人小买卖做烧饼远近闻名，讲信誉，用最好的料还价格便宜。咱家最多一次买100个，外地亲戚来都带烧饼走。我挺爱喝茶，一般是喝前门大栅栏张一元的。这几年茶叶变得没味，我也不喝了，就喝白开水。

穿上我也不在乎，就爱穿我的破背心、肥裤子。那些洋名牌、土名牌、假名牌的衣服都是你们瞎买来的，浪费钱。我有鳄鱼、布克兄弟（*Brooks Brothers*）T恤衫、鄂尔多斯羊毛衫、瑞蚨祥香云纱衫。我还有盛锡福的帽子、内联升的鞋。

六七十岁时我经常骑小三轮出去遛，80到90岁时，我每天出去走三回，每回至少得走一个小时，我腿上都是肌肉。每天下午拖一遍地，洋灰地让我给擦得倍儿亮。伺候花就是我的活儿，我88岁的时候还能爬到楼房护栏里头浇我的君子兰、仙人球。90岁以后我走不动了，不拖地也不浇花了，尽让人伺候了。

我每天离不开的就是半导体（收音机），半导体让我听坏好几个了。我听世界各地的新闻和评论，听京剧、相声、评书。现在这个索尼（ICF-7601）半导体是庄立（外甥女白凤茹之婿）帮着从网上买的，市场上没有了，除了我这老头，别人没人听，都让手机、电脑给顶了。电视我就爱看《百家讲坛》，有一回还到现场当观众听《百家姓》节目。平时我爱看电视里的斗牛、拳击、足球转播。

我到剧场听过侯宝林、常宝霆、郭德纲的相声，听过骆玉笙的京韵大鼓。现场演出的京剧看的多一些。老生看过谭元寿、马长礼、钱浩梁；武生看过王金璐、李万春、厉慧良；旦行看过张君秋、赵荣琛、梅葆玖，老旦王玉敏；花脸看过袁世海、方荣翔、景荣庆、袁国林；丑行看过张春华、郭元祥、翟韵奎。

我老年是儿孙绕膝，每天都有一帮孩子在身边。家里还有个习惯就是我和你妈过生日，全家老小到餐馆撮一顿儿。从六十岁到九十岁，差不多每年生日都出去吃。八十和九十大寿的时候，还加上亲朋好友一起吃。我吃过北京饭店的谭家菜、钓鱼台国宾馆的牛扒、户部街马记月盛斋酱牛肉和烧羊肉、前门全聚德烤鸭。还吃过护国寺小吃店山楂豌豆黄糕、莫斯科餐厅的蛋糕、黑天鹅的蛋糕。西城的老字号咱家去了不少回。厚德福、柳泉居、西来顺、烤肉季、烤肉宛都去过，还受到了一些名厨师名店员的服务，这里头有：同和居的于晓波，砂锅居的李宝顺、曹长义，峨嵋酒家毛春和，鸿宾楼李振兴、鸿宾楼老堂头王守谦等。

图 26　曹泽民为孙辈题写“三字经”“好好学习”并签字，2008 年 8 月 31 日，曹书元摄

7.3　看病住院

我年轻时得过伤寒，还得过疟疾，抽过羊角风。退休以后再没犯过羊角风。是药三分毒，我平常也不吃什么药，可吃可不吃的就不吃。真有病了才吃。每天一片的鱼油和善存我坚持吃，你看我九十岁了还有不少黑头发呢。民国初期我爸爸拿回家一本万年历，可以查生辰八字命运。我是农历壬戌年闰五月二十二子时生人，那里边就说我命长，儿女好。“此命多财禄，稳稳自安康，子贵妻贤德，温柔寿必长。”不管迷信不迷信，反正我是好几回死里逃生，该死没死，命大。我和你妈都活过九十多岁，这就不错不错的了。

我看病住院有保险，具体报多少我弄不清，差不多 90%吧。我这些年看病，李振英、沙庆余、王展云、黄世昌、陈迺玲费了不少心。内侄常振贺的闺女常伟丽、内侄常振德的女婿关志国帮了很多忙。

大约 1985 年左右，刚退休不久，不知道是什么原因，也许是电扇吹的，我的左胳膊发麻，肌肉萎缩，两胳膊粗细不一样。看了好几个医院也不管用。后来是积水潭针灸科的禹淑凤给我扎好了。禹大夫态度特好，她老家也是通县的，她有个侄子在二厂上班。

2005 年左右，我得了转腰龙（带状疱疹），左胸半边起的都是水泡。转腰龙恨不得疼死人。那是神经末梢疼，疼得我龇牙咧嘴，也不知道什么时候就来一阵子，吃什么止疼药也不管用。我这人皮实，愣忍着就是了，不能忍的人疼得撞墙。五六年以后就不怎么疼了。

2011年10月，我坐在小三轮上去遛公园，下坡时从小三轮上摔下来。到医院一检查，摔折了三根肋骨，还得了肺炎。我在北大医院住了些天就好了回家了。

2014年10月，我喘不上气，心脏也不好，就住进了平安医院。我这个咳嗽喘有好多年了，天冷的时候更严重。平安医院挺好，离家走着十来分钟，医生和护士态度都挺好，也不收贿赂，给红包都退回来。平安医院看我病得厉害，没几天就转到了北大医院。到了北大医院，我就快不行了。医生说得开气管，家里不同意开。医生下了病危通知，家里的人全来了，都以为我活不成了，没想到两小时以后我又缓过来了。

在医院住了一个来月，我就回家了，医院还给插了尿管。有一回该换尿管，没来得及换，结果发现，我不用尿管也行，就撤了。我现在还能在屋里挪来挪去，到饭桌子和大伙儿一起吃饭，也能走到电话那儿和你们聊我几十年前的闲篇儿。

这回（2015年9月9日）住院，主要是心脏不好，跳得太慢，一分钟才30多下。医生说应该装心脏起搏器，要不然哪天就跳不动了。93周岁的人，一般也不敢给做了，医院的大夫看我的外表样子和测量指标，觉得可以装，我就在阜外医院装了。我的起搏器[1]是刘志敏大夫给装的，做手术的时候我能听见旁边的人说话，从手术室进去到出来也就一个小时。我没死在手术台上，又活过来了。这几天我腿也有劲了，管子也都撤了，下礼拜就能出院。[2]给我装起搏器，等于给一个老旧的破车装了发动机，我的心不跳它都跳。我谢谢你们了。

7.4 亲朋好友

你要让我说咱们家的亲朋好友，数出200个是不成问题的；在咱们家吃过饭的有1000人那也不算夸张。反正咱们家从来都是人来人往，就没有只剩下我和你妈两人在家的时候。

我有四个儿女，还有四个孙辈。这八个孩子小时候都是你妈给看着。你妈跟谁都合得来，家里外头、男女老少没人说你妈不好。淑文同学陈丁，小学在咱家上学习小组做作业。四十多年后他评价说，在见到的所有女人中，你妈是最好的女人。现在我已经是太姥爷了。

你爷和你老爷一共有七个子女，我们按大排行称呼。我是老大。这一辈七个人中就

---

〔1〕 2015年9月23日做安装手术，起搏器型号为Victory XL DR 5816，St. Jude Medical。

〔2〕 手术成功。术后转入平安医院，恢复良好。在准备出院之前，10月8日晚9点开始发烧，之后病情加重，多脏器功能衰竭，于2015年10月18日0时30分去世。

剩下我和你老姑了。你二姑父常来电话，你三婶也老想着我。你老姑和你老姑父拿我当亲哥哥，每月至少来看我一回，家里大事小事都没落下过。你大姑、二姑、老姑，二叔、三叔、老叔家的子女逢年过节、生病住院时，常来看我。曹庄的曹忠志也来看我。你二姑奶奶家秦海、秦明、大华，你老姑奶奶家振江、振海、秀荣和咱们都有来往。我妈那边的米姓亲戚中，和米玉智家、米玉香/李玉田、米怀顺都有来往。你妈那边的亲戚中，王德军/张彦芳、常振贺/高善芝、白凤茹/郝阔亭、常福瑞、常振德、王凤英经常来往。你舅舅的后代有事的时候也来。

梁府街老乡中，老傅家、老万家、老张家是世交，关系铁得很。我得疟疾的时候，哆嗦不停，傅春他姥姥就给我盖上棉被，骑我身上愣压着我。傅桂英在北京师范学院上学时，老上咱们家来。梁府街的事只要我一张嘴，傅春就没说过"不"字，他给办事不要钱还倒贴钱。1952 年进京时，张德富他爸随时借我钱，还不限定还期。1959 年，老万家你大姑他爸爸在桃柳园 12 号租下平房，替我交了好几个月的房钱我都不知道。我上他们家串门，你大姑见着我就哭。老万家的后代每年春节都来看我。李春荣"文革"时挨斗，还替我说好话，他和我是互相惦记，这回我安起搏器之后还让你老姑回老家时问他好呢。李金玲也常来往，咱们家有事她每回都来。

图 27　北京西直门外桃柳园胡同 12 号。1959—1963 年，租此院一间南房居住

图 28　北京西直门内南小街南弓背胡同 1 号。从 1963 年购私房搬入，一直住到 1996 年拆迁

街坊邻居中来往的也不少。1959 年你妈回老家把户口从农村迁到北京以后，咱家就

在西直门外桃柳园[1] 12 号住。那是个前后院。前院三间北房是范桂兰家，东房是都振奎和王建信两家，西房是田建和化学人儿两家；后院有两棵枣树，南房是咱们家一间和沈大妈家半间，西房周二大爷家一间和沈大妈家一间。这个院子里的房都是范桂兰她三姨夫的。她三姨夫是满族黄旗人，叫金毓宽。我们管都振奎叫老都都，他是田村化学酿造厂[2]的，就是王致和牌子的那个厂，他是劳动模范[3]。他们家的酱特好吃。王建信是建筑工人，田建在北京第二皮鞋厂上班，周二大爷摆摊修鞋，沈大爷在前门擦皮鞋。那个院里老都都挣 60 多块钱，王建信是五级工，挣 64.04 元，其他都是四五十块钱，我挣 80 元，桃柳园的人说我比地主还地主了。那时候刚工作的人才挣 16.80 元。他们就说："亲爱的党我的妈，十六块八不够花。"你三叔的儿子树青从梁府来北京上学，也住在咱家。这八米小房实在住不下，就在 1963 年搬走了。

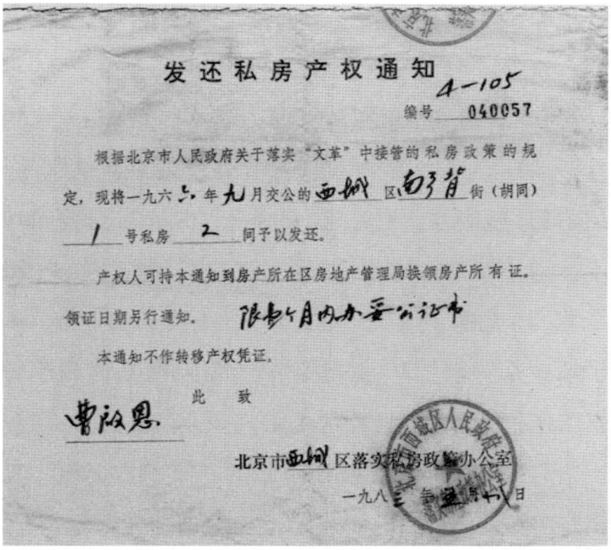
发还私房产权通知

A-105

编号 040057

根据北京市人民政府关于落实"文革"中接管的私房政策的规定，现将一九六六年九月交公的西城区南弓背街（胡同）1 号私房 2 间予以发还。

产权人可持本通知到房产所在区房地产管理局换领房产所有证。

领证日期另行通知。

本通知不作转移产权凭证。

此 致

曹政恩

北京市西城区落实私房政策办公室

一九八三年 月 日

图 29 发还私房产权通知书——南弓背 1 号，1969 年 9 月交公，1983 年 5 月 18 日发还

搬家后二三十年中，老都家、沈大妈、田大妈家都来串过门。咱们和老都家来往最多。都老大、都老二都是男三中毕业的。老大都永山聪明，能写，还帮咱们家写过稿，我这几个

---

〔1〕"桃柳园胡同位于展览路地区东北部。东、西走向，东起桃柳园东巷，西至桃柳园西巷。全长 210 米，均宽 3 米。原称桃柳园，1965 年定名桃柳园胡同。1990—2003 年拆除"—— 段柄仁主编《北京胡同志（上册）》，北京出版社，2007，第 268 页。

〔2〕"'同义厚'酱园解放前是私营企业，地处北京西郊田村，以生产酱油、醋、黄酱为主。1951 年改名为'田村酱厂'"，"1958 年 3 月，'四和'（即王致和、王政和、王芝和、致中和）与'田村酱厂'合并。6 月底，永外'惠康味素厂'迁入田村，这样'四和''惠康'及田村附近十几个小作坊一起与田村酱厂合并，正式建立腐乳生产专业厂家'田村化学酿造厂'"，"2009 年上级公司改制，企业更名为北京二商王致和食品有限公司"——"北京二商王致和食品有限公司"词条，互动百科 http://www.baike.com/wiki/%E5%8C%97%E4%BA%AC%E4%BA%8C%E5%95%86%E7%8E%8B%E8%87%B4%E5%92%8C%E9%A3%9F%E5%93%81%E6%9C%89%E9%99%90%E5%85%AC%E5%8F%B8，访问日期：2015 年 10 月 4 日。

〔3〕"北京市副食品商业系统市级以上（含市级）先进集体名单"，"1964 年度北京市菜蔬公司田村化学酿造厂制酱小组市五好集体"——北京市第二商业局史志办公室编《当代北京副食品商业》，中国财政经济出版社，1994，第 568 页。

孙子辈的小孩他都见过。老二都永江有个经典语录——“文革”时有人指着大字报上他和刘少奇在一起的漫画问他:刘少奇旁边是谁?他回答说:“爱他妈谁谁。”

1963－1996年在西直门内南小街[1]114号(也叫弓弦胡同1号,后改为南弓背胡同1号[2])住。1963年在我爸爸曹啓恩的名下买了私房,两间平房加个小院,600元,借钱买的,每月还借款。刚还完,就赶上“文革”,交公归房管局了。“文革”以后又还回来归个人了。南小街的街坊里,咱家和常达斌/赵玉兰、白景厚/白奶奶、孙文成/沈桂芳、陆喜德/宋金芳、魏玉林/何淑珍、陈宝年/张瑞英家都挺好。跟老常家基本上属于“有堵墙是两家,拆了墙就是一家子”。跟陈宝年到今天也是你我不分,他借给咱们家钱买房,紧急关头半夜里帮咱们家开车,帮忙帮大了。

1998年搬到楼房以后,邻居之间基本上就不知道谁是谁了。跟咱们来往多的就是蒋佩/赵建新一家。他们有了好吃的自己先不吃,就敲门送过来给咱们尝尝。他们家没有外人参加的家庭活动,也把咱家叫上。大栅栏瑞蚨祥的薛师傅也帮了咱家很大忙。咱家因为喜欢戏,这么多年来得到了王金璐、王展云数不清的帮助。你们的小学老师李津津帮助了咱家三代人,咱家一有拿不定主意的事就问李老师。我和你妈住院时,李老师三天两头到医院看我们。

二厂同事也有来往。咱家南小街的南墙是二厂的同事帮着翻盖的。孙玉林、张家瑞、杨章圈、王之屏、张学敏、郑宝坤、李中、靳世增都到咱家来过。李志奎老惦记着我;白晓风来得勤,有求必应;李伏良隔三岔五地来,我生病住院他总是跟着帮忙,关键时刻跟家庭成员一样顶事儿。这回你们打听二厂的事儿,二厂的人都挺够意思地帮忙。

八十岁到九十岁这十年,聊天最多的是老头儿组。路上有时候碰上卖菜的老安就聊上一阵。老安在咱们这片儿卖了几十年的菜,前两年没了。原来副食店的小刘(其实也挺大岁数了)碰上了也聊。固定聊天的有五六个老头,今年老王91,我93,老韩94,老贾95,还有老李更大点。

---

〔1〕“西直门南小街位于福绥境地区西部。南北走向,南起小太平胡同,北至西直门内大街。全长942米,均宽6米。清代北段初称南小街,南段称太平街,因在西直门内南侧,故后统称西直门南小街。1911年后又简称南小街。1965年将东侧的死胡同图治大院并入,仍称西直门南小街。1990－2003年,平安里大街北侧道路改造拓宽至16米,南口西侧平房全部拆除,正在建设之中,中间部分并入平安里西大街”—— 段柄仁主编《北京胡同志(上册)》,北京出版社,2007,第395页。

〔2〕位于南弓背胡同东口路北,1996年拆除后,自己找周转房,住在西四和大女儿家,1998年搬入居民楼。“南弓背胡同位于福绥境地区西北部。东西走向,东起西直门南小街,西至永祥胡同。全长117米,均宽3米。明代称弓弦胡同,以形得名。1965年因其地处弓背胡同之南,故更名为南弓背胡同。1990－2003年拆除,建国英园小区”——段柄仁主编《北京胡同志(上册)》,北京出版社,2007,第396页。

图30 曹泽民虚岁九十大寿与亲朋好友合影。2010年，砂锅居

我们这个老头组每天在平安大街中纪委大墙底下碰头，谁要是到点不来还挨埋怨。这几个人聊得来，山南海北全侃，跟我们侃不到一块儿的也不往里凑。聊天的这几个人都挺强的。老李住金果胡同，在北京市会计师中排得上队。他追着跟我聊天，我说我档次差，你是知识分子，他说那都是瞎扯。他们家连保姆带一家人我都认识。他差四个月没活到95，没了。老韩是房管所的。老贾是第二机床厂的，他是右派，新中国成立前是资本家。年轻时做买卖，去过天津全盛德买柴油机。老贾在大觉胡同住。我装起搏器之前，老贾还和我见了个面。老王是第一通用机械厂的，比我小两岁。他在楼底下看见我遛弯推的小车，还问：这老头怎么不出来了？老头组的人前些年都是自己走着来聊天，慢慢地就走不动了，老李家里人偶尔还推着轮椅过来凑凑，淑琴也推着我去凑过。老头组的人还到家里看过我。

咱们家甭管在哪儿住，都常有亲戚朋友串门，来往不断。

8 结语

本文由父亲口述，子女整理。在家庭口述活动中，我们获得了与父亲有关的个人、家庭、社会近百年的记忆史料。与此同时，我们还获得学术启迪，受到了心灵洗礼，增加了感恩之情。

8.1 学术启迪

口述整理中，我们得到几点学术启迪：

三条石聚集着宁津、吴桥、交合人，父亲提到那几个地方可能与永乐大钟的制造有关。这或许能引出古代铸造技术工人地域分布的研究。

通州、香河地名的文字与口语之间有不少差别。王家摆，口语称“王摆儿”；觅子店，口语称“mài店儿”；尖平庄，口语称“尖mo庄儿”；大友垡，口语称“大友fa(轻声)”；侉子店，口语称“侉店儿”；榆林庄，口语发音似“匀溜庄”。这或许是方言土语研究中可以注意的现象。

口述中涉及人名、地名、单位名。国际上各语种的名称标准数据库已经长期存在，中国大陆如能建立起统一的标准名称数据库，向公众开放使用，将会大大方便查询。

随着城乡建设改造，许多地名已消失，许多企业店铺也已消失。比如：三条石全盛德、水牛村码头、永新修配厂、二里沟汽修二厂都曾在什么地方存在？相关学者或许可以制作出地名与单位名对应的年代变迁电子图。

8.2　心灵洗礼

口述整理中，我们受到心灵的洗礼：

做人不染恶习，真实本分。父亲九十多年中不抽烟、不喝酒、不赌博、不吸毒，不贪财、不偷盗、没有绯闻。上班不迟到，不早退，尽职尽责。到家连工资条一起把钱交给老伴。常年有规律地吃饭、睡觉、散步。这些看似简单的事情，要九十多年如一日地做到却不容易。能够做到，就保证了个人活得真实坦然，保证了家庭生活安稳。父亲说话或许得罪人，或许记忆不准，但句句都是实话，从不弄虚作假。这为口述资料的整理和考证提供了极大方便。口述中提到的事，基本上与旁人所述相符，大部分可以找到文献佐证。作为晚辈，我们应牢记：不染恶习，不在谎言中活着。

与人交往，肝胆相照。父亲九十多年恪守儒家伦理，不存害人之心，历次运动中没整过人。父亲在口述中屡屡提起终生难忘的恩人。这些远亲近邻、同事朋友伸出帮助之手，使父亲在多次关键转折点中做出明智的选择，也使后代受益无穷。父亲以乐观、豁达、坦荡的胸怀，广结善缘，亲朋满座。父亲没有虚荣，不讲排场，勤劳俭朴，始终保持着草根阶层交往中真诚的本色。作为晚辈，我们应牢记：与人交往，不要为利益而伤害人心和真情。

在社会中生存，大事不糊涂。父亲九十多年中学习不断，活到老，学到老。从50年代起，手中离不开的就是半导体收音机。常年关注世界新闻及评论，大事不糊涂。父亲意志坚强，不趋炎附势，独立思考，并以幽默的方式表达独到的见解。口述交谈中，父亲对社会的认识与我们没有代沟，愿意与社会大众分享他的经历。作为晚辈，我们应牢记：要在社会中行善，不要给生存的环境添乱。

8.3　感恩致谢

父亲讲述的是九十多年中的个人经历，是父亲与人交往的经历，本文记录的也就是父亲和这些人共同的经历。在感谢祖辈、父辈的同时，我们也感谢每一位帮助、扶持过父亲的人。您和父亲一起构成了本文的原始素材，缺少了其中任何一位，都不能呈现今天这个记录版本。即使文中遗漏了您的名字，您仍然在我们心中的感恩名单中。

口述整理中，堂妹曹俊英(曹啓惠之女)一如既往，每月按时来探望，协助核实曹庄、梁家及曹啓惠一家的情况；堂弟曹泽亮(曹啓瑞之子)、堂妹曹淑珍(曹啓瑞之女)及其女儿王怡帮助提供曹师董及曹万全后代的情况；表弟常振海热心提供尖平庄及曹啓芝一家的资料；表外甥李建华帮忙核实补充津浦铁路厂及秦曹氏一家的情况，表侄子秦海帮助核实“老头儿队”的情况，表侄子米怀顺帮助核实安平街米家的情况。

本文也得益于北二汽同事的真诚帮助：徒弟李志奎得知需要寻找二厂有关资料后，马上和夫人一起全力帮助。即便身体不适，仍不顾路途遥远，第二天一大早 9 点就到了师傅家，送来他仅存的两张照片。李志奎按时按点接听采访电话，作为与父亲近距离接触者，提供并核实二厂情况；同事李伏良常到家中与父亲聊天，口述采访中，他详述了 130 车试制和生产中车间里的一些往事；齐佳强、傅洁夫妇放弃欣赏女排世界杯决赛，介绍齐哲英的情况，解释王府大街门牌重号疑问；白晓风帮忙寻找到照片；收藏二厂资料的功臣桑跃然提供多幅照片供我们选用；张学敏耐心地介绍张长福及王振荣的情况；刘丽琴、周波帮助联系有关知情人并主动提供书籍。

老街坊都永山热心帮忙回忆了桃柳园 12 号的往事。在查找资料时，偶然看到新浪博主曹永明的文章，曹先生热心帮助素不相识的人，专门扫描并寄来汽修六厂的资料。安德望(Steven-Langan)耐心帮助图片制作；姜和平热情帮助校订，并提出了具体修订意见。

感谢滮县曹庄宗亲以及每一位不是曹姓却为保护曹庄家谱、祠堂做出贡献的无名功臣。2001 年，经何留锁联系，曹庄曹文连、曹家忠、曹忠志给我们介绍了相关情况。曹英把珍藏多年的家谱让我们摄影、拍照，使我们得以有资料编成新家谱。2016 年 1 月 5 日，偶然的机会，曹书元从网上看到通州曹氏祠堂重修几近完成的消息。[1] 我们立即询问详情，得到了曹庄曹海军及村委会的热情帮助，得到了通州文化局办公室小徐、文物保护科朱科长的大力帮助。曹庄曹辛宇日夜接听电话、发送曹氏祠堂及曹氏宗谱的珍稀史料，使我们得以在修订稿提交前补写上了原以为失传了的资料。周良、李福和、曹国虎、曹轶成等老师的研究给我们提供了重要参考。600 年的古村庄，有代代居住的族人，有几百年间保存的祠堂及祠堂图、有序有家法的曹氏总谱、先贤的卷轴画像……一件件文物如同梦境般重现在眼前。2016 年清明，还将在曹庄新修建的祠堂按传统仪式祭祖，安放始祖曹达汉铜像。感谢祖先的恩典，感谢宗亲血浓于水的奉献，感谢市区镇政府、学者、祠堂及铜像工作者为保护经典乡村文化费心尽力。修建祠堂、找到总谱、传承美德，是对父亲在天之灵的极大安慰。

我们有幸聆听老父亲讲述往事。本文成文过程凝聚着很多人的心血，亲戚朋友、同事

---

[1] 曹海军：《北京通州 600 年曹氏祠堂开始复建，2015 年重露真颜》——见曹氏家谱文化网 http://www.caojp.com/show.aspx? cid=154&id=1486。

邻居、老乡新识提供了雪中送炭的帮助。我们衷心感谢，铭记在心，也盼望听到大家对本文纠错，补充意见。

口述的整理、学术的启迪、心灵的洗礼、感恩之情，都是借着崔永元口述历史研究中心召开“口述历史在中国”国际研讨会的平台而得以实现，使我们有机会把小家春秋与大家分享。衷心感谢口述中心做了于国、于家、于民有益的事。

Ⅲ　口述历史的多元化应用

Theme：The Multiple Applications of Oral History

口述史在公众社区史编纂中的应用

◎钱茂伟[1]

摘　要：

社区史优于传统村志，社区史编纂必须引入口述史，村史的编纂须有专家的参与。村史采访宜有详细的方案，采访对象宜兼顾各方面。村史采访宜多专题采访，要重视社区日常生活史采访。村史采访的流程要经过人为本位与事为本位两大阶段。采访要有内外联络机制，有效的采访套路可经简述与详访两大阶段。要重视时空与故事框架，个体采访为主而集体采访为辅，录音与录像宜同步使用。口述史团队要严格培训过，口述采访既要有浅度采访也要有深度采访，要建立记录转录的详细规则，转录稿的署名格式也要规范。

关键词：

社区史；口述史；公众史学

The Application of Oral History in the Compilation of Community History

◎　Qian Maowei

Abstract:

The compilation of community history must introduce oral history and must include the participation of experienced men. To compile a village history, the interviewee should be more than 100 people and the interview should be done in different subjects and focus on daily life. The process of interview could be divided into two stages: human centered and event centered, such interview should have internal and external liaison mechanism. Effective interview outline should have both simple outline and detailed questions, and should focus on the time and place to build a story structure. Individual interview could be supplemented by group interview, it's better to have both audio and video for record. The team for oral history compilation should be strictly trained. Oral interview would go through two stages from superficial interview to in-depth interview.

Keywords:

Community History; Oral History; Public History

---

[1] 作者简介：钱茂伟，宁波大学历史系教授。

口述史概念是从美国传入的，现在已经逐渐中国化。这是一个非常生活化的概念，因中国有新闻采访、“三亲”调查、回忆录这些相关概念，所以很容易为大家所接受。不过，中西文化背景不同，口述史进入中国以后会遭遇到与欧美不同的状况，某些方面不能简单照搬欧美的口述史理论。有人主张梳理现有的口述史作品，从中归纳出本土化的中国口述史理论。[1] 笔者更主张通过大型口述史项目的实践活动，提炼出中国式的口述史理论，提升口述史理论的中国化程度。[2] 采访是口述史最核心的阶段，文字转录与编纂属延伸阶段，只有围绕着核心阶段展开深入的思考，才能深刻地理解口述史的本质特征。口述史本身是再现历史的方法、套路，可与不同的专门领域结合，从而产生不同专门领域的口述史，那样的发展前景会更乐观。村民口述史，应是这样的分支之一。

2008 年以来，笔者一直在宁波大学推广公众历史书写，于公众个人史、公众家族史编纂有了较多的理论体悟，唯公众社区史（也称村民史、新村史）没有实践过。笔者一直想寻找一个村作为新村史实验平台，编纂一部超越现有大陆方志体或台湾地情体村史的新村史。2015 年 4 月，终于在宁波鄞州区下应街道的史家码村、江六村找到了两个试点单位。为什么要选择这两个村作为试点单位？一则街道重视修村史。两个村正面临着千年之变，由传统农村变成城市社区。在这个转型时间点，村史编纂的意义是非凡的。2014 年初，下应街道面临城镇化而来的旧村消失浪潮。为了保护乡愁，街道领导要求所属 9 个村编纂村史。在应差心态下，各村找人编纂出了村志初稿，史家码村有了纸本初稿，江六村有了电子初稿。二则有家谱编纂传统。两村均有老的宗谱，且在修新的宗谱。三则有经济实力。可以说，修村史的文化与经济基础相对较好。听说可以帮助他们编纂出更为理想的新村史，两个村的领导自然十分乐意，于是双方达成合作意向。笔者的切入路径完全不同于传统村史编纂，计划通过口述采访，再来编纂社区史。这正可弥补传统村史编纂之不足，两者相辅相成，应该可以编纂出理想的新村史来。5 月以后，我带领研究生下村从事口述采访。通过连续几个月的村民口述史采访，对如何做村民口述史，有了自己独到的想法。关于社区口述史，陈墨较早注意到了，设了专门的章节《社区居民口述史》[3]讨论。只是，彼此的视野不同，关注点也不同，笔者是从公众史学入手关注社区史编纂的。[4] 通过口述史来编纂社区史，不失为一大创新。村民口述史的探索，就是要解决一个村史编纂口述采访问题。口述史应用于新村史后，会面临什么变化？这是本文要回答的。

---

〔1〕 李卫民：《本土化视域下的口述历史理论研究》，上海人民出版社，2014，第 12 页。
〔2〕 钱茂伟：《口述史实务流程相关问题思考》，《学习与探索》2014 年第 12 期，第 159—165 页。
〔3〕 陈墨：《口述历史门径（实务手册）》，人民出版社，2013，第 72—86 页。
〔4〕 钱茂伟：《浅谈公众社区史的编写》，《中国地方志》2015 年第 9 期，第 23—32 页。

1 以口述史入公众社区史编纂

说及村史，某些习惯于大历史观念的学人第一反应往往是说选题太小了。中国不同于美国，曾经长期是一个农耕社会，所以至今仍有广大的村落。村是中国最基层的单位，也是最直接的历史建构单位，全国有那么多的村史值得建构，史界如何可以不关注呢？村史是村级单位的发展过程，必须重视村史文本的建构。文本之外无历史，不编纂村史，村史在文本世界是不存在的。有了村史文本，村的历史可以让更远更多的人知道。传统中国村史的主流载体是村志。村志是中国的特产，始见于明。20 世纪 80 年代以来，数量逐渐增加，目前有上千种。村史主要是当代中国村落百年历史记录，要将百年村庄与村民发展的故事讲出来、写下来，不是一件容易的事。现有村史编纂存在哪些问题？一则体例问题，村志与村史不分，将村志当村史。村志体自身存在的问题——只有横向的介绍，没有纵向的过程；只有事情的介绍，没有人的故事，至多一个姓名符号而已。目前的村史样板过少，尤其是有新意的样板过少，导致他们选择余地较小。二则参与编纂的人员素质过低，只会机械模仿，不懂村志编纂精神，不知道什么值得留下来，出现扬短避长现象。三则村史资料过少。村是最基层的社会组织，留下的文本资料较少。村中往往只有组织档案，没有人事档案。笔者翻阅了两个村的档案，按年代顺序排比，仅是会计账目而已，没有其他资料。所有这些问题，必须靠会创新的、懂村史编纂的历史学家来解决。这些问题必须用新理念、新体例、新路径来解决。没有新思维新理论，就不可能完成优秀的新村史。从公众史学个人本位来看，强调村史编纂要体现全体村民的历史。村史是个体村民历史组合而成的群体史，它是公众社区史，或者说村民史。之所以如此，是由当下中国乡村管理模式的转型决定的。今日中国，面临着由传统的村落向现代的社区转型问题。村落与社区不同，前者是一个行政空间概念，是由上而下组建构起来的单位，体现的是"组织本位"原则；而后者是一个人群交往概念，体现的是"个人本位"原则。在人民公社时代，大队是生产、生活统一单位，工作于此、生活于此，人被固定在土地之上，人的流动率较低。今日市场经济时代，人是自由之身，可以自由流动。如此村成为出生之地、居住之地，而可能不再是工作之地。街道社区是管人的群体体制，而不再是传统的集体建构，维系其内在联系的是血缘、籍贯、户籍关系。在这种情况下，留住乡村记忆、留住乡愁，就成了村史编纂的意义所在。所谓乡愁，是流动社会的产物，是那些离乡离土后村民对原来世代居住生活村落中人、事、物的一种思念情结。村民史编纂正可满足这种乡愁精神，这样的村民史更适应现代的动态社会。在传统的组织本位视野下，大人物是组件，小人物是没有位置的。个人本位视野，让小人物首次有了自己的历史位置。如果是传统"组织本位"的村史，就会限制人的视野，难以写出丰富的内容。目前的村级管理越来越虚化，内涵越来越少。如以村民为主体，人不管流动得多远，仍在记录视野之中。村民走到哪就写到哪，这样的村史才是完整的。以个体及其家族为中心，可以观察村史面貌之大概。以村民为书写对象，村史编纂的内容就会丰富。在民间底层，口述史有着广阔的发展天地。这个领域有着广阔的天地，未来的村史编纂会有更好的发展前景。

社区史编纂必须引入口述史。这有三方面的考虑。一则村级行政单位，留下的文献资料太少。二则今日的村史，不完全是精英参与的村史，而是人人参与、书写人人的村史。社区史建构要从个人史采访入手。口述史的主流是个人史，有了个人史就可以建构群体史。三则村民历史信息大都存留在村民的大脑记忆中，必须从大脑记忆中加以不断的发掘。口述史的发明，可直接从人类大脑记忆中搜集历史信息，这解决了普通人档案太少、没有人事历史记录的缺陷。口述史采访不同于传统的跑图书馆搜集资料。传统的历史研究，没有文献做不了事；今日则不必担心，只要当事人在世，就不怕没有历史信息。即使当事人过世了，也可找相关人。其实，乡村人喜欢讲，很多故事早在民间小范围内口耳相传。随着口述史采访的深入，某些话题会不断被发现，从而有可能获得更为全面的采访。村民口述史采访是一项成本较高的活动，同时也是一种实效较高的历史信息搜集方式。在新村史中，村民是活生生的人，有血有肉。在采访中，有的村民会问：村史要写得这么详细吗？问这话的人，显然对现有的简略村史模式有所了解。要求村民来接受采访，体现的是“大家来写村史”精神。人人来说村史，就有可能写出翔实的村史来。有了口述资料，才能进一步理解文本资料。口述史与文本史结合，才有可能编纂出理想的村史来。社区史的目标是替村里完成一部全新的社区史，实现村史编纂模式的突破。口述史往乡村走，是一个十分正确的决定。

笔者认为，村史的编纂须有专家参与，否则会圾垃化，一直处于低水平状态。当然全国村的数量太多，有60多万个，历史学家不可能事必躬亲地全部参与。历史学家所能做的理想工作，应是设计出一种理想的社区史体例，修出一部标杆性的村史之作，提供一个优秀的操作模式，供各地村史编纂者参考。要达到这样的目标，必须理论与实践同步进行。为了体验与感悟，村史研究专家必须亲自参与村民口述史调查研究。通过社区史实践，进一步验证与丰富原有的村史理论，形成一个全新的可操作的社区史编纂模式。新村史主要由古代村史、民国时期村史、20世纪50年代以来村史、职业、民生、村民、名人、文献八大章组成，每章下面可再分几部分来写作。[1] 套路解决了，就可用于全国其他各村参考。听说有教授进村主持新村史编纂，有人的第一反应——这是杀鸡用牛刀。笔者的回答：这是一种全新的史学活动，杀鸡就要用牛刀。学人不能再高高在上了，得接地气与基层结合，这样才是现代社会风格。不过这样高尚的动机，普通村民无法理解，有时用“为村

〔1〕 钱茂伟：《中国公众史学通论》，中国社会科学出版社，2015，第207页。

里做好事,积善行德"来解释更为通俗易懂。在普通人的眼中,记录当代民间历史是一种积善行德的行为。由此可知,历史记录者是人类最伟大职业之一。

2 村民口述史的实践与理论

村民口述史采访是为村史编纂服务的,不是独立的口述史。由此可知,口述史实际上主要有两种:一是独立成稿的个人史型口述史,譬如《火红岁月:甬城全国劳模口述史》(宁波出版社2015年版)及其他各种人物口述史;二是编纂过程中的副产品,村民口述史采访即属此。前者重心在人物,是独立建构;后者重心在后期编纂,是史料搜集。两种口述史采访,有着不同的要求。前者只要整体了解一个人即可,围绕主题展开;而后者则要有一部村史做背景,加以微观的采访取舍。口述史用于编纂,会提出采访的深度研究问题。村史的编纂要经过四大阶段:一是摸底调查;二是人物采访;三是事件采访;四是编纂。中间两个阶段,可称信息搜集。村民口述史路径,是由个人而家,复由家而村的过程。它会遍及村的各个角落、各个家庭、每个人。在此基础上,形成各种专题史,最后汇总成村史。在最后的编纂中,口述史采访内容是作为引用文献编纂入社区史中的,这实际是口述史的一种加工形态,所以要注意讲话人人称的变化。如果是间接引用,要改成第三人称;如果是直接引用,要加引号。否则,以第三人称为主体的社区史编纂,突然夹杂第一人称的口述史内容,读来是十分不舒服的。

村史采访宜有详细的方案。带领团队进村调查,必须对乡村的现状与历史进行直接的研究,才有可能编纂出理想的村史。进村的第一任务是调查户口,了解村里人口的生老进出变动状况,理清村民的社会网络体系。村是一个大社区,内部人际关系相当复杂,互相之间有联系,某些人之间是亲戚关系,某些父母与子女关系不好,某些老人虽然不在了,但其子女仍在世。在聚居村,调查比较容易,可以根据门牌,了解各户人员状况,进而理清户与户间的社会关系。但在旧村拆除、村民分散居住的情况下,会增加不少难度。心中有一本账,就可筛选出重要的人物,分头采访,展开调查。须提供详细的村史采访主题,然后才可获得详细的材料。哪些是值得记录下来的,哪些东西是要留住的,这是村史采访中优先要考虑的,得细化出一个标准来,梳理出相关主题。历史就是发生过的往事,村史当然是村中曾经发生过的往事。百年以来,村民是如何走过来的,村庄是如何走过来的,职业如何由单一而多样化,村民的日常生活史,建筑形态的变化,这是观察村中历史变化的主要考察指标。当然,村是基层单位,村中的变化离不开国家政策的调整,往往是上面安排,下面执行操作。这种上下联动机制,是村史编纂中最值得关注的。将村中主要历史人物及其故事打捞出来,这是村史编纂的任务所在。

采访对象宜兼顾各方面。新村史是全体村民共同创造的历史,所以要包括全体村民的历史活动，这是一种权利意义上的理想境界。在实际操作中，难以达到这样的要求。作为一个行政村，户数多在四百左右，人数上千。数量如此之多，不可能有精力一一采访，且也不是人人愿意接受采访的，所以只能选择性采访一些人。人的社会地位有轻重高低之分，所以选择立传人物时会有社会地位或事迹重要程度的考虑。历史的建构类似天空星星的分布规则，既有大星也有小星，既有大亮点又有小亮点。村史编纂也如此，普通村人与有名村人均可记录下来，不过过于平凡的人不太好写，历史书写总会青睐重要人物。据我们的经验，小人物必须与某些事件联系上，才有可能被写进村史。村民口述史重在寻找村中值得记录下来的事迹，将有头有脸的村民口述史汇集起来。从典型人物入手采访，是村民口述史推进的最有效路径。如此，尽可能地将有特色的村民采访对象梳理出来，就成为首选工作。村民采访对象的分类，根据工作空间的不同，可以分为两大类：一是尚在村籍而在村外工作的人，可列入传记，采访重点是生平及事迹，同时可适当问一下与村史相关人物的历史信息，在形式上可考虑以自述代替他传；二是有村籍而在村内工作的人，甚至外籍而在村内工作的人，其内容要写入相关的章节，哪些人物是村中的典型人物，这是要加以界定的。总的来说要优先考虑三种人：村中能人或名声稍大的人物（如现任或退休村队领导）、年长的人、会说或记忆力好的人。具体来说，历届村队干部，如书记、主任、村委会主任、妇女主任、文书、会计、出纳、团支书、治保主任、民兵连长；历届生产队干部——生产队长往往是懂管理会带头做事的老农民，会计是一批有一定文化知识的村民；当官、经商、办厂、从学、参军的人；党员、村民代表，各行各业代表，分房分支代表。让不同年龄段的村民回忆对村的印象，可以看出不同时代的村落发展面貌。从采访角度来说，要找有社会责任感、热心的人采访；要找会说的人，他们的记忆信息量较大。口述史最喜欢会说的人，尤其是会说故事的人。采访是有目的的活动，只有目的明确，效率才会高。所以得找有线索的人采访，不搞平均主义。不太会说的人，一次采访即可；会说且信息灵的人，可以多次采访。那么，一部村史的编纂到底要采访多少人呢？这要看不同的情况，在聚居易采访的情况下，受访人员可以多一些；在分散的情况下，可以适当减少一些。从实际的采访来看，村史的受访对象，至少得有百人，百人是一个合适的数字。人数多了，工作量太大；人数少了，材料会不足。一个人有一个小时的口述，就可以将自己一生的主要事迹记录下来，这就是口述史的好处。

要用多专题采访。采访询问，尽量问受访人熟悉的东西，少问与其身份、交往层次无关的信息。人与人的差异，在于视野与关注点的不同，所以各人大脑储存的历史信息也不同。生活世界个体的大脑记忆主要是一种直接记忆，有一定的时空限制性，只能记住自己直接的所历所见所知所闻，见闻之外的信息必然稀少。口述人只能讲述自己熟悉人物的故事，不太可能讲其他不熟悉的人物。如此口述史采访的重点有二：一是问本人的故事；二是问交往圈中人物故事。每个人有自己的人际交往圈，上层可以得上层的信息，下层可以得到下层的信息。一般的口述史是专题采访，村史则是多专题采访。通史与专史是历史写作的基本手法，村史主要包括村综合与多专题两大块。专题可以突出村人在某些职业中的一段生活。口述史名单要分类型，要用分类专题集中采访模式。譬如知青史就可请一批人来村中，集中回忆知青生活，而不是目前的简单概括或表格罗列而已。企业史专题也如此。某些企业关闭了，有人会说，这些厂都关闭了，不值得写了。这种观念，与人死了不值得写一样道理。只要是村人办的企业，都应写进来。出于读书人的习惯，笔者特别关注考上大学的人。有的老人不解，觉得现在考大学十分容易了，谁家的孩子都可考上，而且毕业以后工作有时不稳定，近于失业人群，意思是不值得写。从长远的眼光来看，大学生是村产文化精英，是一个村的文化结晶，而且是一群有效的社会人力资源，当然值得写。甚至可以逆推父母情况，进一步寻找一些典型，了解子女教育事业，写入村史教育部分，如此教育部分也活了。做村大学毕业生名录，这是笔者的一大创举。以前常见的是表格体，现在要求成为名录，且要成为详细精确的简历，当然更有历史价值。在做两个村的大学毕业生名录编纂时，我们分别探索出了不同的办法。一个村是发放表格，让各户填写。因为他们同时在做家谱，所以可以这么做。另一个村则直接打电话来解决，先通过村中通讯录，获得大学生相关人的电话，然后直接打大学生本人的电话，通过电话采访，获得第一手简历资料。这样，解决了大学毕业生名录的采访任务。

要重视社区日常生活史采访。日常生活史是人类的常态部分，它是支撑人类生存与发展的基本面貌，但因为过于日常，往往为人类所忽视，是过往历史记录不重视的部分。村民口述史的采访，明确重视村民日常生活内容的采访。更为重要的原因是，村民是普通人物，往往没有轰轰烈烈的大事，只有日常生活。口述史只有着眼日常生活史视野，普通村民的历史才能显现出来。

采访流程要经过人为本位与事为本位两大阶段。人为本位阶段，采访名单的确定可分两批：一是活着的人，可以直接采访本人；二是已故的或思维、说话不灵的人，要采访相关人员（如配偶、子女、同事等）。只要认真采访，就可以获得越来越多的信息，这如同搜集文献史料一样。文献有时会存在无法追踪事件来源的情况，活人则不存在这种事，即使本人走了，也可问相关人。从信息搜集来看，口述史更容易。譬如我们团队曾遇到这样的事，第一次采访一对老夫妻，当时的重点是其丈夫，可惜他 90 岁，耳不好，说话不流利。夫人虽会说，但说不到点上，结果采访收获不大。后来因要采访他们已故世的、当过村书记的儿子事迹，考虑到其母亲思路清楚，决定从其母亲入手采访。后来再次去采访其母亲，果然成功，内容相当丰富。这就是口述采访的好处，找不到当事人，可以找相关人，从而了解某些历史信息。如果去图书馆找文献，有则有无则无，难以找到其他替代办法。

两个阶段的口述史，只是重点不同而已：前者是关于个人的，以个人故事为主；后者是关于公共的，以共同之事为主。人为本位，以自己事为主，他人事为辅，是一种综合性采访；以事为本位，则以他事为主，如果可能也会略微涉及个人之事。可见，两种采访模式实际是交叉的，后者更强调要找熟悉掌故的人。

要有内外联络机制。在村民口述史采访过程中，一定要建立一套联络机制，确定一个联络人。这个联络人由村史组老人负责最为合适，他们熟悉村中人物，可以起到联络润滑作用。否则在当下对生人越来越警觉、交易成本越来越高的"陌生人社会"环境下，采访团队贸然打电话或上门采访，会被人误认为骗子。等村中联络人联系以后，口述史采访队再预约采访时间与地点。有了前面的招呼，后面的采访工作就会顺利。在邀请村民来村委办公室采访模式中，则可以让村中联络员直接打电话叫受访人到村中接受口述采访。在确定采访名单时，要请村史组老人帮忙，可以让不同的人来推荐，村中人会对值得采访的人物有一个初步的判断。在具体名单确定时，也要仰仗村中老人。不过，项目主持人要有相信自己的独立判断，不能过分听信村办人员的意见。因为这些老人往往也是大历史、名人观念的接受者，让他们筛选值得采访的人时，他们仍然会选择村中或村产名人，而忽视其他小百姓。作为群体中的内部人，他们多年形成的成见也不少。这些有色眼镜会妨碍他们的选择，从而无法达到公正客观的要求。

采访的有效套路可经简述与详访两大阶段。初见受访人，大家彼此不熟悉，信息不对称，不知怎么问对方，这是新手面临的普遍现象。如何打开对方的记忆保险箱？以前常见的建议是，采访前要做好功课，对受访人有一个粗浅的了解，制定出采访提纲。此法可能适合专门的个案型采访，即就某人写成十多万字以上的口述回忆录。在以信息采集为目标的村民口述史中，此套路不具可操作性。因为要采访的人数太多，而受访人的确定有时是即兴的，不可能让你有较多的时间来提前准备。即使事前确定的人，事前至多只能了解一个核心主题，具体的经历与事迹不太可能提前做好准备。比较简易可行的办法是，采访活动开始的时候，让受访人简略地自我回顾一生的主要历程，这相当于自述小传。在此基础上，采访人在大脑中迅速形成一个粗略的采访提纲，然后针对感兴趣的时间段及其事件，展开更深入的始末及因果追问。如何采访一线普通农民，这是一个没有解决的问题。当我们怀抱人人可入史的理想，低腰准备好好采访农民时，发现坐在我们面前的农民不会说。他们可能一生在农村中生活，没有到外面活动过，简历十分平淡。就农业活动来说，就是那几样工作。生产队的农业生产似乎是最普遍也最没技术的活，农民样样会做但是不专业。农民数量多，特长不明显，于是容易被忽视。多数农民是一群文化层次较低、平时思考较少、记忆力偏差、表达力也差的群体，往往讲不好自己的人生故事。也难怪传统的历史书写，没有农民事迹的记录。还有一些因素也影响采访，譬如用常见的记者采访模式展开口述史采访，容易为大家所接受，但有时会让受访人形成一种可说可不说的假象，不知道这是在书写自己的历史，是必不可少的，所以最好要讲清楚这是口述史采访。也有人会说我们不要宣传，希望低调一些。我们的观念是，政治宣传可以低调一些，但历史记录不能低调。因为没有个人历史的记录，文本世界中就没有个体的事迹，就会出现失踪现象。由此可知，讲述自己一生的故事，录下音来，转录成文字，给更多人看，这不是所有人都能理解的。

要重视时空与故事框架。口述史是一种直接的当代历史研究，所以采访人心中要有一部当代史，将特定的人物与事件置于特定的时间段加以思考。所谓口述史，“口述”是途径，“史”才是关键。所谓史，是指用特定时空框架串联起来的历史故事文本。这有两大要素：一是要有时空框架，时间要用公元，空间要讲清精确的地名、单位名；二是故事化，得有前后过程及因果的询问。新手从事口述史工作，由于缺乏历史观念，没有时空框架，没有故事化理念，往往容易陷入闲聊境界之中。历史学社会科学化、问题化以后，反而将最基本的历史书写职能忘了，导致学生们不会历史写作。历史写作的核心就是时空与故事框架。

个体采访为主而集体采访为辅。村民口述史采访，村内熟人难担责，由外来专家组织的团队采访更为名正言顺。采访的方式，从受访人数量来看，一是个别采访，二是集体采访；从内容来看，一种是人物采访，另一种是民生采访。人物适合个体采访，民生采访可用群体采访。个人采访效率高，集体采访只能用于同主题的事。集体采访可以互相启迪，他们的历史记忆有一个恢复的过程。问话的顺序，可用顺叙法，完全按人生发展过程来讲；也可用倒叙法，即从现状说起，然后往上延伸，及于读书、工作诸多方面。每个人的历史感受不同，所以叙述程度也会不同。一个分散的村与一个聚居的村，采访的方式是不同的。前者只能分散采访，后者则可以集中采访。前者的口述史调查，是一个纵向的展开过程，所以队伍人员不必多，但前后次数会较多。村史采访中最大的难题是交通成本，家与村之间有较远的路，来回的路上要费不少时间，真正可用于采访的上午与下午时间，均不会超过 2 个小时。

录音与录像同步更理想。有的口述史采访起点高，直接用录像。不过仅有录像是不够的，仅有录像就会面临转录的困境。直接根据录像转录，数据容量太大，网络传输困难。我们的办法是，录音、录像同步进行。录音的好处是容量小，方便邮件传输，让人转录。要重视口述史录像。2013 年我们首次做劳模口述史采访时，只有录音，没有录像。到采访后期时，添置了一台 DV，每人只补录了十多分钟的录像。这次村史采访，观念大变，全程录像。因不懂纪录片制作原理，偏重采访过程的记录。2015 年，笔者提炼出“公众纪录片”概念，开始尝试视频制作构思，重视相关视频要素的拍摄。只有具备大量的视频素材，才可能剪辑出一部理想的村史纪录片来。

口述史团队要严格培训过。笔者向来主张口述史的门槛要低，以鼓励更多的人来做。不过，口述史要想做得好，自然得接受专业的训练。至于如何培训，笔者主张边实践边培训，用师徒制跟班学习，理论与实践同步，有时仅简单交代几句，就让他们上岗从事口述采访。从实际的情况来看，这样的培训效果并不太理想，还是需要加强专门的培训。口述史团队的组建要找对人，一定得找有口述史兴趣的人组成团队；如果没有事业心或没有较强的挣钱动力，队员难以坚持下来。口述史团队要经过较长时期训练，懂方言，会与人沟通，有好奇心，年龄适中，懂当代史（大环境），知道村的发展历程（小环境），这些是采访人选择时应掌握的关键素质。语言是一个相当重要的要素，南方的口述史采访，往往必须懂方言才可能参与进来；否则，无法适应。采访人年龄要大一些，约在50—60间，退休老师、公务员均可。譬如近现代史教授熊月之采访近现代史教授姜义华，写成《姜义华口述历史》。采访人年龄太小，有时难以与老人对话，相当多的话听不懂。当然也存在另一种现象，祖孙辈间的对话会比父子辈间对话更舒畅，也就是说中年人采访老人可能不如年轻人。要熟悉当代史，要有通盘整体考虑，要有历史判断力，要知道问什么。如果心中没有一部村史，则不知道要什么，自然不知道要采访什么内容。在采访中要有历史感，得知道哪些东西是可以进入历史编纂的，从而找到重要的采访线索与内容。记录人与转录人的选择，最好是思维反应快、打字速度快的人，听话能力决定转录能力。

既要有浅度采访也要有深度采访。口述史实际是一种对讲活动，采访人要会与人沟通，要诱导别人讲出他的历史故事，不是谈他对别人或自己的整体印象，而要是讲出他的具体事迹或故事，于细微处见精神。采访人的询问，可能打开受访人大脑封存的永久记忆。采访的深度取决于采访人的思考与追问，口述史不是简单的你说我录。如果采访人没有问题意识，只会简单地问简单地听，其结果只能采访到浅层次的信息；如果会追问，多问一个为什么，就能采访到有深度的东西。口述采访可分浅度采访与深度采访，口述史不可能一次性完成；相当多问题的理解，需要进一步拷问，也就是说有一个深度研究问题。研究越深，问得越深，收获越深。事前要对受访人有初步研究，采访中要及时研究捕捉临时讲出来的有用信息，事后整理仍得进一步梳理重要信息——哪些没有弄清，以便下一步补充采访。采访过程中，采访人的嗅觉要相当灵敏，遇到有采访价值的线索，要及时捕捉。笔者曾让一个团队人员采访一位大学老师，事后阅读其转录稿时，发现最后那位提及其弟是一位著名的中学老师，我觉得是一条重要的进一步采访信息，但那位团队人员却发现不了。这就是眼光的不同。

要建立记录、转录的详细规则。口述史采访记录有当场记录与事后转录两种基本方式。在采访人、记录人、转录人分离模式下，采访人心中清楚要什么不要什么，但记录人、转录人往往不知道，彼此信息不对称。为了方便记录人、转录人的理解，采访人最好要有一个采访提纲。如果是当场记录，记录人要会问，凡不懂的地方均要发问。回家后，记录人要重新听一遍录音，补充相关内容。在一人组模式下，采访与记录相兼，可以弥补角色分离所带来的信息不对称问题，但仍要求回家听录音补充相关内容，这既可补充来不及记录的信息，也是一种再思考。当场记录与事后转录结合，可以发挥两者的优势。一人组，只管采访与录音录像，事后请人转录。当场记录与事后转录哪种效果好些？当场记录的优势是速度快，直接完成了“从口语至文字的转换”[1]，且可以保证人名地名的准确性。当场记录容易出现的问题是，受访人语速快，记录人打字慢，导致记录人无法全部记录下来。尤其是容易受大学课堂记录习惯影响，往往成为要点记录，一次才记录两千左右文字，内容过简，没有多大价值。有时要求记录人事后重新听录音整理过，但因不懂口述记录格式，重新整理的效果仍不理想。何以如此？这里有一个记录模式的转型问题，口述史记录不能使用课堂记录模式。在课堂记录模式下，记录内容是为自己备忘用的，内容是经过记录者大脑过滤的，表达方式也是记录者习惯的第一人称的要点记录。这样受访人完整的思路与表达方式，到了记录人手里成为没有句型的要点记录。这种要点式记录是不符合口述史要求的。在口述史记录模式下，记录者就是传话筒，代人说话，要完全照着受访人的讲话顺序与习惯来记录。使用大学生做口述史记录人，最需要训练的就是记录习惯，要实现由第三人称的要点记录到第一人称的口述记录的转型，不是那么容易的事，得有一个接受与改变过程。当年白寿彝请助手，要求高中生即可，而不是大学生，其原因盖在此。请人转录的优势是文字效率高，采访一次至少可转录得五六千字，甚至上万。其不足是比较费时，一个小时的录音，可能要五六个小时来转录。当然，如果有专职速录师参与，自然更理想，只是经费成本较高。而且，人名与地名的准确率低，他们是根据同音来记录的，采访人看时需校对一遍。哥伦比亚大学找研究生做张学良口述史转录，据杨天石说，因为听不懂东北话，错误百出，不堪使用。他们整理出版《张学良口述历史》七卷本时，全部重新转录。[2] 如何解决要点摘要的转型问题，可以考虑从转录入手，先做转录，再做记录，这样更容易让他们找到口述记录的感觉。此外，口述史转录稿的署名格式也要规范。题目称为“×××口述史”，下面的署名方式，依次是——口述：×××；采访：×××；记录或转录：×××；时间：××年××月××日；地点：×××。正文格式用对话模式，每段写清采访人、口述人的名字。这样的格式，既适合独立的口述史模式，也适合专书编纂中的段落切割使用。署名格式容易出现的问题是，用姓或字母来代指，这种模式不适合编纂，一旦截取一段材料，会出现不知道谁在说话的现象。

3　村民口述史的意义

关于口述史的意义，学界已经谈得不少了，这儿结合村民口述史实践，再补充一些。

口述史使普通人通过口述就可以留下历史。口述史的本质是人人参与，讲述人人所

---

〔1〕 陈墨：《口述历史编纂的“口语形态”问题》，《当代电影》2014 年第 3 期，第 74—77 页。

〔2〕 张双：《〈张学良口述历史〉首次系统出版，共 7 卷》，《山东商报》2014 年 9 月 9 日。

认知的历史,人人的历史都是历史。口述史的重点是当代历史记录,口述仅是途径而已。因为当代历史记忆存在于人类的大脑之中,必须直接从大脑中提取历史记忆。大部分人不会写作,只能通过口述来完成历史记忆的文本化过程。口述史解决了书写公众史的技术障碍,可以直接从大脑记忆中搜集历史。凡人不会写但一定会说,它天生是为公众打造的再现历史手段。口述史使人人参与历史记录成为可能,但人人参与不可能自动实现,得有机制、渠道保证其实现。有了口述采访安排,他们就有机会说话,叙述自己的历史。口述史是当事人说的,但说什么内容取决于采访人的引导。当事人参与历史建构,村民的自我叙述直接构成了历史叙述,这是以前不多见的新现象。以前只有专家在建构,当事人往往被排除在历史建构之外。口述史让当事人得以用自己的话讲述自己的过往故事,这才是引起大家对口述史建构真实性怀疑的原因所在。有了日常的普通聊天,为什么还要有口述史?因为性质不同。生活中的普通聊天,只能就当时某一件事聊,而口述史则是在大时空框架下的、故事化的聊天。也就是说,话题的时间段长短是不同的,口述内容也是不同的。长时间的聊天只能得到粗线索,短时段则有可能详细。同样一个小时的聊天,口述史可以对一个人的一生有一大概的了解,而普通的聊天只能获得一个片段认知而已。亲人们成天生活在一起,但对其工作生活历程的了解其实只是一个片段而已。有了时空的延伸,就可架起时空轴,从而定位某一人。这样的回观性认知就是历史认识,有别于普通认识。现代人退休以后,其人生格局就定了,所以古人有"盖棺定论"说,今日则可"退休定论"。采访人的询问,可能打开老人封存已久的记忆。口述史往乡村走,是一个十分正确的路径。采访不同的人,显得很辛苦,但非常重要,可以获得不同的历史信息,这是一种民间历史采风活动。有了这种机制,老人得有机会讲述自己的历史认识,否则老人的历史记忆就浪费了。从退出工作岗位来说,老人是"废物"了,但从历史记忆提供来说,老人是活宝。他们一生的经历,留下了丰富的人类记忆。口述史的发明为公众史记录提供了可能,人人的历史均有可能留下来。

口述史能挖掘出当代人的历史表述。口述史采访很辛苦,有时遇到一些不会说的人,会让人怀疑口述采访的意义;但遇到一个会说故事的人,真的是叹服口述史的发明。采访越多,越感觉到做口述史是必要的。首先,他们会提供丰富的历史故事,这些历史故事是别人想编也编不出来。这应验了那句老话,真实的历史本身就很精彩了,用不着编。其次,可以得到当代人对当代史的认知与表述。生活世界的人对其所知生活与历史有自己的认知与看法,这些由直接的观察思考得出来的结论,有时相当到位,可以成为后世史家研究的参考与验证。只是以前他们没有机会表达,或只能在小范围口头叙述而已,无法被保存下来。村民口述史提供了这样的机会,让他们得以说出自己的认知。笔者曾采访一位近 90 岁的原妇女主任,她说的话不多,但表达十分到位。譬如说及解放前夫家的贫穷程度,称"用竹桶装米";说及婆婆不肯让孙子当家后,她说"大墙门谁给我们管呢?我儿子管大墙门去”。“我们开会去,被子家里拿不出的,大地农地方借一条去。……被子自己家里只有一条,带去的话家里没有盖了。”这样朴素的精确的语言表述,是别人想象不出的。口述史也可以保留生活世界的一些方言俗语。笔者曾采访一位老人,说及此前想采访他的弟弟,但没有被接受。他摇摇头说:我与这位弟弟“各爹各娘”。这句宁波土话就比普通话的表述简洁,可以说保留了古汉语的特点。要知道,后世史家的研究之所以显得高明,仅是因为综合了多个前人的认识而已。

口述史提供了通过个人史观察群体史的窗口。口述史是从新闻采访中发现的,新闻报道的中心是人,口述史的中心也是人。人类既是独立的个体,又是群体一分子。口述史是个体化的,是个体的人在口述,是历史主人公在叙述历史。口述史能提供生活视角,以人为中心,展开故事情节。普通人喜欢从生活中人的网络关系来理解其人生故事,口述史的任务是将不同个人的历史生活记忆打捞出来。个人史的出现也改变了群体史的建构方式,以前往往用组织本位来理解历史,现在则可以通过个人史来呈现。即使重大事件也是通过个体记忆来呈现的。历史是人类历史,人类历史是个体历史。个人史是一切建构的基础,群体史是建立在多人叙述基础上的。抛开人的社会地位,人就是人,是一种地球生物。人首先是群体动物,是人际交往圈中的个人。以个体为中心展开观察,就可以打开其特定的人际交往圈。异代修史,长处是可以超脱利益,写出当代因利益而避嫌不敢讲的东西。至于其他方面,当然是当代强于后代。当事人强于局外人,他拥有由内而外的视野,可以了解当事人人脉交往圈子中相关人物的信息。每一个人都有自己的交往圈子,对圈子中的事最了解,这就是个人史“以一带多”的效果。历史是当事人的历史,当事人最了解事情过程及相关的社会关系。譬如村干部,没有街道的支持,没有同道的支持,是难以当上的,这种认知,旁人有时是无法理解到的。一个人有一个人的圈子,无数个人有无数个圈子,每个圈中有无数的节点。无数的圈子与无数的节点就构成一个很大的群体面,从而织成网络状的群体历史。总之,以个体及其家族为中心,可以观察到村史面貌之大概。

口述史让文本的书面表达更多样化。口语与书面语的差异似是一个形式问题,实质是语言的多样化与文字的统一性问题。几千年以来的文字作品中,规范的书面语表达是强势的范式,口语化的表达处于被排斥地位,被视为俚俗。现在,通过语言转译而来的口述史作品越来越多,就带来了文本表达的多样化问题。承认口述史的合法性,就得保持语言的多样性。口语与书面语是两种不同的表达方式,各有各的优势与缺陷。口语简单,容易重复;书面语简洁,容易复杂。从表达的直接性来说,口语的表达更为到位,可以一句话点到要害。文献是经过过滤的东西,生活世界的认知是一种直观认知,而文本世界的认知是一种直观加推理的认知。语言是人类使用频率最高的表达工具,是人类专有大脑数据库信息外输的工具,它是活态的。人类思考结果的文字表达与声音表述方式是不同的,前者是活的,后者是死的。从更深层的意义上说,这个问题涉及口述史中国化中最大的理论问题。最近几年经常听到口述史中国化呼声，问题是口述史理论为什么要中国化，这个问题显然少有人思考过。在笔者看来，之所以要求中国化，是因为西方口述史理论有不适合中国的地方。哪些方面不适应中国而必须中国化？最主要的是中国语言与文字的二元隔离问题。不同于西方表音系统的声音与文字合一传统，表意的汉语系统的日常语言与书面文字是不统一的，这就带来了一个如何看待口述文体问题。在中国做口述史，会遇到个人语言与通用文字表述上的差异问题。记录者往往使用通用标准书面语言，而受访人的口头语言往往是个性化的。个人语言的多样化，在生活世界不成问题，但在文本世界却一直是忌讳。口述史的出现，对个人话语权的肯定，就出现了一个口语化文字表达问题。要不要规范口述史语言？我们的看法是不必过于规范，只要表达能理解就可以了。说白了，语言与文字均是表达人类思想的工具而已，不存在高低之分。只是历史的世界是一个文本的世界，所以文字成为强势工具而已。如果口语化文字表达得以肯定，则口述史转录稿、编纂稿如何做，也就心中有谱了。否则强行将口语改成书面语，那是十分痛苦的工作。口语的出现，让书面语的表达形态更加多样化，这是一个今日保守人士尚无法接受的问题，相信未来一定会逼着人来接受。

口述史提供了直面生活世界建构文本的模式。以前都是通过文献再现历史，现在则直接倾听当事人讲述人生故事，帮助其总结历史经验，直接从当事人大脑记忆中寻找历史信息，然后思考建构问题，这就是史学研究工作的前移。由整理历史资料到梳理历史记忆，这是历史建构模式的拓展。一个人什么时候成为被研究对象，这有一个时间观测点。当代口述史的出现，使历史研究工作提前了，不必被动地等到后代再来做。口述史的发明使当代人有机会成为研究对象，当个人成为采访对象时，就进入了历史记录的轨道。生活世界中的人的习惯，斯人消失了就不再提起；而历史学家的习惯则是将消失的人与事重新打捞起来加以研究。口述史不是简单的你说我记，而是一种当代的直接的历史研究模式，离生活世界更近。研究口述史文本的人，实际只看到了结果。其实最核心的环节是采访过程，与当事人面对面，听他回顾自己的一生。采访人通过大时空框架背景，判断其重要程度的高下，然后进一步询问某些过程与细节，从而思考如何建立文献系统。直接的历史研究可以个人为中心，打通其人际交往圈子，将当事人交往圈中的人物呈现出来，从中筛选出有传承价值的人物与事件。这样的直接历史建构可能更为全面，能留下更有价值的历史信息。口述史面临的是梳理人类大脑记忆问题，对这个问题的思考远未完成。有了口述史，历史研究也就由传统的通过文献来进行的间接研究变成现代的通过“倾听”当事人的大脑记忆来进行的直接研究。

口述史开辟了当代历史文献建构之学。口述史之妙在于在没有文献处建立历史文献，让从来不受记录关注的人物及其历史得以记录下来。物以稀为贵，人以近而贱，记忆似乎最不值钱，人人拥有。一旦失去，方觉珍惜。口述史的提出，将挑战人类的习惯，它重当代、重常态。这超越了传统研究型史家的职责，要恢复当年史官精神。现代新史学，既要有史家精神，也要有史官精神，史官的本质是职业历史记录者。人类的历史活动，如果没有文献加以记录，就无法传承下去。人类创造了历史，但历史本身瞬间即逝。你走得越远，做得越多，失去越多。要想留住，别无他法，就要将之记录下来，成为文本，这就是历史记录者的任务。在几千年中，政府及其精英有文献记录传统，民间与大众人物向来没有文献记录传统，口述史的出现使民间与民众的历史得以建立文献系统来。民间与民众的文献记录系统为什么一直建立不起来？主要原因是民间力量太弱，缺乏组织性，缺乏历史意义的提炼，觉得没有必要记录下来。个人记录的重要性，一直未被普通人认知。民间识字人少，历史记录人更少，不识字且不会写作，自己不重视，别人更不重视，也就失去了进入历史文献系统的机会。口述史的发明使不会写作的人靠言说就可叙述自己的历史，从而得以建立自己的文献系统。传统的文献学是文献整理之学，而口述史则是历史文献建立之学。当代史家要关注历史文本建构学研究，而不是将前人文献当作研究材料而已。生活世界是如何进入文本世界的，又是如何被建构起来的，这种历史文献建构技术及其学理才是值得我们研究的。[1] 有人认为，以前的历史文献建构，多由史官、史家直接操纵，其间内幕如何，外人不得而知，后人只见历史文献成品，忘记了它源于大脑记忆的加工过程，自然会觉得客观可信；口述史直面当事人，直面文献的建构过程，这就会看到一些更直接的内幕现象，从而怀疑口述史的可信性。[2] 怀疑口述史真实性的人，几乎都是作壁上观的口述史外行。一旦实践过口述史，绝对不会这样说。记忆是真相的承载体，连记忆都否定，那真相靠什么来承载？当然，个人记忆难保全面，但这是基础。有了这个基础，才可谈真相的把握。个人对某些特定事件如抗战之类的回忆也许有出入，但其人一生事迹大体不会出差错的。个人记忆最要紧的是能够建构起个人的人生轨迹，而不是某些重大事件。口述史的内容，百分之九十以上是可信的，个别的出入或放大完全在正常尺度之内，不必大惊小怪，世上没有百分之百真实可靠的历史文本。何况，复杂的口述史建构从来不是单一的，而是口述与文献相结合的。只有当受访人完全没有文献的情况下，才会完全依赖口述史本身。这可能是一种更为全面的研究，因为在文献之外多了历史当事人的口述。既然发现了口述史，我们就得直面思考文献建构诸问题。当年是国史建构，今日面临的是民史建构。理论上说，从大脑记忆中来的信息，不管是写出来或讲出来的，都一样面临如何过滤与表述问题。君史与民史，上下层固然不同，但同样面临利益回避问题，直笔的提出正是为了解决曲笔。曲笔是生活世界利益要求的结果，有些话不好说、不能说，涉及利益。

---

〔1〕 左玉河的《历史记忆、历史叙述与口述历史的真实性》（《史学史研究》2014年第4期，第9—21页）就是这样一篇讲究学理分析的文章。

〔2〕 刘仰：《口述历史并不一定真实》，《环球时报》2015年9月10日。朱桂英：《口述历史：记忆并不能为历史真相把关》，《新京报》2011年12月17日。

直笔是文本世界的理性要求，文本世界中只有死人没有活人，所以能放开胆理性地看问题。村史是当代史，写人与人之间的是非，可能招致不必要的麻烦，所以村史初稿出来，要印上几十份，让不同层次的人来审核，避免不必要的麻烦。总的说来，新村史项目同时实现了多项功能，替每村采访一百个人，就是替百位村民录了音，拍了录像，建立了百人的历史档案。可以说，新村史编纂是一项综合性文化工程。

历史记录是一个极具发展前景的文化服务行业，它可以为无数当代人留下记录，也可以为当代人创造无数的就业机会。从这个角度来说，它是可以成为一种硕士专业的。与历史研究相比，历史记录更为重要。如果现在不去研究，后人还可以研究；如果现在不做历史记录，则失去了进入文本世界的机会，后人就无法研究。档案馆的发展也可考虑借助当代历史记录来扩大内涵，不能仅守株待兔、收藏现成政府档案。根据馆藏档案，进一步采访当事人，就可活化档案管理，成立专题信息库。

口述资料在地方志编纂中的应用研究
——以续修《北京志》编纂实践为例

◎宋英伟[1]刘玮静　易青青

摘　要：

在地方志编纂中应用口述资料是修志的优良传统。通过对1957—2014年的关于口述资料在方志编纂中应用的研究文献进行梳理，对比分析了两轮《北京志》编纂应用口述资料在观念、理论研究、操作方法上的不同，列举了几个续修《北京志》中使用口述资料的案例，指出口述资料在志书编纂使用中面临的问题及应对建议。

关键词：

口述资料；《北京志》；应用案例；存在问题；建议

Application Study of the Oral Historical Materials in the Local Chronicles Compilation Research

——Taking "*Beijing Gazetteers*" Compilation Practice as an Example

◎　Song Yingwei; Liu Weijing; Yi Qingqing

Abstract:

The application of the oral history materials in local gazetteers compilation is a good tradition. Through reviewing the oral historical literature of local gazetteers in 1957—2014, the difference of oral materials in terms of concept, theory and method between two edited *Beijing Gazetteers* was comparatively studied. Several oral application cases used in supplementary *Beijing Gazetteers* were listed. The problem and resource of the oral historical materials faced in local gazetteers compilation were pointed out.

Keywords:

the Oral Historical Materials; *Beijing Gazetteers*; Application Cases; Existing Problems; Giving Suggestions

地方志是按一定体例，全面记载某一时期某一地域的自然、政治、经济、文化和社会历

[1]　作者简介：宋英伟（1970—），女，北京市环境保护科学研究院高级工程师，环境科学博士，主要从事环境保护志、环境史研究。

史与现状的资料性文献。“文献”的“文”指档案记载的文字资料；“献”通贤，指有才有德之人的见闻、言论及经历。地方志编纂为求资料真实可靠，遵循“凡事要好，须问三老”的古训，往往事“陈载籍，究掌故，以间诣诸缙绅学士，扬榷三秋。召三老力田，人人得言，所见猎而收之，因为编次”[1]，以保证志书所用文献的真实。由此可见，地方志从诞生之初就与口述资料结下了不解之缘，方志界也从来没有停止过对口述资料的研究。

民国的蒋藩在《方志浅说》中提出修志二纲和采访四术，二纲：一曰采访要正确，二曰编纂要精严；四术：一曰躬亲，二曰专治，三曰择要，四曰耐劳。[2]

20 世纪 50 年代开展新编方志工作，将社会调查收集的口述资料应用在方志编纂中的方式受到一定程度的重视。由河北省昌黎县县志编纂委员会和中国科学院语言研究所合编出版的《昌黎方言志》，其资料主要由调查采访所得。该书是中华人民共和国成立后编纂的第一部方言志，其内容吸收了过去几十年间汉语方言调查的经验，重视方言词汇和民间口头创作材料的应用是其主要特色，这是新编方志运用口述史理论方法和资料编纂方志的典型实践和成功范式。[3] 比较有代表性的还有浙江省丽水县县志编委会编纂的《丽水县政治志》，它的编写时间却正处于山雨欲来的“文革”前夕。县志编委会于 1965 年 10 月份编写成了书的初稿，进行了深入、细致的社会调查，保存了一批珍贵的口述资料。

20 世纪 80 年代后，随着现代口述史理论、方法的传入，许多学科领域及民间历史研究团体纷纷运用口述历史方法丰富自身历史的维度，此时又恰逢全国普遍开展地方志编修工作，方志界对口述资料及其成果的运用也做了一些理论研究和尝试。

1　口述资料在地方志领域中的文献研究进展

在知网的“高级检索”中全文、模糊检索 1957—2014 年间“口述资料”并含“地方志”论文，共计 7102 条，按照学科分组检索，涉及 40 个学科，发表数量排列在前三位的是中国近代史(990)、中国民族与地方史志(953)、中国文学(449)。

按照发表年度分组检索的结果见表 1；为了直观、形象地了解发表的论文数量随着年度(1978—2014 年)的变化规律，制作了图 1。从研究层次分组看，主要集中在基础研究(社科)的有 6047 篇；按照数据来源分组检索，中国学术期刊网络出版总库有 2722 篇，中国优秀硕、博士学位论文全文数据库有硕士论文 2941 篇、博士论文 1308 篇，其余的是会议论文、特色期刊、报纸。

---

〔1〕 张英聘:《口述史与方志编纂》,《史学史研究》2014 年第 2 期，第 117—123 页。
〔2〕 刘希汉:《口述史入编新方志探微》,《中国地方志》2007 年第 1 期，第 53—57 页。
〔3〕 张英聘:《口述史与方志编纂》，第 117—123 页。

年份	1957	1958	1963	1978	1979	1980	1981	1982	1983	1984
篇数	1	1	1	2	8	4	6	14	12	11
年份	1985	1986	1987	1988	1989	1990	1991	1992	1993	1994
篇数	8	11	13	13	10	7	15	8	5	14
年份	1995	1996	1997	1998	1999	2000	2001	2002	2003	2004
篇数	25	20	18	28	32	41	41	81	118	184
年份	2005	2006	2007	2008	2009	2010	2011	2012	2013	2014
篇数	250	303	417	496	532	732	859	898	968	899

表 1　知网全文检索 1957—2014 年间,"口述资料"并含"地方志"论文发表情况[1]

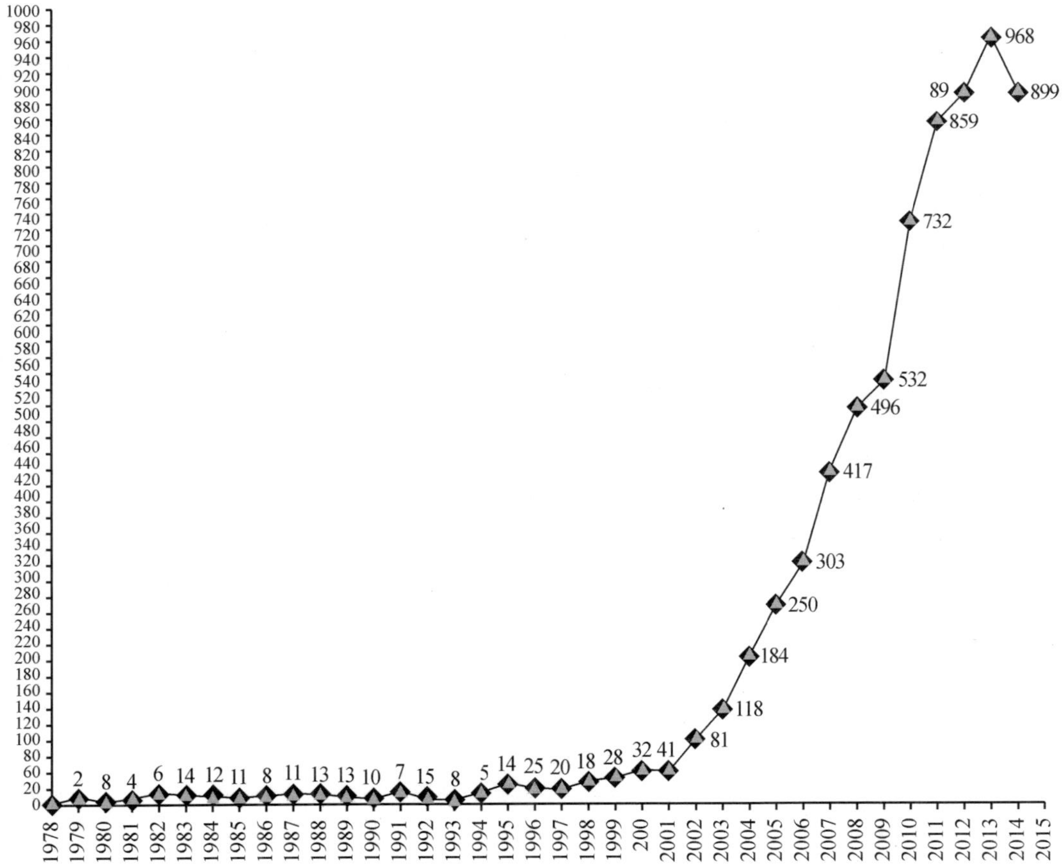

图 1　知网全文检索 1978—2014 年间"口述资料"并含"地方志"论文发表情况

〔1〕 资料来源知网。

1986 年《近代史资料》一书中,仅仅提到“三十多年来,口述资料向国内外研究近代中国的文史工作者、学术团体、地方志编纂单位等提供了大量珍贵可靠的史料”,严格意义上说还不能算口述资料涉足地方志领域。1990 年,邓清兰撰写的《如何编修教育志》一文中,提到了口述资料是志书三大资料来源之一。[1]

1986—1994 年发表的文章多侧重于如何编写志书,口述资料仅仅是修志过程中一条收集资料的渠道。

1995 年,宋瑞芝在《史学理论研究》上刊发的《口述史学在史学研究中的功用》一文中提及中国古代有一种口头的资料——“语”。《国语·楚语上》记申叔时向楚庄王谈教育太子的内容包括九种,语即为其中之一。1998 年,李南星刊发《口述档案和抢救“活档案”》;1998 年,逯丁艺的《博采口碑资料,丰富方志内容》,认为由于战争、“文革”与诸多的因素,修志工作者必须走出机关、深入社会、拜访普通百姓,做广泛而细致的社会调查,博采口碑资料,编纂社会主义新型方志;1999 年,宛若亮对“口述档案”若干问题进行了辨析。

2002 年,曹幸穗讨论了“口述史的应用价值、工作规范及采访程序”[2],认为口述史项目应按照项目准备、实地采访和资料整理收藏三个相互关联的阶段来进行。

2003 年,中国社科院推出了《口述历史》丛刊。2004 年下半年,中华口述历史研究会的成立,标志着中国的口述历史研究有了一个初步的交流和推进平台,口述历史工作迎来了开展的重要契机,开始蓬勃发展起来。另外,这两年,全国首轮地方志的编纂工作也进入收官、总结阶段,第二轮处于启动阶段,因此,口述历史在地方志领域里的研究论文数量有了明显增加。杨红军在《收集口述历史资料的必要性及方法》一文中详细介绍了当事人、知情者记忆或在群众中口头流传资料的重要性以及收集资料的方法。[3] 张广智的《“把历史交还给人民”——口述史学的复兴及其现代回响》一文,强调了口述史学是一种普通民众而非精英人物的史学,是一种由大众直接参与而又为大众建构历史的历史学,这对众手成志的地方志编纂有很好的借鉴作用。[4] 尤岩的《论第二轮修志与民间文化保护的互动效应》,以地方志资料(含口述资料)的收集与整合为核心,通过对 20 世纪以来史学观念的嬗变、民间文化价值认知的分析,探讨了地方志文本重构的问题。[5] 齐红深的《留住历史的记忆——关于日本侵华殖民地教育口述历史调查与研究》介绍,该项目搜集到

---

[1] 邓清兰:《如何编修教育志》,《教育科学研究》1990 年第 3 期,第 28—29 页。

[2] 曹幸穗:《口述史的应用价值、工作规范及采访程序之讨论》,《中国科技史料》2002 年第 4 期,第 335—342 页。

[3] 杨红军:《收集口述历史资料的必要性及方法》,《北京档案》2003 年第 2 期,第 34—35 页。

[4] 张广智:《“把历史交还给人民”——口述史学的复兴及其现代回响》,《学术研究》2003 年第 9 期,第 98—103 页。

[5] 尤岩:《论第二轮修志与民间文化保护的互动效应》,《中国地方志》2004 年第 1 期,第 17—21 页。

1200位老人的口述历史和3000余件历史照片、实物，建立起日本侵华殖民地教育资料中心。[1] 口述资料的挖掘，多是作为文化遗产的构成及特色馆藏、方志馆、图书馆的资料补充。

2005年，王炎《海峡两岸的口述史研究与交流》这篇文章认为，海峡两岸口述史刊物与口述史成果的交流，标志着一个新的口述史研究热潮的到来。[2] 事实的确如此，2005年以后，关于口述资料研究文献的数量呈现逐年提高的趋势，2013年达到峰值968篇。

2007年，大批的学者在探讨口述史如何用于志书的编修，比较有代表性的如：陈华的《口述历史对志书编修的启发》，重点回顾了口述历史在地方志工作中的应用。[3] 刘希汉的《口述史入编新方志探微》，从口述史的渊源说起，论述口述资料在古代方志中的利用，以及现在流行的口述史热；其间兼及论述口述史的分类及性质和特征，指出首轮修志中口述史方面的不足及原因。[4] 刘善泳的《口述史在地方志领域的地位与价值》，着眼于地方志和口述史的关系，讲述地方志在各个发展时期不同程度地运用口述史成果。口述史方法在地方志领域的运用，可以填补文献资料的空白，弥补文献资料的偏差和讹误，完善地方志记述的内容，有利于正确认识并科学反映事物。[5] 黄玲结合《深圳市志》的编纂，分析了新编志书与运用口述历史的关系，指出新编志书应重视运用口述历史，探讨运用口述史的理由和可行性。[6]

2009年以后，人们对地方志领域内关于口述资料的研究就不仅仅是停留在用不用的阶段了，而是研究如何更规范、更科学地利用口述历史。李玉平认为，口述历史在地方志工作中的运用，应做好准备、采访、整理、使用四个阶段的工作。[7] 张文从《我的抗战：300位亲历者口述历史》提出了关于构建地方志口述资料库的设想[8]。地方志口述资料库是地情资料库的拓展；它以社会各方面为基本内容，以重大历史事件、重要人物或重要学术意义的题材为重点内容；其资料采集方式可分为地方志机构主导型和社会资源整合型两种，通过不同的采集方式，挖掘整理已有的口述资料，征集新的口述资料，建立属于地方志的强大的口述资料库。在此基础上，通过志书、地情书、纪录片、各大传媒、博物馆等形式的深度结合，创新和完善“立体修志”模式，最大限度地复原丰富鲜活的地域历史。

---

[1] 齐红深：《留住历史的记忆——关于日本侵华殖民地教育口述历史调查与研究》，《中国地方志》2004第1期，第59—64页。

[2] 王炎：《海峡两岸的口述史研究与交流》，《扬州大学学报（人文社会科学版）》2005年第2期，第28—33页。

[3] 陈华：《口述历史对志书编修的启发》，《中国地方志》2007年第1期，第47—52页。

[4] 刘希汉：《口述史入编新方志探微》，《中国地方志》2007年第1期，第53—57页。

[5] 刘善泳：《口述史在地方志领域的地位与价值》，《中国地方志》2007年第9期，第58—61页。

[6] 黄玲：《关于在新编志书中运用口述历史的探讨》，《中国地方志》2007年第9期，第51—55页。

[7] 李玉平：《关于口述历史在地方志工作中的运用》，《广西地方志》2009年第6期，第7—10页。

[8] 张文：《关于构建地方志口述史料库的设想——从〈我的抗战：300位亲历者口述历史〉谈起》，《广西地方志》2012年第5期，第41—45页。

2013 年，王熹针对第二轮方志编纂中存在的问题，阐述了口述资料入志应注意的几个细节，具有很强的操作意义。[1] 黄玲撰写《关于在新编志书中增加口述史资料分量的探讨》[2]，研究的主题已不是运用口述资料的理由和可行性，而是着眼于增加口述史资料分量的问题。

综上所述，口述资料入志，是由最开始的不自觉，逐渐发展到自觉地寻找运用的理由和可行性，直至当前深入研究如何使用口述资料。这个发展过程说明，口述资料在地方志编纂中的应用是大势所趋。

2 口述资料与《北京志》编纂实践

1949 年后，特别是近二十年来，国运兴盛，北京发生了日新月异的变化，修志也进入了一个新时期，新修志书分类之细、种类之繁、篇幅之大，达到了高峰。本文拟从口述史的角度，以《北京志(1949—2010)》的编纂为例，从两个方面进行论述：其一，两轮志书编纂使用口述资料的区别；其二，口述资料在续修《北京志》中的应用案例。

2.1 两轮志书编纂使用口述资料的区别

新编《北京志》的编纂分为首轮、续修两个阶段。

首轮《北京志(1949—1990)》编纂始于 1988 年。规划《北京志》有 154 部分志，区(县)志 18 部(册)，共计 172 部，已出版 165 部，约 1 亿多字。

续修《北京志(1991—2010 年)》启动于 2008 年底。下设分志 67 部、区县志 18 部，共计 85 部。截至 2015 年 9 月，完成初审稿 55 部，已出版 1 部。续志断限内，正是北京飞速发展的 20 年，其间经历了一系列重大的历史事件。如 1995 年开始的三次政府机构改革、1998 年的大气环境危机、2005 年关于“要首钢还是要首都”的争论、2008 年举办奥运会、关停并转迁的国有及民营企业等等，这些历史事件，如果只根据档案、文献资料来记录，就有很大的局限性。因为，有许多鲜活而有价值的背景资料进不了档案。如有关北京最初关于机动车总量的控制，“国 1”标准的出台过程，灵活、及时地载入一些真实的口述资料，可以帮助二轮志书完整地反映纷繁芜杂的社会变化，因此，口述资料的应用在二轮志书中得到进一步的重视。与首轮志书比较，其显著变化是口述史的观念得到领导层的重视，方志中口述史理论研究深度有所加强，操作更加规范。

首先，高层领导更加重视口述资料。中国地方志指导小组在部署二轮方志编纂时就

[1] 王熹：《论口述历史资料与二轮方志纂修》，《当代中国史研究》2013 年第 6 期，第 103—109 页。
[2] 黄玲：《关于在新编志书中增加口述史资料分量的探讨》，《中国地方志》2013 年第 10 期，第 38—40 页。

明确提出"应重视社会调查,注意收集口述、音像等资料"[1]。常务副组长朱佳木多次强调:"地方志编修的学者,应当高度重视口述史工作,并和口述史学的研究者密切合作,共同推进口述史学科的发展。地方志当代部分的编修,恰恰是最适宜运用口述史方法的领域;同时,地方志编修中的当代部分,也是口述史最能大显身手的时段。"[2]领导的重视加速了口述历史的研究机构的构建和宣传、培训工作。北京地方志办公室开始在方志馆内成立口述历史部,并开展有关口述历史的收集、整理、保管、研究工作,不定期地召开研讨会,并在全市范围内对编纂人员进行口述专业培训。

其次,开展口述史的理论研究。《北京市地方志(双月刊)》开辟了"口述历史"专栏,有计划地发表一些口述历史项目,刊登有关的理论和工作经验的文章,不仅为修志同人们提供一个交流、学习口述史的平台,而且为修志(或方志馆)积累了资料。为了推动口述史理论研究与交流,更好地收集和利用口述资料,发挥口述资料在第二轮修志中的积极作用,北京市地方志办公室设立了相关研究课题,如《关于二轮志书如何体现时代特征、地域特色研究——以正在编纂的二轮东城、崇文区志为例》《抢救历史、开放修志——北京工业口述资料在二轮志书中的运用研究》《口述资料在环境保护志书中的运用研究》等。

第三,口述资料的采集更加规范。首轮志书编纂中由于多年养成了入志资料以文献档案为主、口述资料为辅的习惯,口述资料常常充当"救火员""应急者"角色,遇到断线处或者史料不清楚的地方,修志人员临时找"三亲"人员来回忆,以手记甚至脑记的方式存留回忆记录,少数有录音带的,品质与保存情况也都不尽理想。作为档案资料的查询线索或补充漏洞,口述历史的收集工作带有很大的随机性、无序性。这样就事论事收集的口述资料难免是碎片化的、不严谨的,真实性自然受到怀疑。而在续修中,借鉴现代口述历史的操作流程,访谈前成立采访小组、确定采访主题、拟写采访脚本、确定被采访人、落实采访时间及地点、备好采访物品;访谈中运用录音或录像手段,综合考虑谈话方式、语气、环境等多种因素,签订知情协议;访谈后对口头记忆进行文字整理、核对、签字认可、编号、存档,方可成为口述资料。

2.2 口述资料在续修《北京志》中的案例

2.2.1 模式一 作为项目计划的口述资料收集

(1)《北京经济技术开发区志》

在二轮修志的承编单位中,口述资料收集工作开展比较好、做得比较规范的是北京经济技术开发区。《北京经济技术开发区志》在编纂过程中,为了对开发区 20 年来具有纪念

[1] 中国地方志指导小组:《中国地方志指导小组关于第二轮地方志书编纂的若干意见》(2007-11-28),http://www.bjdqw.cn/zjyl/fgwx/201105/t20110526_311250.htm,访问日期:2015 年 9 月 17 日。

[2] 朱佳木:《努力建设中国特色的马克思主义口述史学》,《中国地方志》2005 年第 2 期,第 3—5 页。

性意义的大事进行回顾和重构，为了补充开发区建设台前幕后、不为档案所记载的历史珍贵信息，弥补因人员变动频繁或归档不及时、遗漏造成的资料不全问题，也期望留下更多具有人情味、可读性和吸引力的故事题材，北京经济技术开发区通过深度的人物访谈，请各阶段的主要亲历者、决策者回忆开发区建设和发展过程，按照科学、严谨的口述资料收集程序（图 2），做了大量的口述历史专访。

前期准备	中期实施	后期整理
确定访谈事件	联系访谈对象	补充访谈素材
确定访谈对象 →	沟通访谈内容 →	录像分类剪辑
确定访谈提纲	完成现场录制	整理速记文字
确定拍摄场地	补充现场提问	资料分类存档

图 2　口述资料收集流程图

前期准备首先通过开发区的大事记，锁定一些关键结点上的大事，初步判断涉及人员，确定访谈提纲。例如：两区资源整合这件事是林克庆主导的，把这个问题分给他；杜新安主管开发区的科技和生物医药园，所以相关的问题也只有他最清楚。访谈提纲大部分是共性的、开放的，尤其是对企业，因为从采访人的角度很难判断什么对企业是最重要的。通常把想了解和感兴趣的问题，放在访谈的过程中，以提问的方式，引导他们讲。最后是确定拍摄场地。专访这项工作我们委托给博大数文广告有限公司，它是经济技术开发区志的外包服务单位，也是开发区宣传部的服务单位。大多数的访谈会安排在演播厅，有时根据被访者的意见也会选择会议室或办公室。

中期实施有专人与受访者联系，安排采访时间。每期有两个月的时间，现场采访工作要在两周最多三周里集中完成，按照访谈提纲进行交流，往往可以收获档案资料以外的许多背景知识。

例如：北京经济技术开发区志稿中“人力资源开发”章节，关于设立博士后工作站，讲述者是原开发区人事劳动和社会保障局局长赵莉，善于表达的她将工作站设立的曲折过程栩栩如生地再现出来，这的确是在枯燥的档案文件里看不到的。开发区经过大半年的努力，整理口述资料几万字，但是真正体现在志书里的只有下面的 91 个字：

> 2001 年 8 月 16 日，原人事部、全国博士后管委会批准北京经济技术开发区设立博士后科研工作站，建立并坚持“官、产、学、研”相结合的新型博士后培养模式，为开发区可持续发展提供智力支持和人才保障。
>
> ——《北京经济技术开发区志试写稿·人力资源开发》

后期整理补充访谈素材，分类剪辑录像，整理速记文字，分类存档资料。

北京经济技术开发区从2010年开始至今，耗资几十万元，采访了90多位老领导、老专家，编著口述资料汇编(图3)64.8万字，影像资料140多个小时，制作纪录片《开发区二十年的回忆》(图4)。

北京经济技术开发区志
口述资料汇编
（草稿）
北京经济技术开发区志编纂委员会
2014年6月

图3　口述资料汇编

图4　《北京经济开发区二十年的回忆》

以口述资料为基础编写了《大事记》，并在此工作基础上，编写了一些志书的衍生品。口述资料的产品在开发区企业协会会刊《开拓者》杂志上开辟“见证”栏目(图5)，刊登部分口述历史专访文章，扩大口述资料使用范围。

图5　《开拓者》杂志

(2)北京市地方志办公室

北京市地情资料网(京网)是由北京市地方志编纂委员会办公室主办的网站，包含了“自然环境”、“党派政务”等13个栏目。其中的“京韵视听”栏目提供京城老北京的吆喝叫卖、京郊方言采访录和北京史专家谈北京等系列节目，通过访谈的形式，反映出北京的地情风貌、民俗风情以及语言乡情等，比如《运河号子传人访谈》《京郊方言访谈录》《北京史专家谈北京》《北京文化名人收藏的北京地方文献状况调研》《市地方志办主任访谈》《北京志主编访谈》，从而更深入地挖掘出北京的历史文化特色。视听频道下包括有“口述历史”，该栏目由北京市地方志编委会办公室同调频87.6兆赫的北京文艺广播《闲话京城》节目联合制作了《永远的胜利》——抗战口述史特别节目。节目采访了部分区县史志办的主任，以及十几位亲临抗战的老人。他们以口述的方式，为我们讲述了当年很多鲜为人知的故事。[1]

这种模式有专项的经费、人员保障、集中的时间段（一般两三个月至一年），能够按照口述史的规范进行。

2.2.2 模式二 口述资料作为承编单位收集资料的一种途径

《环境保护志》通过走访、座谈会、独自录音三种形式，在环保局系统内收集整理的口述资料如下：受访者 9 人，涉及环境质量、环境污染防治、环境管理、监测、宣传等 7 个方面、45 个小专题，时长 1775 分钟，整理出相关的录音资料 7.5 万字。2013 年 10 月，环保志又对北京奥运进行口述史资料的收集、整理工作，采访对象是前北京奥组委工程和环境保护部副部长（2003—2008 年）余小萱，已录制了时长 10 个小时的专访录音，整理文字约 6 万字，编辑成书《北京奥运环境保护》（待出版）。

《公安志》运用口述历史的方法，于 2012—2013 年，采访了 16 位老领导，制作 16 张口述资料光盘。

《共产党志》用时 3 个月，向 21 位曾任市委或组织部领导，或从事组织工作的老同志征集口述资料。市人大常委会主任杜德印、副主任梁伟，北京市原市长李其炎，市政协原主席陈广文，市委组织部原部长赵家骥等 15 位领导接受采访，回顾了迎接解放和筹建新中国、社会主义革命和建设、改革开放等各个时期他们亲历的北京市委组织工作历史上的重要事件，总结了有益的经验和教训。采访组共征集录音 1100 多分钟，整理文字约 18 万字。

这些承编单位收集口述资料的工作程序大同小异，基本都是：确定主题，由老干部办或者志办联系受访者，受访者主要是老领导，访谈的方式、时间、地点、时长、次数由受访者确定，访谈过程运用录音或录像，后续处理或者委托给公司——比如公安志由于涉密问题，委托给本系统所指派的公司进行后期制作，或者承编单位自己把录音文件转化为文字资料，保存电子版和纸质版。

这种模式贯穿修志的整个过程，时间段较长，一般为几年，遇到历史脉络断线或者需要考证文献资料时，随时开展口述资料的征集。操作程序简单、随机性强，缺乏规范性，口述资料后期整理、考证需要大量时间。

3 存在的问题及建议

虽然地方志工作者对口述资料的征集进行了有益的尝试，但在程序、方法、操作规程

[1] 详情见北京地情资料网贯彻落实国务院办公厅《全国地方志事业发展规划纲要（2015—2020 年）》所做专题（2015-11-10），http://www.bjdfz.gov.cn/shitingpindao/jingyunshiting.jsp，访问日期：2015 年 9 月 28 日。

上还有不尽如人意的地方。

3.1 口述资料在地方志领域内的理论研究任重道远

在知网的全文检索1981—2015年间“口述资料”，搜到的论文共计80 002篇，其中并含“地方志”的只有1 238条，所占比例仅仅为1.5%。代表当下中国人文社会科学评价体系的文摘《中国人民大学复印报刊资料》，所转载的有关两轮修志以来方志学部分论文统计(1994—2012)共计54篇，其中只有1篇朱凌飞的《史与志——对口述史与历时性民族志研究的探讨》是有关口述史在地方志中的研究探讨，所占比例只有1.8%。面对学术领域内口述资料在地方志中的应用论文占有率不足2%的尴尬数据，方志工作者不得不反思：地方志系统有数万人的专业从业者、全国方志机构有几十种刊物，每年发表的论文达数千篇，两轮志书编纂以来累计发表的文章有数万篇，出版的教材、理论著述及工具书也有880多种，还有一批方志方面的理论和实践专家，[1]为什么还会出现这种现象？难道口述资料入志仍然停留在“口头上”？究其原因有二：其一，理论准备上不足。迄今为止，方志的编写基本上还没有形成一套系统完整的新方志理论体系，仍基本沿用清代章学诚的方志思想和编纂范式。口述历史在方志界还处在一个不成熟的阶段，需要更多的对于理论和方法的讨论。其二，修志队伍理论和业务素养参差不齐。专家少，兼职人员多，基本上仍是传统“众手成志”的模式。著名学者来新夏教授已经指出，这在计划经济条件下是可行的，而在新的历史条件下，则“颇多窒碍”。[2] 面对这个不争的事实，若不加强口述资料在地方志中的理论、应用研究，口述史相对地方志编纂来说永远是雾里看花，对于方志研究、方志的学科建设以及方志工作的持续发展将是极其不利的，地方志关于口述资料的理论研究仍有很长的路要走。

3.2 缺乏比较专业的研究队伍

从总体上看，二轮志书编纂中口述历史尚处于初始的采集、整理“口述资料”阶段，远远未提升到“口述史学”的研究层面。大多是工作体会而缺少专深的分析；具体问题、点状研究的多，而缺少面上甚至立体的分析。同时，口述资料在志书中应用的主要动力来自个别单位——开展有口述项目计划的单位，而大多数的单位仍然依托档案资料，无暇顾及口述资料。地方志中的口述历史研究者也主要集中于这些单位，他们专职或兼职修地方志，主要的职责是编写志书，本身的编纂任务就很重。他们所进行的口述历史研究，主要是因

---

〔1〕 袁新国:《两轮修志以来方志学研究成果综述·两岸四地方志文献学术研讨会论文集》，方志出版社，2014，第1106—1116页。

〔2〕 张雅晶:《关于北京地方志发展之概况》，北京社会科学院台湾研究中心(2012-02-13)，http://www.chinesefolklore.org.cn/blog/? 35/viewspace-27775，访问日期:2015年9月18日。

为对口述史学感兴趣而进行的兼职性研究，处于“业余爱好”层次。很多人在认识到口述史学的重要性之后，抱着抢救口述资料的使命感和自身的兴趣爱好来从事口述历史访谈及研究。这种工作热情和奉献精神是从事口述史学必需的，却是难以持久的，对这门新兴学科的发展也不利。加上没有正规的研究机构作为学术依托，没有必要的经费加以支撑，从而导致口述史学发展缺乏有计划的长远规划，人们只是就自己感兴趣或有条件进行的口述历史访谈展开工作，那些急需抢救的人物及口碑史料难以有效地抢救。

3.3 口述资料入志率极低

相关调研过程中发现，口述资料的收集、整理、核实是一项费时、费力的繁杂工作，但是作为资料入志的比例又是极低的，例如北京经济技术开发区的口述史项目，花费了大量的人力、物力和时间，也取得了骄人的成绩，但是真正用到志书的不足万分之一。在目前人员紧、进度参差不齐的修志环境下，这样的投入产出比就使部分单位忽视甚至放弃了对口述资料的搜集。

笔者认为，收集口述资料是编纂过程中的一项基础性的工作，是否可以入志，是由其内容的性质决定的，而不能单凭入志率的高低来判断口述资料的价值。口述资料在志书编纂中的核心价值体现在保存历史。尽管地方志有“存史、资治、教化”三大功能，但是资治、教化都有时代的局限性，只有“存史”是永续的。口述资料作为第一手的“活资料”，不能由于入志率极低，难见成效，是件出力不讨好的活儿就放弃了对口述资料的收集。

3.4 口述资料的收集缺乏录像

地方志编纂中收集口述资料常见的工作照见图6—图9，这四幅图有一个共同的特点：只见录音，不见录像。这正是目前地方志口述资料收集中普遍存在的问题。究其原因，口述资料只是志书资料来源的一个辅助渠道，目前仍处于尝试阶段，投入的人力、财力有限，口述采访采用方便、灵活的“低配”（一个采访人、一支录音笔）标准，相比于“兴师动众”的录像，受访者更放松，更有利于口述资料的获得。但是，征集口述资料如果作为单位的一个专题项目，投入的人力、物力、资金可以得到保障，为做出有声有色的成果，录像是必不可少的。

图 6　采访向柏琴同志

图 7　采访余小萱同志

图 8　采访庄树春同志

图 9　采访顾家橙同志

笔者认为，口述资料作为志书收集资料的一个手段，不必太拘泥于形式，不能因为人员、经费、设备不到位而影响了对"活资料"的抢救。遵循"有总比没有好"的原则，可以采用"低配"标准，先达到清晰、完整地保存受访者的原始录音的目的，如果条件具备，还可以进行再次采访。在志书后续的开发利用中，以口述资料作为素材，利用现代化的传媒手段，生产出公众喜闻乐见的产品，比如纪录片、书籍等。由查方志、写方志传统的研究模式，开创出一条看方志、听方志的新途径，如 2010 年的《方志中国》的纪录片，使方志不再成为束之高阁的"瑰宝"，而是真正走进千家万户的工具书。

3.5　口述资料真伪难辨

提及口述资料，其真伪性是一个绕不开的话题。它就像个顽疾一样，时时刻刻纠缠着口述资料的使用，特别是以资料性著称的地方志书，使用起来更是要慎之又慎！例如，《环境保护志》在编纂"控制机动车增长"这一"目"时，受访者说他亲耳听×××说，"1997 年，市政府写给中央一个报告，其中提到'北京要控制机动车增长速度'，国务院一位重要的领导人批示：无法、无天、无知。因为不符合当时发展北京汽车行业的政策，从此以后，北京不再提控制机动车的增长问题"，而是提控制机动车的使用而不是限制购买，导致从 1998 年的 136 万辆超常规增长到 2010 年限购前的 484 万辆。不仅造成了北京的交通拥堵，而且严重污染了大气环境质量。这份口述资料提供了一个寻找文献资料的线索，若找不到，这份口述资料的真伪如何判定呢？

笔者认为，以口述资料来还原历史真实，常常会遭遇真实的陷阱。辨别真伪的方法就是方志工作者从不同的人、角度和立场多层次、多角度采访，而非只听一面之词。口述资料真伪辨析的过程，正是深入挖掘资料的过程。

3.6 公职人员的口述资料

如前所述，地方志承编单位的口述资料来源主要是本系统内的离、退休老同志的回忆，特别是单位一把手的回忆，更具有口述资料的保存价值。因为，曾经担任的职务决定了他们掌握资料的独特性、稀缺性。比如，某些重要政策出台的背景、重要会议的争论场面、重大事故的处理过程，这些重要资料是志书回避不了的，但是细节的东西又是档案资料查不到的，编纂人员要挖掘，也是非问他们不可。如果这些领导愿意讲是最好不过的，如果他们不愿意讲，以种种借口拒绝了，怎么办？一些人认为，他们曾经享受人民赋予他们的权力，利用职务之便获得的经历，他们有“义务”提供历史回忆，这些属于公共精神财富，最终应交档案部门保存。另一些人则认为，这里提到的“义务”没有任何法律依据，他们有拒绝的权利，况且，他们若说出来了，还要为这份资料的真伪承担责任。

笔者再次强调前面提到尊重讲述人意愿的原则，人与人之间的交流应建立在真诚、和谐的基础上，受访者不愿意说就不说。如果非要获得这份资料，就要抱着“精诚所至，金石为开”的信念，想尽办法，做足功课，用真心、真情去打动他。比如，1988 年，陈伯达刚刚刑满释放，他拒绝所有的采访，叶永烈也多次被拒绝。但是叶永烈没有放弃，他认真研究陈伯达的生平、经历、爱好，了解到陈伯达毕业于北大，是他的校友，又深挖陈伯达曾经在北大的演讲资料，以此为突破口，获得了陈的好感，多次采访，加深了彼此的感情。陈伯达讲述了许多鲜为人知历史真相，最后成就了《陈伯达传》这本珍贵的口述资料。

口述历史，重建社群文化的可能
——基于盐业社群口述历史实践的思考[1]

◎王小平[2]

摘　要：

百年来，盐业社群发生了巨大的变化，相继出现的是同乡会的式微与传统行帮组织的消失，工会组织的发展壮大，以及盐业社群的日益离散。百年社会变迁，举国盐业兴衰，个体生命沉浮，盐业口述历史呈现的是三者的交织面貌。作为历史与记忆的载体，盐业社群口述史在呈现诸多历史变迁的同时，亦担负起盐业社群文化重建的重任。盐业社群口述历史项目通过“说吧，记忆：自我肯定的生命故事”、活态记忆展览、创意工业遗址摄影和口述历史进博物馆等形式的尝试，致力盐业社群文化的重建。

关键词：

口述历史；盐业社群；文化重建；活态记忆

Thinking of Oral History Practice in Salt Industry Community

◎　Wang Xiaoping

Abstract:

For hundreds of years, in salt community great changes has happened, what appeared in succession is the decline of the fellow provincials and the disappeared of the traditional trade associations, development and expansion of trade union organizations, and discrete communities of salt. One hundred years of social change, the rise and fall of whole national salt industry , the ups and downs of individual life, the salt industry community oral history presents the three intertwined features. As a carrier of history and memory, the salt industry community oral history not only presents many historical changes, but also bears the important task of social

---

〔1〕 基金项目：本文系四川省哲学社会科学规划项目“历史、记忆与叙事：四川盐业口述史计划”（项目编号：SC12E027）、“记忆与历史的对话：川盐古道口述史研究”（项目编号：SC15E013），中国盐文化研究中心项目“自贡盐业口述史料采集与整理计划”（项目编号：YWHZ12-02）和四川理工学院培育项目“口述历史与城市记忆”（项目编号：2012PY24）的阶段性研究成果。本文在《江汉论坛》2016 年第 7 期刊载。

〔2〕 作者简介：王小平（1974—），男，汉族，四川德阳人，四川理工学院副教授，四川理工学院口述历史研究所所长，中国盐文化研究中心兼职研究员。主要研究方向：文艺理论、社会记忆与口述史学。

culture reconstruction of salt industry. Oral history project of salt industry community through "Say, memorize: the life story of self affirmation", living memory exhibition, creative industrial site photography and oral history coming into the museum and other forms of attempt, is committed to the reconstruction of salt industry community culture.

Keywords:

Oral History; Salt Industry Community; Cultural Reconstruction; Living Memo

口述历史是现代史学的新发展，作为一种话语实践，它日益成为一种流行的文化表征方式，其在怀旧心理的营造、历史体认与社群文化建构、社会赋权等方面显露出重要的意义。更为重要的是，口述历史作为传统文献的对应物，既有印证传统文献的作用，又是传统文献的他者，在很大意义上补充历史细节，丰富了历史面貌。作为活态历史记忆，口述历史与固化的历史记忆产生巨大的张力，对于因为生活急遽变迁而遭到破坏的社群文化，具有很大的修复能力和重建能力。

保尔·汤普逊在著名的《过去的声音——口述史》开篇即聚焦于历史与社群之关系。他说："整个权力结构就像一台巨大的录音机，按照自己的形象塑造过去。"[1]通过社群口述历史，可以"看到社会变迁在细枝末节上带来的冲击……社会环境的总体变革如何改变传统社群中人们的生活方式、价值观和各种关系"[2]。通过口述历史访谈，还可以获得历史的鲜活维度：即所谓过去，不仅仅是众所周知的，而且还是亲身感知的。他认为："口述历史方法的合作性本质引发对历史与社群之间根本关系的质疑，历史信息不必放诸社群之外，由专业历史学家来阐释和呈现。通过口述历史，社群能够，而且应该有信心书写他们自己的历史。"[3]

保罗·康纳顿说："或多或少属于非正式的口述史，是描述人类行为的基本活动。这是所有社群记忆的特征。"[4]口述历史因为其扎根社会基层，深入大众生活本身，与日常生活密切相关，充满情感，富有人性，往往具有社会学和人类学意义，对于社群文化的构建具有弥合作用。盐业社群口述历史关注普通人的日常生活和不同个体的生命历程，它饱含"作为社会发展进程的大众记忆"[5]。与四川盐业息息相关的盐工日常生活、工作场景和社会大事件，如工运、抗战捐金、日军轰炸、政治运动等，以及盐厂的更名、改制、技术革新、福利与劳保等一系列口述史料，构筑了本土盐业社群的共同记忆，更是社会发展进程

---

[1] Paul Thompson, *The Voice of the Past* (New York: Oxford University Press Inc, 2000), p.4.

[2] Paul Thompson, *The Voice of the Past*, p.4, 10.

[3] Paul Thompson, *The Voice of the Past*, p.4, 17.

[4] 保罗·康纳顿：《社会如何记忆》，纳日碧力戈译，上海人民出版社，2000，第13页。

[5] R. Johnson and G. Mclennan, *MakingHistories: Studies in History Writing and Politics* (Minneapolis: University of Minnesota Press), 1982, p.242.

的缩影。

百年社会变迁，举国盐业兴衰，个体生命沉浮：盐业口述历史呈现的是三者的交织面貌。收集、整理、保存和传播盐业社群的口述历史记忆，对于重建社群文化具有重要意义。

1 变革中的社群：盐业社群的个案描述

"天下井盐生产肇始于四川"，四川是中国井盐的发源地和主产区，产盐历史逾2000年，分布在全省16个地(市、州)的54个县市。至民国初，计盐场27处，盐工10万余众，分属川南、川北盐业稽核分所；迨至20世纪90年代，有国有制盐企业26个，其中大中型企业8个，主要集中在自贡、乐山和遂宁三地，盐业工人有5万多人。可见，四川盐业社群是一个分布面广、数量庞大的群体，四川盐业社群承载并丰富着本土文化的集体记忆(Collective Memory)。

百年来，盐业社群发生了巨大的变化：既有政治形态上晚清而民国，继而社会主义新中国的政权更替；亦有经济形态上的私有制—公私合营—公有制—股份制等一系列变革；还有工人共同体归属上从盐场—行会到国营盐厂—工会，再到股份制企业一工会的变化。伴随而来的是同乡会的式微与传统行帮组织的消失，工会组织的发展壮大和盐业社群的离散状况。

1.1 同乡会的式微与传统行帮组织的消失

行帮组织是盐业社群的重要组织形式，同时承担了世俗利益与信仰体系的双重功能。清乾隆以来，作为盐业商人和盐业手工业者的同行业组织逐渐发展起来，在盐业社群中发挥着凝聚同行、维持共同利益和营造归宿感的多重作用。这些行帮组织主要有盐商的同乡会和盐工的行会，以及如袍哥那样的各种帮会。

其中，四川盐业社群的行帮出现于清乾隆以后。犍乐和富荣盐场集中地，开始建立起以行业和工种形成的盐工行会组织，其中影响最大的是富荣盐场烧盐工人的"炎帝会"、挑水工人的"四圣会"、山匠工人的"普贤会"，以及犍乐盐场采卤、运卤和烧盐工人组织的"大蜡会"等等。[1] 到民国初年，自贡盐场的工人已按工种不同逐渐形成"十大帮"，即山匠帮、机车帮、车水帮、山笕帮、烧盐帮，牛牌帮、转盐帮、捆盐帮、装盐帮、扛运帮。[2]

至上世纪40年代，仅自贡地区有行帮40余个，而在渝东地区竟多达50余个。这些行帮往往以行业神为号召，构筑各自的信仰体系，在盐业体系中自成一体，具有巨大的影响

[1] 四川省地方志编纂委员会:《四川省志·盐业志》，四川科学技术出版社，1995，第258页。

[2] 黄建:《行帮与自流井盐业》，《盐业史研究》1991年第2期，第48—54页。

力:从监督会众,控制新会员的登记,掌管工人的入职,到涉足纠纷解决,组织罢工,与官府和资方交涉办理工资和福利申诉等等。[1] 行帮组织对盐业社群的影响巨大,很大程度上是由其人员数量所决定,"盐工加入帮会的约十之七八"[2]。随着国民党、共产党先后在盐业社群中建立、渗透和扩展自己的工会组织,这些行帮组织日趋式微,许多行帮逐渐消失,至新中国成立前夕,最后一个行帮组织"炎帝会"也停止了活动。

同乡会是以地缘关系建立起来的同乡组织,会馆是其活动的固定场所。清朝初年,大批商人和技术工匠从全国各地来到四川各地盐场,其中多来自陕西、山西、福建、浙江、贵州、江西等地,其中又以陕西商人为盛。随着外来盐商的增加,作为联络乡人、商业议事、维护共同利益的同乡会也日益发达,并逐步发展为以会馆为中心的活动组织。其中,西秦会馆是陕西商人的聚集地,广东人则建有华南宫,湖南湖北人建有禹王宫,福建人建天后宫,贵州人建霁云宫。这些同乡会在当时的社会背景下,以乡籍乡情为纽带,一方面发挥着乡人维护共同商业利益的作用,同时,也维持了乡人的共同体情感和文化习俗,一定程度上凝聚了社群情感,营造了归宿感,稳固了共同体。随着社会的变革,至新中国成立前夕,各地同乡会均渐渐式微。

新中国成立前,袍哥组织十分兴盛:"袍哥势众人杂,其他各种行会、帮会的会众都可参加袍哥,有的甚至是集体参加。帮、会之间也相互混杂,彼此渗透"[3]。口述资料里面就有反映,新中国成立之初,"以前当袍哥的地下党曹焕章就在那里(劳动局)当局长,他喊我们还是喊兄弟兄弟,我们喊他五爷五爷,因为讲码头来说,我们是兄弟伙"[4]。

帮会组织由于其所处的特定的历史环境所限,只能是一种松散的民间组织,不管它出于何种动机而产生过这样或那样的影响,但随着滋生其的土壤消失,它也就随之消失。[5]

1.2 工会组织的发展壮大

在盐业社群中,共产党和国民政府先后都建立了自己的工会组织。国民政府 1935 年始在自贡东西两场组织起盐工工会——"自贡盐业产业工会",至 1941 年,四川省盐业工会筹备委员会核准成立,在全省成立了 22 个盐场工会组织,称有会员达 98660 人。[6] 共产党早在 1926 年就在自贡建立了中共自流井特别支部,发展工人组织,领导工人运动,至 1927 年成立自贡市工会,1941 年"皖南事变"后,由于政治局势变化,工运委员会成员先后撤离自贡。新中国成立后,四川盐业企事业单位均建立起基层工会组织。据 1985 年统

[1] 四川省地方志编纂委员会:《四川省志・盐业志》,第 258 页。
[2] 王柔德:《解放前自贡盐商的封建性》,载《井盐史通讯》1983 年第 1 期,第 28 页。
[3] 黄建:《行帮与自流井盐业》,第 48—54 页。
[4] 王小平:《苏国良(1932 年,83 岁,邓关盐厂)口述历史访谈》,邓关盐厂,2015 年 6 月 17 日。
[5] 黄建:《行帮与自流井盐业》,第 48—54 页。
[6] 四川省地方志编纂委员会:《四川省志・盐业志》,第 261 页。

计，四川盐业系统共有 37 个基层工会组织，会员人数占职工总数的 99% 以上。[1]

新中国成立后，工会组织在盐业工作中的作用巨大，在盐业生产和社群生活中具有很大的影响力。据口述资料显示，“解放前有个工会，工会不起作用”，“解放以后工会说话就说了算，工人有什么问题就通过职工代表和资本家进行磋商，就像劳资协商会”。[2] 工会组织负责与资方协商人事、待遇等问题，所谓“工会是工人的组织”，新入职的工人要申请加入组织，遇父母亲人过世，工会还负责安葬。“我老母亲(19)56 年老(去世之意)，都是我这边为主，送去葬，帮忙的人吃伙食，等于水都没有喝一口，把老母亲葬了过后，都是回工会，回伙食团去吃的。”“那时候的工会吃得消哦(很厉害之意)，生产搞不起走，贷款，都要工会拿手续才贷得到款。”[3]工会组织评选和奖励劳动模范，“过后每个月给我 100 块钱的模范奖金，每年地区工会还要给我们 700 块钱”[4]。作为工会干部的付家顺，组织东风盐厂的修建，1959 年，带队几百人会战“蓬基井”，参与修建蓬莱盐厂。[5] 据富顺三台盐厂李绍敏回忆：“(19)53 年成立的。开始是工会筹备委员会，之后才改成基层工会。基层工会过后，富顺盐厂才成立了个工会，是这么回事。开始筹备委员会我就当文教委员，后来把我选成组织委员。组织委员干啥呢？有个工会主席嘛，工会主席过后就是组织委员。主要干啥子？就是组织工人搞好生产！就是这个意思。”[6]

1.3 盐业社群的离散状况

但是，上个世纪 80 年代末以来，随着股份制改革的全面推进和小盐厂的政策性关停，人员分流，“转制”“买断”“内退”“下岗”成为这一时期频繁出现的新名词，在我们的口述材料中，多有记载。因此，上世纪 90 年代以来，盐业社群呈现出离散状况。新中国成立后持续多年的以盐厂-工会为依托建立起来的盐业社群紧密结构被打破，难以为继，而新的社群结构尚未形成。

四川盐业开始股份制改革，最先进行的是乐山五通桥盐厂。1987 年 11 月 25 日，五通

---

[1] 四川省地方志编纂委员会:《四川省志·盐业志》，第 259—260 页。

[2] 王小平、黎鹏:《王志高(1929 年，83 岁，自流井盐厂)口述历史访谈》，自贡市自流井区郭家坳某小区，2012 年 5 月 24 日。

[3] 王小平:《苏国良(1932 年，83 岁，邓关盐厂)口述历史访谈》，邓关盐厂，2015 年 6 月 17 日。

[4] 王小平、严涛:《安礼先(1930 年，83 岁，南充盐业公司)口述历史访谈》，南充市顺庆区什字街某小区，2013 年 8 月 15 日。1956 年 8 月，“四川省第一届商业粮食供销采购盐务外贸银行系统先进工作者代表会议”在成都召开，先进工作者代表获奖状一张，铜质纪念章一枚，朱色纪念册一本。安礼先当时作为盐业运销所基层职工获得表彰，并参加了代表大会。

[5] 王小平:《付家顺(1930 年，83 岁，蓬莱盐厂)口述历史访谈》，遂宁市大英县蓬盐大院，2013 年 8 月 13 日。

[6] 王小平:《李绍敏(1931 年，83 岁，三台富顺盐厂)口述历史访谈》，绵阳市三台县富顺镇，2013 年 8 月 17 日。

桥盐厂同中国轻工物资供销总公司、中国盐业总公司、四川省盐业公司、北京华轻实业开发公司达成协议，由五家共同发起组建成立“四川峨眉山盐化工业（集团）股份有限公司”，并于1988年6月1日正式成立。除上述五家公司外，加上云南生产资料服务公司，共计六家成员单位，此外还有六家持股企业和八家控股企业。1993年3月，四川峨眉山盐化工业（集团）股份有限公司正式上市，成为川内首家上市公司。之后，1991年3月8日成立四川久大盐业（集团）公司，自贡所属自流井盐厂、贡井盐厂、大安盐厂、舒平盐厂、邓关盐厂等悉数改组成久大盐业公司的一部分；随后，蓬莱盐厂改制为四川蓬莱盐化有限公司，后又成为四川久大盐业（集团）公司下属子公司。至此，四川三大盐产地全部完成股份制转型，其余年产量在10万吨以下的小盐厂被政策性关停。至2002年，遂宁保升盐厂、井研永通公司、井研三泉公司、大邑县盐厂和资中县双河盐厂几个小真空盐厂相继关停。

2 盐业口述历史：打捞活态记忆

口述历史作为较为科学、规范的活态记忆采集、整理和研究工作，是一项历史记忆的打捞工程，其深入生活、扎根底层的精神，对于复原历史面貌，再现历史情境，展示历史的多元面相具有真真切切的作用。

活态记忆是区别于固化记忆的一种记忆形式，是现实中留存下来的鲜活历史记忆，通过现实空间和活生生的人而保存下来。传统的固化记忆包括传统的志、史文献和档案文献，通过一系列的采集、筛选、统计和书写，这些历史记忆已经被固化下来，成为凝固的、稳定的记忆。长期以来，这些固化记忆被确认为历史的毋庸置疑的表述。活态记忆因其现实、可感，与人直接相连，往往可与传统固化记忆互补和互证，从而为历史的阐释和历史的呈现创造出巨大的张力。

对四川本土盐业活态记忆的收集、整理内容主要是20世纪60年代初开始由四川省政协文史资料委员会采集整理的盐业口述材料，它们大多根据新中国成立以后盐业企业家、工人的回忆整理而成，出版于20世纪60年代初，“文革”期间一度停止，80年代以后恢复出版。这些成果集中在《四川文史资料选辑》《四川文史资料集粹》《自贡文史资料选辑》和《荣县文史资料选辑》等各地文史资料汇编中；此外也包括80年代以来组织编写的“厂史”“厂志”，如《自流井盐厂志》(1994)，以及“盐业志”，如《四川省志·盐业志》(1995)、《自贡市盐业志》(1995)等。1976年《井盐史通讯》创刊后，曾开辟过“老盐工回忆录”专栏，发表过一些经过整理的盐工口述文字。这些活态记忆材料都为盐业史研究提供了大量珍贵而不可复制的史料，美国学者曾小萍撰写《自贡商人：近代中国早期的工业企业家》时，就利用这些口述资料，描绘出19世纪中期至20世纪前期自贡盐业百年兴衰的图景。

按照严格意义的现代口述史学来看，“这些调查所采用的方法和取得的收获，绝大多数都算不上真正意义上的口述史”[1]。因为一切口述历史固然都是访谈，但不是一切访谈都是口述历史。这一时期的口述文史资料，往往因为采集者有较为鲜明的意识形态和价值判断，在采集与整理过程中，剔除、筛选和隐匿，无法体现出口述历史的生动性、大众化和多元性。因此，现代口述史学意义上的盐业口述史料的采集和整理研究尚未真正提上日程，四川本土盐业口述史在当代盐业历史研究与构建独特本土文化记忆方面的重要作用尚待学界的重视。四川盐业口述史计划通过本土盐业口述史料的采集与整理研究，抢救目前健在的老盐务工作者的“三亲”资料，书写当代盐业口述历史，实现构建盐业社群共同记忆、保存地方文化记忆的目标。[2]

因此，在过去的两年多时间里，我们实地走访了四川大部分盐业产地，共寻访老盐厂14座，分别为自流井盐厂、大安盐厂、张家坝制盐化工厂、贡井盐厂、邓关盐厂、五通桥制盐化工厂、犍为盐厂、大同盐厂、大邑县盐厂、蓬莱盐厂、南充盐厂、三台富顺盐厂、射洪东风盐厂、资中双河盐厂。按照目标式抽样和滚雪球抽样方法，共寻访老盐业工作者100余人，完成口述访谈40余人，计60余次。采集口述录音3000余分钟，收集老照片、旧物件等影像资料800余件，整理完成转录抄本（transcription）40余万字。需要说明的是，限于人力、物力和财力，我们的寻访以盐业生产为中心，所访对象主要是老盐工——老的盐厂工作人员，故未将储运、购销、矿山开采、税务、科研、管理机构等工作人员纳入访谈范围。此外，因1997年重庆恢复为中央直辖市，故未列入走访范围；而盐源县盐厂位于凉山彝族自治州盐源县，位置较为偏僻，亦未能实现实地走访，实在遗憾！

在实地走访、口述访谈、抄本整理和后期口述历史汇编的制作与文献对照的过程中，我们时常眩惑于“真实的过去”“记忆的过去”与“历史书写的过去”三者之间的芜杂往复。盐业口述历史蕴含着基于实际生活、良知和普通人思想情感的历史知识，它是历史事实在亲历者头脑里的反映和留存，属于意识、观念的范畴。不过，这种意识和观念既是历史事实的客观投影，又是每一个亲历者的情绪、情感、态度、价值观、文化素养等主观因素在历史影像上的自然流露。研究者的一个重要工作是对之加以发掘和客观再现，因此，盐业口述历史融会了客观与主观、社会与个体、理性与感性的极其丰富的精神世界。[3]

在此，我们并不希图从这些絮絮叨叨的叙述话语中寻找到所谓的“历史真实”，或者借以抵达“借古讽今”的价值彼岸。我们更希望将之作为“记忆”保存，一种混杂经历、情感、直觉、想象与虚构的叙事片段，一种混合历史与记忆的叙事，其中既有宏大的时代烙印，更有个体感知的记忆复现。因此，我们希望这些记忆的叙事，一定要等到产生“距离感”后，

---

〔1〕 定宜庄、汪润主编《口述史读本》，北京大学出版社，2011，第6页。

〔2〕 黄建：《行帮与自流井盐业》，第48—54页。

〔3〕 王小平：《盐业口述历史与本土文化产业发展》，载《盐文化研究论丛（第七辑）》，巴蜀书社，2014，第41—46页。

才对其进行定性定量的分析。因为我们知道，每一个人的记忆里都有沧海桑田。通过拆解、聚合及思考，个人记忆能够建构出新的历史意义，个人记忆也能够“科学地”被转换成历史体系。[1]

3 基于口述历史的社群文化重建

“不论哪个社群，假如它的成员不关注并将精力和资源奉献给共同的事业，它亦不能长久生存下去。”[2]盐业口述历史倡导参与性历史构建，坚持并贯彻“从社群来，到社群去”的原则，“将历史引入社群，同时也将历史带到社群之外”[3]。亦即口述历史为社群带来了历史意识和观念，同时，把社群自己的历史收集、整理、保存和传播出去，活化了社群的集体记忆，稳固了社群的共同价值，扩展了社群的影响力。

在盐业社群口述历史的实践工作中，我们不断尝试更加多样的形式重建社群文化，寻找口述历史与社群文化建构的有效途径。目前，我们在尝试的形式有“说吧，记忆：自我肯定的生命故事”、活态记忆展览、创意工业遗址摄影和口述历史进博物馆等几个方面。

3.1 “说吧，记忆”：自我肯定的生命故事

“说吧，记忆”系列是我们开启访谈者讲述生命故事的主要形式。通过发现、访谈、回馈和互动，在访谈者与受访者之间建立起桥梁，增加了信任，越来越多的受访者在访谈中表现出对自我的肯定和对社群的认同感。更为重要的是，社群口述历史帮助没有特权的人，特别是帮助老人渐获信心和尊严，增进社会阶层之间、代际之间的接触和理解。在我们的口述历史采集过程中，越来越多的受访者讲出了自己的人生故事，在这些波澜不惊的故事背后，蕴含着某种意义的自我确认。在家庭环境下的访谈过程中，受访的老人在子女、家人面前谈笑风生，对自己的人生经历侃侃而谈。已经有老人在接受访谈后开始着手撰写自己的自传性回忆录，如今两年后，自印小册子 200 多本，分发给自己的亲朋好友。也有老人开始帮助联络过去的同事，收集社群的史料，与访谈者保持着良好的沟通。

3.2 活态记忆展览

通过前期的访谈，将采集到的录音、录像和图片资料加以有效利用，活态记忆展览是我们采用的主要方式。活态记忆展览分为面向大众的公共展览，和面向相关社群的内部

[1] 郑怡雯：《法国著名史学家莫里斯·埃玛尔：研究历史不是为了借古讽今》，澎湃网 2014 年 9 月 23 日，http://www.thepaper.cn/newsDetail_forward_1268090，访问日期：2015 年 9 月 30 日。

[2] 丹尼尔·贝尔：《社群主义及其批评者》，李琨译，生活·读书·新知三联书店，2002，第 1 页。

[3] Paul Thompson, *The Voice of the Past*, p.23.

展览，其中，面向大众的展览具有很好的宣传性，让大众——特别是年轻一代认识、了解社群历史；而面向本社群的展览则是唤起记忆和情感共鸣的有效方式，在社群内部能够激发怀旧的情绪，营造集体感，并激发参与热情。目前，我们采用的展览主要依托视频和图像——人物肖像墙、纪录片和访谈花絮等展览形式，当然，适当的文字介绍在直观的图像背后打开了深入历史和冷静思考的面相。

3.3 创意工业遗址摄影

为了给现代工业文明的物质化外壳——工业建筑物——赋予意义，通过口述历史活动，我们让工厂的修建者，几十年如一日在其中劳作的工人来讲述建筑物的来历和历经的变迁。同时，通过采集工厂建筑遗址影像，让工厂的记忆完整地保存下来，劳动者与其生活息息相关的建筑物被赋予了生命气息。

面对百年盐业的兴衰历史，如何更加艺术化地表现盐业社群的历史观念和文化意识，目前，创意工业遗址摄影是我们正在尝试的一种表现形式。通过模特的加入，把“人”置于“物”——工业废墟之中，辅以道具，在物与人的前景化与背景化转换之间产生出巨大的张力，以视觉导向思索，激发出观众有意味的思考。其中，模特的启用是可能受到质疑的一个方面，同时，场景的表现力是最为关键的一个方面。在名为“井盐·合奏”创意工业遗址摄影系列中，我们将之分解为“井盐·天车·鼓篇”“井盐·庙·钹篇”“井盐·馆·唢呐篇”“井盐·古道·锣篇”和“井盐·厂·小号篇”五个篇章。天车、庙、馆、古道、厂，每个篇章代表盐业社群的一种文化遗存，而辅以一种中国传统乐器来表现，每种乐器又与一种具有文化意味的遗存相匹配，这样，五种乐器就构成一部历史大合奏。

3.4 口述历史进博物馆

留存本土文化记忆，奠基口述历史博物馆，是我们开展盐业社群口述历史的初衷和目标之一。口述历史是正在消失的不可再生的文化遗产，这些历史记忆如果不收集整理和保存下来，随时会随着亲历者的去世而蒸发、消失，传承下去则对形成人类共有的历史记忆具有不可估量的价值。在2012年召开的全国政协十一届五次会议上，全国政协副主席林文漪指出：文化部、国家文物局等部门正进行专题研究，积极推进中国口述历史博物馆建设等相关工作。可见，口述史料的采集与整理研究是文化强国战略的组成部分，具有重要的意义和现实的急迫性；而盐业口述史即是我们结合四川本土文化资源，为建立地方口述历史博物馆开展的奠基性工作。[1]

过去的几年，通过学术交流活动，我们对盐业历史博物馆产生了一定的影响。长期以

〔1〕 王小平：《盐业口述历史与本土文化产业发展》，第41—46页。

来，作为专业性的盐业博物馆，其在馆藏类型上比较固守传统，不注重对口述史料的采集、整理、展示和馆藏。2014 年 4 月至 9 月，自贡市盐业历史博物馆组织研究人员开展“寻访川盐古道”学术考察，开始采集口述史料，对曾在民国时期及新中国成立初期运输过川盐的老盐工进行访谈，获得了访谈录音 90 小时，录像 996 分钟。在此背景下，口述历史进入盐业博物馆，丰富博物馆馆藏，将盐业历史生动化和细节化，让冰冷的“物”和科技富有人的温度和气息，这应该是可以期待的。

著名法国历史学家莫里斯·埃玛尔说：“历史就是个人经历与集体记忆的构建。”如果说历史是属于人类的，那么，历史就应该回归到历史真正的主体——人，它首先要回归到每个真真实实的个体。长期以来，由文献主导的固化记忆主导着历史叙述，通过一系列的采集、筛选、统计和书写，这些历史记忆已经被固化下来，成为凝固的、稳定的记忆。这些固化记忆被确认为历史的毋庸置疑的表述，代表着主导权力和知识精英的立场，是上层的历史，而普罗大众和芸芸众生往往成为他者，被排斥、遗忘，从而隐匿在历史的深处。活态记忆的打捞就是执着于还原原初历史情境，重返历史现场，并在亲历者的历史回顾和温习中重塑社群的文化记忆，还普通历史参与者以尊严。四川盐业社群口述历史旨在以记忆为基石，为凡人立传，通过声音、文字和影像记录，采集盐业兴衰过程中普通参与者的活化记忆，建构盐业社群的集体记忆，从记忆与叙事的缝隙中寻见历史的过往和历史建构的过程。

非物质文化遗产语境下的口述历史

◎郭　平〔1〕

摘　要：

在非物质文化遗产保护运动中，传承人与口述史的交融成为一种方法论上的必然。经过十余年口述史田野实践，在以文本或数据记录形式完成历史生产的同时，学者们也对这一新研究方向进行了理论探索。从非遗语境观照口述史，传承人的文化记忆是一个理论元点。作为地域文化集体记忆的代表，传承人在建构共同体的文化记忆方面扮演着举足轻重的角色。非物质文化遗产的口传身授特性是传承人口述史的第二个理论支点。作为人类从远古传续至今的优秀传统文化的承继者，传承人与历史的宏大叙事缘分殊浅，口述是他们尤其是无文字民族的专长。依赖他们自发的口头记忆，人类的文化基因得以存续。口述史是传承人文化主体性的表征，可以说，是传承人由自发传承转向自觉传承的见证。

关键词：

非物质文化遗产；传承人；口述史；文化记忆

Oral History in the Background of The Intangible Cultural Heritage

◎　Guo Ping

Abstract:

In the protection process of the intangible cultural heritage, inheritor and the oral history method are two indispensable parts. After ten years' field works, the researchers not only recorded oral history by the means of context and data, but also explored the new research orientation in theory. From the intangible cultural heritage, cultural memory is a theory key point for oral history research .As a representative of the regional culture of group memory, inheritor plays an important role in construction of it. Another theory key point is that the intangible cultural heritage inheritance only by oral and mind. Inheritors are the people who inherit the human traditional culture, they are closely connected with grand narrative history, and oral is especial one for nonliterate peoples. By oral history memory, human culture gene is vivacious. Oral history is the preface of inheritors'

---

〔1〕 作者简介：郭平(1971—)，女，副教授，博士，主要研究方向为口述史、非物质文化遗产和民俗学。

culture subjectivity, and is the witness from spontaneously inherit to consciously inherit.

Keywords:
the Intangible Cultural Heritage; Inheritor; Oral History; Cultural Memoir

1 传承人的文化记忆

伴随"非物质文化遗产"概念的诞生，人类实现了遗产观上的一次伟大进步。对于非物质文化遗产，学界一直习惯以集体记忆理论加以认识，将其视为个体记忆的集合，或者是在一定社会框架之下国家与民族认同的共同记忆。从非物质文化遗产的属性尤其是其与人的关系出发，文化记忆理论为我们开辟了新的学术视野。

非物质文化遗产是前人传留下来的一切优秀传统文化，包括传统生活方式和文化空间，它与物质遗产相对，不属于文物、建筑群、遗址等实体性遗产，但是它仍然符合物质第一性的哲学原理，并没有脱离物质载体和物质形式，可以说，它的非物质性是相对的。非物质文化遗产依附于特殊的物质载体而存在，即人本身，以及人所使用的道具、工具、材料和所形成的作品。人和这些实物以载体的形式存在，但其本身并不是非物质文化遗产。正如著名民俗学家乌丙安提到的："古琴，是物，它不是非物质文化遗产；古琴演奏家，是人，也不是非物质文化遗产；只有古琴的发明、制作、弹奏技巧、曲调谱写、演奏仪式、传承体系、思想内涵等，才是非物质文化遗产本体。"[1]非物质文化遗产所重点强调的是蕴藏在物化形式背后的技艺、思维方式、精神蕴涵等非物质形态的内容。但是这些无形的本体一刻也离不开人。从身体哲学的观点来看，非物质文化遗产即是身体文化——无形的本体可以形而下进入身体，"事实证明，我们的确可以把身体作为出发点与归宿点，将非物质文化遗产庞杂的事象，统摄到身体的统一视域中来"[2]。正因为如此，表现为人们的生产方式与生活方式的非物质文化遗产本体，必须依靠人才能够被表现、展演、传承。在非物质文化遗产保护运动开展之初，传承人的概念便被提出来，并逐渐确立了以人为本的保护理念。在人类没有生发文化遗产的概念时，民间世代相传的文化处于自在状态，通过生产生活自发进行传承。民间的歌师、绣娘、巫师、画工、说唱人、乐手、工匠等等，就是后来的传承人，他们具有极深的草根性，与所生活的地域环境密不可分，民族性、地域性特点突出。他们身上沉淀着远古的文化信息，传续着民族精神的薪火。

非物质文化遗产与人之间强烈的依赖性，实际上对应着记忆与其载体之间的关系。在无文字更无电子媒介等储存技术的情况下，记忆担负起保存文化传统的责任。人类在

---

〔1〕 王文章主编《非物质文化遗产概论》，文化艺术出版社，2006，第10页。
〔2〕 向云驹：《非物质文化遗产学博士课程录》，中华书局，2013，第76—77页。

创造、享用和传承文化的过程中，不断地形成经验和知识并通过它们获得文化记忆。神话、史诗、民族语言、传统仪式、民间艺术、民间信仰、民间知识、传统节日等传统文化形式，都是人类记忆的呈现。非物质文化遗产的存留和传承就是一个文化记忆形成和再现的过程。传承人主要通过口传身授等方式，将技艺、思维方式、精神蕴涵等内容变成身体的一部分，也就是记忆。阿莱达・阿斯曼曾提出："作为文化记忆载体的符号首先是外部化和客观化的。它代表一种'不可言说'的经验，这种经验可以被感知和掌握，却不能自己制造出来。"[1]传承人作为记忆主体，与作为记忆支撑和符号载体的载体之间，正如演出和文本的关系一样，脱离符号媒介的记忆编码是不存在的。以民间艺术遗产为例，传承人在多年的学艺、制作、销售、消费和传承的生涯中，通过感知、习得等方式，凝结文化记忆。民间艺术是文化记忆的媒介，其本身所凝结的文化、艺术、民间信仰以及风俗等内容往往不受时间的限制，直通远古，跨越数代甚至数世纪，为记忆的形成和长久传递提供了强大的支持。

"对于无文字的社会而言，只有总是被使用的东西才能在文化记忆中鲜活地保留着"[2]，在农耕文明急剧消退的背景下，非物质文化遗产更大程度上成为档案式的储存器。通过传承人这把活的钥匙，人们依稀可以窥见文化记忆深处的壮丽图景。传承人关于非物质文化遗产的文化记忆主要表现为两种方式：传承人亲身感知、体验而获得的经验性记忆；通过他人口传或者从文本当中获知的习得性记忆。二者之间并没有明显的界线，在一定条件下可以相互渗透。

随着非物质文化遗产保护运动的深入，传承人接收文化记忆的方式发生了根本性的变化。文字文本还有视听媒介开始参与进来，依靠记忆支撑的口头文化或者口头传承逐渐丧失主导地位。文本化的常用方式之一便是口述史的引入，传承人与口述史的交融为文化记忆理论带来新思考。

2 从口述到口述历史

传承人及其文化记忆是非物质文化遗产保护的关键所在。一直以来，相关学科关于非物质文化遗产的研究拘泥于物观的局限，在田野调查和案头工作中经常见物不见人，或者仅仅把人作为挖掘地方性知识的工具化的对象，并没有给予足够的人文关照。传统的民族志或民俗志书写，虽然调查者与传承人在田野之中有着亲密互动，但是后者的思维、意识、心态、价值观等内在精神世界的图像，却往往遭遇忽视，处于自观的境地。

---

〔1〕 阿莱达・阿斯曼：《记忆的三个维度：神经维度、社会维度、文化维度》，载冯亚琳、阿斯特莉特・埃尔主编《文化记忆理论读本》，北京大学出版社，2012，第 44 页。

〔2〕 扬・阿斯曼：《文化记忆》，载冯亚琳、阿斯特莉特・埃尔主编《文化记忆理论读本》，第 15 页。

当下国内的文化遗产保护运动中，注重记录和抢救传承人的文化记忆已经成为一种共识，与此同时，口述访谈成为非遗保护工作者田野作业的基本方法，各个文化门类的传承人不断地被文化学者通过口述访谈留存口头记忆。相对于现代意义上的口述史而言，作为人类学、民俗学与民族学等学科研究范畴的口头传统有着古老的历史。一方面，人类文明与文字产生以前有过长达数万、数十万年的口语文化史。人类的口述时代是与人类本身的形成和人类语言的出现相伴而生的。在这些漫长历史中形成的口头文化、口头文学、口头历史，一直在人类之间代代相传，即使文字文明产生以后，它们依然有自己的生存空间和发展历史。另一方面，当文字文明发展起来以后，虽然从此诞生了文字历史，但与此同时，文字也被用来记录口传历史、历史传说。希腊神话、荷马史诗等口头文学经典便是人类学、民俗学和民族学学科的前史。纵观人类文化史，记录口头文学对中外各国无不产生了重要的影响。专业性地记录口头文化则始于新航线成功开辟之后。由于新大陆不断被发现，观察、记录和描述无文字的非洲黑人部落、大洋洲的原始民族、美洲的印第安人、玛雅人文化、亚洲的丛林部落和山地部族、北极圈附近的爱斯基摩人等等，吸引了大批人类学、民俗学和民族学学科专家，并且形成了一套有效的田野作业规范。

对于近十余年走进公众视野的非物质文化遗产，其基本传承方式有全民性传承、群体性传承和师徒、家庭式传承以及神授等方式。除去一直存在争议的神授方式，其他传承方式均以口传身授为基本手段。在联合国教科文组织定义的非物质文化遗产概念中，“以口头为主要传承方式”也被列为一个要素。非物质文化遗产的本体通过传承人这种载体，以文化记忆和技艺的形式凝结于他们身上。这些无形的记忆和技艺十分脆弱，与人共存亡，具有极强的活态性和流变性。尤其是史诗、传说、歌谣等口头遗产，其表现方式本身便完全依赖人的口述。一直以来，对于边缘化的民间文化及其持有者的忽视导致了对其文化记忆研究的缺失，传承人这种特殊文化身份的出现催生了学术观念与方法上的革新。为了使无形的随时可能消亡的文化珍宝长留于世，口述史方法被借鉴过来并发展成为遗产普查的基本方法。

首先，口述史在非物质文化遗产语境中是被作为一种记录方法，实现文化记忆的再现。联合国教科文组织多次出台文件，对非物质文化遗产的记录、保存、归档、调查、普查、影像化、数字化等提出了细致、具体、严格的要求。“对非物质文化遗产进行记录，是今天保护非物质文化遗产并将此一遗产无形态转化为有形态的先决条件和第一要务。非物质文化遗产只有通过记录转化为文体性、物质性、有形性、固化性的对象，才能成为静观的对象、分析的对象、研究的对象、储存的对象、传播的对象、传世的对象。”[1]没有记录，就无以科学认定非物质文化遗产作为法律保护的对象；没有记录，也无以认定传承人，不能传

〔1〕 向云驹：《非物质文化遗产学博士课程录》，第236页。

播、显现、展示传承人的技艺与文化记忆。非物质文化遗产以其活态性、非物质性、非文体性,成为与物质文化遗产和自然遗产乃至记忆遗产等截然不同的另类遗产。将即时性呈现、动态性存活、口头性讲述、身体性表演、行为性演示的非物质文化遗产用文字、录音、摄影、录像的方式存录下来,不仅是一种基本的保护与传播方式,也是新的文化记忆媒介形成的过程。就传承人口述史而言,它同样要面对非物质文化遗产中存在的大量的丰富的"口头传统",即传承的内容完全等同于口述的内容,在这里记录的意义更加积极地彰显出来。

其次,传承人口述史是一种文化自觉的表征,是对文化记忆的重建。因为具有理论和方法上的同一性,口述史走进非物质文化遗产抢救与保护工作成为自然而然之事。与自发习得和传承文化记忆不同的是,口述史研究是一种自觉的文化行动。通过访谈者的设计和提问,传承人在与非物质文化遗产事象相关记忆的时间轴上努力回溯,久远、甚至非直接相关的记忆通过互动被唤醒。一定意义上可以说,记忆的再现也是一个重建过程,重建的效果相当程度上取决于访谈人与传承之间的关系。与口述文化不同,口述史研究是在语境中生成的话语,是一种学术方法。在传承人口述史田野作业中,不只一次发生这样的情况:口述多少的前提乃是被问了多少,而不是想说多少,能说多少。记忆的再现受制于各种现实条件,访谈者努力突破种种限制而抵达传承人记忆的深处。在高密扑灰年画传承人王树花的口述史访谈中,关于求子年画的张贴习俗以及谚语起初遭到埋没,因为王树花担心说这些东西会被当作传播封建迷信。因此,虽然她本人拥有张贴求子年画并如愿以偿的经历,记忆深刻而真切,但是再现的时候却发生了缺位。在访谈人耐心的说服之下,她才把这段记忆有所保留地做了呈现。许多传承人几乎都经历过"文革"岁月,被抄家的痛苦经历难以忘怀,但是在接受访谈时有些人更愿意沉淀这段记忆,不向外人提起。访谈人需要小心翼翼,迂回周旋打开传承人的心门。类似的案例并非孤证,文化记忆在传流过程中会遇到种种阻碍。挖掘传承人记住什么的时候,他们选择性遗忘什么也成为一个具有学术价值的问题。

在外部因素上,记忆再现也险象环生。论及口述本身,由于遗忘、夸张、回避、掩饰等原因,记忆不可避免地带有强烈的主观性。前文提到的经验性记忆和习得性记忆,在口述史田野作业中会发现传承人再现时往往表现出强烈的差异性。这些差异是非常值得访谈人关注的,其中包含着深刻的记忆理论问题。通常情况下,经验性记忆在口述也就是被回忆的过程中确切而流畅,往事和经验似乎并未走远,余温尚存。习得性记忆则不然,传承人许多时候会表现出犹豫、思索、纠结,甚至虽然极为肯定某种说法,但是事后核实会发现情况并非如此。这种情况下,需要扩大口述史访谈范围,搜索传承人周围的相关知情人,进行辅助性访谈。同一地区的传承人口述史,不要只访谈一位国家级或者有名的传承人了事,一定要关注他周围的相关记忆。《中国木版年画传承人口述史丛书》所调查的全国

19个年画产地中——天津杨柳青、河北武强、山西新绛、河北内丘、山东东昌府、河南开封、湖南滩头、广东佛山、福建漳州、云南大理等——采访者都在传承人之外，对其家人、徒弟、师长或者同村村民进行了补充性访谈。通过扩大访谈范围，一方面使受访者的记忆形成互证，一方面实现多层次的呈现，为后来者再次接收文化记忆提供多角度的支点。

因此，口述史访谈是一种艰辛的田野调查，文化学者和传承人面对曾经的文化记忆，在他观与自观之间达成平衡，在遗忘与回忆之间纵横。历史不仅代表过去，也意味着当下，更指向明天。

传承人口述史是非物质文化遗产保护与研究中的一个学术发明，它不是基于口述史研究范畴和内容进行的简单分类，而是以非物质文化遗产语境为前提，在对其哲学属性进行充分认识之后提出的一种传承人研究方法。落实到田野实践中，便是对传承人文化记忆的调查、抢救与保护。通过口述史，传承人的文化记忆实现文本化，并且以一种新文体的方式向具有学科性质的研究方向发展。

3 传承人口述史的田野实践

在独特的学术理念和学术诉求支撑下，传承人口述史于实践中摸索出一套独特的学术规范。首先是强烈的交叉学科背景，人类学、民俗学、民族学、历史学、文学、传播学、艺术学、宗教学、心理学、社会学等无不涉及，对这些学科的理论和方法均有所借鉴，包纳性之强恰恰折射出了非物质文化遗产文化内涵之深刻性。其次是他观的研究立场，口述史不是简单的你说我写，而是访受双方共同建构文本的过程，为了更大程度接近历史真实，田野调查时应该采取他观的定位。再次是以文化记忆为中心，虽然传承人的个体记忆、社会记忆以及集体记忆都会在口述史访谈中呈现出来，但是以非物质文化遗产为媒介的文化记忆始终是田野调查的核心，口述史作业的最终目的是为文化记忆的再次接收储存符码。

国内传承人口述史的历史不过十余年，梳理既有田野实践成果，其间大致经历了三种模式：

第一种模式。在民间文化遗产抢救工程启动之初，发起者们便推出"中国民间文化杰出传承人调查、认定和命名"活动，对于被认定的杰出传承人分批开展档案式田野作业，对其生活的文化背景、地域特征、民俗习惯及传承史、口述史、技艺过程、艺术特点和代表作，按照统一格式进行进一步的调查与整理，建立完备的档案和数据库，并以图书方式加以表现，命名为"中国民间文化杰出传承人丛书"。自 2005 年至今，已出版 30 余册，每册一人，共整理30余位杰出传承人的文化档案，目前这项工作仍在继续。[1]

在调查过程中，口述访谈是最基本的方法。不仅传承人本人，与其密切相关的重要人员也被列入访谈范围。但是，在丛书当中口述史尚属于辅助内容，仅占少量的篇幅。口述史更主要的是被作为一种调查方法而不是书写方式，访谈所获得口述史料经过编辑、整理，以第三人称叙事的方式形成文本，其间会大段引用传承人自述内容。从整体来看，叙事的主体是访谈者，而不是传承人本人。这套传承人丛书基本承袭了传统民族志和民俗志的写作方式，所不同的是，理念上实现了重大的突破：系统调查传承人的生活史、技艺史和传承史，充分体现以传承人为本的保护观；虽然主要叙事方式是第三人称，但是内容忠实于传承人口述史料，尊重传承人；书中辑录短篇口述史更是一种学术创举。这套丛书可以视为民间文化遗产保护工作从物观到人观转变的见证。

第二种模式。有两套代表性成果，其一是《中国木版年画传承人口述史丛书》。在中国木版年画普查工程中，文化学者们进一步认识到代表性传承人的重要性，在田野调查过程中有意识地系统采录他们的口述史。在整理出版大部头丛书《中国木版年画集成》的基础上，传承人文化记忆所拥有的独特史料价值更为突显。从2009年开始，各年画产地代表性传承人口述史开始陆续出版。至2011年，全套14册《中国木版年画传承人口述史丛书》完成[2]，或一地一辑，或两地一辑，每个产地代表性传承人及重要知情人均接受了口述史访谈。这套以30余位传承人名字命名的丛书，开创中国民间文化遗产传承人口述史的新气象。其间也产生了一些值得借鉴和思考的经验。首先，丛书完全采用第一人称叙事方式，或通篇自述，或一问一答，把话语权交给传承人；其次，对于口述史料的处理，除去不必要的语气词、重复用词、口头语等，基本忠实于口述录音，对于歧义、术语、口误以及表

---

[1] 丛书主编为冯骥才、白庚胜，主要作品：冯莉《东巴舞蹈传人——习阿牛阿明东奇》，民族出版社，2007；曹保明《赵氏家族——东北鹰猎》，民族出版社，2007；左汉中《浚县泥咕咕——王学峰世家》，民族出版社，2007；杨荣国《民间故事家——靳景祥》，民族出版社，2011；那敏《桦树皮船制作技艺传承人——郭宝林》，民族出版社，2011；王红川《草原剪花人——刘静兰》，民族出版社，2010；王光《医巫闾山满族剪纸传承人——汪秀霞》，民族出版社，2011；曹保明《吉林满族剪纸——关云德》，民族出版社，2010；潘琼阁《侗族芦笙传承人——张海》，民族出版社，2012；黄步千《蓝白人生——吴元新》，民族出版社，2012；王丹《宜昌民间故事家——刘德方》，宁夏人民出版社，2009；林继富《宜昌民间故事家——孙家香》，宁夏人民出版社，2009；黄龙光《曲阳石雕传承人——甄彦苍》，宁夏人民出版社，2009；曹保明《松花江河灯——侯氏家族》，宁夏人民出版社，2008；王雪《高密剪纸传承人——范祚信》，宁夏人民出版社，2008；李琳，唐娜《高密泥彩塑传承人——聂希蔚》，宁夏人民出版社，2009。

[2] 丛书主编为冯骥才，天津大学出版社出版，具体包括：郭平《凤翔年画邰立平》，2009年5月；王坤《滑县年画——韩清亮、韩建峰》，2009年5月；郭平、刘晓琰《高密年画传承人王树花、吕蓁立》，2010年9月；史静，蒲娇《桃花坞年画房志达》，2010年9月；王小明《朱仙镇年画郭泰运、尹国全》，2011年1月；刘晓琰《杨家埠年画杨洛书、杨福源》，2011年1月；郭平、刘晓琰《绵竹年画陈兴才、李芳福、陈学彰》，2011年1月；王小明，祝昇慧《新绛年画郭全生·临汾年画宁积贤》，2011年1月；毛瑞珩、王小明、蒲娇《滩头年画钟海仙·梁平年画徐家辉》，2011年1月；唐娜、王小明《佛山年画冯炳棠·漳州年画颜仕国》，2011年1月；毛瑞珩、唐娜《平度年画宗成云、宗绪珍·东昌府年画赵善成》，2011年1月；刘晓琰、郭平《武强年画马习钦》，2011年1月；郭平、蒲娇《杨柳青年画霍氏家族、王学勤》，2011年1月；毛瑞珩、唐娜、冯莉《内丘神码魏进军、焦凯·云南甲马张元文》，2011年1月。

情、突发情况变化等加括号进行标注，文本更加具有“史”的意义与学术规范；在传承人口述史以外，按照必要性设置辅助性口述史，让重要知情人通过回忆进行呼映，使历史的再现更为完整；精心设置附录内容，包括传承人小传、代表作目录、年画相关用语的地方称谓、传承谱系等，这些内容起到互证、补充正文的作用，使口述史的文献性更为突出。

其二是《中国民间艺术传承人口述史丛书》，[1]2009至2013年陆续出版，以唐卡、剪纸、年画、皮影戏、惠山泥人、土家织锦、陶瓷、风筝、布袋布偶、雕漆等十项民间艺术的代表性传承人为访谈对象，注重第一手口述史料的获取。丛书或问答或自述，具有很强的文献性和档案价值。

这两套丛书在“传承人口述史”的学术史上具有里程碑意义，为传承人与口述史的结合提供了成功的个案。虽然始生之物必丑，但是“传承人口述史”这个学术概念已然诞生。在将口述史运用于民间文化遗产田野调查之中时，这种学术方法彰显出强烈的文化性，传承人的生命史、社会史、传承史、心态史、艺术史、文化史等等，通过源源不断的口述流淌出来，直通远古。对于不擅长书写的民间文化遗产传承人，尤其是无文字民族来说，口述史成为最适用的记录、存留、传承文化记忆的工具。

第三种模式。人类非物质文化遗产名录中妈祖信俗的北方代表性城市是天津，天津最具历史性、地域性、民间性的非物质文化遗产事象便是妈祖祭典皇会。在对皇会的田野调查中，突破了以个体传承人为访谈对象的范式，将口述史方法运用于集体传承人的调查，对普查发现的十道百年以上老会全面进行文化档案整理。自2013年至2014年，陆续出版完成十册《天津皇会文化遗产档案丛书》。[2]

历史上天津皇会的老会，每道会不下百人甚至数百人，传承至今已经严重萎缩和消亡，有的会只能够联络到几个人，传承情况较好的尚有数十人。这些民间艺术表演花会具

[1] 丛书主编王文章，中央编译出版社出版，分别为口述：西合道，整理：吕霞，《美善唐卡——唐卡大师西合道口述史》，2010年3月；口述：刘静兰，整理：姬雁姿，《剪出来的大师——剪纸大师刘静兰口述史》，2010年3月；口述：齐永衡，整理：魏力群，《影戏箭杆王——皮影戏表演大师齐永衡口述史》，2010年3月；口述：孟树峰，整理：刘莹《世代陶人——陶瓷大师孟树峰口述史》，2010年3月；口述：喻湘涟、王南仙，整理：王连海，《手捏戏文——惠山泥人世家喻湘涟王南仙口述史》，2010年3月；口述：徐竹初，整理：陈晓萍《活在尪仔的世界里——布袋木偶大师徐竹初口述史》，2010年3月；口述：叶水云，整理：金萱，《西兰卡普的传人——土家织锦大师和传人口述史》，2010年5月；口述：哈亦琦，整理：任晓姝，《哈氏风筝——风筝世家哈亦琦口述史》，2010年3月；口述：邰立平，整理：王海霞《年画世家——年画传承人邰立平口述史》，2010年3月；口述：文乾刚，整理：《文心雕漆——雕漆大师文乾刚口述史》，2013年2月。

[2] 丛书主编为冯骥才，山东教育出版社出版，具体包括：史静、蒲娇《杨家庄永音法鼓老会》，2013年10月；蒲娇、史静《西码头百忍京秧歌老会》，2013年10月；史静、郭平《挂甲寺庆音法鼓銮驾老会》，2013年10月；唐娜、蒲娇《锦衣卫桥和音法鼓老会》，2013年10月；史静、管淑珍《静海县台头镇大六分村登杆圣会》，2013年10月；史静、路浩《葛沽宝辇老会》，2014年6月；蒲娇、唐娜《中营后同乐高跷老会》，2014年6月；路浩、张彰《刘家园祥音法鼓老会》，2014年6月；路浩、王拓《汉沽飞镲老会》，2014年6月；张彰、张礼敏《邵公庄萃韵自立吹会》，2014年6月。

有很强的综合性，既包括民间音乐、舞蹈、美术等艺术遗产，又包含社会组织民俗、民间信仰、游艺等遗产事象，同时这种依附于定期举办妈祖大型祭典活动而进行的花会表演，又具备文化空间的性质。面对如此纷繁复杂的文化事象，口述访谈的工作量非常庞大，完全突破了既有的个体口述史访谈方法：对受访老会人员需要进行分类，将主要人物如会头、副会头、德高望重的高龄会员列为首选对象；按照表演内容和形式，将各门技艺的本领高超者列入访谈范围；避开人情矛盾，不陷入老会历史事务纠葛之中；入乡随俗，尊重老会的规矩和习惯，按老会时间节点开展学术工作，不在老会非自愿出会的情况下提出表演要求。

丛书反复考量史料，采取第三人称叙事方式，糅合口述访谈资料进行写作，但是保持传承人意识的独立，尽力不介入作者的观点与评价。在篇末附加主要传承人的口述史。从文本角度来看，这套丛书不是口述史作品，而是创造性地运用口述史方法进行史料收集与写作的非物质文化遗产保护学术成果。

以上三种传承人口述史田野实践模式，从严格的“史”的角度来考量，有的丛书不能称之为“口述史”。但是，从方法论的角度来看，口述史访谈的确贯穿于学术调查的始终。目前，关注传承人口述史的科研机构和组织逐渐增多，田野调查成果也日益丰富。此处提到的几种模式，未免有挂一漏万之嫌。总之，实践模式的多样性，为传承人口述史领域理论体系和学术规范的形成提供了丰富的依据，也为学者们提供了广阔的建树空间。

在文化记忆文本化、电子化、数字化的时代，传承人口述史成为档案式的储存器。依赖活态传承而存在的非物质文化遗产，在文化语境日益萎缩的当下，正在远离创造、使用、传承他们的生活空间，许多已经进入博物馆，成为收藏品。曾经作为地域共同文化记忆的非物质文化遗产和传承人，如何在口述史时代传流记忆，以何种方式开始新的记忆之旅，是非物质文化遗产语境下必须思考的话题。

论中国传承人口述史的集体口述与集体记忆
——以天津民间老会的集体口述为例[1]

◎史　静[2]

摘　要：

中国的非物质文化遗产传承人是非常重要的口述主体，让他们开口言说自己的历史，掌握话语权，意味着他们成为历史的主体。中国的非物质文化遗产传承人口述具有极强的集体性，有些非物质文化遗产项目必须让传承人集体进行口述，方能呈现出较为真实、全面的关于该项目的历史、技艺、传承等多方面的记忆。尤其是在当下，民间社会及文化遗产在面临文化语境的多次剧烈转折后，传承人面临了一次次的“文化震惊”体验，其集体记忆与集体口述存在着多种面向。本文在对中国民间艺术传承人进行口述采访的田野基础上，分析传承人集体记忆与集体口述的特点，有助于在对中国传承人进行口述史采访的实践中，更好地采集口述资料，书写其历史，并提炼出中国传承人口述史集体性这一理论。

关键词：

传承人；集体记忆；集体口述

Collective Oral and Memory of the Chinese Inheritors

——Case in the Collective Oral History of the Tianjin Folk Pilgrim Organizations

◎　Shi Jing

Abstract:

Chinese Intangible Cultural Inheritors are the important oral subjects. Speaking their own history means that they are becoming the subjects of the history and mastering the power of discourse. The oral of Chinese Intangible Cultural Inheritors is characteristic of collective. Analyzing the features of collective oral and memory is helpful to collect oral materials and conclude the theory about the oral collectivity of Chinese Intangible Cultural Inheritors.

Keywords:

Inheritors; Collective Memory; Collective Oral

---

〔1〕 基金项目：国家社科基金艺术学项目“现代社会转型期天津皇会的研究”（项目编号：11BG073）。

〔2〕 作者简介：史静（1981—），女，天津大学冯骥才文学艺术研究院讲师，北京大学博士毕业，主要研究方向为天津皇会、中国现当代文学、口述史、非物质文化遗产等。

引　子

2011—2014年，笔者参与了天津皇会（妈祖祭典）这一国家级非物质文化遗产项目及天津民间老会的田野调查，对50余位传承人进行了口述调查，[1]重点调查了这些天津民间老会的历史与文化空间、会规与会况、表演程式与技艺、器具与遗存及其传承现状等。传承人进行口述的方式，有个人口述和多人集体口述。面对镜头，他们开口言说自己的历史，掌握话语权，意味着他们成为历史的主体。记忆有选择性，传承人口述有很强的个人性，但是也具有很强的集体性，非物质文化项目只有在集体性的口述中，才能呈现出较为真实、全面的关于该项目的历史、技艺、传承等多方面的记忆。笔者采访的天津民间老会，经历了一百多年的历史，面临了文化语境的多次剧烈转折，传承人也体验了一次次的"文化震惊"，其集体记忆与集体口述存在着多种面向。因此，本文在对中国民间艺术传承人进行口述采访的田野基础上，分析传承人集体记忆与集体口述的特点，有助于在对中国传承人进行口述史的实践中，更好地采集口述资料，书写其历史，并提炼出中国传承人口述史集体性这一理论。

1　天津民间老会

天津民间老会多为百年老会，属于依托于地缘关系的一种民间结社，自行组织、自发活动，集敬神与自娱自乐为一身，是具有一定仪式的表演技艺。而且其表演技艺、会规会制、器具遗存的代代传承都体现了天津的地域性格、文化模式及精神内涵。同时，这些老会的精神内核多为当地的民间信仰，这些民间信仰对于会的历史、出会、会规、传承以及地域性认同起到关键性的作用。以民间信仰为核心，存在着一系列的仪礼，这些仪礼包括出会时间、出会路线、祭典程序、祭典人员、出巡顺序等等。天津在清朝末期，几乎每一个村庄都有两三道民间花会，尤其是在运河两岸，老会众多，仅仅出天津皇会（妈祖祭典仪式，农历三月二十三在天津天后宫举行，是天津规模最大的庙会）的花会就多达百道。现存的老会大多经历明清时期兴盛、清末民初的萧条、"文革"期间停止、20世纪八九十年代复兴、21世纪初城市拆迁造成的转型等几个阶段。目前每个会都面临如何继续传承或者如何复兴的问题。

基于此，有必要对天津民间老会从历史、会规、程式技艺、器具遗存、传承现状、传承人

---

〔1〕 目前这些调查成果已经出版，《天津皇会文化遗产档案丛书》共10本，笔者参与的分别是《西码头百忍京秧歌老会》《杨家庄永音法鼓老会》《挂甲寺庆音法鼓銮驾老会》《静海县台头镇大六分村登杆圣会》《葛沽宝辇老会》。

口述、传承谱系等诸方面进行考察，这些老会作为非物质文化遗产具有存录的价值与意义。老会的传承人是老会的主体，通过口述史的方法，留住他们对于民间老会的历史记忆和口述记忆，同时留存音频、视频与实物记录，从而为其存录全方位的文化档案。

天津老会的每一位成员，他们叫自己“会员”，在笔者采访的非物质文化遗产话语语境中，又将每一位会员称为“传承人”。尽管在由国家级—省级—市级—县级这一系列级别体系的认定中，每一项非物质文化遗产项目的传承人有限，但是在广义的传承人概念中，传承人不仅仅是这些被认定的传承人，而是泛指每一位会员。这些会员的代代传承是老会传承至今的核心，没有传承人，老会将不复存在。在笔者考察的老会中，许多老会不能再出会的很重要的一个原因是传承人老龄化现象严重，无法出会，而年轻一代的传承后继乏人，所以，才导致会的衰落。

2 传承人口述的集体性与口述方法

访谈记录是民俗学考察最重要的方法之一，“民俗学就是不借助记录，而是以‘记忆’为对象，通过‘访谈记录’的技法，通过人们的‘叙述’‘对话’来研究人们的生活和意识的存在。按照这个定义，对民俗来说，记忆成了最本质性的存在”[1]。对于天津民间老会的口述考察，考察小组一般由两人组成，一人负责访谈、录音和记录，一人负责录像和摄影，有的考察小组有摄影师专门跟拍。口述采访前，小组会制定详细的采访提纲，采访提纲基本包括：老会的源起、沿革与文化空间；老会的会规与会况；老会的表演程式与技艺；老会的器具与遗存；老会的传承人现状以及老会传承人个人生命史口述。每一个大的采访提纲又由许多小问题组成。通过采访提纲可以发现，对传承人的口述采访主要围绕个人生命史以及老会的历史构成。口述采访时，有时是一对一的访谈，即一个访谈者访谈一个传承人（见图 1）；有时则是一对多的访谈，即一个访谈者同时访谈多个传承人，传承人集体进行口述（见图 2）。一对一访谈时，传承人口述较为完整，比较能够按照采访提纲进行。一对多访谈时，传承人口述较为碎片化、重复性强，虽然也能够按照采访提纲进行，但采访进程缓慢，而且传承人在集体口述时碍于他者的在场，口述内容和一对一访谈时口述的内容会有差异。一般情况下，笔者第一次到一道老会进行采访时，会对传承人先进行一个集体性的口述采访，对会里的会员有一个大致的了解和认识；然后再逐一采访会中较为重要的会员。一对一的访谈多是深度访谈，就传承人最了解的内容进行口述访谈，一般要历时三四天的时间才能完成。

---

〔1〕 岩本通弥、王晓葵：《作为方法的记忆——民俗学研究中“记忆”概念的有效性》，《文化遗产》2010 年第 4 期，第 110 页。

图 1　一对一口述访谈

图 2　一对多口述访谈

传承人口述不同于一般的个人口述，具有鲜明的集体性。传承人口述的集体性首先体现于采访对象具有集体性，即不能只单纯采访老会的一个传承人，必须对多个传承人进行口述采访，方能完成对一道民间老会的全面考察，也就是人类学意义上的“关键报道人”(key information)的选择具有集体性。一道老会，一般有二三十位会员，选择哪些传承人进行深度口述采访，就需要细加考虑与选择。一般应该“在几代传承人中都有关键报道人,才能够通过互相补充,了解到文化的传与承、技艺的教与学的全过程”。[1] 如对于西码头百忍京秧歌高跷老会的调查,不仅要采访会头(在尽可能的情况下采访历届会头),还要采访其他角色等传承人,如棒槌、婴哥、武扇、文扇、渔翁、樵夫、俊鼓、丑鼓、俊锣、丑锣,只有对这十个角色的传承人都进行口述采访,才能够采访到比较全面的技艺口述。对法鼓这一表演项目的调查,不仅要采访会头,还要采访鼓、铛铛、镲铬、钹、铙等诸种乐器的表演者;因为关于每一种乐器或每一个角色的表演技艺,只有乐器演奏者和角色扮演者方能讲述得更为深入全面、具体。所以,在口述对象的选择上,要首选会头,会头往往年龄较大,对于会的历史知晓甚多,而且一般被选为会头的大多表演技艺也相当高超;其次是各角色扮演者(或各乐器演奏者),这些会员能够将表演器具及表演动作、唱词、曲谱等讲述得细致、生动;最后是让会中老人进行口述,讲述会的历史、会的传承以及会的变迁,以口述资料来验证或弥补文献资料的真伪或不足。这样,调查出的关于会的资料才是较为全面的和较为真实的。

其次,传承人口述史的集体性体现于采访的内容具有集体性。首先,对于同一个会的不同口述对象,口述的内容具有重叠性,对于重要的问题,会反复问不同的会员,以期得到更确实的答案。如关于老会的历史、表演技艺与器具等问题,都要反复问诸多会员,才能有更全面的了解,不能只通过采访一个会员就得出结论,每个会员都会在细节上互相补充,每个人选择记忆的切面和内容会略有不同。其次,对于同一会种,不同的会对于同一问题的口述也是一种集体口述。如关于法鼓的起源,不同的法鼓老会口述的内容有相同之处,亦有不同之处。在笔者调查的葛沽宝辇老会中,就具有突出的传承人口述史集体性特点。葛沽宝辇老会主要有八驾辇,分别是东茶棚、西茶棚、北茶棚、阁前茶棚、东中街茶棚、营房茶棚、香斗茶棚、天后宝辇等供奉的宝辇。每座宝辇供奉有一位娘娘,东茶棚——海神娘娘、西茶棚——眼光娘娘、北茶棚——碧霞元君(泰山娘娘)、阁前茶棚——子孙娘娘、东中街茶棚——碧霄娘娘(三奶奶)、营房茶棚——琼霄娘娘(二奶奶)、香斗茶棚——痘疹娘娘、天后宝辇——云霄娘娘(葛沽人称大奶奶)等。其中,天后宝辇供奉的女神地位最高,在出会时,其他宝辇都要抓阄排序,唯有她不用抓阄。其次,其他宝辇出会时,都要与天后宝辇供奉的娘娘对脸[2]。笔者对每一个茶棚的会头及会员都有口述访谈,这些口述访谈,有许多相同的口述内容,比如每个茶棚供奉的神像、宝辇抬辇技艺、宝辇出巡仪式等,这些口述呈现出一种交叉的集体性。如果口述内容相同,那么就会呈现出某种程度上的历史真实性,但有的时候,口述内容会大相径庭。比如现任天后宝辇会头口述天后宝辇

〔1〕 王建民:《试论文化传承人的生活史研究》,载《当代社会中的传统生活——国际学术研讨会论文集》,天津社会科学院出版社,2014,第158页。

〔2〕 对脸:应是晋谒(晋见),在此是指葛沽八座宝辇中,其他七驾宝辇出会时,要和天后宝辇面对面,表示尊敬,在此称对脸。

一直供奉的都是妈祖——海神娘娘，而其他七驾宝辇的会员都说天后宝辇供奉的女神是三霄女神之一的云霄娘娘。这是因为随着妈祖信仰进入世界级人类非物质文化遗产，许多地方的妈祖文化开始重塑自己的合法性。1987年，在天津市首届民间花会比赛中，东茶棚宝辇获得大赛继承奖，从此以后在葛沽宝辇花会中妈祖娘娘的威信更加提高。天后宝辇会头因为看到了妈祖信仰受到政府的重视，也声称自己供奉的是妈祖，而这和历史的真实大相径庭。天后宝辇会头口述：

> 宝辇供奉的是大奶奶。我听老人们说是妈祖，受过皇封。大辇为什么是黄袍，辇杆也是黄的，全都是黄的。就这个大奶奶早。我们这边以打渔为生，有跑船的，有南方人，人家那边有妈祖，就到南方去塑了个娘娘，从那儿背了回来。打渔的每回下海，都敲打一番，有让龙王保的，有让娘娘保的。[1]

因为妈祖的重要性日益提高，历史上供奉妈祖的东茶棚也开始不再和天后宝辇对脸。东茶棚会头说：

> 东茶棚1986年恢复后，始终和天后宝辇没对过脸，别的辇对脸我不反对，但是东茶棚不对脸。因为以东茶棚为老，以宝辇为尊，宝辇是官家的，是商务会制作的，有权势，东茶棚是私人的，所以，我不上他那儿去祭拜。[2]

北茶棚会员说：

> 老人们说，以宝辇为重，宝辇为上。过去葛沽的辇都跟大奶奶对脸，那意思要见见面，大奶奶为上，现在就不好说了。东茶棚虽然是妈祖，但是也要抓阄，和天后宝辇娘娘对脸。[3]

因此，口述本身就是值得关注的事情，历史的真实固然重要，但口述的内容和历史的真实间发生的错位，亦可窥见更丰富的口述背后的真实——社会转型、记忆选择与权力博弈。在对葛沽宝辇的采访中，如果只采访东茶棚传承人，不可见真实的历史；只采访天后宝辇，亦不可见真实的历史；只有在集体性的口述史中，方可见真实的历史，以及口述的多种面向。可见，口述的记忆本身含有不稳定性、选择性和极强的主体性。记忆只是一个对

---

〔1〕 史静、路浩：《葛沽宝辇天后茶棚会头陈景清口述历史访谈》，陈景清家，2013年3月。

〔2〕 史静、路浩：《葛沽宝辇东茶棚会头马兆盛口述历史访谈》，马兆盛家，2013年3月。

〔3〕 史静、路浩：《葛沽宝辇北茶棚会员口述历史访谈》，北茶棚会员李万华家，2013年3月。

过往历史的再现，历史存在着被口述改写的可能性。对于同一种事件，不同的传承人口述内容不同。随着历史的发展，传承人的口述与记忆成为一种有选择的想象的重构，这背后体现出的是现实界的各种权力关系的博弈。正如日本学者小关隆对民俗学中的“记忆”所作的总结：

> 人们从过去发生的无数事件中，基于现在的想象力对特定的事件进行选择、唤起、并通过表象化的操作重新建构的行为。记忆不单纯是过去事件的储藏库，它是记忆主体针对自身所处状况唤起特定的过去事件并赋予意义的主体行为。因此，记忆和记忆的主体，即生活在当下现实的人们所属的社会集团的自我认同有着本质的联系。任何人都无法摆脱所属社会集团和其影响，因此，记忆不是一种单纯个人的行为。由于个人、集团的自我认同是不断变化的，与此对应，记忆也不断地被重新建构，“值得记忆的”在不断被选择，唤起的同时，相反的事件则被排除、隐瞒。从这个意义上说，忘却也是构成记忆的一部分。任何一个记忆的表象的背后，都有无数被忘却的事象。〔1〕

图3 葛沽八驾宝辇正月十六出会

最后，老会的传承本身具有一种集体口述传承性。天津民间老会多是依靠地缘关系而形成的一种结社组织，是村会，会员的基本都为本地居民；同时也是父子会，基本是父传

〔1〕 阿部安成、小关隆等编《コメモレイションの文化史・記憶のかたち》(1999)，转引自王晓葵《记忆论与民俗学》，载《民俗研究》2011年第2期，第31页。

其子，子传其孙，代代不绝，或者是祖辈都入会，或者是隔辈儿入会。会中老人经常通过讲述而非文字叙述告诉年轻会员本会的历史与传承谱系。老会员向刚学艺的会员传授技艺也是通过口述与身教来进行，鲜有文字记录。会所是天津老会传承人聚集的地点，平日有些会的会中老人就守在会所中，尤其是过年时，大年三十必须要在会所守岁，才算是过年。正是会所这样的集体性空间，提供了传承人口述传承的场域。即便是不入会的村民，因为老会是村中的“标志性文化”，所以村民对老会也相当了解。这些关于会的历史、传说等都是通过口述一代代传承至今。刘铁梁认为：“标志性文化应具有：一、能反映这一地方的特殊历史进程和贡献；二、体现地方民众的集体性格和气质，具有薪尽火传的生命力；三、深刻地联系着地方民众的生活方式和诸多文化现象等三个主要特征。”[1]天津民间老会不仅是村落的景观和神圣场所，同时也是村民日常生活的一部分；不仅是“非常”时间和空间中的狂欢，更是一种日常生活的延伸与补充。老会和传统村落的历史紧密相关，并且集中体现了村民团结互助的性格与气质，对民间神灵的坚定信仰，同时也与与民众的日常生活紧密相关。关于老会的口述传承本身在将老会建构成为村落的“标志性文化”过程中起着重要的作用。

3 前场儿——传承人集体记忆与认同的物质符号

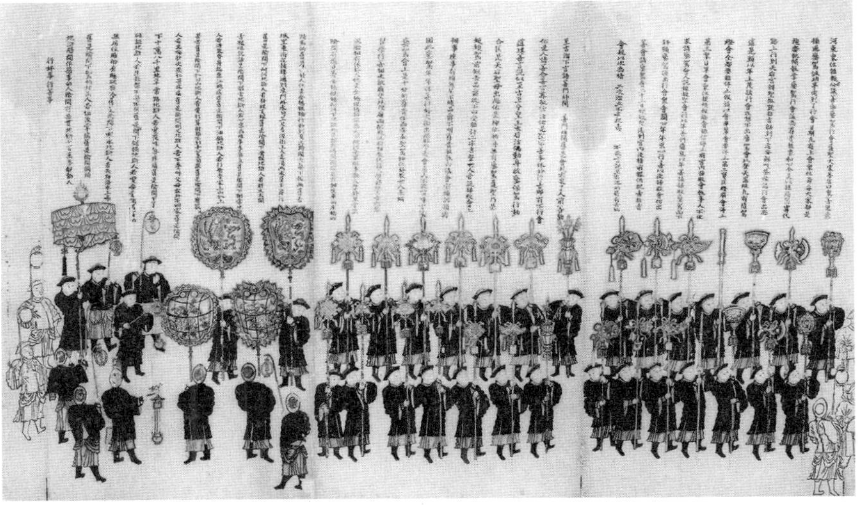

图 4 《天津天后宫过会行会图》中善念銮驾圣会的半副銮驾

集体记忆是集体认同的前提。集体认同的特征通过诸多物质符号保留在人们的记忆

---

〔1〕 刘铁梁：《“标志性文化统领式”民俗志的理论与实践》，《北京师范大学学报(社会科学版)》2005 年第 6 期，第 50 页。

中，这些物质特征构成一个群体集体意识的基础。在天津老会的集体认同符号中，前场儿是其认同的最重要的符号与基础。天津老会出行时分前场儿和后场儿，也称文场和武场。前场儿一般在会的前面，主要是指会里的仪仗执事。各会前场儿执事略有不同，有的会前场儿为半副銮驾，兼有纛旗、圆笼、门旗等，如挂甲寺庆音法鼓銮驾老会的前场儿为半副銮驾，包括金瓜、钺斧、朝天蹬、花、罐、鱼、长、茹、艾、方等；有的会前场儿为大纛旗、万名伞、灯图、气死风灯、灯牌、高照、串灯、节、软对、硬对、圆笼、茶炊子、茶筲、点心挑子、高凳、挑子灯等。天津人五方杂处形成了争强好胜的性格，尽体现于皇会的前场儿执事中。它一方面尽显“皇”会气派；另一方面，又凸显了传统文化，是集传统文化、民俗、民间艺术于一体的历史遗留物。如刘家园祥音法鼓完整保留了娘娘出巡时的仪仗、执事，前场儿、后场儿的传统技艺，这些仪仗和前场儿实属镇会之宝，是法的“源”，是鼓的“根”。所有的仪仗和前场儿都有着深厚的民间艺术特色和浓郁的文化内涵，既彰显了皇会之“皇”，也体现了祥音法鼓对于民间文化的理解。前场儿执事多按顺序依次对称摆放，极为强调顺序和对称性，也特别重视前场儿执事中蕴含的民间文化。前场儿中的软对和硬对一般会将本会会名蕴含于其中，同时还能够宣扬本会的理念，其对联中有诸多劝善的话语。如陈家沟娘娘庙前善音法鼓会的对联为“善心至奉圣驾随处修好，音声远来应身街道拈香”；城内立源法鼓圣会对联为“立来随善心正如平护圣，源香烟秋替顺威灵庇民”。法鼓会的会联以歌颂天后圣母功德、宣扬佛教思想、教化世人行善修好为主要内容。皇会各道会除了行会表演的阵势要独占鳌头，会具雕工的华美程度也是各道会之间相互比试的重要方面。“如果出会器具不全，人家（别道会）会小看你。”会中的前场儿记满了历史的信息和老会的传承。许多老会的前场儿在“文革”期间都被破坏，葛沽宝辇东茶棚会头马兆胜口述葛沽宝辇在“文革”时的遭遇说：

> 1964年“四清”运动，1965年“文革”运动，说葛沽宝辇是“四旧”，辇上的东西这个时候全破坏了，一点没留下，只留下了一个八辇两亭的老照片，这个照片也被抄家抄走了。辇子衣被分了，辇座子和法鼓这些会里的东西生产队也抓阄给分了。“文化大革命”毁了多少东西，宝辇都是老古董，都给砸了，再晚砸俩钟头上面就下来文件了，说“老古董不许砸”，就能保住。[1]

有些会在“文革”期间虽然停止了表演，但是会员非常爱惜会，民间在潜意识中仍然要保护传统社区因袭已久的老会传统，因此会里的部分表演器具和仪仗执事都被设法保存了下来。挂甲寺庆音法鼓的老会员李相义口述庆音法鼓会在“文革”期间的遭遇：

---

〔1〕 史静、路浩：《葛沽宝辇东茶棚会头马兆盛口述历史访谈》，马兆盛家，2013年3月。

“文化大革命”的时候，红卫兵知道我们的东西就放在农业社里，找了三四趟，翻烂了屋子，还是没找到，当时的会头们找了几个人，把会里的东西用草和马粪埋了起来，谁也不会告状。红卫兵一闻到马粪味，就熏麻了，熏跑了，没继续找下去。那时候大伙儿心齐，没有人告密。这样，半副銮驾才保存下来。[1]

西码头百忍京秧歌老会会头殷洪祥口述该会在“文革”期间的遭遇：

“文革”时，这些老祖宗留下来的东西，就在老会会所搁着，不过住人了。我们的会员在那儿住，他们弄一个布帐子，把会里的这些东西都挡上，村里的人都爱惜这东西，也没人揭发、告发的。破“四旧”时砸东西，没人敢砸会里的东西。街道上的人都爱惜这个会，这些东西就这么着保留下来了，不像有些会的东西都被噼里啪啦地给砸了。当时的派出所也没有管我们会，因为大家知道百忍是为老百姓服务的，会中的物件也是老百姓凑钱买的，这都是他们最喜欢的东西。因此，会里的东西在“文革”中得以幸免，完好无损。我们这个会有群众基础，要没有群众基础，这会就完了，早给毁了。[2]

通过这些老会会员的口述，可知20世纪80年代民间花会一复兴，各会都开始重新复制“文革”期间被破坏的前场儿执事，因为没有这些，就不是一个完整的会，而那些将前场儿执事保存至今的老会，则是集体口述的重要符号。这种前场儿执事符号能够唤起人们集中在符号上的各种记忆。与个人记忆相比，集体记忆更有赖于符号，传承人口述的内容往往集中于共同的事项，如老会的起源与历史、前场儿执事、表演技艺与传承等。

老会作为一种文化存在，由文化表层、核心层与基础层构成（见图5），其中，老会的文场与武场构成其文化表层，老会的信仰空间及仪式构成其核心层，老会的日常生活实践构成其基础层。前场儿执事作为老会的文化表层，最显而易见，也最能彰显一个会的文化与精神，有无前场儿在这些老会看来是一个老会之所以可称为“老”会的根本。天津老会首先是各会艺人的一种身体技艺和记忆，其次是他们的家族记忆和村落记忆，第三是一种文物记忆。前场儿执事作为一种文物记忆，是集体认同必不可少的一部分。老会的设摆器具与表演器具、会所、出会仪式、口头传说等共同构成了老会的“记忆场”，民间传承就是在这种身体技艺和口头记忆的不断再生产中得以传承。

---

〔1〕 史静、郭平：《挂甲寺庆音法鼓銮驾老会会员李相义口述历史访谈》，李相义家，2012年3月。

〔2〕 史静、蒲娇：《西码头百忍京秧歌老会会头殷洪祥口述历史访谈》，西码头百忍京秧歌老会会所，2011年3月。

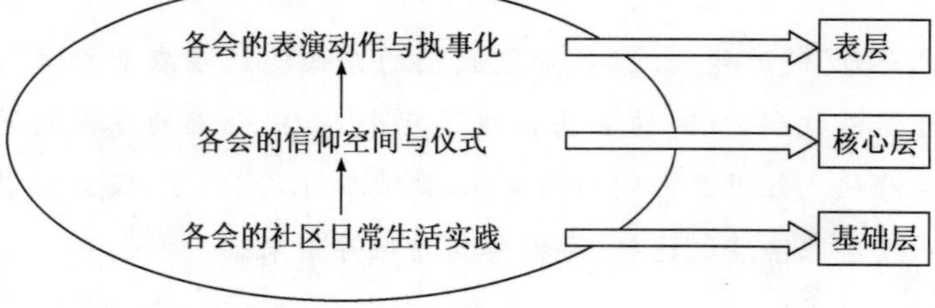

图 5　文化表层、核心层与基础层关系图

4　"后记忆"、集体性与互文性——传承人口述档案价值与意义

天津民间老会传承人的口述史资料，是重要的历史资料，因为许多老会的历史没有文献资料，靠代代传承、口传心授至今，关于会的起源、传承谱系等都只能靠口述记忆来追溯。无疑，这些传承人的口述档案将会成为"后记忆"时代人们重构和叙写历史的依据。笔者对天津老会传承人的口述调查，更多是作为一种田野调查工具，主要是为完成《天津皇会文化档案丛书》部分书稿的写作。口述资料是经过笔者编辑、整理、取舍后得以呈现的文本。可以说，任何一种口述资料的出版，都是整理编辑之后的一种叙事结果。所以，除了那些经过整理得以出版的口述资料，口述采访的最原始资料，仍需要放到相关数据库中，供以后的研究者资料检索之用，这样可以真正还原口述资料的原始性。

天津民间老会传承人的口述体现出鲜明的集体性。传承人的集体口述与集体记忆不同于个人的口述与记忆，因为个人记忆更多是就个人的生命历史进行口述，而集体口述虽然亦有个人传承史与生命史的口述，但更多的是不同的传承人对于老会的诸多共同问题(如会的历史、传承、器具、技艺、会与会的交往等)的集体记忆。因此，这些集体记忆往往呈现出更加丰富、立体的历史面向。因为毕竟个人的记忆是有限的，通过记忆来完整、真实地建构过去和历史是不可能的。这些传承人集体记忆的内容有时相符合，或者相互补充，有时却有龃龉之处。可以说，传承人口述史的集体性体现出一种"互文性"(intertextuality)。互文性是文学理论中的一个概念，"狭义的互文性指一个文本与可以论证的存在于此文本中的其他文本之间的关系，而广义的互文性指文本与赋予该文本意义的知识、代码和表意实践之总和的关系"[1]。每一道老会中每一位传承人的口述之间形成一种互文性，口述的内容或者互相补充、重叠，亦或是互相冲突、龃龉。相同的会种(如高跷、法鼓等)中每一道老会传承人的口述与另一道老会传承人的口述也形成一种互文性，比如关于法鼓的起源、曲谱、动作、法鼓的称谓等在不同的地域文化中，也发生着传承

[1]　刘怡:《哥特建筑与英国哥特小说互文性研究:1764—1820》,四川大学出版社,2011,第 5 页。

的嬗变和记忆的变迁，所以口述内容也会有所不同。因此，应该将传承人的访谈资料放在一起进行互文性的反复核对与比较，才能得出一定的真实历史；同时要研究传承人之所以选择这样口述，而不是那样口述的原因之所在，“通过深度访谈和日常交往了解到的行动者和言说者的人格特征和行为动机，还需要观察与此同时存在的当下话语、周边环境、其他人在场及反应等影响文化传承人思考和行动的多种因素”〔1〕。只有把传承人口述的内容以及之所以如此口述的原因调查清楚，才能够对老会的历史与现状、传承与嬗变调查清楚。诚然，口述采访虽然采访到的是个体记忆，但这种个体记忆既有个体的生命史，同时更多的内容是对集体事项的记忆，“个人记忆还有一个非常重要的价值，即可拼集并提供集体记忆和公共记忆的统计学真相”〔2〕。

正是这种集体口述的互文性，使整个民俗文化“活”了起来，民俗文化一直在“变”，这种“变”不仅体现在历史中，还体现在口述中。传承人集体口述的多元面向与各种角力，彰显了口述历史与真实历史的复杂之处，在当下的社会文化转型期，集体口述所体现出的是社会、文化与地域认同所发生的嬗变与传承。

〔1〕 王建民：《试论文化传承人的生活史研究》，载中国民间文艺家协会、天津大学冯骥才文学艺术研究院编《当代社会中的传统生活国际学术研讨会论文集》，天津社会科学院出版社，2014，第157—158页。

〔2〕 陈墨：《口述历史：人类个体记忆库与历史学》，《晋阳学刊》2013年第5期，第105页。

农民口述史:急迫性、方法论与现实挑战

——以河阳村为例[1]

◎赵月枝　龚伟亮　白洪谭[2]

摘　要:

中华民族的文明基因根植于农耕文明,中国革命以土地革命为中心,中国的改革开放始于农村,农民问题无论过去、现在和将来都是左右大局的首要和根本问题。若要通过口述史自下而上书写现代中国的历史,农民是关键的主体。更重要的是,从代际特征看,生于20世纪20到40年代的中国农民,是中国农耕文明与中华民族传统美德的承载者,也是抗日战争、解放战争、土改、人民公社和改革开放等各个历史时期的亲历者。随着这一代农民的日益减少,认真、广泛、深入地开展农民口述史工作已刻不容缓。

基于此,从2015年7月开始,由中国传媒大学传播政治经济学研究所和浙江缙云县河阳乡村研究院组成的一个团队在千年古村落河阳村开始农民口述史的研究和书写工作。然而,这一工作从主题的确定、采访对象的选择到具体操作都面临挑战:什么是"河阳故事"?是以农民个体历史还是以村史、事件和历史时段来组织访谈?如何选择访谈对象?如何面对农民年龄大、文化程度低、采访到的素材流于表面化和重复性大等问题,从而增进访谈的深度和历史厚度?在一个熟人社会里,如何妥善处理村中微妙的权力关系,如何让村民畅所欲言,又如何让那些回避访谈者参与?在操作层面,如何解决人手短缺、方言障碍、技术支持短缺等问题?如何调动当地力量,探索出一条民众参与式的口述史书写模式?缙云河阳口述史项目组从书写农民口述史的意义和迫切性切入,结合在河阳村的研究计划,围绕以上问题,对农民口述史实践中的一系列问题进行探讨。

---

〔1〕 感谢中国传媒大学崔永元口述历史研究中心邀请"缙云河阳农民口述史项目组"参加首届"口述历史在中国"国际研讨会(2015年12月12—13日)。本文曾在此次研讨会设立的"古村落口述史实践"圆桌讨论中得到郭于华、梁鸿、左玉河、钱茂伟、王宇英、冯建华等专家的评论意见,我们在文章定稿中也吸收了许多真知灼见,特此致谢。当然,本文文责自负。

〔2〕 作者简介:本文执笔人为"缙云河阳农民口述史项目组"成员:赵月枝,西门菲莎大学加拿大国家特聘教授、中国传媒大学教育部长江学者讲座教授,缙云县河阳乡村研究院执行院长;龚伟亮,中国传媒大学传播政治经济学研究所助理研究员;白洪谭,中国传媒大学传播研究院博士生。

关键词：

乡土中国；农民口述史；农民；农村；河阳古村落

Peasant Oral History: Urgency, Feasibility and Practical Challenges
——The Case of Heyang Village

◎ Zhao Yuezhi, Gong Weiliang, Bai Hongtan

Abstract:

Chinese civilization has agrarian roots. China's historical Communist Revolution centered on a land revolution. China's current period of Reform and Openness started with rural reform. Thus, just as the agrarian problem constitutes the primary and most pivotal issue in shaping China's past, present and future, the peasantry constitutes the key subject of any oral history attempt in writing modern Chinese history from below. More importantly, from a generational perspective, Chinese peasants who were born in to the periods between the 1920s and 1940s are not only the carriers of China's century-long agricultural heritage, but also the eyewitness participants of consecutive modern Chinese historical events from the Anti—Japanese War, the Liberation War, the Land Reform and the People's Commune movements, to the still unfolding drama of Reform and Openness. With the gradual passing way of these generations of peasants, carrying out systematic, comprehensive and serious peasant oral history work has become a matter of great urgency.

Building upon the above arguments, this paper offers a comprehensive overview of the rational, context, significance, research design, as well as work-in-progress of the Heyang Peasant Oral History Project, collaboratively launched by the Institute for Political Economy of Communication at the Communication of China and the Heyang Institute for Rural Studies in July 2015, in the nationally designated heritage village of Heyang in Jinyun County, Zhejiang Province. While this ambitious and innovative project has had a very promising start, it has also had to address a whole range of conceptual, methodological, as well as practical challenges at the onset. These have involved the selection of the appropriate thematic focuses, the determination of a sample of representative interview subjects, the best ways to organize the interviews and historical narratives (around individual peasants, around the village as a whole, or around different historical periods?), as well as the respective strategies for dealing with the subtle web of village power relations to ensure open and candid accounts, and for carrying out in-depth interviews with peasants who are very old, have little formal education, and tend to be "superficial" and "repetitive" in their narrations. At the operational level, there are also the challenges of overcoming shortages in local personnel and technical supports, finding ways to working within the constraints of the local dialect on the one hand, and while taking advantage of its expressiveness and vividness on the other. Finally, the paper also explores the possibilities and limits of mobilizing local intellectual and cultural capacities in the pursuit of a model of participatory peasant oral history writing.

Keywords:

Earth-Bound China; Peasant Oral History; Peasants; Villages; Heyang Heritage Village

1 问题的提出及其急迫性

中华民族的文明基因根植于农耕文明,中国革命以土地革命为中心,中国的改革开放进程始于农村,农民问题无论过去、现在和将来都是左右大局的首要和根本问题。

不理解中国农村,就无以理解中国历史和中国社会;任何有志于记录和理解中国历史和中国社会的史学研究和口述史研究,不能没有农村和农民视野。

自成立伊始,由西门菲莎大学加拿大国家特聘教授、教育部长江学者、中国传媒大学讲座教授赵月枝发起成立的缙云县河阳乡村研究院就将"乡村口述史研究和书写"作为重点工作之一。2015 年 7 月,"缙云河阳农民口述史项目"〔1〕正式启动,拉开了这项必然是繁重与耗日时久的民间文化工程的序幕。

项目组认为,乡村口述史研究在"尊重农民作为历史主体的地位"和"构建自下而上的共和国历史叙述"方面有不可替代的价值。而若要通过口述史书写现代中国"自下而上的历史(history from below)",农民是不可或缺的关键主体。

更重要的是,从代际特征上看,生于 20 世纪 20 到 40 年代的中国农民,是中国农耕文明与中华民族传统美德的承载者,也是抗日战争、解放战争、土改、人民公社和改革开放等各个历史时期的亲历者。随着这一代农民的日益减少,认真、广泛、深入地开展农民口述史工作已刻不容缓。

而在缙云河阳这个现如今已被政府列入"美丽小镇"建设目标的千年古村落和曾经的"地主村"做农民口述史研究,在深厚历史底蕴和丰富现实面向之间,探索基于"人为本位"〔2〕的口述史学方式的个人史、家族史、社群史与乡村变迁史的构建,更有着深厚的历史文化和现实社会意义。

2 农民口述史:意义与价值

口述历史作为一个完善的现代意义的学科产生于 20 世纪 40 年代的美国,上世纪六七十年代才在欧洲和其他许多国家得到蓬勃发展和广泛利用。〔3〕 口述史学研究的价

〔1〕 项目组成员包括赵月枝、项一中、麻松亘、周春光、龚伟亮、白洪谭。除本文三位执笔人外,项一中曾在浙江省缙云县宣传部、文化局、广电局、旅游局任职,著有《千古缙云》《仙境寻奇》等,现为中国先秦史学会会员、浙江省史学会理事;麻松亘曾在部队和乡镇、缙云县党政机关工作,潜心地方历史文化研究;周春光曾在缙云县乡镇、县委宣传部、组织部、县电力公司任职,现为缙云县河阳乡村研究院副院长。

〔2〕 钱茂伟:《公众史学视野下的口述史性质及意义》,《学习与探索》2016 年第 1 期,第 146—153 页。

〔3〕 梁景和、王胜:《关于口述史的思考》,《首都师范大学学报(社会科学版)》2007 年第 5 期,第 10—15 页。

值——借用美国社会学家麦克·布洛维对学术公共性的宣示——就在于“使不可见的变得可见，使私人的变为公共的”[1]。恰如汤普逊所指出的：“口述史正是用人民自己的语言把历史交还给了人民。它在展现过去的同时，也帮助人民自己动手去建构自己的未来。”[2]正是由于口述史学的公共性与人民性，它对一种“占有式的个人主义（possessive individualism）”狭隘叙史模式的反思和超越，对宏大历史中的晦暗个人和那些遵循社群价值与集体主义行为方式群体的多元敞开，使得口述历史不仅成为一个学科建制，更成为一种以面向历史的姿态构建未来的文化建设。

相对于文献史学，口述史学方兴未艾，是目前历史学领域引人注目的重要前沿；而相对于往往着眼于上层和知识群体的既有口述史研究，农民口述史的位置更显边缘。数以亿计的普通农民在当代中国口述史叙述中付之阙如。

但就“边缘”与“前沿”的辩证关系而言，农民口述史或可谓一个“前沿中的前沿”问题。让人欣喜的是，随着人文社科学界诸多有识之士的瞩目、驻足，这个领域的研究实践正在升温。在已有的先行者奠立的基础上，进行持久和深入的农民口述史研究，“倾听无声者的声音”[3]，其意义正日益受到学界与公众的正视与重视：

（1）中国农民在极为广大和深刻的层面经历了波澜壮阔的20世纪历史，但他们缺少使用象征符号表述的能力和资源，在历史叙述中往往成为任人涂抹却一言不发的沉默者。农民口述史的整理挖掘是对既有文献史学的极大补充，为其提供新的支撑、发隐或证伪；

（2）不仅在上述技术层面上可对文献史学查漏补缺和充实校正，农民口述史的价值更在于这一“底层口述史”的构建同时是一个以“获得历史”为过程的重建农民主体性的过程。而无论在政治上、历史上、文化上或统计学上，农民都是毋庸置疑的人民共和国、“革命中国”“乡土中国”和“农民中国”的主体；

（3）尤为重要的一点，农民口述史的重要意义还在于发掘被正统的精英论述和知识分子论述所压抑和遮蔽的历史多维面向。

事实上，只要研究者愿意敞开心扉去倾听底层，是不难听到有异于通常历史版本的另类表述和评价的。农民口述史正可以提供这样无法获之于文献史学的基于不同身份和立场的另类观点，促使人们重新审视历史，“促使史学家来塑造多种多样的创造性观点”[4]。

---

〔1〕 麦克·布洛维：《公共社会学》，沈原等译，社会科学文献出版社，2007，第11页。

〔2〕 保尔·汤普逊：《过去的声音——口述史》，覃方明、渠东、张旅平译，辽宁教育出版社，2000，第327页。

〔3〕 郭于华：《倾听无声者的声音》，《读书》2008年第6期，第37—44页。

〔4〕 王胜：《乡村口述史的理论与实践——以笔者在农村的访谈为例》，《当代中国史研究》2008年第5期，第106—111，128页。

3　农民故事与中国故事:谁在讲?讲什么?谁在乎?

与“新史学”所强调的研究视角从精英到大众的下沉不无关系,当前口述历史对“草根”和大众的关注也日益广泛和深入。但这其中仍鲜见为数众多但寂寥无声的中国农民的身影,围绕农村和农民的口述史研究仍是一个亟待建立学术共识与自觉的相对冷门的领域。

与之相关的,如果我们梳理有关农民口述史文献,会发现一个有趣的“墙里开花墙外香”的学术错位现象,亦即当国内外社会学、人类学、政治学和文化研究学者各自怀抱雄心勃勃的学术议题,以极有素养的专业水准、研究规划、思考深度和思辨水平,采用口述史方法深入中国农村这座学术“富矿”进行为数可观、成绩斐然的研究的同时,出自专业口述历史研究者之手的以农民和农村为主题的研究不仅在数量上少之又少(多是在因循既有的有关女性、知青等议题的研究时与农民和农村打擦边球),在方法上也大多囿限于“独白”“实录”形式而具有非虚构文学的色彩,就对于社会历史深层内涵与规律进行系统研究的“学术”意义而言,少有令人印象深刻的佳作。我们撷取国内外中国农民口述史研究的重要成果进行典型性的介绍和梳理,期望以之勾勒此领域概况。

3.1　国内文献

如果考虑人类学家王铭铭所说:“人类学本来的方法就是口述史”[1],从社会学和人类学视角出发而非单纯以历史为脉络,国内关注农村和农民的田野志著作(以费孝通先生的“乡村社会学”研究为经典)不一而足。而近年来,基于团队或个人农村调查并以大量口述史料作为支撑的、体现口述史研究高度自觉的学术项目和学术作品也层出不穷,前者以孙立平、郭于华等主持的“20世纪下半期中国农村社会生活口述资料收集与研究计划”[2]等大型乡村口述史研究项目为代表,后者则如曹锦清的《黄河边的中国:一个学者对乡村社会的观察与思考》、于建嵘的《岳村政治:转型期中国乡村政治结构的变迁》、李培林的《村落的终结——羊城村的故事》、吴毅的《小镇喧嚣:一个乡镇政治运作的演绎与阐释》、应星的《村庄审判史中的道德与政治:1951—1976年中国西南一个山村的故事》、黄树民的

---

〔1〕 王铭铭:《范式与超越:人类学中国社会研究》,《广西民族学院学报(哲学社会科学版)》2006年第4期,第67—74页。

〔2〕 这一口述史计划非常具有典型意义和代表性。该计划进行了8年,选取了河北、陕北、四川和东北的4个村子进行口述资料的收集和研究工作,并连续发表了多篇颇具影响的论文,如郭于华、孙立平的《诉苦:一种农民国家观念形成的中介机制》(载《中国学术》2002年第4期,第130—157页)、郭于华的《心灵的集体化:陕北骥村农业合作化的女性记忆》(载《中国社会科学》2003年第4期,第79—92,205—206页)等,引起学术界广泛关注。参见姚力:《我国口述史学发展的困境与前景》,《当代中国史研究》2005年第1期,第96—100,127—128页。

《林村的故事：一九四九年后的中国农村变革》、张乐天的《告别理想：人民公社制度研究》、潘维的《农民与市场：中国基层政权与乡镇企业》、韩敏的《回应革命与改革：皖北李村的社会变迁与延续》等。

此外，我们查到，自2004年以来，运用口述史方法关注农民或深入农村完成的国内硕士、博士论文计有31篇。值得注意的是，在12篇博士论文中，除了一篇为复旦大学强舸所做的有关西藏植物种植的历史研究，其余均为师范、农业、民族大学的博士生所做，而且有5篇聚焦教育和教师问题，3篇聚焦乡土文化。前者包括华东师范大学张济洲的《文化视野中的村落、学校与国家——一个县教育变迁的历史人类学考察(1904—2006)》(2007年)和赵金坡的《声音与回响：我国农村中师毕业生的历史考察(1979—2009)》(2011年)，东北师范大学袁媛的《热闹而寂寞的乡村教化——基于建国后石村社会教育历史人类学考察的研究》(2010年)和王莹莹的《我国农村教师生活史研究(1949—2013)——基于稻村的个案分析》(2014年)，以及山东师范大学高盼望的《民国时期乡村教师的生活研究》(2015年)；后者包括中央民族大学刘统霞的《被表述的民俗艺术——对商河鼓子秧歌的历史人类学考察》(2008年)以及上海体育学院郭守靖和田海军分别对齐鲁武术文化(2008年)和漠南武术文化(2015年)的研究。

基于学位论文的最新成果是清华大学新闻与传播学院2011届硕士曾维康在其学位论文基础上出版的《农民中国：江汉平原一个村落26位乡民的口述史》[1]。作者通过对江汉平原一个普通村落26位乡民的访谈(包括出身于农村的村党支部书记、种田农民、老干部、乡村教师、赤脚医生、乡村道士、私营企业主、外出务工人员、大学生等)，以小见大地折射出农村发生的新变化、新问题，具体而生动地展现出时代变迁过程中中国基层村民的真实生活和奋斗历程，蕴藉了丰富的历史内涵和社会内涵，是一部以农民直接口述形式出现的兼具学术和新闻价值的作品。

3.2　海外文献

海外华裔学者无疑是研究中国农民问题的重要力量。他们单独完成的研究包括旅美华人学者杨庆堃在1959年出版的《早期共产主义过渡中的一个中国乡村》、美国加州大学洛杉矶分校中国研究中心主任、文化人类学者阎云翔的《礼物的流动：一个中国村庄中的互惠原则与社会网络》和《私人生活的变革：一个中国村庄里的爱情、家庭和亲密关系(1949—1999)》(该书获得2005年度“列文森中国研究书籍奖”，这是该奖项首次颁给华裔学者)。

与此同时，在地理上和历史上都广袤精彩的“农民中国”还吸引了一大批西方学者的

[1] 曾维康：《农民中国：江汉平原一个村落26位乡民的口述史》，高等教育出版社，2012年。

目光，他们凭借特殊的身份、不同的视野以及扎实的研究，为理解中国农民和农村做出了贡献。这其中，大部分作品聚焦作为中国革命核心问题的土改和改革开放前的农民生活，包括杰克·贝尔登在1949年出版的《中国震撼世界》、柯鲁克夫妇在1959年出版的社会史著作《十里店(一)：中国一个村庄的革命》、威廉·韩丁在1966年出版的《翻身：中国一个村庄的革命纪实》、新西兰人类学家 W.R.葛迪斯在1963年出版的《共产党领导下的中国农民生活——对开弦弓村的再调查》、汉学家陈佩华和赵文词等于1984年出版的《陈村：毛泽东时代一个中国农村社区的近代史》等。其中，《十里店(一)》一书由亲历者讲述，追述了20世纪30年代十里店的村民们如何抵抗日本侵略者，保卫自己的村庄，协助八路军展开斗争以及后来他们又如何着手推翻旧的地主-雇农制度的普通村民故事，被西方许多高校指定为社会学科必读书目；而被称为"中国人的老朋友"的美国人韩丁的著作《翻身》，以其对中国一个村庄的土改的研究，深刻影响了1960年代西方新左派阵营对于中国革命的认识。在这一点上，这部有关中国农民的著作堪与斯诺基于对毛泽东等中国革命家的实地采访写就的《西行漫记》相媲美。在改革开放后出版的不多的西方学者著作中，值得我们参考的是丹麦学者曹诗弟的《文化县：从山东邹平的乡村学校看二十世纪的中国》。

以上国内和海外的研究重点介绍虽然未必全面，但从中足以窥见国内外采用口述史方法对中国农村和农民问题研究的领域之广泛、问题之独到、视角之独特、分析之深入、所产生的影响之大以及所引发的学术政治问题之复杂。当然，以上著作并非都是以农民为第一人称的口述史，而是在大量农民口述的基础上的多学科和人文历史研究著作。

3.3 当下关注中的未来指向

如果说以上文献和讨论还把乡村本身的可持续存在当作理所当然，而只从社会科学的角度关注"乡村社会某一领域的发展变迁"的话，当下，随着城镇化、资本下乡速度的加快，"那些承载着历史与情感的村落，消亡之势迅猛不可阻挡"，[1]作为中华民族文化根脉的整个乡村社会都面临解体的境遇。城市危机和现代性危机使"记得住乡愁"进入2013年中国城镇化工作会议文件，而中国要富强与美丽，"三农中国"必须富、强和美也成了2015年中共中央一号文件的基调性表述。在这样的危机形势和政策语境下，保护古村落成了冯骥才等部分当代中国文化精英的呼号。"在记忆中重现村落历史"不仅成了新一波乡村口述史工作的动机，而且被寄予了某种未来指向：

在保存和传递社会记忆的历史中，村落始终是一个特殊的生命载体。在当下拯

[1] 孙庆忠：《社会记忆与村落的价值》，《广西民族大学学报(哲学社会科学版)》2014年第5期，第32—35页。

救村落危机的进程中，社会记忆则具有穿透历史与现实的能力。在这个前现代的知识与经验总被有意或无意遗忘的时代里，重温村落社会的文化传统与价值观念，对于我们这个慎终追远的民族，不仅是凝聚社会的共同情感，更是一种指向未来的社会再生产力量〔1〕。

由是，农民集体记忆和乡村口述史在“拯救村落”“记住乡愁”和“寻找未来”的过程中不但被赋予了前所未有的重要性和紧迫性，而且其跨学科的社会科学研究和人文历史价值也从未像现在这样被同时认识到。

4　农民口述史研究：框架与方法

4.1　框架讨论

社会学家孙立平在谈及其主持的农民口述史项目时，有一段自述，从中可以发现以社会科学问题为导向的口述史研究区别于以史为轴的专业口述历史研究的特点：

> 从20世纪90年代中期开始，笔者和郭于华博士，还有北大的一些研究生就开始以口述史研究的方式，来理解20世纪下半期在中国农村进行的大规模国家与社会重建过程。其中的入手点之一，就是“诉苦”和“忆苦思甜”的实践。中国革命中一个富有挑战性的问题就是重构几亿农民与现代民族国家的关系。对“诉苦”和“忆苦思甜”实践所进行的口述史研究告诉我们，诉苦（包括后来的忆苦思甜）是中国革命中重塑普通民众国家观念的一种重要机制。这种机制的作用在于，运用诉苦运动中形成和创造出来的种种“技术”将农民日常生活中的苦难——这种苦难在其自然形态上是难于系统讲述的——提取出来，并通过阶级这个中介性的分类范畴与更宏大的“国家”“社会”的话语建立起联系。因此，恰恰是在诉苦实践中，重构了农民与周围世界包括与国家的关系。〔2〕

可见，其对“诉苦”这一革命年代政治仪式和斗争方式的口述史关注，背后的关怀来自农民与现代民族国家关系重构机制。这绝非简单的访谈录整理，而是以深刻问题意识为先导和以口述历史资料为基础的深度的思辨和整合（重在深层阐述而不是整理记录），从

〔1〕　孙庆忠：《社会记忆与村落的价值》，《广西民族大学学报（哲学社会科学版）》2014年第5期，第32—35页。

〔2〕　孙立平：《转型社会学——发展趋势与面临的问题》，2008年1月8日，http://www.china.com.cn/book/zhuanti/kxxsqy/2008-01/18/content_9554029_2.htm，访问日期：2015年9月23日。

而“对中国乡村社会某一领域的发展变迁给予实事求是的阐述,进而揭示其规律性和本质”。[1]

同时,为数不少的对于“诉苦”这一革命年代动员技术和政治文化的颇具见地的研究[2],实际上形成了一个颇具影响的理解农民诉说的理论框架。这一“诉苦”框架将农民“忆苦思甜”的言说理解(处理)成一种能够唤起阶级主体性的“控诉”,这种“控诉”始终涉及农民与国家关系的建构,而成为一种新政治的实践方式。在实际地和能动地反映当时的政治文化上,这一框架无疑是有效的、富于洞见的。我们在此无意以“政治规训”论的空泛腔调质疑这一框架,而是想指出,“诉苦”一旦从与国家的相对关系和特定革命历史中抽离,剥离其农民主体性形成的阶级政治内涵,就会变成一种本质化的农民对于“被侮辱与被损害”的人生苦难的讲述,并继而变成从“苦”的个人性到社会性的直接映射,从而形成一种从革命政治实践中脱嵌的带有绝对化倾向的“‘受苦人’的历史”框架:

> 乡村中普通农民的历史是苦难的历史,是在苦难中求生存的历史,也是为挣脱苦难而斗争的历史。20世纪后半叶中国乡村社会经历了天翻地覆的变革,普通村民与共和国一起感受了半个多世纪的风雨坎坷。然而他们的经历和感受、他们对亲历历史的评判和理解,却在历史的表述中付诸阙如。在关于农民的文字历史和农民自身的生活口述史之间,有时存在着巨大的差异,但缺乏表达权、话语权、解释权的农民,在建构历史真实性中的角色,多数情况下被学术界完全忽视了。而突破书写和话语霸权的方式之一就是去发现和书写普通人的历史,即“受苦人”的历史。[3]

需要指出的是,由于这种“‘受苦人’的讲述”的框架隐含了一种去阶级政治、去现代历史的虚无主义倾向及农民与国家的二元对立倾向,它在抹平了“20世纪后半叶”社会主义新中国历史的独特性和复杂性的同时,也隐匿了中国革命和社会主义现代性赋予农民的自豪感和主人翁体验,取消了农民与“人民共和国”之间以“诉苦”为纽带和过程的观念重构关系。这就有可能将中国农民在革命历史淬炼中获得的主体性虚化和退化为一种永恒的个体化的受苦者的地位,导致以之作为认知模式和行动指导的农民口述史实践容易在“突破书写和话语霸权”的想象中,形成另一种样式的对农民的思想限制、话语裁剪和表达

---

〔1〕 王胜:《乡村口述史的理论与实践——以笔者在农村的访谈为例》,《当代中国史研究》2008年第5期,第106—111,128页。

〔2〕 代表性的论文还有李里峰:《土改中的诉苦:一种民众动员技术的微观分析》,《南京大学学报(哲学·人文科学·社会科学版)》2007年第5期,第97—109页;彭正德:《土改中的诉苦:农民政治认同形成的一种心理机制——以湖南省醴陵县为个案》,《中共党史研究》2009年第6期,第112—120页;吴毅、陈颀:《“说话”的可能性——对土改“诉苦”的再反思》,《社会学研究》2012第6期,第146—171,244—245页。

〔3〕 郭于华:《作为历史见证的“受苦人”的讲述》,《社会学研究》2008年第1期,第53—67,243—244页。

钳制。

结合在河阳进行的农民口述史的计划与实践，我们对“诉苦”与“‘受苦人’的讲述”框架有以下几点思考：

其一，在“诉苦”的革命文化实践中，农民对所“受”之“苦”的阶级归因和公开控诉，是一种与现代社会主义国家互动的政治主体性的生成过程；离开了阶级和国家范畴的对于“苦”的纯自然主义的感受和讲述，农民口述史就失去了建构性的潜在积极意义。

其二，我们在下文将论及，由于河阳曾是江南著名的“地主村”，因抽离了阶级关系而无法把握农村现实的“受苦人”框架，对于河阳农民的新中国成立前历史讲述很大程度上是失效的。河阳的故事不是“乡村中普通农民”无穷尽的苦难的历史，而很大程度上是“有女嫁河阳，胜过做娘娘”的大富大贵故事。总之，农民口述史不应只是“诉苦”和“受苦”的故事，而要反映特定历史语境下的农村阶级关系。

其三，“诉苦”框架的处理方式对于革命年代通过“忆苦思甜”建立革命主体性的农民文化政治实践是可行和可信的，但是对于新中国农民，也就是作为共和国主体和曾经的集体经济主体的农民，这个“诉苦”的故事怎么来说？这个故事在改革前后有什么变化？能否以一个蕴含政治关系的动态建构的“诉苦”概念贯穿前后三十年，包打天下？

其四，以在河阳业已开展的实践看，在具体访谈中很容易将农民的讲述导向“诉苦”（“共产风”“饿死人”等），更何况，我们还可以寻找那些在土改中被镇压或“打倒”的地主、富农后裔，通过对中国革命历史上农民“诉苦”实践在当下的“反转”，听他们“诉苦”。总之，正如应星所指出的：“底层的苦难容易受到精英话语的诱拐。”[1]“受苦人”的事实认知与裁剪框架，加上作为知识分子的访谈人本身固有的（内化的）知识立场与观点、倾向，很容易将农民口述历史变成拿农民来证明访谈人自身刻板偏见的过程。难道农民口述史仅仅只是这样一个知识分子自我确证的过程？

因此，我们既要看到“受苦人”框架所具有的让无声者发声的积极意义，又要看到这种“呈现底层”和“重现苦难”式的思想方式和行动方式在当下应用时的复杂性。无论是河阳故事的特殊性、20 世纪历史的特殊性、作为访谈对象的中国农民的特殊性，还是作为访谈人的（通常的）知识分子身份的特殊性，都反复提醒我们这一点。

4.2 方法论讨论

如果考虑到 19 世纪德国历史学大师兰克的名言“历史学区别于其他所有科学的地方在于它同时又是一门艺术”[2]——这实际上揭示了历史学的科学与艺术的两重性——那

〔1〕 应星：《叩开“受苦人”的历史之门——读〈受苦人的讲述：骥村历史与一种文明的逻辑〉》，《社会》2014 年第 1 期，第 215—228 页。

〔2〕 刘北成、陈新编《史学理论读本》，北京大学出版社，2006，第 4 页。

么对于口述史学的学科性质和方法论特质的认识也同样要从这一两重性出发。

口述历史的“艺术性”，要求我们接纳、规划和提高口述史文本的文学与人文价值；口述历史的“科学性”(社会科学性)又要求我们具有鲜明的社会问题意识。在2015年12月12日“古村落口述史实践”的圆桌讨论会上，郭于华教授在发言中专门就此谈及了学科差异问题：

> 首先就是问题意识……问题意识并不是框定我们的思路，说我们就是按照这个去做，提前已经有了答案。问题是那个“问题”，不是答案，“问题”是我们好奇的东西，我们要搞清楚的东西，所以不会出现先入为主，你就围绕这个东西去做访谈……因为社会科学，我觉得这点好像也有学科之间的差异。就是社会科学一定需要有一个问题意识，一定要去回答一个问题而不是仅仅描述一段历史，或者记录一段个人生活经历，这一点上我觉得和历史学或者文学有学科之间的差异。[1]

正是在以问题意识引导系统的调查研究和学术思考上，历史学科与口述历史体现出其“科学性”的印记。[2] 而如何认识和处理社会学科和人文学科在标准和方法上的差异，是课题组需要认真考虑的问题。事实上，社会科学视域中的问题意识，历史学视域中的真相探求，人文学科视野中的人性关怀，都是需要课题组吸收和平衡的。应当借鉴不同学科的研究方法和研究经验，结合社会科学的问题意识和理论方法、历史学科的文献资料和叙述手法、文学与人文对于人的情感和意义的尊重与推崇，使农民口述史的研究在单体及项目总体上体现出求智、求真、求美的多维学科知识与风格的兼备性。

同时，口述历史也具有学科建制和“文化建设”的两重性，既是一门专业知识，又是一项公共事业；在知识属性方面，口述历史还具有专业性与批判性的两重性，既能融入主流历史学专业教育，为之添砖加瓦，又能以“从下而上”的“另类”历史构建方式，祛除历史偏见，打破历史陋识。

基于上述多个层次的“两重性”，农民口述史研究与书写的显著特质就体现为一种“四不像”的杂糅性或多重的包容性。它糅合专业史学、公共史学和批判社会科学的思路，同时在专业性、公共性和批判性层面有所追求，并融合文学艺术的诗性与社会科学的理性。

这种多重包容性既可以/可能体现在单人、单部的农民口述史成果中，又可以/可能整体体现在整个河阳农民口述史项目的不同层次、不同风格、不同侧重的研究成果中。

---

〔1〕 根据录音整理，未经本人校对。

〔2〕 郭于华教授将历史学视为与文学并列的纯人文学科，这点有待商榷。

5 定位河阳故事：背景、语境和机遇

如上述学术梳理已经有所触及，我们首先面临的是如何定义我们的项目和如何定位“河阳故事”的问题。作为一个“农民口述史研究和书写”项目，我们在河阳的工作包含相互联系的人文历史和社会科学研究两个部分：收集和整理以农民作为第一人称的口述历史，并基于这些农民口述材料进行乡村问题研究。一方面，鉴于此前某些大型口述历史项目已经聚焦浙江，我们在浙江缙云的研究就有了比较充分的文献基础；另一方面，我们的工作无论从具体的地点选择、切入角度和组织方式，还是从所期待的结果方面看，都有独到之处。

我们的工作对象是位于浙江省缙云县西北角新建镇的新建溪边的河阳村。该村始建于唐代末年。其始祖朱清源祖籍河南信阳，五代时官至吴越王钱镠的“掌书记”——根据项一中的解释，这相当于今天的“秘书长”。公元 923 年，钱镠刚刚驾崩，处于吴越王朝权力中枢的朱清源为了躲避因王朝内部权力交替所可能引起纷争的祸害，带着自己的同胞兄弟朱清渊到了缙云新建溪边这个“土沃可耕、泉甘可酿”的“风水宝地”隐居。[1] 为了让后代铭记自己的河南信阳渊源，他们把自己安身立命的南方村庄取名“河阳”。直到今天，全村 94%以上的人依然为朱姓，“是中国单一姓氏留存至今、规模最大（接近 4000 人）、历史最长（将近 1200 年）的古村落”[2]。不过，作为中国乡村社会变革和现代化进程的活化石，今天的河阳不仅仅是一个自然村，还是一个行政村——而且是一个有着三个组成部分的行政村：首先，2006 年，河阳接收了 63 位因外县建电站而失去家园的移民——一个一直没有在社区意义上被整合进来的“移民村”，以几排建在河阳人曾经的良田上的房子的存在，挑战着这个“纯”朱姓村庄的故事；其次，2011 年 1 月，在中国大规模的“并村”运动中，河阳村与周边的岩山下行政村合二为一，村名沿用河阳村——岩山下村虽然只有 80 多户、400 余人，但也有悠久的历史，且亦以单一姓氏（赵姓）为主，两个村庄一大一小，仅只一条小溪之隔，在现代历史上分分合合，这是岩石下村第三次被合并了。我们项目所指的河阳，是作为行政村的河阳。

古代河阳以“贵气和富气”[3]著称：也许是因其先祖曾“高居庙堂”的渊源，河阳人先因其“耕读家风”文化和走“学而优则仕”的道路而“贵”，并因宋代出现“百年八进士”的奇迹而建作为村庄标志的“八士门”和得朱元璋所赐的“石稀罕”。不过，到了明正统十四年

---

[1] 项一中：《仙境寻奇》，西泠印社出版社，2010，第 147 页。河阳现在还有 15 座祠堂。

[2] 缙云河阳管理区：《河阳省级综合旅游改革实验区、国家级乡村休闲旅游度假区总体规划》，中国美术学院风景建筑设计研究院，2015，第 7 页。

[3] 项一中：《仙境寻奇》，第 139 页。

(1449),河阳“八士门”和其他许多建筑就被丽水银矿矿工起义所摧毁。虽然明末重建了现存的“八士门”,但朱氏后代也没能继续在科举道路上取胜。1861—1862年,太平军再次占领了河阳,“烧毁宗祠3座、民居大院10余幢、寺庙2座,村民外逃,冻饿病死346人”[1]。到了明末清初,河阳朱翰臣、朱竹虚等精英通过经商走上了“先富再贵”的道路——如项一中用现代语言所总结的,他们将全族的“工作重点”从“教育”转移到“经济”上来:从经营山区的竹制土纸逐渐发展到粮食、靛青等生意,并将业务逐步扩展到苏杭一带。[2] 就这样,富裕起来的河阳朱氏,不但在周边拥有大量的田地,而且在村里大兴土木。在第一轮“房地产”高潮中,他们建起了许多有如北方四合院的徽派民居——十八间“道坛”;在第二轮高潮中,他们建起了大大小小的孝敬祖宗的“祠堂”,从而出现了别人一村一姓一祠,河阳这个“偏僻的缙云山村,雨后春笋般冒出16座雕刻精美、气派堂皇的祠堂”的奇观。[3]

河阳的富裕使它在新中国成立初成了土改的重点和附近知名的“地主村”;人民公社时期,那些富丽堂皇的祠堂成了无房或缺房户的民居、生产队的“分配站”和公社、中学、小学、医疗站等公共机构的所在地,甚至还成了碾米厂和农机厂所在地。改革开放的前20多年,像中国其他村庄一样,河阳人在致富路上奔忙,河阳村在被现代化的过程中,也面临空心化的境遇。新世纪以来,随着“传统文化”和“乡土文化”的重要性被认识,尤其是近几年来,随着“乡愁”话语的崛起和乡村旅游业的兴起,河阳那些在村庄空心化的过程中一半被抛弃一半还住着留守老人的十八间“道坛”民居和因缺少了公益性使用需要而面临倒塌命运的祠堂(16座祠堂中有一座已在几年前倒坍),终于被戴上了传统文化遗产的光环。河阳也因这些建筑一下子成了非同一般的村庄:2000年被批准为浙江省级历史文化保护区、河阳古民居正式对外开放旅游;2012年被国家建设部命名为全国首批传统古村落;2013年“河阳村乡土建筑”成了国务院批准的全国重点文物保护对象。除了普通的乡镇体系,国家因这些文物还以另一种方式重新介入河阳:随着作为国家事业单位的缙云县科级行政单位——河阳古民居保护和开发管理委员会——在2011年1月的建立和河阳逐步成为缙云县发展乡村旅游和建设“特色小镇”的对象,河阳这个村庄与国家的关系进一步强化和复杂化。今天,作为央视大型纪录片系列“记住乡愁”的拍摄对象和央视2015年春晚《乡愁》一曲的影像背景,河阳正以她那著名的马头墙、十八间“道坛”和祠堂进入国人的视野,与安徽宏村等地一起成为“乡土中国”的符号。

河阳的建筑当然有其文化价值。从某种意义上,它们真的会说话。可是,这些建筑并不是河阳故事的全部,它们无论如何也比不上活生生的河阳人的叙事。然而,有关河阳人

---

[1] 缙云县新建镇河阳村村民委员会:《行政村省级规范(示范)档案室申报材料》,2014,第63页。

[2] 项一中:《仙境寻奇》,第142页。

[3] 项一中:《仙境寻奇》,第145页。

的故事，除了有关始祖的单薄传说和明清时代的朱翰臣、朱竹虚等人如何致富的同样单薄的传说，以及央视为了当下廉政宣传在有关河阳的纪录片中所编的几个故事，最有名的大概是导游在带领游客参观那座“寡妇墙”和那口“陪嫁井”时必讲的那两个有关女性的故事了。前者是一个女性在一个崇尚妇道的村庄中被压迫的故事：为了避免“寡妇门前是非多”的闲话，这位生活在这个曾经为不少女性立了贞节坊（在“文革”中被毁）的村庄中的女性，其住所面对大路的外墙外，被加了一道墙，以挡住窗户，防止“红杏出墙”；后者是一个“拼爹”和“比富”的故事：娘家为了表示自家富有，以免女儿让富有的婆家欺负，不但什么样的抬得动的嫁妆都有，连喝水的井也替女儿挖好。有关河阳的现存文献中，退休教师朱益清编撰的《河阳民间故事》通俗可读，但缺乏社会历史深度；[1]周斌等人的《缙云河阳古村落研究》虽有很高的学术价值，但作为一部有关河阳的概貌性研究，以描述河阳的村庄布局、建筑和传统价值的挖掘为主，有见物见事少见人的倾向。相同的是，两者均不涉及现代河阳人。

如果河阳乡土建筑主要讲述着河阳人在古代和近现代如何大富大贵以及如何追求“天人合一”的故事的话，那么，现代和当代河阳人则承载着这个古村落在现当代社会变迁中的全部历史记忆，这些记忆无论是从通过对河阳的口述史研究，来切入有关中国现当代农村历史的论争的角度，还是从通过挖掘现代河阳的历史文化叙事，来丰富河阳的文化内涵和助推“特色小镇”建设的角度，都有重要的意义。从与当下中国革命历史中极富争论的话题对话的角度，我们希望知道：河阳的地主成分是如何定的？他们是什么样的？在河阳人的记忆中，河阳有穷人吗？河阳的地主是如何对待长工的？这里的土改是如何完成的？这里的集体经济是如何建立的？河阳的不同阶层是如何看待土改和体验“新社会”的？又如，河阳人是如何经历“四清”“食堂化”“大跃进”“人民公社”和“文革”的？这里饿死人了吗？改革开放和集体经济的解体给河阳人带来怎样的机遇与挑战？从毛泽东时代到改革开放，河阳人不同的家庭背景和家族文化禀赋对河阳人个体的发展产生了什么样的影响？最重要的是，在一个过去和现在社会分层都非常明显的村庄里，我们能否以以上讨论的“受苦人”“诉苦”的框架，抑或站在整齐划一的“河阳人”的立场上讲“河阳故事”？当河阳人不得不承受乡村现代化的代价，接纳一个外来的移民村时候，他们是如何面对的？这又能体现村庄与国家的何种关系？当基于西方现代社会的政治选举被引入河阳这样一个比较“纯”的单一宗族村庄后，它对社区的团结会产生何种影响？同样重要的是，从历史上的“学而优则仕”的道路到近现代河阳乡村教育的变迁，我们可以管窥到什么样的国家与社会关系？这里的故事如何能分别在内容和方法上对现有中外文献中关于乡村教

---

〔1〕 朱益清正在撰写一部更为详细的有关河阳历史变迁的《河阳史话》。项目组通过与他互动，试图构建一个围绕河阳的不同历史书写方式的知识共同体。

育的口述史研究进行比较？从丰富河阳作为一个文化古村落的人文叙事的角度，我们希望知道，河阳村口那个“贡献榜”上所列的近现代仅有的两位河阳人作出过怎样的贡献？著名的河阳剪纸技艺的传承人有何种经历？河阳的戏班和民俗表演有怎样的兴衰历史，这与村庄经济组织形式的变迁又有什么样的关系？河阳各界是如何看待文化遗产与现代化的关系的？他们是如何理解河阳当下经历的一切的？

总之，作为一个千年古村落和曾经的“富贵村”“地主村”，河阳故事必然是丰富和多面的。如果作为“富贵村”的定位属于河阳古代和近代历史的话，那么，从主流革命话语中的“地主村”到当下主流“乡愁”话语中的“古村落”的演变，无疑是现代河阳故事的主线。不过，“地主村”中有佃户，“古村落”中有现代——这是我们讲述河阳故事所要把握的一个基本出发点，否则，我们就会陷入脸谱化和历史本质主义与虚无主义的泥潭。同样重要的是，无论是从河阳历史起源的角度，还是从从未停息的村庄内外交流互动的脚步的角度——不管是古代河阳人走读书做官的道路，还是明清时代和近代河阳人走外出经商致富的道路，更不必说今天河阳大批青壮年劳动力在两广和海南等地从事养殖业这个事实，河阳从来就不是一个封闭的村庄和与世隔绝的隐居地，而是一直在与外部世界的互动中得以延续的。通过讲述“河阳故事”，我们希望参与讨论乡村与国家、现代与“传统”、乡村与革命、乡村与城市、农耕文化遗产和农民生活经验之于当代中国道路、“生态文明”建设以及文化建设的意义等一系列重大问题；通过讲述“河阳故事”，我们更希望河阳各界村民能更好地在“古村落”的保护和开发中表达他们的主体意识，从而更好地以“古村落”主人和共和国主人的身份走向未来。

6 如何讲述河阳故事？谁来组织？有哪些模式？

作为通过记忆“拯救村庄”的新一波乡村口述史努力的一部分，“口述河阳”被当作河阳文化建设的一部分已被提出过：几年前，浙江省内一位大学教授就带着学生来河阳做过口述史，一个包括河阳但是更为宏大的“口述缙云、口述河阳”的设想，曾经作为其所在大学和缙云县的“战略合作”内容被提出过。后来这个项目不了了之。

乡村口述史注定是草根的，主要由学者兴趣和情怀所驱动以及农民讲述自己故事的意愿所支撑。它离不开“官、产、学”体制，但是，它不可能是这一体制的直接产物和优先资助对象，即使是河阳这样已戴上了历史文化古村落光环的村庄也不例外。我们所从事的工作就是一个学院学术研究和草根乡土文化建设相结合的产物。工作主要组织者赵月枝是加拿大国家特聘教授、中国传媒大学的长江学者和缙云县引进的浙江省“千人计划”专家，得益于两个国家科研资助体制和人才政策；同时，部分因为她出生成长于今天已成河阳行政村一部分的岩山下村，并在河阳接受初、高中教育，她不但把城乡关系视角、乡村问题、现代与传统的碰撞等问题当作自己所从事的文化传播研究的重要内容，而且把自己的研究项目定点在河阳。虽然本项目没有任何专项研究经费，但是，它的机构载体——缙云县河阳乡村研究院，是赵月枝在缙云县委、县政府支持下成立的一个从事乡村问题研究和乡村建设的民营非企业单位。在这项工作中担任主要访谈和书写工作的项一中、麻松亘是对缙云当地人文历史和农民问题有深厚研究的退休干部和历史文化学者，他们都是口述史工作的自愿参加者。其中，项一中不仅是中国先秦史学会会员、浙江省史学会理事，而且在他的《仙境寻奇》一书中有专门一章写河阳。其他团队成员中，周春光是曾经在河阳工作过的缙云退居二线干部，对河阳当代的历史很熟悉且有深厚的感情，他以河阳乡村研究院副院长的身份义务参加这项工作；龚伟亮与白洪谭分别是赵月枝在中国传媒大学的助理和博士生，他们对农民问题和口述史也有很大的兴趣。

我们希望通过三种方式来组织河阳的口述史工作。本节讨论前两种模式，下一节集中讨论最主要的第三种模式。

6.1 家人参与模式

第一种是家人参与研究与书写模式。作为河阳乡村研究院所倡导的参与式行动研究方法在口述史领域的尝试，我们有意发动和指导年长的农民和他们的家人自己做口述史记录。这一方法源起于一个偶然的机会：2015 年 7 月初，我们在酝酿自己开始访谈农民之前，赵月枝得知河阳村民朱文益有主动向儿孙叙述自己故事的愿望。当时，朱文益的老伴因病将不久于人世。在此情景下，年迈的朱文益产生了向儿孙讲述自己的故事、留下家庭历史的强烈愿望。朱文益生长在河阳一个拥有“十八间道坛”的大家族，在河阳村当过干部，是河阳村历史的重要参与者和见证人。有鉴于此，我们把一部录像机借给了朱文益的家人，教会他们录像机的用法并嘱咐他们尽量让他系统讲述自己的故事。朱文益老人热情非常高，而且讲故事的状态相当好，在很短的两天之内就把自己一生中最主要的故事讲出来了。从我们看到的录像资料看，内容还是很精彩的。就这样，朱文益老人向儿子的自叙成了我们这个项目组所收集到的第一份河阳口述史原始资料。鉴于朱文益家有两个儿子是有大学学历的中学老师，一位儿媳妇是本县高中语文老师，我们动员他们把录像资料整理成文字，然后纳入我们项目，进行统一安排和处理，由我们或者他们进行必要的补充采访，并以我们项目组和口述者相关家人合作的形式出版相关成果。基于一些老人有类似的自述诉求，也基于一些老人也有受过高等教育和从事文字工作的儿女，我们认为，这种参与式的口述史收集工作是可以在更大的层面复制的。所以，接下来的工作，就是在河阳村进行一次摸底调查，找出类似朱文益家庭这样的情况——对有兴趣者进行一定的叙述基本要求，以及设备使用和笔录注意事项等方面的培训；然后由项目组负责统筹联络、设备轮用、内容保存、记录整理等事项，所得到的文字资料由项目组专人与相关家人协调处理，并且主管家人有最后的定稿和署名权利。这种方法不但能缓解项目组人力有限的压力，而且让口述史工作真正成为村民自己的工作，在最自然的家庭代际交流的语境下进行。这里需要考虑的一个问题是，面对儿女多的家庭，我们要保证所出面的家人有"代表"全家族处理家长口述史的资格，从而避免不必要的纷争；其次，与其他任何形式的口述史叙述一样，要让叙述者尽量跳出把叙述变成留下家族"光荣历史"的朴素动机，启发叙述者尽量在具体的语境下与后人讲述自己认为"不光彩"的事件和经历，从而让叙述者在叙述的过程中，跳出固有的是非黑白判断，获得新的主体性。

6.2 村民集体追忆模式

我们尝试的第二种口述史工作模式针对的是河阳已经去世的、在该村"贡献榜"上有名的朱忠、朱祝岩两位贤者。朱忠(1906—1995)可以说是全面见证了 20 世纪河阳历史的"世纪老人"。更重要的是，朱忠的一生折射了以上两部分中中国农民口述史文献综述和河阳故事内涵讨论中的几个重要层面。他生在河阳一个大家族，先为家庭经商，然后弃商从学，通过读书从乡村进入国家——先是作为一名公路工程师服务于民国政府，后作为被改造的旧社会知识分子成了中华人民共和国为数不多的高级工程师中的一员，在经历数次政治运动的同时，参与编制了国家的公路路基标准和山东等地的油田和公路建设。与大部分离开乡土、安居城市的同代知识分子不同的是，1972 年退休之后，朱忠回到了河阳，把退休后的十几年时间贡献给了河阳和周边地区的现代化事业——从公路到桥梁，从大会堂到电影院，从化肥厂到丝厂，这位退休知识分子成了一位真正的"人民的工程师"。他所设计的现代化建筑——包括那座建于改革开放前的气派的"河阳大会堂"和建于改革开放时代的河阳溪上的公路大桥——不仅成了今天这个"古村落"的不可或缺的现代部分，而且有关他本人的集体记忆也是河阳村落记忆的重要部分。无论是从知识分子和城乡关系的角度，还是从一名从事工程技术的高级知识分子在新旧中国和新中国历次政治运动中的经历的角度，抑或河阳人对知识分子与农民关系的角度，朱忠的故事都是有相当高的社会科学研究价值和人文历史价值的。在深入研究了通过朱忠家人所得到的他三万多字的自传和其他相关工作笔记和照片的基础上，2015 年 7 月，作为加拿大西门菲莎大学、中国传媒大学以及河阳乡村研究院"全球到村庄：传播研究如何落地"项目中的子课题，我们通过焦点访谈组的方式，收集了河阳村民对朱忠的集体记忆。在此基础上，我们计划整理和出版朱忠的专题研究论文和一部由他的自传和河阳人对他的记忆两部分组成的传记性文献。我们对河阳的另一位贤者朱祝岩所知甚少：河阳村的贡献榜上只有一句记载他领导河阳人民修建水库的功绩的文字，但是，我们从河阳村大事记中知道，朱祝岩是河阳第一个"互助组"和此后的"低级社""高级社"等集体经济组织的创立者之一。我们计划先找朱祝岩的家人做有关他的口述，然后通过焦点座谈的方式收集更多的河阳人有关朱祝岩的集体记忆。朱忠和朱祝岩的经历应该是非常不同的——朱祝岩显然没有离开过河阳，但是，他们都是以河阳现代化建设者的身份被河阳人载入河阳“贡献榜”的。尽管我们没有为河阳人树碑立传的动机，但是，挖掘这两个人的历史，对理解20世纪的河阳、乡村与现代化，尤其是1970年代中国农村在生产和生活基础设施建设方面的情况，有重要的意义。最重要的是，这有助于我们纠正当下“乡愁”话语中关于河阳“古村落”的现代历史虚无主义和文化本质主义偏颇。

7 边做边学：河阳口述史“预试”经验的初步讨论

我们专门在这一节讨论项目组主要成员自己正在探索的工作模式，因为这是我们工作最核心、也是需要更多讨论的部分。

从2015年7月启动到9月中旬，我们本着“边学边做”的原则，完成了项目“预试”阶段的工作。这一阶段的工作内容包括请村干部和长老推荐第一批采访对象，召开采访对象动员会，由项一中、麻松亘两位分头采访20多人次（每次两个小时左右）并整理出部分内容，课题组结合现有口述史理论和方法文献总结经验，讨论下一步工作等环节。基于这一阶段的“预试”，我们就以下问题得出了相关体会，并形成了下一步工作的一些思路。

7.1 确立与采访对象的权利关系

河阳村上上下下非常认同我们的工作目标，对我们的工作也非常热情和支持。作为2015年暑期“全球到村庄”项目安排的延伸，我们在“预试”阶段的采访中，按村里“误工费”的标准，给每人每次发劳务费。但是，在实践中，我们意识到，与一般调研中的采访不同，我们需要处理所采访到内容的“所有权”问题——尽管这个问题没有任何采访对象向我们提出过，而且他们也不一定有这样的考虑。在参考了一些文献和其他口述史研究者经验的基础上，考虑到河阳乡村研究院的非营利性质和对口述史文献出版无利可图的预期，经过讨论，我们决定通过与采访对象签署字据的方式，处理我们与被采访者的权利和义务问题，从而避免今后可能产生的纠纷。[1]

7.2 选择采访对象

为了尊重村庄上上下下，也考虑到我们自己是外来者这一事实，我们先请负责村中事务的村委会副主任牵头推荐第一批参与访谈的村民。由于我们的工作有“抢救”河阳历史的性质，年龄是重要的入选条件。因此，第一批的十多位采访对象都是高龄村民，最高龄

---

〔1〕 如被采访者或其后人对故事的“版权”或被采访者“肖像权”的索要。

者94岁。不过,村里推荐的这批采访对象的局限性也是非常明显的:第一,正如赵月枝在第一次动员会上就注意到的,传统的父权社会意识彰显无疑——没有一位采访对象是女性,也就是说,河阳村的"另一半"是缺席的;第二,在村中有影响和有地位的长老,即既高龄又因其威望依然影响当下村中政治的人物,是缺席的;第三,也许是河阳村干部下意识中还只有自己所习惯的"河阳村"的概念,所推荐的第一批人选中不仅没有"移民村"的长者,也没有任何岩山下自然村的长者。不过,第一和第三个问题已经部分随着采访工作的展开"自然而然"地解决:恰好研究院陪同项一中、麻松亘采访的工作人员的外婆就是从河阳嫁到岩山下的八十多岁的朱金英老人。在闲聊中,项一中发现这位老人"非常有故事"。朱金英不仅是一位"河阳女儿"和从青海"下放"回来的回乡知识分子,而且还有两个非同一般的身份:她已故丈夫曾经是岩山下村的"四类分子",后来又是村干部,而她自己则曾经担任村里的接生员。随后,通过走访村中的老人活动中心等方法,项目组又采访了岩山下村91岁高龄的退伍军人和民兵连长施朝宝、女村民施冬梅、前大队会计赵松其等几位老人,加上小时候为同村更富裕的家庭当过放牛娃、后来当了村革委会主任和大队长,但因哥哥被抓壮丁到台湾而一直没能入党的卢风乾,和作为"四清"妇女积极分子入党并因为丈夫"倒插门"一直没有离开岩山下的赵仙英,就基本上涵盖了岩山下各界"最有故事"的村民了。两位"外来者"通过自己的努力,在岩山下"自然而然"找到"有故事"的采访对象的经历,也为项目组在河阳寻找更多的"有故事"的采访对象积累了经验。针对第二个问题,我们的考虑是,采取先易后难的方针,在做完一定数量的对年长的普通村民和早已远离村中权力关系网的老村干部的访谈后,再争取个别访谈至今依然在河阳政治中有影响力的村中长老。在这个过程中,我们希望向被采访者说明,我们最主要的目的是从社会科学的角度研究河阳。我们不是河阳村的官方"史官",更不是任何个人恩怨与是非功过的评判者。由于我们现在的工作计划已经非常庞大,我们没有计划把"移民村"包括到项目中来;但是,我们可以考虑在涉及河阳村因接纳这批移民与政府产生冲突的事件中,有限度地采访"移民村"中的代表性人物,以此获得移民们的视角。当然,项目组对村中推荐人选也要逐一斟酌。一方面,优先考虑曾经积极参与村庄自治的口述者,优先考虑记忆与叙述能力突出的口述者,优先考虑处于关系网节点的口述者;另一方面,我们还要重视那些被人称作"一辈子没有什么可讲的"的普通人的历史,避免农民口述史"乡贤化"的精英主义倾向。

7.3 增强采访的深度和系统性

作为摸底和初步探索,项一中、麻松亘两位选择以个体村民的生活经历为切入点对采访对象进行采访,而且采访基本是以开放性的和拉家常的方式展开的。在采访第一批河阳村民的过程中,他们发现,虽然有非常生动和丰富的故事,但有几位村民因文化水平和年龄的原因，讲的故事流于表面化并且重复性大，进一步深入有一定的难度。如何克服这个问题？除了寻找新的采访对象，在放弃这些采访对象前，我们是否有必要反思采访者用以引导访谈的问题本身可能隐含的封闭性、所关注问题的知识分子视角和在“文革”“大跃进”等问题上因受现有主流城市知识精英叙事的影响而无意中关闭了被访者有关自己经历的记忆闸门？另外，采访者作为外来“知识分子”的地位给这些年长村民所形成的要讲所谓“重要事情”的压力，也可能导致被访谈者不能像朱文益老人面对儿子时那样从容和自信地娓娓道来。因此，考虑到被访谈对象也许需要更多的具体提问或者换一种开启记忆闸门的方式和语言，甚至定义历史时间的方式〔1〕，也考虑到力求提问的系统性和尽量克服访谈者自己难以避免的倾向性，我们在总结“预试”阶段经验和研究河阳村大事记的基础上，按不同的年代和主要事件，结合河阳与岩山下不同的村况（如岩山下在八十年代曾有过非常活跃的村办和私人企业），提出相对系统的采访参考提纲，希望以此来引导下个阶段的采访。在总结中，我们也认识到，在做了一定程度的个体采访后，我们可以就“土改”、“大跃进”、“文革”、学大寨、分田到户、接纳移民、外出养鸭和养虾等主要事件，组织焦点组集体访谈，以便村民们在相互交流中开启记忆的闸门。当然，我们也需要注重把口述资料和文献档案相互验证，把不同口述者的口述资料互相验证，以及在整理资料发现问题时启用二次采访、重新验证等问题。

7.4 保障技术支撑和采访的相对私密性(文字记录、录音笔记录、摄影、录像)

在每次录音前，一定要调试录音设备，保证它们处于工作状态。新买的录音笔尤其如此，名牌也不一定可靠：这点我们已经有深刻的教训。同时，为了今后文献出版的需要，要保证每次采访，或每个采访对象和场景都有照片记录。最后，为了今后做纪录片，要尽量全程录像。但是，无论是录音和录像，现场文字笔记都是最重要和最不可缺少的。这当然对工作所需的人力和设备提出了更多的要求。所幸的是，乡镇机关、河阳管委会和村干部都非常支持我们的工作。毕竟，我们的口述史工作与当地政府部门的工作相辅相成，也是村档案室收集珍贵村史资料的机会。我们也非常清楚地意识到村中复杂的权力关系，尤其是当下因河阳古民居开发中的利益纠纷所引起的村中精英分裂、干群关系紧张和不同村民派别之间出现矛盾等问题。因此，我们不但不可能也不应该把口述史的工作等同于村中的文化建设工作，而且需要尽量把我们的工作与乡镇、管委会的工作和村中的政治相对分开。正是出于这样的考虑，为避免采访过程被围观，甚至有人插话的现象，我们把采访的地点选择在私密性比较好的“移民村”的一个办公室，以便被访者畅所欲言。当然，如

〔1〕 这里，赵月枝认为中国社会科学院新闻传播研究所的卜卫曾经讲到的一个做口述史的故事非常有启发意义：当一个口述史团队问一位农民妇女1958年是什么光景的时候，她没有记忆，但换一个有关历史时间的表达，问她“生老大”的时候是什么光景时，她的记忆就被激活了。

上所述,我们也会以焦点组的方式组织群体访谈,让村民在充分的交流中提供有关事件和人物的集体记忆。

7.5 语言

不管被访对象能否说普通话,缙云本地方言无疑是收集原汁原味和最生动、最全面的口述史的首选语言。这就带来一个很明显的局限:除非特殊情况,我们只能依靠会讲缙云话的学者和学生做这项工作。同时,也由于缙云是个小县城,不可能有从缙云话录音转为文字的商业性服务,我们只能靠项目组成员自己做繁重的采访录音的文字整理工作。这无疑加重了我们的工作量,也提醒我们不能在项目规模上好高骛远。不过,从项一中和麻松亘整理的文字材料看,部分夹带缙云话方言,加以相应的普通话解释的处理方式,虽然工作量非常大,但是能明显增加口述史的生动性和原汁原味的现场感。当然,考虑到我们希望自己的成果被缙云方言读者群以外的更多读者所接受,我们也不能在书写时过多使用缙云话——这里关键是要找到易读性和可读性的平衡点。

8 简短的结语

阿伦特(Arendt)曾言:"任何哲学、分析、格言,无论多么深刻,在意蕴的丰富和强度上,都不能跟一个恰当讲述的故事相比。"[1]人类学意义上"讲故事"的最大魅力,正在于"这种方法具有强大的'去蔽'能力,能够产生颠覆正式文本的思想冲击力"[2],口述历史是这样,农民口述历史更是如此。

正如河阳乡村研究院联合北京、上海的学术机构为2015年3月在缙云召开的首届以"重构平衡互哺的城乡关系"为主题的"河阳论坛暨乡村、文化与传播学术周"所发出的征文启事开篇所言:乡村是"传统中国安身立命的所在",是"近现代中国革命与变迁的焦点",是"当代中国剧烈变革的前沿","更是探索中国未来发展的关键"。[3] 多次到过河阳的中国国家行政学院乡村文明研究者张孝德,更是从人类需要纠正城乡关系严重失衡的高度,呼唤"乡村文明的复兴"。在他看来:"乡村有大乾坤,乡村文明复兴是事关人类文明的天下大事。从乡村文明复兴中重构城乡两极文明的新关系,是当下人类走向生态文明

---

〔1〕 转引自曾维康《农民中国:江汉平原一个村落26位乡民的口述史》,高等教育出版社,2012,第80—81页。

〔2〕 李培林、李强、马戎主编《社会学与中国社会》,社会科学文献出版社,2008,第8页。引文是对"口述史和个案'深描'"方法的评价。

〔3〕 有关该会议的综述,见赵月枝、张志华《学术、田野与"越界"实践》,《中国传媒大学校报》2015年4月28日,第5版。

新时代的历史必然。"[1]基于文明史和近现代政治经济史的学术视野，反思城市/西方中心主义，"以农村为方法"的知识自觉，是我们开展农民口述史工作的出发点。

农民是乡村的主体和中华人民共和国的主人，河阳既是一个国家级的重点文物保护单位，又是缙云县"美丽小镇"建设的重点培育对象，因此，做好河阳农民口述史工作，尤其是挖掘河阳在20世纪以来的中国革命、建设和改革中的历史，在自下而上书写现代中国历史和对这个千年古村落进行"活态保护"的机遇和挑战中，就有了前所未有的急迫性以及社会科学和人文历史研究价值。正因为这样，我们胸怀抱负，脚踏实地；我们克服困难，敢于探索；我们注重总结，边学边干。面对这项艰巨的民间文化工程，我们既尽力而为，又深知"功成不必在我"，甘愿成为汇成关注乡村、关注农民主体性洪流和火焰中的一滴水和一捧薪。我们希望同时用心、用脚和用手去书写河阳人的历史，讲述他们的故事，并在讲述他们的故事的过程中，重新"发现"历史，重新理解村社共同体和讨论这一共同体在新的历史条件下重构的可能，也重新认识我们自己——一群从农民中走出来的文字工作者。

〔1〕 张孝德：《抓住复兴乡村文明的时机》，载《乡土观察》内刊专题1："复兴乡村文明，开启人类新时代"。

黄埔军校山东同学访谈实践过程概述

◎黄润青〔1〕

摘　要：

适逢黄埔军校成立九十周年之际，山东省黄埔军校同学会与山东大学历史文化学院联合发起对黄埔军校山东同学历史资料的整理与研究，课题组对山东省内黄埔军校同学和部分同学亲友进行了调查和访谈。基于访谈实践，文章对访谈内容做了具体的梳理，进一步探寻口述访谈的方法，包括访谈前的提纲发放、访谈中的引导和受访者表达空间的保留以及口述向文字的转换等。通过对受访者家世背景、早期教育经历、黄埔军校教育经历、1949年之后的工作经历等方面的访谈，书写个体生命史，在此基础上重构黄埔军校同学的群体史。

关键词：

黄埔军校同学；山东；口述历史；史料学

The Summary of the Interview about Students from Shandong Province at Whampoa Military Academy

◎　Huang Runqing

Abstract：

Coinciding with the 90th anniversary of the founding of Whampoa Military Academy, the Whampoa Military Academy Alumni Association of Shandong Province and School of History and Culture of Shandong University have commenced research on students from Shandong Province at Whampoa Military Academy. Based on the interview of the students, this paper makes the exhaustive narration about the content of the interview and looks for the method of oral history, including the issuing of the outlines, the guidance and expressing space for interviewees in conversation, the transformation from spoken language to written language and so on. By means of the interviews which cover family backgrounds, earlier education experiences, Military Academy and the work experiences after 1949, the group history would be reinvented basing on the life history of individuals.

Keywords：

Whampoa Military; Academy Students; Shandong; Oral History; Historical Data Studies

---

〔1〕 作者简介：黄润青(1991—)，山东大学历史文化学院博士研究生，研究方向为中国近现代史。

黄埔军校学生是中国现代史上的一个重要群体，有关黄埔军校学生口述历史资料的整理工作，此前曾由全国政协及所属各级政协文史资料委员会做过一些，并取得不少成果。如各级政协主办的文史资料上曾发表不少黄埔同学的自述稿和口述记录，黄埔军校同学会主办的《黄埔》及各省主办的相关杂志也做过黄埔军校学生的口述整理和回忆录撰写工作，《中央陆军军官学校第一分校史料汇编》《把一切献给祖国——纪念黄埔军校第六军校分校创建70周年》《王曲文献》等各分校史料汇编的出版也保存了不少口述资料。但从整体而言，以往的口述资料缺乏对群体口述史的系统性整理和学术性研究，特别是以往的研究着重于黄埔同学中的上层人士，而对于更广大的中下层人士，则关注甚少。事实上，随着时间的推移，这部分人成为现存黄埔同学的主体，特别是：(1)他们更多地见证了1949年来中国社会的巨变，其经历与思考在黄埔同学中更具有独特意义；(2)世代更替，黄埔同学在世者越来越少，对其历史记忆开展抢救性挖掘，显得尤为珍贵和紧迫。有鉴于以上各点，2013—2015年间，山东大学历史文化学院联合山东黄埔军校同学会，对在世的黄埔同学进行了口述访谈，发掘了一大批极具价值的资料。总结这个访谈过程，其意义毋庸赘言。

1　访谈的准备

以黄埔军校山东同学群体为研究对象，山东省内健在的黄埔军校同学均是潜在的访谈对象，其中既包括黄埔军校学生，也包括在黄埔训练班受训的学员；既包括山东籍的黄埔学员，也包括在山东省工作的非山东籍学员。除去共同的黄埔军校学习背景外，其人生经历存在较大差异。作为群体史的研究，以人物为访谈中心，制定访谈提纲以便于对整体的归纳分析。提纲分为四部分：一是家世背景，二是早期教育经历，三是黄埔军校教育经历，四是1949年之后的工作经历，基本囊括了被访者的过去和现状。提纲中既有客观性的史实问题，也有开放性的主观问题，体现受访者对自身经历的看法。

我们委托山东省黄埔军校同学会将访谈提纲发送给了受访者，希望受访者据此撰写自述。与口述相比，笔述给受访者更多的思考时间，受访者年事已高，短时间内很难进行较为完整而详细的回忆。访谈提纲的发放，既是给受访者以准备时间，也是给访谈者提供背景资料，加深对个人经历的了解。在正式访谈之前，根据反馈的受访者自述，访谈者对与访谈相关的历史背景、历史事件以及人物、地点等做进一步的了解。同时根据受访者的经历，调整原有的访谈提纲，确定哪些问题需要进一步深入，哪些问题可以不必重复。此外，这部分围绕访谈提纲的笔述自传也是口述资料的重要组成部分。

在访谈提纲发放和回收的同时，访谈者进行文献资料的调查工作。查找和整理的文献资料包括网络资料、已出版资料和原始档案资料。访谈者到受访者工作所在地的档案馆和工作单位查找其个人档案，包括黄埔同学会会员登记表、起义投诚人员资料和部分工作档案。总体而言，有关受访者的文献资料较少，而且分布极为不均，受访者的资料多少与受访者现状存在较大关联，无工作单位、以农耕为生的受访者几乎没有任何文献资料。

根据各地市黄埔同学会提供的会员家庭信息，联系部分黄埔二代。黄埔二代是受访者个体记忆和群体认同的延续，他们有对自我的身份认同和群体归属感。这部分人大多具有一定的社会地位和影响力，并因其黄埔二代身份在政府的统战工作中获益。同时，《黄埔军校同学录》[1]中也提供了当时黄埔军校同学的通讯地址，虽时间相隔久远，城市住址已不可查，但村庄变化相对较小。根据通讯地址所载村落，以及其他档案资料的记录，也找到了少数黄埔军校学生子女。他们的父辈多在黄埔军校同学会成立前过世或去台，大多数没有被列入统战对象。一方面他们对父辈记忆模糊，另一方面，他们并没有脱离父辈身份的影响，而这种影响，消极多于积极，也正由于这个原因其中部分人拒绝接受访谈。

尽管有部分黄埔二代被纳入访谈对象的范围，但受访者的主体仍然是黄埔军校同学。我们通过电话联系，一一确定访谈对象的身体状况和受访意愿，因受访者年老体弱，他们的身体状况是决定他们能否成为正式访谈对象的关键性因素。受不可抗拒的外在因素和学员身体内在因素影响，最终确定参与访谈的黄埔军校同学共 60 位，其中大多数出生在上世纪二十年代，平均年龄在 90 岁以上。按照地区分布，济南 9 人，潍坊、滨州各 7 人，青岛、淄博、济宁各 5 人，枣庄、德州各 4 人，烟台、聊城、临沂各 3 人，东营、菏泽各 2 人，泰安 1 人。按照期别来说，在受访者中，14 期至 15 期(抗日战争之前入校)7 人，15 期至 21 期(抗日战争期间入校)31 人，22 期至 23 期(解放战争期间入校)22 人。

在前期准备工作中，山东省各地统战部门给予了大力支持。尤其是政府单位充当了受访者与访谈者中间的介绍人，节省访谈双方沟通了解的时间。另一方面，这也使口述不可避免地存在一定的政治倾向性。受访者可能由此将访谈者设定为政府的代表，影响了受访者叙述的感情色彩，口述史的客观与中立可能在这里表现出“被偏离”。

2　访谈过程

访谈者是来自山东大学、山东建筑大学、齐鲁工业大学、菏泽学院、枣庄学院等 18 名历史学专业的师生。因为时间仓促，无法进行前期口述训练，对于大部分访谈者来说，这是第一次口述史访谈实践。访谈者缺乏访谈中的关键程序即技巧性训练，加之面对高龄受访者，前期充分的准备工作与访谈者的史学教育背景的重要性则尤为凸显。特别是提

[1] 湖南省档案馆校编《黄埔军校同学录》，湖南人民出版社，1989。

纲的设置，可帮助访谈者把握访谈的主题与节奏。由于受访者记忆力衰退，畅所欲言的谈话不但常常脱离主题，而且经常出现时间和事件的跳跃性叙述。受访者乐意说的，往往是他记忆中印象最为深刻的部分。受访者并没有有意识地客观叙述事件，他是在倾吐自己的人生，而不是完整地回忆人生，很多有价值的历史记忆可能就在叙述中被忽略过去。而访谈者则既要让受访者畅所欲言也要刨根问底。否则，完全按照提纲程式性的问答和不受约束的畅谈都会让口述走形。同时，老先生由于耳背等原因交流困难，我们必须给予他们一定的发挥空间，频繁打断他们的叙说很可能直接中断他们好不容易回忆起来的事情。

当然，访谈中也免不了要给老人一些提示，以保证话题的继续进行。这就要求访谈者把前期工作做细致，熟知访谈主题、背景和内容，以便于提问。例如，抗战期间山东地区的学生去大后方报考黄埔军校，关于行程问题老人一般略过直接说“我去哪里报考”，而访谈者提示的是“如何去”，包括有无组织、和谁一起、如何穿过封锁线、行程路线、乘坐何种交通工具、途中见闻等等细节。另外，老人常常谈吐不清，时间混淆，所以访谈者需要掌握相关历史事件的时间和常见地名、人名，一方面随时给予提示，另一方面也容易理解老人的口述内容。这样的工作，在朱元石看来，是一种对受访者的帮助，可以得到受访者的认同，更容易开展工作。〔1〕值得注意的是，访谈者的提示不可带有明确的诱导性，或让受访者局限于“是”与“不是”的判断性作答。杨祥银强调：“千万记住，在访谈中受访者永远是主角。”〔2〕访谈者一切的工作都是围绕受访者，我们所做的是让受访者开口说话而不是替他说话。访谈的目的性是访谈与闲谈最大的不同。

黄埔军校同学身份是受访者的群体特征，多数受访者进入军校以后，其身份彻底改变。但纵观其人生经历，黄埔军校学生的身份特征对其人生最大的影响产生在新中国成立之后。他们中多数人因此在历次政治运动中受到冲击和打压。1984 年黄埔军校同学会成立以后，这个曾经给自身和家庭带来厄运的身份又转变了含义，黄埔军校同学成为促进祖国和平大业中的重要一分子并受到政府和社会的关注。黄埔军校教育经历对受访者来说既是人生中的一段重要经历也是其辉煌的过去。对于“报考黄埔军校是否后悔”的问题，所有受访者均表示“不后悔”，这与当下“黄埔军校同学”的身份作为一种荣誉而非耻辱有关。

作为群体史访谈，受访者对军校教育经历的记忆具有相似性，很容易在同样的提纲下产生相似的答案。对于黄埔军校的记忆，几乎每位受访者都会提到军校的大门。九十岁老人回忆起军校说：“一到黄埔军校，隔很远就能看到大门口的门联题字，右边写着‘升官发财请走别路’，左边‘贪生怕死莫入此门’，横批是‘革命者来’。后边还有小题‘爱国家爱

---

〔1〕 朱元石：《关于口述史问题的一些研讨》，载周新国主编《中国口述史的理论与实践》，中国社会科学出版社，2005，第 80 页。

〔2〕 杨祥银：《与历史对话：口述史学的理论与实践》，中国社会科学出版社，2004，第 51 页。

百姓不怕死不要钱’，每个黄埔军人都要遵守这个座右铭。所有我们学生的人生观就在那里打定了基础。”[1]基于相似的人生经历，加之社会与群体组织的影响和引导，个人记忆在情感和选择上趋于相同，在内外合力之下其群体的共同的过去使其成为文化和精神的认同。

尽管在史实重构方面口述史一再受到质疑，但对于情感书写来说口述史的作用得天独厚。在访谈中，访谈者应该给予受访者一定的情感表达空间。这种表达，具体来说，是对其个人经历中心态和选择的叙述，也是对其命运跌宕的认识和人生所为的评价。此时，访谈者的引导尤为重要。在访谈进行到一定阶段，双方处于彼此信任的氛围中，适时引入心态与情感的话题，不但能弥补文献资料的不足，也能在沟通中增进感情。例如，黄埔军校同学在战争中为何选择报考军校，在国民党败退台湾时又如何选择，以及在 1949 年之后心态的变化等。

个人记忆通过回忆再叙述，以叙述的记忆构建历史的真实。尽管记忆的主观性和复杂性会带来一些失实的危险，但是以自身经历作答已经是在个体和微观上最接近已发生的过去的。而转述者所叙述的他者的经历，则容易把人引入歧途。以下面两段访谈材料为例，比较亲历者和转述者所述的不同。

> 这样在南京生活一年多后，部队在徐州起义。起义后，南京国民政府就给军队家属停发粮食。家属断了粮，只能个人想办法各自筹办粮食。起义部队也曾派人联系家属，部队当官的弄点金条换现洋，给家属发一点接济，也是杯水车薪，后来没办法断炊了，还是得个人想办法维持生活。我们住的地方交通比较方便，有些人就去做点小买卖，从南京贩卖香烟、大米去北边。副军长李九思曾去过我们那，他给了点钱。这样断粮一个多月后，我带着家属跟着李九思南逃，李九思是个大烟鬼，加上他带的人也不管事，跑到了福建就被地方民团截住了，跑不了了只能往北返到了上海。逃跑路上我们把身上带的值钱不值钱的东西全部卖了。到上海后，身无分文，只能去投奔亲戚。当时七叔（张自忠之弟张自明）、二嫂（张自忠次子张廉静之妻）都在上海，他们这个给十块那个给十块，送米送面接济我们。我们在上海住了一个多月，生活没有着落，靠接济毕竟不是长久之计，我就带着妻儿到了济南。……后悔当年没有留在上海。上海刚解放，实际上很缺人的。[2]

> 我父亲是起义人员，起义后能在上海安置，也能给母亲安排工作。当时父母为了

[1] 黄润青：《王金生口述历史访谈》，沂水，2013 年 8 月 6 日。
[2] 黄润青：《孙荫霖口述历史访谈》，聊城，2015 年 7 月 11 日。

看顾孩子，离开了上海。[1]

第二段访谈资料中，读者一般的理解是受访者的父亲作为起义人员可以在上海安置工作。根据第一段材料，受访者因不在部队中没有参与起义，部队起义后也没有与之联系，是否留上海与起义并无关系。实际上，第二段资料中的父亲就是前一段资料的受访者，两段资料说的是同一件事情，却传递出了截然不同的信息。如果有了前一段资料再去解读后一段，也可以说得通。但是，由于他者的记忆在传递给转述者时信息受损严重，转述者的不完整叙述可能让这段口述完全失去史料价值。因此，在对黄埔二代的访谈中，更多是从记忆延续而非史实重现的角度出发。同时，访谈的内容要有所取舍，根据受访者记忆深浅调整问题，更加注重其主观心理及其自身经历，尤其是父辈身上的“黄埔”符号对于自身的影响。

3　资料的整理

访谈录并不等于口述史。口述史料不是口头表达，而最终要落实到文字上。记忆也并非历史本身，发生过的事情在大脑中随着时间不断虚化并再次建构。从事件到记忆再到叙述，信息在层层加工中也会产生磨损，一般来说，时间越长磨损越重。受访者在叙述中常常带有主观性，这使口述资料具有生动性和丰富性的同时融入了感情色彩。访谈者需要做的事情是利用自己所掌握的资料和历史学知识来进行整理、查证和补充。

在这个过程中，最重要的工作之一就是把录音转化为文字。口语化的文字常常带有方言和口头语，语言逻辑上也常常前后颠倒，脱离当时的语境，这些繁杂纷乱的语言很难理解。我们所要做的第一步就是根据录音用文字重现受访者的叙述。这种叙述的重现，不是一字一句的重复，否则，离开谈话现场后，记录的原话晦涩难懂。下面这段就是一段录音的原话转录：

那时候不熟悉啊，逛到大街上看一看，看看什么情况，自己同学里走走吧。到齐鲁大学、华西大学，到1总队，我们是3总队，1总队是特科兵，在南校场，炮兵都有，到那去玩。到齐鲁大学看一看，齐鲁大学那个消息比较灵通，关于抗战的关于沦陷区的情况它都知道。我们这边军校里就很少，这个情况不知道了，齐鲁大学那边都会知道。他们那个墙报上都有，我们都去看。我们看不着，我们军校没有。顾不得，光那

---

[1] 黄润青：《孙五爱口述历史访谈》，聊城，2015年7月11日。

个学习忙得什么都顾不得,图书馆里都去不了。[1]

受访者在谈话的时候,不可能做到出口成章,原文照录很容易造成文字不通。口述史料尽管是口述,但一定要落于纸上。口语生动灵活,整理成文字后也不要刻板冰冷。朱元石认为:"口述史的笔法是可以灵活一些的,是可以讲究一点可读性的。"[2]而这种可读性必须依靠访谈者扎实的文字功底,既要保证客观公正,又要让文章丰富生动。

另一个重要工作,就是对访谈稿的去伪存真。记忆经时间虚化以后,时间、地点、人物、部队番号等等因素容易混淆,这是重点核实对象。访谈者在整理中要对访谈稿进行进一步考证。对于人物的访谈,自我吹捧和为自己行为合理性辩护的现象都可能出现,尤其是在转述者身上更为常见。子女回忆父辈时,对于事实记忆的模糊常常使他们不自觉地言过其实。

值得注意的是,尽管访谈者比包括受访者在内的其他人掌握更多的历史资料,但是我们一定要清楚,访谈者不是考据学家,不需要对访谈记录的每一个字和每一句话证实或证伪,实际上我们也无力做到这一点。如果完全以我们所掌握的历史资料作为辨别口述真伪的标准,口述则失去了原有的价值。我们重视口述史料,就是因为它带来了"不一样的声音",可用于与文献资料的互证。所以,当口述史料和文献资料冲突时,如果我们并不能确定哪方是真实的,不妨保留。此外,访谈稿实际上是从受访者的表达变成访谈者的表达,访谈者的理解和书写距受访者的叙述有一定差距。减少差距的方式之一是减少访谈者根据自己的主观理解对访谈稿的删改,这一点,尤其体现在受访者的心态和情感的表达上。在抗日战争期间山东省向黄埔军校输送了大量学生。学生参军既是爱国之情的驱使,中间也掺杂着现实的选择。因为日军在家乡的烧杀抢掠,受访者为避难也为杀敌去大后方寻找参军机会。但是这些资料没有文献资料可供二次查证,又没有与之记忆重合的个体可佐证,受访者的叙述是唯一来源。

时值日本鬼子在沂水城烧杀抢掠,我差一点没命。我母亲说:"你快走吧,不要死在日本鬼子枪下。"我就跟母亲说我要去杀鬼子,母亲含泪答应。我给母亲磕了个头,说将来一定回来接她。就这样与母亲忍痛分离后,我和同学一起去了东里店。[3]

我们家乡宣传日本鬼子杀中国人的宣传品遍布于各个街道路口。所以我从小就

[1] 黄润青:《王金生口述历史访谈》,山东沂水,2013月8月6日。

[2] 朱元石:《关于口述史问题的一些研讨》,载周新国主编《中国口述史的理论与实践》,中国社会科学出版社,2005,第83页。

[3] 黄润青:《王金生口述历史访谈》,山东沂水,2013年8月6日。

因为日本鬼子杀中国人而对日本人很仇恨。……当时我们有三个同学在一块串联，其中一个是河北的同学，叫王公侯，一个是我老乡，山东冠县的李玉朴，加上我一个，一共三个人。大家商议这个书还念不念了？商量的结果是我们三个一起走，到大后方去寻找能够抗日打鬼子的机会。[1]

日本人烧杀抢掠，加上当时临清土匪横行，抢劫、架户的事情非常多，家里已经待不下去了。我认为当时唯一的出路就是当军人打日本，因此一心想离家当兵。[2]

我们将口述称之为“心灵考古”，正是由于记忆来自内心的想法。[3] 心态史的表达是口述史料宝贵的特征。美国口述史学家迈克尔·弗里认为：“如果回忆被作为历史分析的目标来看待，口述史学将是发掘、探索和评价历史回忆过程性质的强有力工具——人们怎样理解过去，它们怎样将个人经历和社会背景相连，过去怎样成为现实的一部分，人们怎样用过去解释他们现在的生活和周围世界。”[4]所以，即使这些记忆来自于个人经验或者社会建构，它依然有存在的价值。我们不能要求受访者完全摒弃个人感情色彩和不受其他因素影响，我们所要求的是，访谈者在访谈和资料整理的过程中必须保持客观和中立。

在口述访谈中，老人为我们提供了宝贵的历史资料，也为他们自己留下了历史记忆。他们中的许多人，除了留在黄埔军校会员登记表上的姓名，很难再找到其他文献资料。他们也可能就这么离开了，没有人记得他们，也没有人问过他们。2008 年 2 月 22 日，刘立彬过世，享年 98 岁。作为“八百壮士”之一，他从淞沪战役四行仓库的阵地上活下来，最后却一个人悄悄走了。他在临走前一日写下了遗书：“人生就是活在年轻有为时，给国家出力，是为了国家能在世界上立足。……人活到年纪大了，不如一死了之，不然的话，就会受罪，叫人看不起你。”[5]口述史项目的开展，可以让老人在年老体弱之时，不会感到自己仅仅是社会的负担，毫无价值。保尔·汤普逊说：“口述史课题不仅能够给这些老人带来更多的社会接触，有时候还会带来持久不断的友谊，甚至提供给他们料想不到的服务。尽管他们常常被人忽略，经济上也软弱无力，但在追忆自己的生活并把有价值的信息提供给年轻一代的时候，他们仍然会产生尊严感和现实感。”[6]

对于这些受访者来说，他们面对的不仅仅是社会的无视和自身的孤独。他们中的许

---

[1] 张超：《丁金榜口述历史访谈》，山东芝罘，2013 年 7 月 3 日。
[2] 黄润青：《孙荫霖口述历史访谈》，山东聊城，2015 年 8 月 11 日。
[3] 保尔·汤普逊：《过去的声音——口述史》，覃方明、渠东、张旅平译，辽宁教育出版社，2000，第 171 页。
[4] 李向平、魏扬波：《口述史研究方法》，上海人民出版社，2010，第 39 页。
[5] 刘立彬的遗书，山东沂水，2008 年 2 月 21 日。
[6] 保尔·汤普逊：《过去的声音——口述史》，第 13 页。

多人，直面过战争和死亡，经历过众叛亲离，也在社会的底层挣扎过，人生的摇摆和跌宕已经让一部分人习惯了沉默；还有一部分人作为群体的代表，其人生经历已被多次宣扬。作为群体史的访谈，尽力让每一个个体发出声音，是这次访谈实践最大的贡献和收获。但是，这还远远不够。口述是与时间抢资料，同时也需要耗费大量的时间。尤其是在面对这些耄耋之年的老人，他们口齿不清甚至双耳失聪，身体状况也无法一次接受较长时间的访谈。作为个体人生史的访谈，一次、两次的访谈容易流于新闻稿的形式。在受访者和访谈者的互动中，双方都需要沉淀和思考的时间，对同一个受访者没有多次、长期的访谈很难达到口述史的内容和深度。在这一点上，大多数的访谈者并没有做到。

黄埔军校山东同学的个体生命史的口述访谈中，从家世到婚姻，从早期教育到1949年之后的工作经历，鲜明地体现出了时代对个人命运的影响。他们是那个时代的亲历者，纵观其人生史，他们也是社会变迁的一个缩影。以他们的视角，可以重建这几十年的历史。以情感婚姻为例，他们中有“父母之命，媒妁之言”的包办婚姻，也有从军离家后的自由婚姻；他们有的受战争影响与妻子长期分居两地甚至音讯全无，也有离乡后思想观念变化移情再娶；新中国成立后的政治运动中离异的黄埔军校学生也不在少数。他们的情感史背后，是特殊的时代背景带给他们婚姻的重重考验。我们从一个群体的研究，可以进入社会史的研究范畴。将口述史料根植于宏观历史背景中，不仅可以解读黄埔军校山东同学群体的个体生命史，而且是在个体、群体与社会之间重构新的历史。

中国计算机历史的口述拼接

◎徐祖哲[1]

摘　要:

中国计算机事业从60年前起步,涉及科学院、大学和工厂,回忆和研究的年限为前30年。自2004年起,寻访400余人,访谈口述历经十年整理完成。被访人员包括科学家、大学教授、工程师、管理人员及他们的子女,访谈内容包括1956年的"十二年科学发展远景规划"与"四项紧急措施"的决策制定和实施,参与"两弹一星"工程和国民经济的多项重大任务,计算机科学家与苏联、美国科学家的交往等。计算机研究所、大学计算机专业的设立和工厂兴建是一组重点,将口述记录和档案、物证组合,在5000张老照片中辨认出1100位人物,使淡化多年的历史变得清晰。

关键词:

口述历史;访谈;计算机;科学规划;紧急措施

Oral History of the Development of Computer Industry in China

◎　Xu Zuzhe

Abstract:

The computer science industry in China began with the Chinese Academy of Sciences, universities and factories 60 years ago. Given the remarkably large population of people in many areas and provinces involved in this career, it is a huge program to track and study on this history. Since 2004, the program team has spent 10 years and interviewed over 400 people and finally finished this once called "mission impossible". The interviewees include scientists, professors, engineers, managers as well as their children. Many of them were new college students who just began to learn computers then. The interviews involved the decision making process and the implementation of "the 12-year Science Plan" and "the 4 Emergency Measures", computer science's contribution to "two bombs , one satellite" and several major national economic programs, as well as the cooperation and friendship between Chinese computer scientists and their counterparts in former Soviet Union and United States.

By telling those stories, it reproduces the history of how those computer institutes, the computer science

[1] 作者简介:徐祖哲(1941—),男,中国信息通信研究院(前邮电部邮电科学研究院)高级工程师。

departments in universities as well as the factories were established. Oral statement of the records with documents and evidences make the history more creditable and convincing. By recognizing the 1100 people from the photos and telling their stories, the pieces of history that are almost forgotten are now connected and become clearer.

Keywords：

Oral History；Interviews；Computer；Scientific planning；Emergency Measures

人类社会的每一项进步，几乎都离不开前人创建的基础。生命短暂，活动地域有限，人们看不到过往时代，看不全“天下大观”，也难于将自己的经历留传。网络和多媒体工具普及之后，将留存在不同群体脑海中的社会记忆通过“口述”、“固化”保存、修史，填补了近代和当代历史的诸多空白。

我是计算机工作者，历经十年，联系和访问了五六百人，终将过去所不知道的中国计算机的起步历程记录下来，编纂出版。对我来说，“口述历史”就是拼图，将隐藏或失落的历史，从众多当事人的身边找到，拼接起来。

科技史，尤其是像计算机这样的重大项目，并非只是参与者经历和奉献的整合，它还有许多我们所不知道、未曾听说的决策经过与创新组织。追溯历史，要融合当事人、知情人的经历与见证，要与档案和实物对照，方能汇成一真实、准确，有内涵、有深度的历史过程。

1　历史档案印证“口述”

许多史实在其萌芽或在始发之时并非就是引人注目的事件，这类史实往往档案欠缺，缺少文字和照片记录。当事人在日后回忆时，对于日期、参与人、内容与过程多有遗漏甚至差错，至于当时的决策理由或是进程变动就更难寻得答案。在口述访谈时往往要多次反复，寻觅相关证物，为当事人提供时间和坐标，使回忆清晰起来。

中国计算机的起始时间是 1952 年，依据档案材料和我获得的口述记录交互印证，具体起步时间比此前认为的提前了 3 个月。

1952 年夏天，华罗庚在中科院数学所筹备中国第一个计算机研究小组，他邀请了清华大学的闵乃大教授、夏培肃、王传英三人参与，一位组长、二位组员。这是一个光辉的起点，可是他们在华罗庚住宅中商谈时，都没有记录日期。

1985 年，在纪念中科院计算所三十周年之时，夏培肃先生的一个回忆，将时间确定在 1952 年秋。这个时间被我校正了，校正缘起“院系调整”。

“院系调整”是新中国教育的一个重大事件，在清华大学校史馆和档案馆的帮助之下，我找到历史档案，查询“电讯网络研究室”建立的起止时间。

在中科院档案馆中找到的数学所与清华大学协商人事调动的往来函件，与清华大学财务人员致中科院办公厅的函件，证实闵乃大于 1952 年 7 月便借调到数学所，开始筹备计算机小组，而清华继续支付了他的工资，直到 10 月为止。依照当年惯例，借调者的工资应由双方单位各付一半，清华很大度地表示，不要数学所退还多付的 4 个月的半数工资款项。

1953 年 1 月 14 日科学院办公厅办理了夏培肃、王传英的调动函，15 日数学所签收，确认调动从 1 月 1 日生效，并写有他们的工资数额。

在 1952 年 11 月初，根据中科院数学所的工作总结，发现就电子计算机召开的一个报告会的记录，不仅提出了有关电子计算机的工作方针，还由闵乃大报告他起草的五年工作方向；参加者有中科院计划局和电子所筹备处代表。这个会议虽然规模不大，却是中国至今第一个有记录的正式工作会议。

将上述材料送交夏培肃和王传英，在他们交谈、回忆之后，夏先生和我确认，“计算机小组”的调动是从 1952 年夏天开始的，因为当年的“院系调整”在暑假之前告一段落，系里通知停止“电信网络”工作，下学期要她讲授“电工学”课程，但因已决定调往中科院，所以她在暑假期间并没有为“电工学”备课。

这样一个重要的历史时间起点，就是通过人员工作的细节来锁定的。闵乃大和夏培肃各有自己的起点，而工作时间和工资给付的时间，都有物证。

2002 年，哈尔滨军事工程学院组织了庆祝建院五十周年的活动，原哈军工的助教康鹏说，他发明的“隔离阻塞电路”，1966 年曾获得国家科委颁发的“发明证书”，还是由聂荣臻主任亲自签发的。康鹏详细回忆了当年国防科委李庄局长和他的谈话，以及院科技部领导的私下谈话。

他说当时受“文革”影响，证书到达学院后领导不敢颁发，随后哈军工搬迁，证书下落不明。年代久远，除去原院科技部的两位同志，其他领导和同事对此都没有记忆。“证书”是否存在过还是一个疑问。特别困难的地方在于，国家科委机关是“文革”后重新组建的，原来的人事组织全部变化。

经过我的多日搜寻，终于发现银行系统的柳溥庆获得了国家科委授予的 107 号“发明证书”。据此线索，在国家科委档案处查询到“康鹏电路”的卷宗号码，并在中央档案馆查询到当年哈军工申报的发明申报材料、审批文件和“发明记录”文件。1965 年，国家科委发明创造局审定了 296 个项目并授予“发明证书”，在北京档案馆也查询到国家科委下发给地方科委的 296 项“发明记录”文件中，康鹏的“发明记录”也在其中。

2008 年 3 月 4 日，笔者撰写的长篇文章《康鹏和中国首台晶体管计算机》在《光明日报》人物版发表，因为有了确切依据，故能定位“首台”。

2009 年 9 月，在上海华东计算所发现 1965 年该所获得的“发明证书”，发明人为虞浦帆,项目为与计算机配套的高速打印机。

在中国计算机的前十年中,虞浦帆和康鹏两人都做出了独特的贡献,他们获得的“发明证书”在当时不是专利,而是一种国家荣誉,但是因为“文革”,他们不仅没有得到金质奖章,没有得到奖金,其荣誉也没有让社会公知。如今通过“口述”引发的档案查询,终于让他们的光辉功绩重现。

2 访谈要超越“记忆局限”

个人或集体的记忆有“时效性”和“区域性”的特征,随着时间延长,记忆会减弱和销蚀;离开特定区域,记忆也会畸变或荡然无存。如果不是专门查询、核对,将会产生“记忆差错”或“推论差错”。

一些“首次完成”的说法,经常会加入前缀或后缀。就计算机来说,生产的每一台计算机都是特定的“首次”。比如今天的首台,上午的首台,等等。如此扩展的结果,反而消除了“首次”的概念,削弱、否定的是历史和传承。

这种差错缘于观察节点的定位偏差,所选用的素材与评价结论的时间和空间坐标的不对称,结论就会出现偏差。这不仅影响对前人创造和功绩的评价,还会削弱现实方向与力度。

历史描述出现偏移或差错,必须依靠档案和史料来校正,当事人、知情人也是重要的证言提供者,他们的“口述”快捷、灵活,更具力量。

1999 年 11 月 24 日,《科技日报》的头版头条标题:“二十年前,大学有了计算机系。”文章说,1978 年 9 月北京航空学院成立计算机系,这是我国高校的第一个计算机系。这篇文章把我国计算机教育的系级组建推迟了 20 年。记者的理由是从来没有听到过其他大学的计算机专业史,所述记录为北航老师介绍。

北航的这位老师早年在团委工作,建计算机系时方调入任主任,他对中国计算机的历史、启动与发展,对外校计算机专业的起步情况了解有限。

1958 年 7 月 28 日,中国科学技术大学决定成立“数学和计算技术系”,华罗庚教授任系主任(1961 年该系拆分撤销)。

1966 年 4 月 1 日,“哈尔滨军事工程学院”更名为地方编制的“哈尔滨工程学院”。同日该校几个系的计算机专业和 408 计算机研究室等合并,在 1 号楼小礼堂集会,正式成立计算机系,系主任为慈云桂教授。

1975 年,复旦大学创建了计算机科学系,系主任为何永保教授。

一位教师的差错被记者宣传,通过媒体放大,不知情的引用者可能隐身在各个角落,而“真相”并非总有机会去纠正。

中国计算机事业从60年前开始起步，经过众多创业者的拼搏，成为经济、军事、管理和社会生活的重要组成部分，但科学家与相关机构都没有预见到这个学科与产业会蓬勃发展，许多工作过程没有记录，起步后二十年间研制的上千台电子计算机大都被销毁，“谁是第一个计算机系”也只是需要探讨与追索的诸多问题中的一个小小疑问而已。

我在2002年出版的《信息跨越》一书中，加入了“第一个计算机系”的论述，得到了读者的热烈反响，从此开始探访中国计算机的起源问题。[1]

历史是科学，历史是社会的记录，它不属于任何个人，史学家有“孤证不采”的规矩，但是因为不了解历史，后续事件往往会在无意中否定了“先前”。

3 “口述”挖掘历史实质

由于历史原因，重大事件的决策过程极少透露，一些知情人的传闻似是而非，因而在口述访谈时，要仔细辨别，挖掘实质，尤其是事件起因变化与参与人员都要紧扣主题，才能突现“口述价值”，通过简短的话语深刻反映出历史实质。

1956年5月20日，“四项紧急措施”由科学规划委员会正式提交国务院审议，很快便被批准。7月5日，科学规划委员会正式印出“四项紧急措施”文本。

“十二年科学远景发展规划”拟定了中国计算机事业的起步，但是多年以来还有一个“十二年科学规划与紧急措施”的说法。经过对参与计算机起步发展的凌瑞骥、罗沛霖两位长者的访谈，以及对当年从事相关工作的人员询问，确认了周恩来总理决策的“四项紧急措施”对计算机事业发展的重大贡献。

在上世纪八十年代、九十年代很少见到关于“紧急措施”的正式文字，2000年之后，一些著作陆续引用，却都语焉不详。

中国科学院知识创新工程项目2004年出版的《苏联技术向中国的转移》，第五章第一节的“发展计算技术的规划与措施”，发展计算技术的紧急措施指出“对比‘计算技术的建立’规划和‘计算技术的紧急措施’可以看出，后者体现了这样的意图，就是尽快落实前者的组织措施和国际合作的任务，以便在中国尽早建立起计算技术”。[2]

科学技术部1999年出版的《中国高新技术产业发展报告》，其中“计算机产业”部分写道：“1956年在周恩来总理亲自主持下，制定了我国《十二年科学技术发展规划》，选定计算机、电子学、半导体、自动化四项，作为科学规划的四项紧急措施。”

电子工业部1985年出版的《中国计算机工业概览》附录，“中国计算机行业大事年表”

---

〔1〕 徐祖哲：《信息跨越》，光明日报出版社，2002，第12页。
〔2〕 张柏春、姚芳：《苏联技术向中国的转移》，山东教育出版社，2004，第217页。

(第一条)指出,1956 年,我国制定“十二年科学技术发展规划”,把计算技术列为重点之一,并采取紧急措施,筹建我国第一个计算机方面的研究所——中国科学院计算技术研究所。

中科院的专家们有一种口口相传的说法是:“周恩来对科学规划委员会说,印出来的本子这么厚一摞,国务院怎么抓,你们要把最紧急的事情搞一个报告。”后来就形成了“紧急措施”。

“紧急措施”有些神秘,究其起因总是给人以“神龙见尾不见首”的感觉。

对凌瑞骥、罗沛霖两位老先生的口述访问,颠覆了我的初期认识:“紧急措施”事出有因,直接关系“国家意志”,形成一种惊人的时代跳跃和布局。

1954 年,新中国实施第一个“五年计划”;1956 年,开始“向科学进军”,鉴于数千年农业社会的现状,主要目标是“传统工业”和“基础科学”。

1956 年 3 月 29 日,莫斯科派出来华指导科学规划的苏联科学代表团。

1956 年 4 月 23 日,周恩来总理接见了代表团的 18 位科学家。

两位先生分别述说他们当时得悉的消息。在准备接见代表团时,周恩来发现其中 6 位专家的专业是微电子、半导体、计算机、自动化和通信,都属新技术。50 年前,冶金、钢铁、机械制造、机电设备、火车头等和二战期间的常规武器一统科技研发与工业制造的天下,这个代表团的专业比例出乎意料,十分引人关注。

周恩来沉思良久,急召王诤和李强问询。王诤长期负责军事通信、无线电、广播、雷达,是知名专家;李强是学部委员,天线专家,留学苏联多年,他身兼三职,是电信、无线电、广播三个领域的主管局长。

周恩来询问了国外科技发展趋势,微电子的内容以及电子计算机的功能。二人分别汇报,述说了计算机的原理、功能与神奇。

周恩来认为计算机是非常重要的技术,责备他们为何不及时汇报。他们的解释是,我国没有条件生产,汇报也没有作用。

周恩来严肃地批评二人,认为“计算机是一场技术革命”。在对全球快速发展的新技术,特别是半导体、计算机、自动化、微电子等有了新的认识后,周恩来开始具体布置立项,称为“四项紧急措施”。这四项内容相互关联,功能互相补充,实施部署体现了“先集中、后分散”的原则。

召见王诤、李强的时间应当在 1956 年的 4 月中旬或再早一些。知情人说,决定“追赶”之后才有了“紧急措施”的提出与制定。[1]

我还访问过曾任北京市副市长的韩伯平,证实确有此经过与说法,而他当年曾任主管酒仙桥电子基地建设的工业处长,就在工地住宿,日夜调度。

---

〔1〕 徐祖哲:《溯源中国计算机》,《读书》2015 年第 6 期,第 90 页。

1957年，由中科院、总参谋部和二机部(电子工业)三方签署协议执行。大家都相信一个部门做不出来的计算机，在党中央、在国务院领导下，组织全国力量肯定能够做出来！“紧急措施”与“科学规划”大有区别，因其重要性，这种安排当然“秘不示人”，基层单位的领导也不了解目标与任务由来。

“紧急措施”是一次战略跳跃，国家意图当属核心机密，不会轻易和盘托出，参与规划起草的几位科学家将其低调描述成科学规划文本的压缩过程。

“建基地、造机器、推应用”，通过“紧急措施”和从上到下的层层安排，“十二年科学规划”得到全面落实，“三方协议”起到了重要作用。

“口述访谈”要充分了解历史背景，分析起因和发展，避免人云亦云。

4 恢复“截弯取直”的史实

由于人们的认识过程和具体条件所限，许多开创性的活动会与先前的计划相左，在实施过程中不断调整。常见的情况是，许多前期的变化、调整，在事件结束时没有包括在总结之中，往往也被档案忽略，相关参与者的离开或退出，剩下的只有主流过程。事件早期、中期的探索或实验、曲折经过都被忽略掉。

中国急需计算机，国外买不来，唯一的可能是自己动手生产，在其他学科与专业中难见这样紧急发展的事例。

建设工厂—设计—生产计算机，这是一个传统的漫长过程。可是当年的计算机急等使用，不能等候建厂再安排生产。

出访苏联的计算机科学家代表团成员莫根生说，北京广播器材厂被首选为计算机生产厂。该厂原为从上海迁至北京的“广播器材修造厂”。1955年1月，“修造厂”划归主管电信工业的二机部十局领导。十局选择计算机的生产厂，开始的依据是以“电子管”论英雄。“北广”当时是使用电子管最多的工厂，无线电台、广播电台都用电子管，国产和引进的电子管，绝大部分都在电信设备和广播设备中“消耗”，这种选择当然是“合情合理”的。

苏联图纸很快送去，因为计算机与广播设备“形似神不似”，工厂还没有精密机械加工能力，任务被否决。然后，十局决定将图纸转送到生产电话交换机的北京有线电厂(738厂)。该决定得到认可，一是交换机好歹是脉冲式工作的“数字设备”，二是有线电厂有大量引进的精密加工设备。这段任务转移的历史，并没有纳入正式工作记录。

两次送交图纸，都是莫根生经办，都没有任何文件和收据记录留存。

苏联的计算机图纸第二次送到工厂之后，大家才知晓，计算机的生产、装配也是专业问题，图纸变成机器也很不易，科学院计算所的科学家们几乎全体到有线电厂观察过好几次，反复审看机器设备，讨论生产能力，最终确认可行。

当部委的信函还要将电子管注明为“无线电灯泡”之时，管理部门领导对电子管和计算机的认识不足，也是自然而然的事。没有专业人员，就想要计算机，要建工厂、建研究所，难度可想而知，培养计算机人才就成为第一难关。

进入访谈阶段之后，我发现中国计算机的启动与发展，并非仅仅是学科名称的进步或行政机制的扩展，而是有着深刻内涵与精心决策过程。

5　从一般性到特殊性的深入

“历史”有自己的标准和规则，许多情况下，“编史”似乎是依照时序排列，依次完成科目，平铺直叙地采集和记录史实，留下的只是线性和静态过程，动态的发展动力和重要的决策思维可能已被抛弃。应当注重历史的特殊性，避免仅仅记录一般性的行政过程，从而导致事物发展的特殊性被掩盖起来。

我开始的想法也无异于直观地寻求计算机和计算数学专业的发展：

计算机专业教研室—计算机系—计算机科学系（高等学校）；

计算机研究小组—计算机研究室—计算机研究所（工业科研）。

从育人到做事，从教育到科研，这是行政化发展路径的习惯思路，如古时朝代延续和官场阶梯，只要找准起点，将各期“大事”依次装填到时空容器，就完成了特定专科的史学编纂。实际上许多历史过程并非“按部就班”发展，正是因为若干“变异”才推动了历史进程。

“计算机”是一门崭新的科学，是在二战前后陆续出现的跨时代的发明，陆续从“模拟计算机”走向“数字计算机”，从计算机的三原则推进到完整的理论，并开始专业教育。由于中国科学家的远见和明智，我国计算机事业起步时间紧跟国外。因为新中国的经济起飞，随着“二战”后国际局势巨变，国家需求和发展的急迫性促使计算机成为“新的技术革命”这个目标作为国策提上日程。

6　叠加细节深化创新过程

高科技产业习惯使用“先进水平”“填补空白”“通过鉴定”或“获奖”来评价新产品和科技成果，而工作过程常被忽略了。实际上，计算机的部件生产、测试、工艺流程、整机组装，特别是系统设计和程序编制都有严谨细致的逻辑思维和一丝不苟的加工，同机械、热能、冶炼等领域的精细有序、灯火闪烁、喷迸嘶鸣、雄伟气势等同样表达了人类的智慧与力量，不同的是在这里从黎明到深夜都是静悄悄。

“口述”的诸多细节，紧密围绕一个个主题，才能展现历史全貌。

多年来，评价计算机多以型号、功能、数量来表达，参与工作的科学家、科技人员的辛劳与奉献多用“没有资料和设备”“加班加点”和“日夜不停”来形容。

事实当然不会受到几个词的限制，通过对参加第一台、第二台电子管计算机，以及第二代晶体管计算机等研制的10余位技术人员的访谈，我了解到当年仿制与发明早期电子计算机的经过，知晓了科研组织、进度安排，知晓了几百种材料和器件的保障，明白了关键电路的发明思维，为史实增添了宝贵的第一手材料。

中国电子工业和国外的差距很大，仅需要各部委协作的电子产品就有9400个品种，2.85万种规格，到了60年代尚未解决的还有3292种。

1957至1959年，由中科院计算所和北京有线电厂（738厂）合作先后仿制苏联的M-3和БЭCM-Ⅱ计算机，分别被称为103计算机、104计算机，由工厂生产组装，在计算所调试，之后小批定型生产。

通过访问738厂负责计算机生产的第三技术科的钱基广、夏纪寅、任公越、张树悟、孙强南，中科院计算所的莫根生、张梓昌、柳浦生、秦鸿龄、王梦阳等人，我知晓了从图纸到整机，从插件、部件到机柜的过程，知晓了当时公布的计算机的速度指标还是第二位。真正要紧的是连续运行时间，从几分钟到几小时，从一天到半个月，慢慢延长直到可以实际使用。中国人第一次将几百个、上千个电子管组装到一起，器件、元件的可靠性决定了整机稳定性，整机不可靠就谈不上提供算题，计算机的生产必然带动整个电子工业的发展。

电子管计算机投产3年，刚刚定型，国外已经转入晶体管计算机的研制，中国人只能在新的领域追赶。哈尔滨军事工程学院的慈云桂教授挑起重担，助教康鹏日思夜想发明了推拉触发器，441-晶体管计算机以211小时的稳定工作投入国防和国民经济使用。国防科委的参谋唐遇鹤回忆了考机的日日夜夜，寸步不离地看守验收。哈军工的408研究室和四海厂，从教授到工人，以一丝不苟的作风开创了中国的数字时代。

当年的计算机房，有磁鼓和变压器的啸叫，有数百上千电子管散发的高温，排风扇将这些热气撕裂抛出，维护人员日夜坚守随时准备排除突如其来的故障，磁芯存储器哗哗的“下雨声”骄傲地宣告着计算机在稳定状态运行。

十多个研究所、大学和“两弹一星”试验基地的工程组和机房人员，讲述了中国第一代、第二代计算机的研制与运用的经过和细节，“口述”让他们的辉煌形象与奉献从机器后边走了出来。

7 地域回忆不可缺失

“口述回忆”离不开时代和地域，当代的城乡地形、地貌变化极大，几乎所有的事件，都有自身的特殊性，即使对于科学与工业，这些专业性、技术性都很深刻的事件，也有自己发生的场景和环境。

时代地域有“宏观”与“微观”，前者为地区，后者为楼宇或屋舍。根据计算机行业的特点，我选择了“机房”来表达人物工作、生活环境。

中国的计算机事业和北京的中关村、酒仙桥密切相关，将这两个区域的建设过程作为访谈重点，对事件的展开和发展起到衬托作用。两个地区的建设，直接关系到国家对“科学规划”和“紧急措施”的决策，展现了中国发展“核武器”和“建设电子工业基地”的起步过程。

在“口述历史”中，访谈的多数内容都会牵涉到地域和楼宇，在总结而成的《溯源中国计算机》一书中，“南楼北楼今何在”“酒仙桥电子基地拔地而起”“机房环境成专业问题”三个章节，不仅加深了全书的主题描述，也将相关内容有机地串接起来。

中国第一台计算机 103 机，是由 738 厂装配，然后运送到中科院计算所调试；1958 年 6 月 1 日，双方进行交接。在对莫根生、钱基广、夏纪寅三位在场人的访谈中，他们都详细描述了这一历史事件，讲述了机柜离开酒仙桥到中关村的经过，回忆了两个单位科技人员的职责和生产过程。这些内容就连“业内人士”也是“闻所未闻”的，更加深了我对前辈们创业精神的敬仰。

有的访谈对象强烈建议直奔主题，直接描述技术发展和生产过程，但历史不是工作总结，更非研究生课程。今日远离了创业时代，要“返回现场”，就要从当年的环境、条件出发，体现创业的过程和思维，才能知晓当时的困难、成绩和奉献。围绕“地域”“楼宇”口述，顺畅地返回创业年代，才是一次成功的记述。

几乎被人遗忘的“西郊宾馆”，在访谈中被挖掘出来。这是举办“十二年科学规划”的场地；我不仅找到竺可桢的日记佐证，也找到了现场参与人和档案对照。

8 注重微观防范差错

由于观察视角不同，记忆又在不断衰退中，亲历者与见证者所描述的事实，在大方向一致的情况下，多有细节相异，人物、时间和过程都可能出现差错，包括感知局限、记忆局限、地域局限。“口述历史”的记忆素材要进行编辑、核对，克服访谈的局限，但同时也要防止理解局限产生的差错，例如建筑、单位名称常有修改，要避免引用中的误解和“时差”。

一些重大历史事件的口述记忆，缺少过程；也有一些事件，当事人看到了过程的方方面面，而又缺少结果，这两种极端情况，都要经过核对与多次访谈，才能形成完整记录。

1956 年，为了制定“十二年科学远景发展规划”，500 余位科学家历时 3 个多月完成了规划文本。这是新中国第一次科学规划，而详细过程缺失，包括举办地点、起止日期、参与的具体人数、名单和各专业分组的进度等都鲜为人知。

“规划”举办地点为“西郊宾馆”，但该宾馆一年之后关门，以后的科学规划活动转到新建的友谊宾馆。我曾误认为“规划”就是在友谊宾馆举行的，幸得中科院科学家许孔时指出差错。当年主持中科院工作的张劲夫对记者口述时，特别强调“规划”是在阜成门外的“西郊宾馆”进行。参加了当年“规划”活动的专家乌家培也确认地址是在阜外“西郊宾馆”。

在北京档案馆查询到原“西郊宾馆”的档案，包括筹建过程和服务简报，其中 1956 年最重要的服务工作就是“科学规划会议”，并在事后安排一天时间组织全体人员进行“服务工作总结”，可惜档案目录中缺失这份内容丰富的总结文稿。

还有一些“口述回忆”牵涉到的项目内容和事件的参与人有不同版本，在缺少档案文件的情况下，我采用了一个取舍的优先顺序：

第一，以参与人、当事人当年的“口述”或记录文字为先；

第二，参与人和见证人当前的“口述回忆”次之；

第三，当事人和见证人的亲属子女当前的述说为辅。

不同人员的“口述”不一致时，应有物证或档案支持，才能确认；还要注意避免当事人的亲属子女引用不准确的当前材料作为历史回忆提供。

通过核对人物和职务、职称，也能发现存在问题。例如何育辽，原为复旦大学讲师，1958 年参加华东计算所建所。1988 年，该所纪念专刊中继续记载为讲师，仅有两人的回忆中分别提到他为教授、副研究员，遂提出疑问，反复多日，最后找到档案，查明他为 1960 年 6 月中科院上海分院特别提升的研究员。

中国计算机事业有成千上万的人员参与，在政府部门、高校、科研单位、工厂从事过早期重大项目的有几千人。通过口述记录的人名常有差错，使用电子表格和通过网络核对取得了满意的结果。

电子表格的完善，可对历史人物进行更深入的研究，在研究报告正式成书时，可以快速转换成附录的人名索引。

9　口述对象的寻觅和组织

“口述历史”的访谈对象可分为“关键”人物和“枢纽”人物，寻找与沟通有时是非常困难的。有些事件的参与者和知情人十分活跃，一直没有离开公众视线，还有一些人在几十年前远离当时社会环境，早已失联。

我的访谈调研路径很快就建立起来，缘自我是“业内人士”，从事计算机专业工作多年，与许多单位有工作联系。原电子部的夏纪寅向我推荐了清华大学创建计算机专业的参与者凌瑞骥教授，他又推荐了电子工业的老前辈罗沛霖院士。成功地访问他们是一个顺利的开头,我对中国计算机的起源、计算机专业的创建、"十二年科学规划"的制定、计算机训练班等主要内容都有了初步的了解。

原哈军工的康鹏教授,45 年前曾是我参加计算机研究工作的指导老师,直到哈军工纪念建校 50 周年,他才想起"丢失"的"发明荣誉"。

我在行业协会的任职经历,对口述访谈十分有利,得到了许多"枢纽人物"的支持,凌毓佩、杨颖辉分别帮助我联系到早期创业者莫根生、任公越。就连多位出国居住的人士,也能够迅速通过国内亲友得到联系方式。

依靠相关单位的帮助是十分重要的,几家高等学校和研究所分别提供了所属人员简历、亲人联系方式,使调查与口述工作顺利深入。

中科院软件所邀请仲萃豪、张绮霞等老同志座谈,他们推荐了首任所长许孔时和中国第一个计算机组的成员王传英,有了这些知名科学家,口述工作就能顺利展开。不过,访谈座谈会成员的划定和邀请可能引发争论,许多情况下,科教单位不愿出面推荐任何访谈人员,但也不反对课题承担者"自选"访谈对象。

2006 年 9 月 5 日,北京信息产业协会邀请清华、北大、哈军工、哈工大、北航、北理工 6 所院校的 18 位早期计算机师生召开中国计算机 50 周年纪念会,开辟了计算机教育领域的调研通道。

1958 年,闵乃大教授全家赴德国定居,我曾梦想发现他留存在国内的文件资料。他的亲属闵蔚远偶然在网上搜索,看到我的纪念文章,主动联系并推荐了 50 年前为闵先生保存物品的亲戚,使我的梦想成真,寻访工作大步前进。

50 年前,华东计算所的研究员何育辽去世时,其小儿子何平立仅 9 岁,在复旦大学校史研究室钱益民先生的帮助下,花费 3 个月终于在上海找到这位以前不知姓名的"男孩"。

建立事件相关人员名单,依据"事件细节"寻找和增添知情人;从知情人的"口述"再增添事件细节,要经过多次反复,才能使"口述"清晰可信。例如,中国计算机科学家首次访苏,历来讲述的是 5 位正式成员,在获得团员合影之后又经历半年,才知晓代表团的翻译袁兆鼎,本身就是留学苏联的数学家,回国后在航天部门做出诸多科学贡献,是唯一健在的参与者。

当事人和知情人并非都愿意接受访谈,完全拒绝接待我的访谈对象约有百分之四五,有的对象虽然接待,但谨慎异常,不提供任何一句有效信息,推说不了解情况,实际还是缺少信任,怀疑访谈组织者的学术水准,或是访谈目的不纯。

接受访谈的多数对象是认真的,有人翻箱倒柜寻找资料,或与亲友回忆、商议;也有人越过访谈题目的局限,试图将自己关心的其他内容加入口述,甚至以此为交换条件。

要引导访谈对象加入历史寻访,而不要让人看成组织者借机获取私利,变成与访谈对象对立的立场。一些访谈对象会在私下向"权威人士"询问,得到确切身份认可之后,才会接受访谈。访谈的组织者敬业、快捷的工作节奏与反应能够增加访谈对象的信任。

“口述访谈”阶段性成果公布有利于展开工作，必要的宣传是可行的，但是。在知识产权保护不力的情况下，在网络上遭遇不负责任的转载或删改，也会对后续工作造成困难。要尽力保护半成品的口述材料和历史资料，谨慎上网传播。

历史选题、访谈组织和获取材料的可靠性是“口述历史”的重要因素，由于我对选题内容的难度认识不足，进行多日之后才对历史全貌得到了解，因而整个访谈陆续进行了10年。如果准备更充分一些，肯定不需要这样多的时间。

参考文献：

[1]徐祖哲:《溯源中国计算机》,生活·读书·新知三联书店,2015。

[2]侯艺兵:《亲历者说“引爆原子弹”》,湖南教育出版社,2014。

[3]侯艺兵:《亲历者说“原子弹摇篮”》,湖南教育出版社,2014。

[4]定宜庄、汪润(主编):《口述史读本》,北京大学出版社,2011。

[5]梁漱溟:《这个世界会好吗?》,东方出版中心,2006。

现代化与个体化：电视机进入中国家庭的口述史研究

◎张　磊[1]

摘　要：

电视是典型的家庭媒介，它被家庭所接纳与驯化(domesticate)的过程，也是家庭重构的过程。自20世纪70年代末以来，电视机逐渐进入中国普通家庭并获得普及，折射了中国公共领域与私人领域的重新分界，也折射了中国独有的现代性。本项研究通过对三位受访者口述历史的分析，力图在家庭中还原中国电视的历史性现场，从而透过这一现代性物品理解中国当代社会变迁。在口述实录中，研究者发现讲述者描述了他/她们的家庭刚刚接触电视机时，对它怀有的渴望与忧虑，一定程度上折射了当时中国人对现代化的心态。随着电视机在家庭空间中的移动，当代中国人借用电视机来重新建立私人化而非集体化的家庭生活，乃至走向个体化。如今农村与城市、高阶层与低阶层乃至不同家庭背景下，对于电视机的态度和位置也都有所不同，同时伴随着新媒介而日渐日常化。最后，这一口述历史的过程也体现了当代中国社会个体独特的时间经验与主体构建。

关键词：

电视机；口述史；家庭空间；驯化；现代化；个体化

Modernization and Individualization:
An Oral History of the Domestication of Television Sets by Chinese Families

◎　Zhang Lei

Abstract:

Television is typically a family media. Its domestication is also a process of the reconstruction of the family. Since 1970s, television sets entered into the ordinary Chinese families and got its popularity, which reflects the redefining of "public" and "private" as well as the unique Chinese modernity. This study focuses on three narratives of Chinese people about their acceptance of the television set, and tries to understand the social change during the recent 40 years. I noticed that the interviewees had a great compassion and anxiety when they

---

[1] 作者简介：张磊(1977—)，男，中国传媒大学广播电视研究中心研究员，博士，主要研究方向为文化研究、受众民族志、数字劳动、青少年亚文化、国际传播等。

encountered television in the first place, which could possibly be viewed as a symbol of modernization. The trajectory of television sets travelling in the domestic space is also the result of Chinese families to rebuild an individualized other than collective personal lifestyle. The differentiation between higher or lower classes, urbanites or rural residents, different life tracks affects not only the location of the television set, but also the everyday practice with the magic box as the symbolic centre. Mobile gadgets and other new media outlets contribute to the process of individualization. Finally, I'd like to argue the oral history with television discovers the unique construction of modern subjectivity and temporal-spatial experience.

Keywords:

Television; Oral History; Domestic Space; Domestication; Modernization; Individualization

自1958年电视工业在中国诞生以来已逾半个世纪，电视机早已成为司空见惯之物，“飞入寻常百姓家”。虽然在21世纪受到新兴媒介的极大冲击，它仍然是中国使用者最多的第一媒体，并且仍然在人们的日常生活中扮演着重要角色。关于电视是否还能存活下去的质疑所在多有，而恰恰是在这一时刻，对其历史作一番梳理，可以帮助我们理解电视与中国社会变迁的深切勾连。中国电视史研究已经有相当多的积累，不仅包括通史类著作，如郭镇之的《中国电视史》[1]，徐光春的《中华人民共和国广播电视简史》[2]，赵玉明的《中国广播电视通史》[3]，刘习良的《中国电视史》[4]，也包括专题史研究和史志资料的汇集，如胡智峰、周建新[5]和郭镇之等的研究[6]，还有论者将电视媒介的历史追溯到民国时期进行探索[7]。但有一种历史始终遗落于学术视野之外，那就是电视的社会史研究，更确切地说，是电视进入家庭的日常生活史研究。

莱文认为：“电视在我们的生活中的存在是如此普遍，而我们对它与家庭在视觉和空间上的亲密结合却没有太多注意，这实在让人惊讶。有两种电视史，一种是正式的叙述，即关于电视机变化的年代表；另一种是非正式的叙述，它是个体经验的汇集，讲述了电视机如何伴随我们成长，如何进入家、进入家庭、进入我们的休闲时间。”[8]如她所言，这段历史是“一个有关亲密关系的历史，它事关我们如何围绕着电视来设计我们的空间、习惯

---

〔1〕 郭镇之：《中国电视史》，文化艺术出版社，1997。

〔2〕 徐光春：《中华人民共和国广播电视简史》，中国广播电视出版社，2003。

〔3〕 赵玉明：《中国广播电视通史》，北京广播学院出版社，2004。

〔4〕 刘习良：《中国电视史》，中国广播电视出版社，2007。

〔5〕 胡智锋、周建新：《从“宣传品”、“作品”到“产品”——中国电视50年节目创新的三个发展阶段》，《现代传播》2008年第4期，第1—6页。

〔6〕 郭镇之：《从服务人民到召唤大众——透视春晚30年》，《现代传播》2012年第10期，第7—12页。

〔7〕 谢鼎新：《民国时期国人对电视的认知》，《新闻与传播研究》2006年第2期，第61—65,96页。

〔8〕 M. Lavin, "Television Design," in Geller(ed), *From Receiver to Remote Control: The TV Set* (New York: New Museum of Contemporary Art, 1990), p.85.

甚至情绪。”[1]

电视是一种典型的家庭媒介。一方面，它立足于家庭空间，而不是像广播、笔记本电脑和手机那样更具个人性、移动性或随身性；另一方面，家庭生活也在很大程度上以电视机为中心而展开。笔者问过周围很多人一个问题：“当你布置自己的新家时，首先放置的家具或电器是什么？”答案通常是“电视机”，或者是“沙发”——而沙发往往是与电视机位置相对的。这意味着，电视机位于家庭空间的中心位置，也成为开展家庭生活的核心。那么，电视是如何进入中国家庭的？它的位置经历了什么样的迁移？在这个过程中折射出中国社会的何等变化？

本项研究力图通过口述史的方式回答这一系列问题。它与通常的电视史研究有所不同。第一，这项研究并不针对“电视”这一大众媒介事业，而是聚焦于“电视机”这一物品。第二，这项研究回归电视的微观关系，将电视与家庭、空间和日常生活相勾连。第三，这项研究致力脱离宏大的“线性历史”，通过普通人的自身建构来建立一种“分叉历史”[2]。因此，笔者和团队访问了数十个中国当代家庭，而本文将选择其中三位受访者的口述，以此为主展开分析。[3]

1 电视机：现代性的象征物

在20世纪60—70年代，电视机曾经是稀有之物。除极少数特权家庭之外，大部分家庭都只能在各级“公社”或“单位”（如军队、工厂、学校、医院等）观看电视。这种新奇的光影设备富有吸引力。20世纪70年代末改革开放之后，物质的极度匮乏让位于消费主义，当时的中国人普遍产生了一种拥有电视机的渴望，无论在城市和农村均是如此。

第一位访谈对象孙晓雅（化名）对当时自己对电视机的渴望记忆犹新。她于1976年出生于江南某省会城市，父亲是医生，母亲是大学教师，如果放在21世纪，这是典型的中产阶级家庭，但在改革开放尚未完全展开的时期，城市人口的财富水平几乎没有明显差距，在她的记忆中，家里过着一种捉襟见肘的日子：

> 我们家当时买不起电视机。居住条件也挺差的。当时我家只有一个房间，

---

[1] M. Lavin, “Television Design,” p.89.

[2] 杜赞奇：《从民族国家拯救历史：民族主义话语与中国现代史研究》，王宪明译，北京：社会科学文献出版社，2003年，第39页。

[3] 之所以选择这三位的口述历史进行分析，是因为这三个故事有着相当大的差异。按照社会学方法论中的“求异法”，本文希望通过三个尽量不同的故事探索电视机与家庭关系的丰富可能性。参见潘绥铭、黄盈盈、王东《论方法》，中国人民大学出版社，2011，第194页。

是我妈的学校宿舍。我爸住在医院宿舍，因为比较远，所以每周见一次面。之前，黑白电视机时代的电视节目，我都是在邻居家看的。每次去看都不好意思，我妈也不愿意让我去。我还蹲在人家门口看过电视。[1]

她对购买电视机的年份已经难以确定，但试着用记忆中的电视节目来定位它：

记不得具体时间了，但那个事情印象还是蛮深刻的。好像是我小学的时候？《射雕英雄传》是哪一年播的？（——八三年）那时我家还没有电视。第一部《铁血丹心》、第二部《东邪西毒》的时候都还没有。但我上小学五年级的时候肯定有了。大概是八四、八五年吧。

另一位访谈对象朱永年（化名）1956年出生于北方某地农村。当我问起他是哪一年购买了自己的第一台电视机，他已经说不清楚具体年份，但他非常清晰而且骄傲地宣称，他是村子里第三位拥有电视机的人。

我买电视……排序的话，可能是第三。哪一年我忘了，朱强（儿子）最多上二年级。实际上我买这个电视的时候，长年（堂兄）比我早买一年，延年（堂兄）又比他早买一年。……丰年（堂弟）得排在第四。（经纠正发现丰年买得更早。）……当时在石卫东（村供销社负责人）那里，一共来了四台。一个是我，还有其他的三个人，那时候还走后门咧，俺四个一个人一台分了。那时候我开拖拉机，多少有点照顾。别人走后门还走不上咧。那时候供销社就在个人的宅子里，我开拖拉机，经常给他拉货（就可以走后门买电视了）。吃了后晌饭，我去抱了来的。

后来经过家人反复回忆和验证，他应该是在1986年前后买的电视。他之所以买这台电视机，是因为家里的一子一女都爱看电视。

长年家有电视，朱强和朱丽（女儿）到了后晌就去人家家看电视。那时候好停电，九点钟来了电，他们还要去看。我心里话，那就买吧。就买了一台。刚兴过来，也不贵，七百来块还是六百来块。说起来了，我都忘了什么牌子了。去年我刚卖了，不出

---

[1] 访谈过程中的一个小插曲可以帮助我们理解这位访谈对象对于电视机的童年渴望甚至迷恋。访谈进行中的时候，孙的男友回家了，笔者邀请他加入访谈，但被他拒绝了。这位出生于地方高级官员家庭的男友说：“电视机？有什么好说的？我都没印象了。”孙立刻大叫起来：“你们这种特权家庭的孩子，当然没法理解我们的体会了！身在福中不知福。”

人影了，卖了二十块钱。（笑）实际上很了不起啦，我虽然没买在前头，但在后街上（算是早的），到了后晌，我那个天井里都坐满了。

在他的叙述中，反映了电视机初进入农村家庭生活的两个有趣现象。第一，电视机的购买是一件“露脸”的事情，它反映了购买者在本村拥有财力、地位和人脉关系。第二，因为并非家家都拥有电视，所以前期购买者的家中常聚集了家族成员、邻居和附近的人，这使得当时的电视观看成为一种“集体行为”。

电视机被视作消费主义社会的重要象征之一，在世界各国都不例外。无论是在 20 世纪 50 年代的美国[1]，还是在 20 世纪 80 年代的中国[2]，它都作为宣告富裕生活来临的信使，不仅为它的主人带来莫大的心理安慰，而且起着昭告左邻右舍的作用。有人类学家在斯里兰卡观察到，当地明明电力匮乏，刚刚富裕起来的渔民却买回崭新的电视摆放在家里，以彰显自己迈入现代化生活。[3] 奥迪纳・里尔[4]则发现，在巴西，越是工人阶级的家庭，越是喜欢将刚刚购置的电视机摆放在甚至窗外的路人都能注意到的地方，以宣告自己阶级地位的提升。玛格丽特・莫斯曾说：“在这个空洞的电视机里，在这个无限的盒子里，存在着一个私人的圣物箱，里面储藏着圣物，或者说圣骨，横亘在日常生活、商品世界和我们的共同文化之间。”[5]二战之后，电视机在世界各国的普及有早有晚，但普遍经历了这一特殊时期，即它成为现代化、富裕、先进生活的代名词。

詹姆斯・鲁尔在对 20 世纪 80 年代的中国电视展开观察之时，正是电视机在中国普及的特殊时期。他发现电视在当时恰可嵌入中国主流话语之中，即“两个文明”：物质文明建设和精神文明建设。它是物质文明的象征毫无疑问，但它还同时负载着期待，要将精神文明的话语播散到千家万户。基于这样一种双重责任的赋予，电视机成为中国家庭渴求的消费对象，从北方到南方，从城市到农村均不例外。

然而也并非所有的人都对电视机那么热爱。有的人对这一新奇事物带来的冲击甚至“危害”持有警惕心理。

另一位访谈对象赵言秋 1971 年出生于北方某农村，父亲在外当工人但早逝，他和母

---

〔1〕 Lynn Spigel, *Make Room for TV: Television and the Family Ideal in Post-War America* (Chicago: University of Chicago Press, 1992).

〔2〕 James Lull, *China Turned On: Television, Reform and Resistance* (New York: Routledge, 1991).

〔3〕 A.Gell, *Newcomers To The World Of Goods: Consumption Among the Muria Gonds*, In Appadurai (ed.), *The Social Life of Things*. Cambridge: Cambridge University Press, 1986. pp.110—139.

〔4〕 O'dina Leal, "Popular Taste And Erudite Repertoire: The place and space of TV," *Brazil Cultural Studies*, 4,1.1990, pp.19—29.

〔5〕 Morse, M. "The End of The Television Receiver," in Geller(ed). *From Receiver to Remote Control: The TV Set*, p.139.

亲、哥哥、两个姐姐住在家乡。他说：

> 买电视是在1988年春天。那年我18岁，正在读高中。当时和妈妈、姐姐、哥哥住在一起。当时之所以才买电视，是因为我马上要高考，要离开家，已经不会影响学习。妈妈和哥哥是经济来源。妈妈主张买的。家里80%的意见是她拿。是用妈妈的退休金买的。但买电视的助推力是姐姐。当时电视剧已经丰富起来了，我有印象的有《红楼梦》《雪城》。在周围算是前、中期买电视的人家吧。（那时候）大概30%、40%的村子家庭已经有了电视。

这位访谈对象说，他的母亲是一位很有主见和自己教育理念的人。她认为新兴的电视带来的不仅是“物质文明和精神文明”，也会对自己所恪守的传统道理形成冲击，例如“万般皆下品，唯有读书高”。因为丈夫的去世，她感觉自己有更大责任来防止子女偏离正轨，所以尽量推迟电视机进入自己家庭的时机。所谓现代化的生活，对她而言不是美妙的乌托邦，而是蕴含着未知的担忧与焦虑。实际上，这并非空穴来风的想法。詹姆斯·鲁尔在《中国打开了电视》一书中就指出，20世纪80年代的中国电视传递了一种混合甚至自相矛盾的意识形态，在上一瞬间的电视新闻中仍在宣扬社会主义式的勤俭作风和集体主义，下一瞬间的广告则开始渲染消费主义的生活方式。[1] 电视机的消费即使在美国也曾经引发警惕。[2]

因此，在回顾电视机刚刚进入中国家庭那段历史的时候，我们可以说，它是伴随着对物质消费与现代化的渴望应运而生的，但这种渴望夹杂着忧虑，无法完全用一种进步观加以解释。早在1979年，黎澍曾经发表题为“消灭封建残余影响是中国现代化的重要条件”一文，强调改变封建主义生产方式和封建思想是赢得社会主义现代化胜利的前提条件。即使到了2006年，俞可平仍然认为“从整体上说，现代化的这些政治、经济和文化要素与中国的传统文化是格格不入的”。[3] 但不能不承认的是，中国在20世纪80年代的现代化进程，是有其独特性的，既离不开改革开放带来的新自由主义思潮之影响，也无法离开社会主义的思想遗产，同时也无法忽视传统儒家等思想文明的根基。它渗透进人们对于电视机这一现代化象征的态度之中，也影响了一个非常具体的实作层面，即电视机究竟应该摆放在家里的哪个位置。

---

〔1〕 James Lull, *China Turned On: Television, Reform and Resistance*, p.210.

〔2〕 Lynn Spigel, *Make Room for TV: Television and the Family Ideal in Post-War America*.

〔3〕 俞可平：《现代化和全球化双重变奏下的中国文化发展逻辑》，《学术月刊》2006年第4期，第14—24页。

2 电视机在家庭空间中的旅行

中国电视机的旅行起点，不是家庭内部空间，而是集体公共空间。如前所述，最早的电视机是公家拥有物，被放置于公共场所。

> 我爸医院会把唯一一台电视机放在院子里，大家都搬着板凳去看。就像露天电影一样。后来黑白电视普及了，就不太有可能了。我觉得部队、医院、工矿，通常习惯于过集体生活的，就会发生这种情况；但一般城市可能就没有。(孙晓雅)

实际上，笔者在访谈中发现，大部分出生于电视机普及之前的人，都有着集体观看电视的经历。单位，曾经在很长一段时间内成为中国人生活的基本单元，在这里，生产活动与家庭消费同置一个空间，工作时间与闲暇时间遇到的几乎是同一批人，公与私的界限并未那么分明。

早期拥有电视机的家庭，也不得不敞开私人空间，接纳外来的观看者。

孙晓雅讲述了自己曾到邻居家中"蹭电视"的经历，在自己家拥有电视后，类似的情形也一再发生。"当时我妈的一些学生，有体育比赛就会来我家看。其实我妈特别烦他们，她不喜欢别人来我家看电视。"

赵言秋说："很多人会来我家看电视。姐姐的玩伴、妈妈的朋友，都会来看电视。但高考之前，我回家来复习，家里来人会减少，因为我妈怕耽误我学习。总体来说，不是很多人来看电视。可能是交际圈的问题。过年过节的时候，有人来。但是平时不会有人专门来看电视。我们也从来没有把电视搬到院子里去过。"

朱永年的家庭，却与以上两个家庭采取了不同的态度，他家也形成了一副集体看电视的奇景。"到了后晌，我那个天井里都坐满了。都在那里站着看。我记得很清楚，那时候有个电视剧叫《下卡》，都在那里站着看，演广告还不走哩。演完了这个演的是《射雕英雄传》，哎呀那个人多，在当天井里，椅子一直搬到门口。怪稀罕。我觉得二十人以上是怪平常，三十人以上不成问题。后街上的人都去。我都没有(足够的)座位(给他们)。……他们去看的时候，我把座位放到天井里，那天线挂在枣树上，也有站着的也有坐着的，演广告都不走。现在这时候你寻思寻思，你就是搭上酒我都不去看去。(笑)"

他也承认，并不是每个拥有电视机的家庭都欢迎人去围观的。有人家"买了电视，四邻八舍都去看去。第一回第二回第三回还行，不说再一再二不再三，到第四回，就犯了恶了。……费电钱，熬眼，具体我没经历过，但我知道有这样的例子。"这一家采取了一种特殊的"人际治理技术"来解决这个问题。"下了挂面，荷包鸡蛋，这是来客才治的。你来看电视，看到不早了，我下了给你喝上。赶明天晚上，你还好意思去啊？这就是说，你可别再来啦。”这跟农村里的“下茶叶”是一个道理，客人眼见主人家费时费力招待他们，识趣的就必然立即告辞。看电视的人被主人大张旗鼓招待，第二天如果再去，就是冲着挂面荷包蛋去的，脸皮薄的人便会就此绝足。

朱永年说自己的态度不一样：“我愿意有人来，我觉得怪骄傲。”

在这三个访谈对象的口述中，我们都能发现对于接纳邻居看电视的抗拒心理。与其说这是关于电费、时间、招待等方面的成本考量，不如说，这时候人们有着越来越强烈的“私人空间”的占有感，相应也就对突破界限的行为有了反感。公与私，边界划分得越来越清晰。

在城市，它与商品房的兴起、宿舍的缩小导致的单位实质性解体密切关联。在农村，这与“分家”行为的变化是有着一脉相承之处的。王跃生通过对20世纪50年代以来冀南农村家庭结构变化的分析指出，自集体经济以来，“婚后即分家”的时间越来越缩短。他是从公与私的对立解读加以阐释的：“集体经济时代，为了加强集体组织的地位，防止损害集体利益的行为，‘私利’和‘私心’是整个社会正统舆论强烈鄙视和批判的观念。在我看来，它们不但未被消除，而且对民众心态和行为起着更大的左右作用。对社员来说，生产组织的‘公’与家庭生活的‘私’处于明显对立状态。它不仅表现在人们对集体利益和财产的行为态度上，而且体现在家庭内部成员关系上，或许这与生活资料的相对短缺有关。”[1]在改革开放之后，物质生产水平提高，家庭财富逐渐累积，但人们又不愿意与其他人共享自己的劳动带来的财产，必然要求将“私”的界限划分得更加清晰。阎云翔通过对黑龙江下岬村的田野调查，也佐证了这一状况，他将之与中国社会的宏观趋势联系在一起分析，称之为社会的“个体化”(individualization)。[2][3]

随着这种“私有”界限的日渐清晰，也随着电视机的普及，那种聚集在一起的集体观看模式逐渐消失。取而代之的是，电视机成为私人家庭的拥有物，观看电视也成为家庭内部的行为。那么，电视机进入私人家庭后，又取得了什么样的位置？这中间又折射出何等社会结构性变化？

在20世纪80年代，由于居住空间普遍有限，电视机只能在既存的家居空间体系中寻找一个栖身之所。

孙晓雅详细描述了自己童年时的居住环境的变化，以及电视机在其中的位置旅行。

---

〔1〕 王跃生：《集体经济时代农民分家行为研究——以冀南农村为中心的考察》，《中国历史》2003年第2期，第88—98页。

〔2〕 阎云翔：《私人生活的变革》，上海书店出版社，2006。

〔3〕 阎云翔：《中国社会的个体化》，陆洋等译，上海译文出版社，2012。

> 我和妈妈、妹妹住一个大床，然后有一个沙发，对面是一个五斗柜，电视机就放在五斗柜上。后来我去上体校了，我妈和我妹就回到了我爸宿舍区住。那时候我和奶奶住一间屋，爸妈和妹妹住一间屋，电视放在第二间屋子里，就放在写字台上。当时家里没有什么家具，也没有电视机柜。我上初中的时候，又搬家了，是一个两室一厅，比原来的房子要大，而且有客厅了。电视机就放在客厅里。当时，我家特意隆重制作了一个电视机柜，是当时最流行的样式。是一个大概2米高的柜子，有一个板子可以抽翻，把电视机藏在里面。当时大家都做这种柜子。这是为了保护。有人是用电视机罩的。这体现了当时对它的稀罕。

朱永年则把那台让自己"骄傲"的电视机放在"北屋"（堂屋）的正中央，正对着屋门，而且郑重地盖上一块布作为防尘罩。"别说电视机了。那时候买个收音机，四十二块钱，还得花四五毛钱买上毛巾盖上。怕土。……（电视机）当然是放在最显眼的地方。那时候不是兴四抽桌，搁到那正位上，也怪威风啊。（笑）"

与朱家不同，对电视机素来有警惕心理的赵言秋的母亲，则选择把电视机"藏"起来。

> "她把电视机放在正门旁边的位置，这样坐在炕上正好可以看电视，另外也不会那么显眼。"
>
> "堂屋的中心位置放了什么？"
>
> "中心位置是条案、八仙桌、四把椅子。条案上有瓷瓶子、花瓶、鸡毛掸子、相框（家族的照片）、我妈妈的照片、收音机。"
>
> "想过把电视机放到那边吗？"
>
> "没有！电视是娱乐的东西，为啥要放到待客的地方。大姐就是这么摆。我妈妈觉得不对，那是迎接客人的地方。"

不过，赵家也特意为电视机做了一个柜子，高度刚好比炕高出一点，以便获得看电视的最佳视线。

无论是谦逊地适应，还是骄傲地展示，抑或是谨慎地避免冲突，电视机在进入中国家庭既有的空间及物品体系之中时，都需要经历一个寻找位置的过程。如果电视机是有生命的，我们可以将这个过程理解为"驯化"（domestication），就像一个家庭接纳新的宠物、新娘或是新生儿。家庭空间中，物的秩序反映了每个家庭的独特安排，也拥有丰富的文化内涵，它既是一种内化了的象征体系，又是外显的文化表征和社会关系。以赵家为例，在母亲的主导下，这个家庭遵从着中国农村传统的家居秩序，将堂屋的核心位置保留给"礼"所要求的神圣性。

实际上，在笔者对朱永年一家进行访问时，环顾四周，会发现电视机并没有位于客厅的正中央(一进门正对着的位置)，而是偏居一隅。客厅中央放置着一对沙发，墙上挂着一幅中堂。在过年(以及婚丧)的时候，这对沙发会被移开，取而代之的是一张八仙桌，背后墙上会挂上"忠厚持家远，诗书继世长"的对联。过年时，这里是放置祖先牌位，并且进行祭祀的地方，整个扩展家族的人都会来此参加祭祀活动。由此可见，在电视机给朱永年带来的"骄傲"逐渐逝去之后，它终究还是让位于更传统的家居体系安排。在访谈中，朱永年表露了一点焦虑，因为他和妻子正在考虑是否搬入城市中，和儿子一家一起居住。"成为一个城里人"是他长久的期盼，却也使他充满忧虑。笔者问他，如果进城后，不用在过年时祭祀祖先，电视机会怎么摆？他回答说："就像城里人那么摆呗。"

如果说在农村保留了更多的中国传统家居体系，那么在城市的商品房之中，现代化的空间安排已经占据主流。孙晓雅和赵言秋两位访谈对象在完成求学之后，均在北京定居，也均购买了自己的房产、建立了家庭。在他们各自的家庭中，电视机居于物之体系的中心位置(当然这并不是物理空间的中心，而是一种象征体系的中心)。房子自然是按照居室体系分为客厅、餐厅、卧室、卫生间、厨房，而电视机与沙发这一对主导者是客厅的核心，虽然主人根据自己的美学风格、实用需求和财政实力布置了独一无二的物质体系，但采取的均是中国都市居民普遍采用的框架。[1] 无论如何，电视机都是"客厅"的核心，当中国家庭已经彻底变成"私人领域"的同时，电视机是否在家庭内部创造了一个"微型公共领域"？中国城镇化程度加深，随着越来越多的农村居民搬入城市空间，学习和适应所谓"城里人"的生活方式，电视机有可能取代八仙桌和祖宗牌位，成为文化的新核。

当然，这并不意味着一个整体划一时代的到来。笔者在安徽曾经看到一个有趣的例子。当地人习惯在堂屋的正中央，放置一张条案，上面摆放座钟、花瓶、镜子，取其谐音为"终生平静"。虽然有发明传统、吸引游客的嫌疑，却是一个普遍存在的家居设置。而有一个临街的家庭，在这种摆设之前，增加了一张桌子，上放一台电视机，其家人便背对着大门，边嗑瓜子边看电视。这种空间设置的"混杂性"(hybridization)表明，人的创造性实践(practice)终归是五花八门，也是千变万化的，消解与重构永远在同时发生，而最可靠的结论无非是，电视机的位置必定与社会、文化的实践相勾连。

从 20 世纪 70 年代末以来，电视机在中国普通人的生活空间中，大致经历了这样的一场旅程："集体空间"—"半开放的家庭空间/半集体空间"—"私密的家庭空间内部的微型公共领域"。它是否还会迁移？事实上迁移已经发生了，越来越多的家庭拥有不止一台电视机，家庭成员(特别是老人)可以在自己房间里观看电视，而成年人和孩童，将越来越多

---

〔1〕 注：然而赵从小受到的影响依然存在。在装修自己的房子时，他竟然忘记了要在客厅里留有线电视接口，还是装修工人提醒了他。装修工人还询问他是否要在卧室里也留一个接口，他虽然同意了，但并没有在卧室里放电视机，对他来说，电视机只是属于客厅的。

的时间交付给了更加个人化的电脑和手机。由此看来，家庭内部的微型公共空间也趋于消亡。这是一个空间瓦解的过程，也是一个社会急剧“个体化”的过程。法国哲学家亨利·列斐伏尔（Henri Lefebvre）在《空间的生产》[1]一书中认为，空间是人的创造物，它既是社会实践的产物（production），又充满着生产性（productive）。它是在各种理念体系和社会关系的综合作用下形成的，而不单单是出于实用性和美学所做出的理性安排，从这个意义上讲它是社会实践的产物或曰产品。另一方面，空间又具有生产性，它生产并再生产着日常生活的种种实践，而文化、象征、符号、意涵、关系在空间实践中得以产生、复制、重组、挪用和勾连。大到国家疆域、城乡二分，小到家居空间里的电视机位置，均具有丰富的社会意涵生产性。因此，通过理解空间安排，我们可以理解更宏大的社会结构变迁，即如电视机位置变化背后所展现的公与私的再界定、城与乡的分化、传统与现代的冲突与交融等；而更进一步，我们可以试图在此基础上寻找更具创新性乃至革命性的空间安排，以此寻求社会生活的再造。

3 在空间和时间经验上再造家庭

在一个访谈对象的家中，我们看到了这样一幅景象。电视机虽然摆放在客厅中央，但已经失去了聚集家人的作用。女主人正把电视机当作电脑的显示屏来更新自己的博客，男主人手持 iPad 玩网络游戏，孩子守着自己的玩具，老人抱着一台笔记本电脑看电视剧。这就是社会“个体化”之后的家庭典型一景。我们也不断观察到，当家人、朋友聚在一起，却各自低头摆弄自己的智能手机。新媒体的冲击来得剧烈，它伴随着社会变迁，重组了社会空间乃至社会关系。当城镇化已呈大势所趋，单位逐渐解体，邻里互不往来，家庭成员也各自划定内部空间，是否意味着我们进入了另一种现代化乃至后现代化的生活图景？

但既然空间是生产性的，它必然能够为人的主体性再造提供舞台。大卫·莫利[2]指出，如白南准（NanJun Paik）等艺术家把电视机还原为普通之物，甚至转换为容器，创造为机器人形象，瓦解了这种媒介背后的权威性，带来了新的媒介体验。那么，无论是先锋艺术还是日常生活实践，都可以通过重新组织电视机与家庭空间来寻找新的可能性。

口述史则在另一个层面上提供了重构主体性（subjectivity）和家庭的可能。笔者的访谈对象，大部分都对接受这样的访谈非常热衷。他/她们通过重新记忆、讲述、连接，把个人生命史、物的迁移史、社会和家庭的变化史合而为一，再次理解和构造自己置身其中的日常生活。对电视机的渴望、热爱、迷恋、安置、装饰、疏离、排斥和忽视，犹如一叶知秋，揭

---

〔1〕 Henri Lefebvre, *The Production of Space*（London: Wiley-Blackwell, 1992).
〔2〕 大卫·莫利：《传媒现代性与科技》，郭大为等译，中国传媒大学出版社，2010，第 287 页。

开了个人对生活谜语的独特感悟。正如一位访谈对象所言："通过这次访谈，我也重新梳理了自己的生活。"口述史与正史相比，往往支离破碎、漏洞百出，甚至讲述者连基本的年份、人物和事实都忘记或者弄错，但它对讲述者本人的意义远超正史。媒介不过是物，而传播可以是记忆。在这种时间经验上的记忆重组了人的生命，以及鲜活的家庭与社会关系。如果这种"分叉历史"具有价值，那它最大的价值正在于此。

谁的历史？
——基于史观考察的中国广告口述史研究辨析

◎刘　祥〔1〕

摘　要：

口述史在中国广告史研究中起步并不晚，虽然在一定阶段与时期内推动了中国广告史研究的进步，但由于研究者秉持狭隘的“精英史观”，导致其生成逻辑中先天地存在问题，并在后续的发展历程中被继承和放大，口述史研究在整个广告史研究框架中作为史料的作用被弱化。中国广告口述史研究必须从精英史观转向平民史观，将视野投向更为广阔的社会史范畴，将普通社会大众纳入研究范围，广告史才能由枯燥乏味的象牙塔文字转变为具有传播力的鲜活“故事集”，广告史也才能真正走入大众获得活力。从精英到平民的史观转变，其价值并不仅仅局限在学术领域，也能为广告史的可阅读性、传播性、市场变现等方面提供新的可能。

关键词：

精英；平民；史料；广告口述史

Whose History?
——An Analysis Based on the View of Historyabout the Oral History of China Mainland

◎　Liu Xiang

Abstract:

The oral history starts early in the advertising history research of mainland China. Though the advertising history research was promoted therefore in certain period, the logic problems still exists because of the researcher's elite view on history study. Then the logic problems was inherited an expanded in the late oral history research, and its function as a part of the whole structure of advertising research was weaken in the late history research. It is necessary to switch the oral history of advertising from the view of elites to the view of

〔1〕 作者简介：刘祥，男，中国传媒大学广告学博士生。

civilians, and expand the research field to the social science research. Then the research of advertising history could be changed from the dull scholastic study to the interesting and vivid stories. And this also provides more possibilities for the readability, communicability and profitability of advertising history research.

Keywords:

Elite; Civilian; Historical Materials; Oral History of Advertising

1 背景

随着口述史研究在国内的兴起，参与者中不但有史学家，还有来自其他领域如新闻记者、作家、社会学、人类学等诸多学科背景的学者，这在一定程度上显示出口述史研究的触角已经开始向多学科进行延伸。经过多年发展，口述史学不仅有力地促进了历史学研究的深化与革新，同时也广泛地应用于社会学、人类学、民俗学、图书馆学、档案学、文学、新闻学、建筑学、妇女研究、文化研究、移民研究、灾难研究以及医学等人文社会科学和自然科学领域，在推动跨学科研究中起到了非常重要的作用。[1] 这一点就如英国著名口述历史学家保尔·汤普逊在其著作《过去的声音——口述史》中所说，“口述史是围绕着人民而建构起来的历史。它为历史本身带来了活力，也拓宽了历史的范围”[2]。在这股新的学术浪潮面前，广告口述史的提法也应运而生，而当今广告史研究中，如何看待口述史成为折射学科史观的一面镜子。中国广告口述史研究从时间上看起步并不晚，对于推动广告史研究的发展曾一度起到积极的效果，比如在一些行业发展大事件的深入研究与行业标杆型人物的具象化方面。但近些年由于史观的偏离、研究者的视野局限，造成中国广告口述史研究停滞不前，在这种情况下总结中国广告口述史的生成逻辑与发展特点，发现其中的问题与局限，找到符合口述史研究规律与学科发展特点的出路，才能夯实广告史研究的根基，也才能推动广告学学术研究的深入发展。

2 概念

广告口述史是广告史研究的一个重要分支，后者主要是关注广告的发展历程及其社会影响，展现广告发展的阶段性与整体脉络。这里面包括了几个方面：广告出现与发展的历史，比如按照断代史划分的各个历史时期广告发展的现状与特点；广告与社会的互动影

[1] 杨祥银、夏小娜：《西方口述史学理论与方法的发展趋势——基于对几部重要西方口述史学著作的述评》，《国外社会科学》2011 年第 4 期，第 90—97 页。

[2] 保尔·汤普逊：《过去的声音——口述史》，覃方明、渠东、张振平译，辽宁教育出版社，2000，第 24 页。

响，包括文化、民众价值观、行为等，广告作为一种精神性产品，其传播与应用不可避免会影响到同时代社会的文化等方面，这其中当然也包括社会对于广告的看法与评判。

广告口述史作为广告史学研究的新兴领域，是口述史与广告史研究相结合的产物，也是广告史研究走向学科融合发展的必然，亦是广告学学科体系不断拓展与完善的表现。广告口述史的研究对象主要是社会人，具体是指受到广告影响的人员，这包括三部分：广告从业人员；发起广告业务的商家或企业；普通民众。广告从业人员作为广告发展的直接经历者与见证人，是广告史学研究的重要史料来源，也是广告口述史目前的主要研究对象。商家或企业亦称广告主，是广告发展的重要推动力，广告主的营销观念、技术、形式的发展不断丰富着广告史研究的内涵。普通民众绝不仅仅是广告作品的受众或旁观者，他们对于广告的认知、记忆、解读成为多维了解同时期广告发展历程的"透视镜"，可以发现从前两个角度看不到的现象与问题。

3 现状与问题

目前的广告口述史研究主要关注的是广告从业人员以及商家，比如近几年的对于各大广告公司高层的口述史采访，以及对一些著名企业领袖有关广告与营销观念方面的访谈等，而对于普通民众这一群体则基本是忽视。平民视角的丧失使得广告口述史研究先天不足，凸显商业意义与利益的同时社会关怀欠缺，造成广告史研究发展中的诸多隐患。综合以往中国广告口述史的研究文献来看，其生成逻辑有：关注的对象为少数精英人群，关注的范围是里程碑事件和技术迭代，关注的视角是精英的思想史。这些逻辑在客观上给中国口述史的研究进展造成了一定的困境与问题，这些困境与问题既是广告口述史走向深入的障碍，同时也是广告史研究走向成熟与独立的绊脚石。

3.1 视角过于宏大

以往的广告史研究主要依附于政治史、经济史，尽管近年来开辟了产业史的新方向，但从本质上来讲仍未能根本改变政经史学的宏大视角。最集中表现就是中国广告史研究中的历史分期标准，主要是以重大政治事件为分期依据（总的分为建国前后，建国前分为晚清民初、十年建设、八年抗战等，建国后则分为建国初期、反右与"大跃进"、"文革"、改革开放），这种分期撕裂了广告行业发展内在的逻辑联系，粗暴地重塑了广告史的叙事框架。而依托经济史的划分方法从根本层面上仍是忽视广告内在的发展特点，用经济史去替代广告史，其本质是用经济行为的共性规律去抹杀广告的个性特征。以往史观的宏大视角，除了给羸弱的广告史研究增加一丝看似合法合理的注脚，并无裨益。反过来讲，广告史之所以天然地依附于政经史，恰好反映其学科自信缺乏、研究基础薄弱与积累乏力。一个学科的史学研究是其根基，也是其学科领地与边界，不论广告学走多远，广告史永远是那根牵着风筝的线，没有这根线，广告学就如风中落叶那样随风飘荡、无根无基。

3.2 话语权被垄断

以往的历史虽然是由人民共同创造的，但是其书写却是由少数职业学者来完成的。这些职业学者就是历史学家。由于其受到自身立场以及外部各方利益的导诱，不可能将历史全貌呈现出来。这样就造成我们所接触的历史是断裂的，是通过一个个放大镜去看过往。中国广告史中蕴含着众多中国广告从业人员的风云际会、波谲云诡，其内容足以让人或拍案叫绝，或扼腕叹息，这些丰富的内容与题材在目前的广告史研究中难觅踪影，有的只是象牙塔中学者枯燥、乏味的学术研究。学者的立场或观点不只是有失偏颇，更大的问题在于其受限于学科知识背景与研究旨趣，对广告史的观察与探究的角度总是特定的，而这种由特定学术视野驱动生成的学术话语排斥公众记忆的存在。这点可以与目前广告口述史研究中盛行的精英访谈模式相印证。访谈的对象是精英，访谈的内容也是围绕少数成功人士进行的，在这种获取基础史料的方式之上形成的任何对于中国广告史的价值或学术判断虽谈不上武断，但至少是片面的、空洞的、不接地气的。

3.3 精英主导叙事结构

以往的历史充满着精英叙事的色彩，采访的对象是精英，精英的回忆与对精英的评价构成了史料的大部，这种由精英主导的叙事框架其实忽略了其他社会群体的存在，也忽略了其在历史发展中的应有作用。口述史通过书写被忽略的社会群体的历史，改变历史关注点，开拓了历史研究的新领域，挑战传统的假设与判断。[1] 从这个意义上讲，口述史对于广告史研究来说，不仅是一种获取史料的新途径，更是历史解释权的共享与历史叙事框架的开放。广告史研究以往过度依赖精英，这包括业界与学界，这些精英的观点、看法堂而皇之地成为衡量中国广告发展历史阶段的依据和标准，学界与业界精英共同构建了一个“闭环”故事，在这个故事中，没有普通广告从业人员与社会公众的身影与声音，更没有他们的任何看法与观点；在这个故事中，这些普通人沦为一个个精英故事的历史背景。尽管其贡献可能比不了精英群体，或者其事迹也不如精英人物那样异彩纷呈，但一个个这样的个体记忆汇聚起来，就能形成中国广告发展的全景图像，这个图像中有人、有情、有故事，这样的广告史才能真正走出象牙塔的局限，才能让人读得下去、听得进去。

3.4 冰冷的数据

中国广告史研究中素来有使用统计数据的习惯，这大概与广告行业发展中一直以来

---

〔1〕 李娜：《公众史学与口述历史：跨学科的对话》，《史林》2015 年第 2 期，第 195—203，222 页。

重视行业统计的传统有关。这固然是一个好习惯，数据能够清晰、客观地记忆、表达历史，但从另一方面讲，数据也是枯燥的、抽象的，大量堆积的数据更多的是为研究者的主观判断与设定增加注脚。更可怕的在于数据的异化，即围绕这些数据去预设观点与价值判断。中国广告史研究中不乏这种现象：仅仅是通过搜集、比较一定或不同特定历史时期的广告行业相关指标所呈现的数据差异，就主观臆断中国广告在某一特定领域或区域内的发展动向或趋势。表面上看起来是数据为其所用，但其实研究者已经沦为数据的奴隶，根本原因在于研究者无法重回当时的历史场景与情境，无法体察那些隐藏在数据背后的历史细节，自然无法感同身受。这种割裂导致了研究者无法单凭数据完整再现历史发展的脉络与轨迹，只能是在数据的牵引下对几个历史节点进行孤立的评判，这种评判能否经得起时间的考验就不得而知了。

4 史观转变的内容

广告口述史在目前广告学术视野尤其是广告史研究中并不是作为一个独立的研究领域存在，从目前的文献看，似乎也没有一个清晰的界限。这就给我们提出了这样一个问题，即是否有独立研究的必要。这不仅仅是一个学术层面的问题，更是关系到广告史学的严谨与完整。广告口述史是否只是赶时髦的文字游戏，又抑或是为增加自身学科合法性的新注脚？对这一问题的回应成为广告口述史研究的根本动机与意义所在。

4.1 自下而上的理念

保尔·汤普逊认为口述史是历史的第一种形式，人类在早期的原始社会中对于信息的保存与传播所采用的口头方式，就是口述史的最早雏形。从这个意义上讲，口述史研究其实是回归人类保存与传播历史记忆的本质。这里的历史记忆指的是一定历史时期人类社会共同的经历与回忆，这种共同的经历与回忆是来自社会公众。口述史的作用在于将更多普通人的记忆呈现，使得我们能够从民间的视角去审视历史，这样历史会变得更加丰富多元，也会变得更有魅力，不再枯燥乏味。这样的历史会拥有很多精彩的个人故事。正如朱佳木先生所说："口述史不仅仅是历史研究的一种工作方法，一种成果形式，还是一种新的理念，它突破了以往历史著述偏重于政治和上层、较多的'自上而下'写历史，和'自下而上'写历史结合起来。"[1]

4.2 "故事集"的形式

口述史对于包括广告史在内的史学研究来说，不仅仅是提供了一种新的史学理念，更

---

〔1〕 朱佳木：《努力建设中国特色的马克思主义口述史学》，《中国地方志》2005年第2期，第4—6页。

贡献了一种新的史料观察视角。从事广告史尤其是当代广告史研究,笔者认为仅仅只有官方文本或者统计数据是远远不够的。主要有两个缘由:一是官方文本是广告史料的主要来源,但文本本身的情况比较复杂,需要与口述材料相互印证才能辨伪;二是中国广告史研究中偏向使用过往的统计数据,虽然能够提供一种看似客观的证据支撑,但缺乏具体的描述与生动的内容,枯燥的数据在呈现给我们一幅宏大画面的同时,却忽略了其中可能的惊心动魄、精彩纷呈的故事细节,而后者则是能让广告史研究由以往的枯燥乏味形象转变为有魅力的关键;三是不论是官方文本还是统计数据,背后都隐藏着某种立场或意识形态,比如广告史研究在涉及广告产业发展历程这一话题时,惯用的逻辑就是广告行业随着中国改革开放进程不断发展壮大,这种基于为行业发展发声的动机不可能提供有关中国当代广告发展的全景画面,是带着"放大镜"看历史。广告史不只是价值判断和盖棺定论,它应当是可阅读的"故事集",一个个生动鲜活的故事让广告史具有亲和力与传播力,让广告史走进民众,让广告史料的保存更加大众化。如东北大学赵琛老师策划的"老上海广告人"系列对于几位上海滩广告大师的生活细节、轶事的挖掘充满了戏剧性色彩,令人过目难忘。以往广告史给人一种单调乏味的印象,与偏颇的史观不无关系,口述史的引入在冲击其既有精英史观的同时,也使得广告史研究充满了新的可能与想象。

4.3 一手史料的来源

鉴于广告是现代神话与生活的重要组成部分,广告史与民众生活有着天然的联系,生活形态化的口述资料俯拾皆是,口述史料在当代中国研究中发挥着越来越重要的作用。在广告史研究领域中,一些经历过中国广告发展历程与重大事件的当事人,其作为历史"活材料"的重要性不言而喻,对他们的"活材料"的抢救与整理已经到了刻不容缓的地步。如号称中国广告发展"活化石"的徐百益老人,他经历过民国时期的上海广告业发展,参与了当时重要的华资广告公司创建,对研究民国时期广告业发展、广告公司运营与管理、广告职业经理人制度、高校广告教育等问题具有重要参考价值。然而让人惋惜的是,中国广告学界严重低估其史学价值,仅存的对其进行研究的几篇文献只是简单的访谈,而且切入点是配合印证新中国广告发展成就的政治逻辑,对其亲身经历的系统挖掘与整理工作基本空白,而他的逝世使得以后进行类似工作的可能皆无,这一损失的严重性在中国广告史研究中怎么评估都不为过。像徐百益这样具备较高史料价值的老广告人尚且在世的已为数不多,对其进行口述史研究其实是在与时间赛跑,历史留给我们的机会已经不多。中国广告史学界应当去关注、挖掘、整理老广告人的口述材料,这些口述史材料不但为现今的广告学术研究提供丰富的文献,更能为未来的广告史研究开拓新的路径与可能。关于这一点,梁启超先生早有论述:"现在日日所发生之事实,其中有构成史料价值者之一部分也。吾侪居常慨叹于过去史料之散亡,当知后之视今,犹今之视昔,吾侪今日不能将其耳闻目见之史实搜辑保存，得毋反欲以现代之信史责望诸吾子孙耶？……其资料皆琅琅在吾目前，吾辈不速为收拾以贻诸方来，而徒日日唏嘘望古遥集，奚为也？其渐渐已成陈迹者，……躬亲其役或目睹其事之人，犹有存者。采访而得其说，此即口碑性质之史料也。”[1]从中可以看出，梁先生认为抢救“活材料”是历史学家的责任，而口述史能够承担这一学科重任，相较于广告史目前薄弱的基础与现状来说，这一工作更具现实意义。

5 史观转变的路径

口述史是用人民自己的语言把历史的书写权还给了人民，它在展示人民经历的同时，也使得人民能够参与建构历史的未来。在口述史研究中，以往被忽视的底层或边缘人群、长久以来在历史中被淹没的声音成为史学研究关注的对象。这些历史与社会中的“小人物”曾经在历史的发展中保持沉默或一闪而过，在以往由精英视角和话语主导的历史叙事中，这些脱离权力关系与强势话语体系的底层群体的叙事与历史并不存在，他们要么被权力所忽视，要么沦为权力表述的对象，既无书写历史的权利，也无书写历史的能力。因此当我们去回忆“历史”的时候，首先需要质疑的就是：谁的历史？对这一问题的回应不单是口述史的勃兴来源，同时也是口述史在相应学科领域能否深入延伸的关键。新史观下的广告口述史研究赋予了广告史新的角度与内涵，从平民主义的历史观和底层视角出发，强调将普通人的生活经验作为原材料来看待，这就会促使历史研究中心的转移，进而开辟出新的领域与视野。口述史可以更现实、公平地重构历史，向既定的记述提出挑战，最后会使得历史变得更加的民主与大众。

5.1 史观：平民取代精英

史观是整个历史研究的基础，方向错了，走得越远偏离就越多。正确的史观对于目前中国学界的广告史研究是极其欠缺的，也是迫切需要的。口述史的运用在以往的中国广告史研究中被异化，多数成为精英话语的载体，这种情况必须纠正。广告史研究要顺应社会科学发展的潮流，尤其是历史研究中的新大势，将史观的焦点从精英转向平民，这种转变不是文字游戏，也不是应景之作，而是脱胎换骨的史学逻辑重塑。在中国广告史研究中，叙述广告日益重要的影响与作用时主要是依赖那些日益增长的行业数据，可否换个角度，采访各个阶段中具体的从业人员和消费者，通过他们的回忆与亲身感受来为中国广告业的发展历程充实细节，让人再回顾这段历史的时候，看到的是一个个鲜活的人物和一个个生动的故事？一个真实的例子，中国广告史论述中国改革开放后第一个外商广告时用

[1] 梁启超：《饮冰室全集》，中华书局，1989(影印本)，第38—39页。

的是这样一段文字:“1979 年 3 月 15 日下午 6 点,瑞士雷达表广告在上海电视台播出。”这段文字对于很多广告专业学生来说耳熟能详,也已经成为大家对这一段历史的固有记忆。但据后来北京电视台的一档节目调查,当时这段广告播出后,第一天到百货商店去询问的只有少数几个人,这几个人的询问动机并非像我们今天那样认为的是受到了广告的影响,而是他们几个认为在电视中播出的就是政府通知,这则广告在当时那个环境下被他们认为是具有强制性的政府通告。[1] 今天看来让人在莞尔一笑之余不免对那个时候的消费者心理与信息接收环境有了更为深刻的体会和认识。记忆本身有其不可靠性,但正是这种不可靠性,使得记忆的主观性阐释具有更大的发挥空间,记忆者的主观叙述与回忆可以为研究者提供多重历史经验与体会,这就使得在面对特定的广告史研究主题时,研究者会面临多种选择,同时也具备多种阐释路径与手法,广告史也因此充满了多种可能,这对于改变目前单一、跟风的广告史研究现状有着重要意义。

5.2 史料:记忆丰富文献

史料是史学研究的基础与依托,没有了史料,史学研究就是无根之木。以往的史料多是以官方文献为主,广告史研究多是依托中国广告协会出版的广告统计年鉴与各高校、研究机构的行业发展报告,这种对于历史的回忆是数据记忆,是有官方意识形态主导的存在。口述史最大的效果在于唤起民众的记忆,这些记忆使得构建公共记忆成为可能。一方面,记忆本身就是历史,个人记忆作为非官方的史料来源,可以起到挑战权力结构、描述边缘群体历史的作用;另一方面,历史是由记忆构成,对记忆的整理、保存就是对历史的追溯。这种“来自下层的遗产”可以重构中国广告史的史料来源,为广告史学研究提供新思路、新途径,进而创造新实践的空间。

5.3 范式:从政经史到社会史

口述历史的兴起有赖于社会史的发展,后者为前者提供了一种新的研究范式。[2] 范式用通俗的话理解就是一群某一学科或领域的研究者所共同遵从的世界观与行为方式。社会史所遵循的是“自下而上”的世界观,它认为个人回忆总是存在于一定的社会环境,从本质上讲是一种“社会叙事”,而占据主导地位的社会群体会试图影响社会成员的个人记忆与内容,统治阶级会试图通过影响某些历史事件的具体叙事内容与情节来左右公众的

---

[1] 此案例来自笔者与中国传媒大学崔永元口述史研究中心首席记者赵一工老师在口述史中心举办的“家·春秋”口述历史工作坊休息时间的交谈。

[2] 范式的概念与理论是美国著名科学哲学家托马斯·库恩(Thomas Kuhn)提出并在《科学革命的结构》(*The Structure of Scientific Revolutions*)中系统阐述的,是指一个共同体成员所共享的信仰、价值、技术等的集合。

看法与认知。社会史的目的在于要打破这种“自上而下”不平等的历史范式，改造历史叙事与书写的主体，把历史的书写与记忆权还给民众。中国广告史研究以往过多地依赖精英群体的叙事主张与话语，造成的结果就是民众所接触到的都是高高在上的广告发展史，是那些只属于少数精英人物的个人成功履历。这种历史不但让普通民众无感，即使对于那些广告专业的学生来说，也有很长的距离感，这也是我们目前广告史教学效果不佳、广告史研究后继乏人的原因之一。试想，一个行业和学科的历史如果只是属于少数大人物的，就会缺乏来自普通人群的认同感，没有认同感，谈何兴趣？

6 史观转变的价值

6.1 增加研究的“温度”

从精英史观转向平民史观，不只是历史研究理念的更新，更是对史学研究关注领域、焦点、对象等一系列问题的重置。平民史观不仅仅是口述史的生成逻辑与动机，也是中国广告史研究继续深入的依托与凭借。跳出以往的官方叙事结构与精英话语体系，就能为中国广告史研究呈现更为广阔与丰富的画卷。关注广告行业基层从业人员的酸甜苦辣、喜怒哀乐，关注他们这些普通人在每一次重大广告发展事件中的亲身感受与经历，关注每一项国家广告管理法规与政策出台之后对他们生活与思想意识的影响，只有这样的广告史研究才能与业界发展有机衔接，而不至于像现在这样要么是“隔空喊话”，要么是沦为后者的“背书”。

6.2 加深研究的“深度”

史学中的“社会史趋向”，是指把目光着眼于当代社会各个层面，多视角地去分析和研究人类历史。[1] 它主张将研究焦点从国家的上层转移到社会下层，聚焦于芸芸众生，将上与下结合，这样的历史视角才更加全面。从这个意义上讲，社会史的兴起既是对以往由精英话语主导的政治史观的挑战，也是对后者薄弱和忽视领域的有益补充。范式的社会化不仅仅是为了对抗以往的宏大政治经济范式，也是在政治经济的历史缝隙中发现有价值的史料，用这些细节性的史料去丰富、纠正原本空洞的政治经济叙事内容。文中前面所提到对广告界“活化石”徐百益老人的抢救性整理、挖掘能为中国广告史学界弥补民国广告史（尤其是广告公司经营史、高等教育史）提供十分珍贵的第一手历史材料，可惜的是，天不假年，徐老的离世使得这一切的设想成为泡影，也为我们提出了警示。

---

〔1〕 宋学勤：《当代中国史研究与口述史学》，《史学集刊》2006 年第 5 期，第 70—75，80 页。

6.3 丰富史料的保存手段

不可否认,口述史的发展得益于技术的发展,电子录音笔、便携式摄影机、智能手机的出现为开展口述研究提供了极大的便利。这些数字化手段不但促进了口述历史在国际间的交流与发展,更为重要的是其改变了我们以往记录、保存、阐释、传播、分析历史的方式,挑战着以书本传播为主要手段的传统历史研究模式。[1] 数字技术的发展使得历史记忆的采录、提取、存储变得十分方便,减少了大量的人力、物力、精力,使得史料的数字化运用成为现实。史料的数字化不但能够为保存创造条件,更使得历史研究的文本、影像、声音传播变得更加广泛,而围绕统一主题对不同人物的口述史研究使得以往支离破碎的历史记忆重聚成完整图景变为现实。比如针对中国第一条外商广告,既可以采访当时主管部门的官员,也可以采访当时看到广告的普通民众,还可以采访当时具体执行的电视台运营人员,这样汇聚起来的历史记忆就能使得这个单一信息变得丰满,从中我们不但可以看到当时广告作品本身的风格,还能看到政府对于这类新事物的态度,更能看到当时人民大众在那个时期特殊的心理情境,达到"窥一斑而视全豹"的效果。

6.4 扩大成果的传播范围

历史不但需要被记忆,更需要被传播,只有这样历史才更具生命力。这就决定了不但历史的叙事主体要改变,同时历史的叙述风格也要相应调整。既然之前强调历史的理念、话语、结构都要从精英转向平民,那么历史的表达同样如此。以往受限于由精英群体主导的历史叙事结构与逻辑,广告史研究的语言颇有些学院派的色彩。对于我们普通人来说,广告史只是一门专业史,似乎只有那些专业人士或者学生才可能去看、去读,广告史的少人问津,表达的晦涩是其中原因之一。本来精彩的行业发展故事,其中呈现的人物、情节、矛盾等复杂与精彩程度本不亚于电影电视剧,但经过精英话语的"译码"之后,就与普通民众有了隔绝与距离。广告口述史的发展为广告史表达的大众化创造了可能,只有用大众听得懂的语言去书写的历史才能最终被大众接受、传播、记忆、分享。

6.5 增强市场变现能力

从精英到平民史观转换的价值与影响并非是仅仅限于学术领域本身,更能深远地影响到广告史研究与市场的对接、变现方式。以往的广告史研究成果由于缺乏可阅读性造成事实上的小众化,只有少数学术研究人员以及业界人士才会关注,其资金来源也大都是国家课题与企业资助,缺乏更为广阔的市场拓展与变现空间。一个常见现象就是广告史

---

〔1〕 杨祥银:《当代美国口述史学的主流趋势》,《社会科学战线》2011 年第 2 期,第 68—80 页。

包括口述史在内的著作很难成为图书市场上的畅销书，也很少见到根据广告口述史研究成果进行延伸的IP产品，一个根本原因就是远离受众。而进行史观变换后故事集的形式使得可阅读性大大增加，一个个鲜活的故事组成历史，读者在故事中了解广告发展的历史，在故事中触碰与感知广告事件经历者的情绪与温度。东北大学赵琛教授与央视合作策划的《老上海广告人》系列影视作品在央视播出取得不错的收视率，观众能够透过对几位民国上海滩广告大师子女、朋友、邻居的访问与实地调查去感受大师的专业水准、个人性格、生活趣事以及独特的上海文化氛围。此案例表明采用平民史观的口述史能够通过吸引受众来提升自身市场价值，相应地也增强了自身的变现能力，反过来也为口述史以及广告史研究奠定良好的产学研互动氛围与环境，有利于广告学术研究与学科的可持续性发展。

参考文献：

[1]周丹丹：《“昔日的声音是谁的声音?”——读〈过去的声音——口述史〉》，《中国农业大学学报(社会科学版)》2010年第1期，第196—198页。

[2]傅光明：《口述史：历史、价值与方法》，《甘肃社会科学》2008年第1期，第77—81页。

[3]傅斯年：《历史学的困惑》，中国人民大学出版社，2009。

开启未来的可能性

——草场地工作站"民间记忆计划"个案研究

◎李　莉[1]

摘　要：

在当下中国独立纪录片创作界，以历史记忆为题材的作品占有较大的比重。这些作品往往集中于共和国创伤记忆的表达，以亲历者回忆和讲述历史，完成历史的见证和记忆的再现作为主要的表现内容。同时，以纪录影像呈现和重构历史记忆，其中不仅蕴含了新历史主义的认识论取向，更传达了某种另类的文化立场和政治姿态。在这个集中于历史记忆题材的独立纪录片创作图景中，独立纪录片创作者吴文光组织的草场地工作站所进行的"民间记忆计划"系列纪录片作品和创作行为正在尝试探索一种挖掘、存储和重构民间记忆的崭新方式。几位刚刚大学毕业的学生和几位普通农民入站工作，每年固定时间回村进行关于"大饥荒"、"四清"运动等历史事件的采访拍摄，再共同剪辑、讨论和组织放映活动。这种近乎乌托邦式的集体创作方式，不仅探索了一种保存口述历史的方式，同时尝试了多种再现历史和记忆的艺术表现方式，更为重要的是激发了这些年轻作者所代表的年轻一带深入记忆深渊打捞民族历史的主体性的建立。

关键词：

民间记忆计划；独立纪录片；历史记忆；回忆讲述

A Possibility Towards the Future

——Case Study of Caochangdi Workshop's Folk Memory Project

◎　Li Li

Abstract:

A lot of Mainland Chinese independent documentaries are focusing on theme of historical memory nowadays.

---

[1] 作者简介：李莉，女，1983年生人。中国传媒大学电影学博士，现于北京师范大学文化创新与传播研究院从事博士后工作。主要研究方向为纪录片、文化产业等。本篇文章改编自作者2014年博士论文《拒绝遗忘与构建记忆——论作为记忆媒介的大陆独立纪录片(1999年以来)》，所获学位院校为中国传媒大学。

And most of these films stored and represented the traumatized memory of the PRC, reconstructing traumatized memory through specific manipulations in documentary language. Through digging out, reorganizing and combining testimonies by ordinary witnesses, filmmakers pursued expression of alternative historical perspective and ideological appeals.

Among them, there is a series of documentaries named Folk Memory Project made by Caochangdi Workshop. Several graduates from college and farmers from country entered the villages where they were from, interview and shoot about historical incidents including "Big Famine", "Four Clean-up" movements. The first intention of this workshop was to investigate folk memory before recording and producing folk memory as cultural works. The second intention of this workshop is to positively influence the public and private lives of their subjects. Eventually it also promoted the maturation of the young members' subjectivities on the filmmaking team.

Keywords:

Folk Memory Project; Independent Documentary; Historical Memory; Witness and Testimony

在当下中国独立纪录片创作图景中,以历史记忆为题材的作品占据了重要的位置。这些影片所呈现的,一方面是通过对人民记忆的打捞和呈现用以佐证历史书写的合法性;另一方面是通过对历史书写合法性的证明来彰显另类的政治立场和社会历史观。采访、讲述、历史资料挖掘和历史事件发生空间的影像构成了这类作品的主要的表达方式。虽然在纪录电影媒介本体的层面而言,它们仍显创造力缺乏,但是在重建社会公共话语表达、塑造公民主体性以及建筑多元历史观层面上,这些作品的创作者们都在做着自己的努力。

在其中,有一个影像创作现象值得关注,即草场地工作站的"民间记忆计划"——不论是作为一个群体创作行为的存在形态,还是一系列优秀作品的成果;不论是作为一种激发和引导新生创作力量和历史表达力量的组织,还是这个颇具理想主义色彩的组织在并不算长的生命周期结束后面临着更多的挑战。草场地"民间记忆计划"创作实践或曰实验,为未来纪实影像的创作和历史表达的创新都做出了大胆的尝试。

1 草场地工作站"民间记忆计划"的概况

上世纪 90 年代新纪录运动的主力干将之一吴文光,几乎成了第一代独立纪录片创作者进入本世纪第二个十年仍旧坚持独立影像创作和活动组织的唯一一人。他以纪录片创作反思社会,思考当代人的存在、影像之于人的关系等,为草场地工作站的一系列影像计划和作品注入了更为丰富的含义,使之成为更强大的团队,也拥有了更大的社会能量。特别是"民间记忆计划"正在尝试以一种新的创作方式重新诠释纪录片的公共性,重新定义创作者及其影像与被拍摄对象的关系，尽管这种尝试仍处在摸索状态，但我们看到了一种可能性。

最初的草场地工作站是以个人工作室的方式存在，吴文光做纪录片，文慧做生活舞蹈；欧美一些国家的戏剧节舞蹈节的“合作制作”模式提前预支的创作费用，和一些艺术基金支撑了他们从上世纪90年代中后期到2000年初的创作的延续。2005年吴文光参与到一个项目中，计划拍摄制作一部让村民参与的纪录片。吴文光自己在最初对于具体参与的形式并没有确定性想法，而当村民真正进入创作团队经过一定的训练和指导成为拍摄的主体之后，才看到了其中丰富且具有操作性的部分，这就是生活和生活中那些一贯被创作者使用的材料和人摆脱“他者”的位置拥有了影像生产的主动权。通过自愿报名和遴选，在全国各地募集的村民们来到了草场地工作站，拿起了DV，获得了一定的指导并回到自己的村子自己选材、独自拍摄，再将素材带回草场地工作站进行后期剪辑。纪录片《亮出你的家伙》完整呈现了“村民影像计划”的展开过程和那些进行拍摄的村民们的状态与反馈。这个计划的展开，打开了创作者与被拍摄世界在真正意义上发生交叉的通道，同时在财务支持方面，凭借吴文光在欧美的私人资源和“村民影像计划”这种形式的吸引力，欧美一些艺术机构和商业文化公司以基金支持的方式保证了项目的顺利进行。

“村民影像计划”进入到2010年时，吴文光一贯的作为创作者的身份认同和他长达5年的“村民影像计划”的组织者的身份出现了不和谐，他需要为自己和草场地工作站在制作模式创新之外找到更为切实的促进创作的切入点。“民间记忆计划”就对“村民影像计划”完成了接续。参与“民间记忆计划”的创作者们每年冬天回到各自的村子中进行拍摄，对村中老人关于1958—1960年“大饥荒”、“四清”运动、“一打三反”、“文革”等重要历史事件和政治运动的记忆进行采访和记录，并关注这些事件对村民们当下生活的影响。同时，创作者们还会在村子中发起一系列公共行动，例如为“大饥荒”逝者树立纪念碑、设立公共图书室、垃圾清理活动、组织村里的小朋友参与采访拍摄等，然后他们再将这些活动的过程记录下来，与村民记忆口述剪辑在一起。春天到来的时候，大家把在村子中拍摄的素材拿回草场地工作站边剪辑、边讨论、边邀请国外创作者前来参加艺术节进行交流，在10月份左右完成他们当年的纪录片作品。

“民间记忆计划”的艺术产品除了纪录片作品，还有生活剧场和大量的文字资料。创作者们将他们在村中一些合适的题材直接编写为剧场演出的剧本，并参与排练与表演，他们将这种剧场演出称为“纪录剧场”，为村中采访获取的历史记忆的资料增加一种艺术媒介的表达。同时，大量无法容纳在纪录片中的采访内容还会以文字的形式放在草场地工作站的博客上[1]。

来自湖南农村的农民、年逾60的贾之坦最初是"村民影像计划"的参与者,之后又在"民间记忆计划"中找到了自己的位置,成为当下这个计划的参与者中资历最老、年龄最大、身份最特别的一位。这位老人在草场地工作站驻站九年,完整制作了八部纪录片,拍摄了900个小时的视频资料,书写了300万字的拍摄日记。他仅有小学学历,一直生活在农村,也一直拍摄着他的村子。根据他自己的描述,他曾经拍摄的关于农村水污染的片子得到过官方的关注和回应,因此成了当地的义务监督员,可以携带着摄像机进入机关进行拍摄不受阻挡。因此他在2013年制作了《我要当人大代表》,记录了他和政府机关交往的一些场面。显然,摄像机为贾之坦带来了某种特权,他已经学会自觉地以摄像机为武器去发现真相,甚至与公权力进行交锋。他当然也非常享受这种特权,表现出某种荣耀感。

贾之坦的特殊身份体现在他的年龄和教育经历上。除他之外的参与者,章梦奇、邹雪平、王海安、罗兵、舒侨、李新民、郭睿等一律是"85后"的年轻人,都接受过大学教育,部分是在农村出生,读大学后离开村子,也有部分人没有在农村生活的经历,是因为拍摄回到了祖父、父亲出生或生活的村子。在对他们的采访过程中,我发现他们对这个项目有激情,认同草场地工作站的生活方式,认同吴老师(吴文光)的理念;在参与项目之前的艺术修为和文化底蕴或显薄弱,但在工作站丰富的艺术交流活动和学习拍摄的过程中渐趋成熟。

吴文光是"民间记忆计划"的发起人、组织者,但作为创作者的他显然不满足于此,他将自己的身份定义为计划的"同行者",不仅自己回到了父亲的家乡进行拍摄,也与其他年轻人共同针对创作问题和回村行动计划进行讨论和策划,他自己也在这个过程中检验着自己纪录片观念的可行性,完善着自己的创作观念和社会观察。吴文光坦言,基于他的年龄、创作经验、社会资源等原因,他对其他人的创作的确带有帮助性的指导,但他主观上在努力向后退,让年轻人的独立行为更加彻底。有研究者表达过"民间记忆计划"的系列作品中都带有深深的吴文光的烙印,对此,或者可以更为严谨地定义为:这些作品是创作者自己的性格、思考与吴文光的理念的混合体。根本上说,"民间记忆计划"运行的方式是由吴文光的纪录片观念所决定的,而具体到每一部影片则呈现了每个创作者独特的性格痕迹。只是,当这些个体离开了草场地工作站之后,他们自主选材、独自进入的创作是否仍旧能够具有艺术魅力和能量,他们对社会现实、对民间的关注是否仍旧可以持续?显然只有时间才能为这些问题作出回答。

---

[1] 草场地工作站的博客(2013-07):http://blog.sina.com.cn/ccdworkstation,访问日期:2015年10月11日。

2 “民间记忆计划”的影像行动主义创作实践

大部分独立纪录片创作因其明确的社会观察的姿态、强烈的参与社会公正建立和获取历史言说合法性的诉求，往往具备强烈的影像行动主义风格。其中，以创作者群体性生活和创作的方式，影像作品的系列呈现，更集中和有针对性的放映、传播使“民间记忆计划”成为行动主义影像创作，以影像创作尝试参与社会进程的典型实践模式。尽管，在行动宗旨、影像创作与公共行动的结合形式、创作者的培养和引导等诸多方面，“民间记忆计划”还存在较大的局限性，或曰尚处在探索阶段，但其中存在的影像行动主义的实践仍值得关注和探讨。

“影像行动主义（Videoactivism）源自西方20世纪60年代之后勃兴的媒介行动主义。按照维基百科的说法，媒介行动主义是利用媒介和传播技术来从事社会运动，或者是一种试图改变有关媒介和传播政策的社会运动形式。……作为西方‘新社会运动’的一种主流形式，媒介行动主义者通过创办媒介，增加公民的媒介素养，将媒介作为权益维护和社会倡导的支持系统和行动工具。”[1]影像行动主义通常不注重作品本身的艺术成就，因为对于艺术品位的高扬和陌生的艺术语言的运用本身不可避免有精英主义的嫌疑，而影像行动主义追求最大范围地吸纳群众，或者有针对性地吸引目标人群的关注，实现媒介和信息对民众的最大程度的传播、引导和影响。同时，影像行动主义者通过摄像机和影像制作行为达成一种政治性、公共性行为的组织和建立，他们“通过将观众变为制作者，消除文化生产的精英与被动的消费者之间的差别。他们在纪录片制作的过程中（而不仅仅是最终作品）来增强组织能力、拓宽群众基础、催化变革，具有一种明显的集体主义特征”[2]。

在采访中，吴文光表达了他的纪录片创作观念。“民间记忆计划”最初的动力和出发点是他对于纪录片创作的质疑，他认为纪录片不应仅仅是记录、暴露、揭示、告知真相，因为这些是应该做到的基本东西。同时，他也极力排斥将纪录片作为艺术作品来看，津津乐道于它的艺术语言和艺术技巧。他看重的是纪录片的社会功能，它的触及和揭破，它的超出于虚构片的直指现实的最猛烈的部分。在这个计划中，介入性的行动带动了创作，让创作本身具有了某种可期待的延续，而不是对一个人物一个事件的拍摄结束之后就彻底离开，从而截断了关系。按照眼下的计划，回村拍摄的年轻人会持续回去那个村子，寻找可以进行拍摄和讨论的话题。

这个计划内的一系列作品的创作过程和作品所体现的行动主义宗旨首先表现为激发

---

〔1〕 韩鸿：《社会纪录片与影像行动主义——审视中国社会纪录片的另一个维度》，《电影艺术》2008年第5期，第136—141页。

〔2〕 同上。

了回忆行为的发生，并帮助被拍摄者成为拥有主动回忆和言说的主体。那些普通的村民每日只是劳作、生活，平淡度日，年轻人手持摄像机闯入他们的生活，邀请他们坐在摄像机前，带有某种仪式感的回忆和讲述开始了。记忆片段、创伤情感化作语言流淌出来，完成了“受难的一代”向“讲述的一代”或“见证的一代”的转变。见证讲述以视听语言呈现，或以博客文字呈现，完成了其存储和传播的功用。记忆原本如一钵水中水底的沉淀物，而这些离开村子的年轻人再次回村，和邻家的爷爷奶奶拉起家常，问起当年的事情，搅动起了这钵水，让那些沉渣再次泛起，再次充斥在这些普通人的日常交往与讨论中。这种以影像创作的方式激发普通民众回望历史、拒绝遗忘的努力，对于社会成员主体性的有效建立贡献了一份力量，对正视历史创伤，探索多元历史观的建立也有着基础性的价值。

这个计划中的行动主义价值还体现在创作者们进入村子倡导的一系列公共活动中。章梦奇在采访中解释了“立碑”这个行动的由来。他们在村子里收集本村在“大饥荒”中饿死的逝者名单，然后说服村中的老人认同为逝者立纪念碑的行动，请他们自愿捐钱。最终立碑的费用来自村民的捐款再加草场地工作站的项目基金。章梦奇、邹雪平、舒侨成功地在自己的村子里立起了纪念碑，他们各自的影片《自画像：47公里跳舞》《孩子的村子》《双井，我是你的孙子》分别记录了他们在村中各家各户游说、获得捐助，最终带领村民在竖立起来的纪念碑前举行一个仪式的整个过程。在“民间记忆计划”中，“立碑”被作为公共行动来推进。回村的年轻人去争取村民的支持，包括要求他们出资，数额完全自愿，但希望在村中推行“大家共同立碑，共同纪念村中逝去的同胞”的理念，更希望在这过程中激发村民对历史有新的认识，和他们的公共讨论。

在具体的文本中，推进这一公共行动所遭遇的障碍和阻隔丰富了影片的主题。创作者章梦奇回到的村子是父亲出生长大的村子，而自小父母离异的她并没有在村中生活的经验，对这个村子和村民感到非常陌生。她在《自画像：47公里》中完整地保留了几处自己和耳聋的爷爷交流的场景，也在片中提到自己并不会讲村子里的方言，有时候被访的老人们听不懂普通话，她试图学着说他们的方言，却学不像。这些情节在她的影片系列中都呈现出强烈的隐喻意味：衣着光鲜的年轻人带着现代媒介的武器——摄像机试图介入村民的生活并激发他们的某种觉醒，却发现连基本的沟通都无法建立。村民掏出零钱来表达对“立碑”的支持似乎也是来源于对眼前这个受过高等教育的年轻人口中讲的那些“历史”“纪念”之类的词眼的敬畏之心。在王海安的影片《进攻张高村》中，王海安在自己出生长大的村子，面对着他很熟悉的那些老人时遭遇的巨大困境得到了很好的展现。老人一致要求他去获得大队的许可。大队是基层政府管理机构，他在村子中尝试的任何公共行动都被要求获得官方的许可。王海安村子里的碑没能立起来。在影片的开头和结尾，王海安都出现在镜头前，他游走在村中的公共墓地，画外音是他沉重而悲凉的内心独白，这个村子对他来说就如同一个壁垒森严的堡垒，他对着旷野大喊：“王海安，你在干什么？”影片所表现的这些困境在某种程度上喻示了影像行动主义在中国当下社会所遭遇的困境：尽管创作者试图避免精英主义的理念和创作方式，然而他们对于历史和社会的严肃思考需要以何种方式融入普通民众的生活并催生真正意义上的变革发生尚需探讨。

"民间记忆计划"在这方面所做的努力除了体现在"立碑"行动本身，还包括了回村年轻人在村中发起了一系列致力改善本村儿童、老年生活的行动。由于该计划在各地的放映过程中获得了很多热心人士的捐助，这些钱就汇成一个基金，用于支持年轻人在村中建设公共空间或救助穷困老人。章梦奇在村子里建了一个公共图书室；舒侨在他的村子建立了老人基金，为一些穷困的老人带来了一些生活必需品，并且到当地中学做兼职辅导老师组织学生带着摄像机采访拍摄；邹雪平也同样在村子里发展了儿童队伍，并且展开了清理村中垃圾的行动。作为纪录片的创作者，他们在村中与村民同吃住，这似乎是小川绅介精神的某种延续，是作为村子中走出去的年轻人对故乡所做的个体贡献，令人感动。然而除此之外，影片记录下了大量年轻人买了药品、袜子、食用油、米面，甚至拿着现金探望老人的类似"献爱心"的活动，在这点上却稍显简单。

在村中发起的后续的公共行动是为了避免将村民"客体化"为被拍摄对象的尝试，特别是弗拉哈迪对纳努克一家所犯下的罪行至今"彪炳史册"足以让创作者们引以为戒，然而就如同吴文光的纪录片理念：纪录片创作应介入现实影响现实，然而这种"介入"和"影响"应该以怎样的形式展开？"民间记忆计划"在这方面做出了尝试，然而零散的帮助对村民和村子生活究竟能带来多大的影响？或者说，既然这些零散的帮助是年轻人对被拍摄的老人们的个人行为，是否有必要让其成为影片的一部分？章梦奇想为那个居住在窝棚里以捡垃圾为生的老人拉电接电灯，但是必须得到她儿子的同意。当章梦奇拿着摄像机到新房子里找她的儿子沟通的时候，面对儿子敌意、蛮横的反应，影片中的章梦奇显然缺乏勇气和方法应对。这些影片大多以策略性的无伤大雅的公益性活动取代了摄入开掘媒介自身的力量和更加有创造性地探索历史表达的方式，而他们原本可以做得更好。究其背后原因，既有"影像行动主义"自身的理论与实践的困境和悖论，更有创作者们自身的多方准备不足。

3 "民间记忆计划"系列作品对社会记忆的呈现方式

很明显，当村子中的公共行动展开之后，让关于"大饥荒"的记忆在纪录片中重现，以及追寻记忆的公共影响已经不再是"民间记忆计划"的核心创作追求。

区别于《克拉玛依》《掩埋》以展示见证者的记忆揭示事件真相，也区别于《三里洞》以口述还原历史风貌，"民间记忆计划"的纪录片作品对于"大饥荒"这一集体记忆的重现显得零碎而浅表。我们可以看到，创作者在镜头后面的发问通常是"你可以说说(19)58 年那会不够吃的时候的事”“你记不记得咱们村饿死的人”之类的问题。而镜头前的老人的讲述通常是吃食堂，每天只有二两米吃；吃糠咽菜；菜也没有，吃树皮树叶等关于食物的描述；吃糠之后不能排便，或者饿了很久吃了一顿饱饭涨死人等饥饿当中生理反应的描述；粮食不够吃仍旧要起早贪黑上工，修水渠、采矿、炼钢等“大跃进”时生产情况的介绍；以及逝者的身份和死去时候的场景。创作者对事件更感兴趣，而非个人在事件中的个体特征及其情感状况，或者整个村落作为一个整体在地理、民风等层面上的可以展开的话题。作品较多地保留了拍摄者与被拍摄者在采访过程中发问和回答的环节，但是采访和交流非常有限。特别是作品在经过剪辑之后，见证者的讲述更容易呈现出碎片式的、模糊的、不成体系的絮叨。

访谈成为影片创作过程中的关键，成功的访谈不仅带有人类学田野调查式的科学性，从而达到对信息准确采集和获取，而且要求见证人的讲述中重现历史风貌，从而在将其剪辑进一部纪录片时，能够充分、完整地传达情感，达成观众与被拍摄者之间情感的流通与交流。在这个层面上，这个计划中的作品可提升的空间还很大。对“大饥荒”这一五十年前发生的、范围极广、有着复杂的历史背景和信息缺乏的历史事件的调查，对采访者的个人积累提出了更高的要求。有经验的访谈者不仅要在交流过程中激发被访者的表达欲望，甚至要激发他们看似丢失的记忆，而且要对事件发生的历史背景有一定的了解，积累必要的生活阅历，在事前准备经过精心设计的访谈提纲。同时，摄像机的存在大大地增加了访谈的难度。被采访的老人通常年事已高，耳聋眼花，反应迟钝都为访谈的进行增加了障碍。面对这一切难题，年轻的创作者们都表现得准备不足，当然他们的勇气和付出的艰辛努力也令人钦佩。

相比较直接展现和“大饥荒”有关的集体记忆，“民间记忆计划”的作品更长于展现国族记忆对当下农村生活、村民关系、集体心理等方面的决定性影响。罗兵的影片《罗家屋：我和任定其》中，对茂立爷爷的讲述所做的处理更为理想。起先一段茂立爷爷做了一些基本情况的介绍，之后一段则相对深入地谈到了他对饥荒原因的个人看法，具有一定的分析力。在他看来，基层管理干部和机构要负上很大的责任。突然，画面外出现一个尖利、粗暴的中年女性的声音打断了茂立爷爷的讲述：

“你们是做咋个的？”

“采访六零年那些事。”

“你问他，他不晓得啦。他晓得咋个，到这年纪，记得个屁。你最好别录，他不晓得说话，得罪人等下。”

“这没有关系的，现在政府允许的。”

“他最不会说话。说人家搞乱的，你晓得哪个搞乱的。”

“这有咋个关系。”

“是是，你千万别拍。”

此时一个女性的身影在镜头前走过，强硬地截断了茂立爷爷和镜头之间的关系。镜头前的茂立爷爷已经沉默许久，我们只能听到镜头后面的罗兵和陪同他采访的任定其和茂立女儿的对话。女人的强硬拒绝代表着民间“沉默的大多数”的态度，他们不仅“捍卫”着自己沉默的权利，而且强势地剥夺了其他人发言的权利。此时现场的同期声逐渐隐去，罗兵的画外音响起，带着焦虑、困惑的情绪：“他刚回来的女儿，为咋个事要打断我的采访。还会真的是怕吗？她怕哪个？怕得罪哪个？为咋个事说五十年前的事会得罪人。而且茂立爷爷被他的女儿打断以后，为咋个事一句话也不说呢？看他的表情，不像是没话说，也不像是怕说出话来得罪哪个人。但是他为咋个事不说了呢？这些问题我都想不通。”画面中沉默的茂立爷爷已经将他的目光从摄像机移开，空洞地盯着别处，嘴唇翕动着，似乎这个饱经风霜的老人对身边正在发生的争论非常漠然。罗兵的画外音连接了转场：“所以这个冬天回来，我又到了茂立爷爷屋里一回。”此时，茂立爷爷躺在床上，穿了厚厚的冬衣，半闭着眼睛，咳嗽着，他说：“不是单她（女儿）一个人不肯说，你在江家龙（地名），好多人就是懒得说。认为现在生活好了，吃有，用有，有屋住，说些这样的做咋个，说这事没有意思。……有些人没有正面地去看问题。……历史没有变更，要保留历史。”画面中衰弱的茂立爷爷继续絮叨着，画外音中罗兵说：“茂立爷爷就在我冬天找了他这一回之后十多天就死了。”

这个段落的冲击力更多作用于观众的情感层面。茂立爷爷虽身处社会底层并且衰老病弱，却拥有反思历史的理性诉求。影片将夏天坐在凳子上的他与冬天病卧在床的他剪辑在一起，增强了见证者们和觉醒者们已经衰老，直至死亡都难有机会直抒胸臆的悲剧感。女儿所代表的“沉默的大多数”的强硬阻拦本身包含了普通民众为了保全自身不自觉充当了加害者的悲剧性。罗兵画外音带出的悲伤情绪突出了无力的觉醒者的悲剧性，以及年轻的观察者面对这一切时的无力无奈。

显然，关于创伤记忆的记录和探讨在公共领域、大众传媒中的缺席，对当下社会心理所造成的影响，在影片中也得到了某种暗示和体现。在这些充分展现底层农村生活的影片中，血脉同胞之间的冷漠关系是最让观众痛心疾首的。在这样一个自恃有着浓厚人伦亲情传统的国度中，缘何出现将母亲置于一个四处透风、没电没水的窝棚中居住，捡垃圾为生，而两个儿子都靠种植经济作物盖起了二层楼房的复杂话题。正在村子中进行“四清”运动调查拍摄的章梦奇说，经过她的了解，类似“四清”运动、“文革”等政治运动在村民之间造成的严重的彼此伤害、背叛，彼此不信任，对如今农村中日渐凋零的人伦情感有着极大的影响。年轻的她拥有社会参与的诉求，以及以艺术创作对自己的思考进行表达，这本身所包含的年轻一代主体性的建立和成熟，也将成为“民间记忆计划”最有价值的部分。

4 “民间记忆计划”中创作者主体性的探索与建设

“民间记忆计划”的创作者绝大部分是“85后”的年轻人，草场地的生活和创作状态形成一种乌托邦式的社会实验，这些大学毕业生有机会来到这里，受到这种理念和生活方式的吸引，留在草场地，同吃同住，每天参与“身体工坊”的集体锻炼和剧场的排练表演，每天集体学习英语，一起进行影片的剪辑和讨论，参与和组织在草场地举行的艺术交流活动和讲座，再组团到国外进行剧场演出和影片放映活动。冬天的时候所有的年轻人回到自己的村子继续拍摄和组织公共活动，开春时候带着素材再回到草场地，开始一年的工作和学习。

和大部分普通的中国大学生一样，这些年轻人最初对社会和历史毫无概念，也没有兴趣，他们多出自艺术专业，文化积累相对狭窄单薄，仅限于专业应试的需要。家乡农村在他们心中是一个贫穷、落后、愚昧、闭塞的所在。罗兵曾坦言他读大学的目的就是要永远地离开村子，而这个计划不仅将他再次拉回村子，而且让他开始以一个成熟的个体身份重新观察村子、融入村子、组织村子中的公共事务。

自小学习舞蹈的章梦奇自称在来到了草场地之后才建立起了对社会、历史与自我切身相关的认识。她先参与了草场地“生活舞蹈工坊”，完成了自己的剧场作品，又受到周围拍摄纪录片的气氛的影响，开始尝试制作自己的影像作品。剧场艺术和舞蹈艺术的滋养为章梦奇的纪录片带来别样的艺术风格。她甚至尝试在自己村子的田间地头做自己一个人的剧场演出或行为艺术，邀请乡民来看，并将部分片段加入到纪录片中，用一些无声的、黑白影像的、拍摄她自己的身体行为艺术的片段，为纪录片整体的纪实主义风格带来隐喻性的诗意。

影片《自画像:47公里跳舞》的结尾，碑成功地立了起来，她聚集了一些村民到一块荒芜的树林边看她跳舞。她用老人的大幅照片和椅子、梯子等道具将小树林装饰成一处天然的剧场，用身体的语言表达着自己和村子之间的关系，表达自己在这一系列行动中的情绪，增添了纪录片影像内部的丰富性。这个场面颇似纪录片《彼岸》后半部分那个戏剧的学生在自己农村家的田野上表演的那场先锋话剧，可惜的是章梦奇的影片中并没有展现村民们观看表演的反应，那似乎能表现出一种更有趣的文化冲突。在2013年的新片《自画像:47公里做梦》中，她在田野间浑身僵硬地在土地上匍匐，如同无脚无手的动物在这片土地上艰难地前行；她还趴在一个枯井旁边，将头深入枯井里，双手像翅膀一样摆出飞翔的姿态，上身用力昂起，口中叼着那块她在村中建起的图书室的铭牌:47公里图书室。这些表演性的身体语言隐喻着她在村中的行动在阻挠和障碍中奋力推进。

梦奇对村子和村子背后的当下中国社会的认识起始于对自我的认知和找寻，因而她将影片系列命名为“自画像”。她的第一部纪录片作品《自画像：三个女人》虽然与村子和“大饥荒”都没有关系，却奠定了她的创作风格和主题。自小父母离异的她在与母亲、外祖母的相处中寻找着今天自己的一切的来源，拼凑着当下自我图像的种种成因。比如外祖母婚姻关系不和谐，母亲的婚姻更以失败告终，她自己在中学时候早恋被母亲抓住，逼她写检查，认识到自己行为的错误，而她对于自己未来的情感生活表现出了某种忧虑甚至无望。这部影片的两条线索分别是她在剧场的艺术化人格的表达，以及现实生活中日常人格的表达。延续到《自画像：47 公里》，也是她第一部属于“民间记忆计划”内的作品，她继续着对自我的探寻：自己与父亲的关系。她与父亲很陌生，甚至在相处时会感到不适，于是在这部影片中父亲仅仅出现在一个场景中——外出打工的父亲回了村，已经在村中进行了一段时间拍摄的章梦奇在第二天就离开了村子。但是在村子中，章梦奇是作为父亲丁祖华的女儿为大家接受和熟悉的，所有的人都叫她“丁奇”。她一方面在接受采访的老人面前自称丁奇来获得老人的信任，另一方面则在接下来的剧场演出中大声质疑着“我不是丁奇，我从来都不是丁奇”，剧场的部分成为记录部分所缺失的创作者的内心独白。她因为对村子和村民的陌生，烦躁不安地在乡间路上游走，又不得不去和那些自己很难沟通的老人聊“大饥荒”的回忆。这种自我社会身份的不确定性和她作为那个早已结束的时代的集体记忆的继承者和传播者身份的艰难建立达成了某种吻合。

邹雪平的第二部影片《吃饱的村子》在她面对着“大饥荒”历史的无知和希望获得了解的企图之外，更多叠加在她在家人的质疑中与自我懵懂的社会理想之间的无奈与迷茫之上。她将摄像机立在一块空旷的，冬季中缺少生机的荒芜的土地上，自己走到远处或踯躅或发呆。这种无望的情绪既来自对自我未来生活的不确定性，也来自对自己作为如此厚重的一份历史记忆的捕捉者和传播者的不自信。此时，他们作为年轻的，或许尚未准备充分的历史记忆的挖掘者的身份为作品增加了更丰富的内涵。

村中老人表达不愿接受采访的原因时总会提到现在的年轻人对那段历史不感兴趣，这种担心不是空穴来风。记忆的传播和继承需要媒介和继承者，当那个“亲历的一代”或者叫“受难的一代”就像茂立爷爷一样死去了、消失了，在这背后，是关于国家认同感难以通过良性方式建立起来的探讨。那么“民间记忆计划”的年轻人以身体力行和纪录片创作愿意承担责任的时候，却发现他们不但要在田野间、在衰老愚钝的老人中间去打捞历史，还要面对更严苛的外部环境。

但是他们在自己的村子中又找到了下一个接过接力棒的力量——村子中的孩子们。邹雪平的《孩子的村子》、舒侨的《双井，我要嫁给你》和章梦奇的《自画像：47 公里做梦》中都强调了他们和村里的孩子的交往过程。其中邹雪平和舒侨都激励还在读小学、初中的孩子们拿着摄像机去采访老人，或者参与捡垃圾等活动。特别是邹雪平在《吃饱的村子》

中完整保留了很多她和自己上小学的侄女之间的讨论和交流。她的侄女成了家里唯一理解和支持她的回村行动的人,而且这个小姑娘也带动了好朋友来参加邹雪平的拍摄行动。作为被启蒙者的年轻人在他们的村子里则担任了启蒙者的角色,启发着孩子们的独立思考和历史观念,还包括掌握现代媒介进行自我表达的行动。

这个影像计划的维持和推进,朋友之间的陪伴和鼓励,以及放映交流活动中得到的关注,在某种程度上对年轻人的自我认同起到了关键性的作用。他们的观察和反省开始转入内心,开始思考自我与社会的关系,以及自我掌握的权力和相应的努力对公共社会和他人所带来的作用,在这个过程中体尝着在迷茫中重塑自我的痛楚,也感受着自我担当的成就感。

5 结 语

尽管,由于房租的上涨和一些个人原因,草场地工作站已经于 2014 年关闭,但"民间记忆计划"仍旧持续着。个别年轻人离开,开始了自己独立的生活,或许不再和影像相关,但这段创作实践想必会为他们未来的生活埋下伏笔。还有一些年轻人留了下来,继续追随吴文光,并有新的创作者继续加入。就如同这个国家和其中的每个个体对于历史的不懈探究一样,相信"民间记忆计划"也将一直以进行式存在。最好的状态尚未到来,却就在不远的将来处。

附 录

从国内外案例谈口述历史的法律与伦理问题

时间:2015 年 12 月 12 日 10:40—11:40

地点:中国传媒大学崔永元口述历史研究中心一层会议厅

2015 年 12 月,首届"口述历史在中国"国际研讨会在京召开,12 日上午举办了题为"从国内外案例谈口述历史法律与伦理问题"的圆桌讨论会。会议由中国电影资料馆研究员陈墨担任主持,温州大学口述历史研究所所长杨祥银发表引言,其他参与评议的专家包括新加坡国家档案馆口述史中心高级研究员赖素春、中国青年政治学院教授邢小群、中国传媒大学崔永元口述历史研究中心首席记者赵一工、韩国口述历史学会会长郑根埴、北京市社会科学院历史研究所研究员钟少华、台湾"中央研究院"近代史研究所研究员朱浤源等。各位专家就口述历史的法律与伦理问题、口述历史实践过程当中各方的权利与义务问题、口述历史文本中口语的保留与原始抄本和编辑抄本的处理原则等问题展开了讨论。

一、引言

杨祥银的引言内容如下:作为二战后兴起的为数不多的兼具学术研究意义、社会议程(social agenda)与公共历史(public history)价值的研究方法与学科领域,在过去 60 多年间,口述史学(oral history)发展呈现出旺盛的生命力,并取得了一系列的重大进展。不过,相对而言,仍然只有少数法院(或公开)案例涉及口述历史实践的法律与伦理问题。随着当代口述史学日益关注和重视战争与冲突、自然灾难、犯罪问题、特殊疾病以及多元性取向(LGBT)等具有当代性、敏感性与隐私性的议题,同时数字化技术的发展使得口述历史资料的网络传播与应用变得更为容易与便捷,这些因素都导致口述历史工作所面临的法律与伦理风险进一步加剧。

杨祥银从国内外案例入手,介绍了口述历史所面临的法律与伦理问题。法律问题主要涉及著作权、诽谤、隐私权侵犯、法律授权协议书、对于口述历史资料设限的法律挑战、伦理审查委员会审查机制(同时也是伦理问题)、口述历史资料网络传播与使用的法律风险、口述历史资料能否作为法院审理相关案件的合法证据等。而口述历史的伦理问题主要指口述历史访谈与记录、整理与编辑、保存与传播、以及解释与应用等过程中不同关系体之间的一系列权利与责任。具体而言,主要包括:研究者(访谈者)与主办(赞助、保存)机构对受访者(叙述者)的责任;研究者(访谈者)与主办(赞助、保存)机构之间的相互责任;研究者(访谈者)与主办(赞助、保存)机构对专业本身的责任;研究者(访谈者)与主办(赞助、保存)机构对公众的责任。

他指出,口述历史的法律与伦理问题是相辅相成和紧密联系的,对于口述历史实践中潜在的法律问题的预先考虑与规避本身就反映了良好的专业伦理规范,而一种良好的专业伦理规范也能较为有效地预防与规避一定的法律风险。

二、评议

赖素春和在场专家分享了新加坡处理口述历史法律与伦理问题的经验。在新加坡,访谈者通常会与受访者签署一份访谈协议书,如需公开访谈内容,应当再次与受访者或其信托人进行确认,以此承担应负的责任,并保护受访者的权益,从而避免一些不必要的法律问题。就口述访谈中的敏感性话题,一般在访谈时咨询受访人,在受访人同意的情况下保留或公开相关内容。另外,随着互联网技术的发展,大量口述历史访谈的文本、录音、视频等资料被上传至网络,引发了资料共享所带来的一系列问题。那么,如何更好地平衡访谈者、使用者、受访者之间的责任与权益,是每一个口述历史实践者需要面对和解决的问题。

邢小群结合她个人多年的口述历史实践,阐述了对口述历史法律与伦理问题的看法。首先,访谈者要将整理后的初稿返还给受访者,让其对内容进行核实;其次,要与受访者确认是否同意发表。通常会遇到以下三种情况:第一,受访者不同意立即发表,要求等到合适时机再发表;第二,受访者要求不要发表涉及个人隐私的内容,或发表时在文字上做一定的处理;第三,在正式发表前,仍需与受访者协商确认。此外,她还针对白俄罗斯作家阿列克谢耶维奇的经历提出了一个问题:作者将口述访谈内容放在自己的价值框架中进行叙述,遭到受访者的抗议,这种情况应该如何处理?

赵一工以一起关于口述资料的诉讼为切入点,讲述了中心团队在处理法律与伦理问题上逐步完善相关机制的这一过程。目前中心使用“三联单”来保护受访者的权益,明确双方需要履行的责任与义务。第一项是告知书,第二项是受访者信息登记表,第三项是授权确认书。但在签署授权确认书时又出现了一个新的问题,那就是受访者很可能会因此在讲述时有所保留,这就会影响口述访谈的整体效果。对此,中心采访团队也提出了相应的解决办法:在协议书后添加注释,说明受访者可在授权确认书内补充填写限定性条件,包含凡需公开使用口述内容，须经受访者或其子女再次签字确认等条款。

郑根埴通过他在韩国农村进行口述历史采访的一次经历指出，在法律纠纷中，不仅涉及受访者，还会涉及访谈中出现的第三者。因此，他强调在口述历史实践中，对公开内容的选择非常重要，事先要确定哪些内容可以公开。他还特别提到口述历史著作权的问题，口述历史作品是受访者和访谈者共同的著作，还是访谈者编辑的产物，这在韩国一直有很大争议。同时，他指出应该区分将口述资料作为研究实例与将口述资料整理成书的不同。受访者家属是否同意公开发布访谈内容也是很重要的一个问题。此外，他还介绍了韩国近年成立的生命伦理审议委员会对口述历史项目的管理情况，该组织严格依照自然科学伦理准则对口述历史收集进行规范。口述历史的法律与伦理问题已在世界范围内受到关注。

钟少华指出，访谈者做口述史，要有法律伦理意识。他针对韩国专家郑根埴提出的争议性问题做出回应，认为口述历史究竟是访谈者编辑的产物还是访谈者和受访者共同创作的产物，这两者之间不存在问题，前者归访谈者所有，后者是双方合作的产物。他说，法律和伦理能够保障口述历史工作者在实践中取得最大的成果。

朱浤源发表了自己对生命伦理审议委员会的看法。他认为，这一委员会的建立对口述历史的实践和发展有利也有弊。有利的是，它能形成一套规范；不利的是，提交书面申请、通过审核等一系列繁杂的程序有时会妨碍口述访谈工作。其次，他厘清了研究者、主办保存机构、记录者、访谈者和受访者之间的责任关系，目前，主体责任由访谈者和受访者承担。再次，他区分了口述史料与口述历史。他说，崔永元口述史中心将口述史料拿来制作成片并保存，接近口述历史。最后，他为我们展示了其所在的近代史研究所进行口述历史实践的相关文件，包括程序表、访问原则（方法）和委托书等。

三、答疑

专家评议结束后，其他与会人员就口述历史的法律伦理问题，结合自身实践经历，提出了自己的困惑，与在场的各位专家交流了看法。

一位与会者讲述了自己目前面临的一个困境，想要寻求恰当的解决方法。他在完成一个口述访谈后，带着整理后的文稿与受访者进行沟通确认，希望经过修订后能够出版。这时他遇到了一个比较极端的情况，受访者本人有一份几万字的文字资料，包含一些与口述内容相关的文史及社会、文化背景等。受访者提出两个要求：第一，口语要全部改成书面语；第二，想用文字资料补充更多口述中未谈及的历史文化背景方面的内容。受访者说明必须按要求进行修改，否则拒绝出版或发表他个人的口述内容。对于这种情况，应该如何处理？

陈墨就此问题做出了回答，他认为需要对原始抄本和编辑抄本的概念进行区分。原始抄本必须是逐字稿，这个需要保留，帮助我们在无法听录音、看录像的时候，通过文字了解访谈的原始状态。它还有另外一个重要的作用，是当别的媒介受到损害时，文字介质可以作为另一个备份保留。而中间的协商过程实际是在口语和可读性之间找到一个妥协的边界，这个边界对每个人来说也许会不同，但在理想的情况下，访谈者和受访者是可以协商沟通的。但当受访者认为不可协调，不认同口语的作用，在按要求修改和不出版发表只能选其一的情况下，只能选择妥协，尽力就好。

日中口述历史文化研究会成员田刚提出有关受访者回忆录的问题，想知道对于受访者生前手写的珍贵回忆录该如何看待。

邢小群对田刚提出的问题发表了自己的观点，她认为受访者如果想为自己所做口述历史相关内容寻找佐证，可以参阅受访者回忆录中的内容。但是回忆录和口述史相比，口述资料更为重要，更接近历史真相。因为在做回忆录的过程当中，很大程度上是为个人讳，为历史讳，为其他讳的一个过程。而在做回忆录的过程当中必然会有字斟句酌，会主观添加或删除一些内容，在真实性方面，访谈内容则更接近真实。

郑根埴也就此问题做出了回答，他认为对于自传、回忆录这类资料，是否应该将它看作口述资料，是一个值得讨论的问题。个人的回忆录其实也映射着这一时期社会、国家的环境与背景。一般有能力出版个人回忆录的作者大部分都有很好的教育背景，或者是有经济实力找人帮助完成，然而相当大的一部分受访者或研究对象受教育经历和家境相对一般。口述历史资料与自传或回忆录所蕴含的文化和意义并不完全相同，我们需要更多的时间讨论二者的异同。

郑根埴还就口述历史的伦理问题进行了一点补充，他提到一些研究者在做口述的时候，会自觉或不自觉地加入自我意识，去关注或迎合大众关心的问题和热点，希望借此使自己的研究与大众产生共鸣，或者引起更多人的关注。我们需要事先预防研究者出现这种倾向，这种主观的意欲，采取恰当的防治措施，规避这种现象。

四、总结

讨论最后，主持人陈墨进行总结，他提出了以下三点看法：

第一，伦理问题不是条款问题，而是口述历史人处理口述历史，对真相进行探索的专业科学伦理与尊重受访者的隐私权及相关权益的社会普通伦理的冲突，口述历史人必须在两种伦理冲突矛盾中不断协商，找出合理的边界。每个人对自己隐私和权利范围的理解和坚守都有所不同，因此要与每一位受访者进行协商；

第二，编撰书稿时，要尽量保留时代特色、保留历史真实信息，必要时需与口述者反复协商；

第三，伦理问题贯穿口述历史实践，口述历史人要有伦理的精神自觉，同时要培养处理伦理问题、冲突的能力，研究者和采访者有权利按照自己的理解来探索口述历史伦理的边界。

古村落口述史实践讨论内容回顾

时间:2015 年 12 月 12 日 10:40—11:40

地点:中国传媒大学崔永元口述历史研究中心三层会议厅

2015 年 12 月,首届“口述历史在中国”国际研讨会在京召开,12 日上午举办了题为“古村落口述史实践”为主题的专家圆桌讨论会。会议由纪录片导演、“民间记忆计划”的发起人吴文光担任主持,西门菲莎大学加拿大国家特聘教授、中国传媒大学教育部长江学者讲座教授赵月枝发表引言,其他参会评议专家包括清华大学社会学系教授郭于华、中国人民大学教授梁鸿、中华口述历史研究会秘书长左玉河、宁波大学历史系教授钱茂伟、中国传媒大学副教授王宇英、中国社会科学杂志社编辑中心副主任冯建华等。

本次圆桌会议拟从书写农民口述史的意义和迫切性切入,结合在浙江省缙云县河阳村的工作,对农民口述史理论和实践中的一系列问题进行探讨。尤其需要指出的是,由于时间、条件、经验等方面的诸多限制,这一工作很大程度上还处于一个项目设计阶段(也因此,理论和方法论的问题显得尤为重要),或至多是初步实践阶段。对此的讨论,更大的意义在于对未来的农村口述史工作范式创新,尤其对探索和开启一种“跨学科理论与实践相融合的新型学术模式”,具有前瞻性和指导意义。

一、引言

赵月枝为大家带来了题为《农民口述史:急迫性、可行性与实践中的挑战——以河阳村为例》的引言。以一幅幅采自河阳的生动图片展示了“被抛弃的农耕文明”的图景,表明以口述史的方式为经历了 20 世纪历史的中国农村和中国农民“立此存照”的重要性和急迫性。在开展农民口述史研究方面,河阳作为千年古村落和曾经著名的江南“地主村”,在探究“农耕文明何去何从”“乡土中国何去何从”以及“崛起的中国何去何从”方面有其典型性,在诸如解放前农村的雇主与雇工关系等有关农村的现代历史和政治的讨论中亦具代表性。她指出,应避免文物保护中“见物不见人”的弊端,克服当下古村落治理中的“精英主义”“文化本质主义”和“现代历史虚无主义”的不良倾向;最后,考虑到项目组在河阳的工作还处于起始和摸索阶段,赵教授诚恳地以做研究生“开题报告”的姿态,就实践中从主题的确定、采访对象的选择、访谈的组织到具体操作层面面临的挑战与专家和听众做了分享。

赵月枝代表河阳一行所做的报告引起了评议专家和在座口述史研究者与实践者的很大兴趣，这个被吴文光认为“信息量很大”的“开题报告”让清华大学郭于华教授感觉“非常给人以鼓舞的力量”。专家和中外听众围绕这个报告所涉及的理论和实践问题各抒己见，尤其是就农民口述史“问题意识”和对于被访者的“文化重建”意义进行了深刻的讨论。

二、评议

郭于华引用人类学研究中一个经典的说法——“我们不研究村庄，而是在村庄中做研究”。她指出我们研究的目的并不是要原原本本地呈现村庄的面貌，而是要透过村庄的生活和细节，呈现出更具普遍性的东西，把一个村庄微观的细节跟大的社会历史进程关联起来。她提出了以下三点具体建议：

(1)需要有明确的问题意识，并从具体的问题看到背后大的时代变化，如：宗族的兴衰，教育的变化，还有从农耕文明到“世界工厂”的变化。这个变化不仅仅是生计方式的变化，而且体现在日常生活的方方面面。

(2)需要进一步明确研究者与被研究者的关系，明确研究者的角色，这是每一个研究者在研究过程中始终要面对、思考的问题。她提出学术研究中一个理论性的概念——“inter-subjectivity”(主体间性)，并进行了阐释：你的研究对象不仅仅是一个对象，同时也是一个主体，历史或者社会科学的知识理论就是在两个主体间发生互动、交流的过程当中生产出来的。

(3)对时代性质的判断和理解非常重要，因为这关系到对所有细节的理解和解释。

梁鸿认为“见人不见村庄”是一种非常好的状态。当我们走进村庄的时候，最好把大的问题意识放在背后，把人的情感、故事放在最前面，从人和故事出发，去思考问题。不要把这个过程变成对预设的答案的印证，这样研究的意义就缩小了。

研究者需要意识到自己的限度，这样在进入村庄时，才能够对问题有朴素的把握，才能意识到我们不能穷尽一个村庄的故事，也很难走进村民的内心。很多村民对权力关系是非常隐晦的，研究者最好抱着一种谨慎的，而不是强势的态度去跟他们交流，这样反而能够获取尊重，从而形成相互尊重的互动状态。这才是一种良好的状态。

她特别强调，不要把乡土文明本质化，当我们把它本质化之后，它就成为我们思考的终点，事实上它只是我们思考的一个环节。乡土文明如何消亡，以及为何消亡，这是我们要考察的对象。当我们带有一种惋惜的心态去考察乡土文明的时候，我们的思维已经进入了误区，我们的思考会狭窄化。

左玉河结合河阳村口述史项目陈述了自己的观点。他认为做口述史的首要目的是通过让受访者讲述自己的亲身经历，获得口述史料。研究者首先要阅读大量的文献资料，在对基本事实有清晰了解的基础上再做访谈。在具体实施中，可找当地的学者、官员介入，有利于与村民进行沟通。在口述实践中一定要注意口述史料与文献史料的对比分析，检验口述史的真实性，必要时可进行第二轮访谈。要有明确的问题意识，围绕着设计的主题进行口述访谈。

钱茂伟结合正在做的两个村子的口述史项目，阐述了自己的观点。他指出口述实践中最重要的一点就是要以人为中心，群体是由个体组成的，通过个体来建构这个村的历史，记录一个村子的变迁。接着他又提出在公众视野里的公众史最核心的概念同样是个人本位。

王宇英以河阳村口述史项目为基础，阐述了自己从事口述历史理论研究过程中认识的更新与转变：最初，她特别注重口述历史对于"历史真相"的把握，随着对口述历史学科思考的深入，她逐渐认识到口述历史的意义与价值不应再简单地放在历史真实中来衡量，应该不断地拓宽、丰富口述历史的学科内涵，更多地关注到口述历史与记忆之间的关系，在陈墨老师提出的"人类个体记忆库"方向上做出拓展。口述历史衡量的标准，已经不再是简简单单地在我们现在概念中的历史真实中来进行衡量的，可能我们更多地要把它引导到和记忆这样更加丰富的关系之间。

在口述历史实践中不要有过度鲜明的问题预设，我们现在意识到的诸多问题，可能仅仅局限于某种知识分子视角。在口述实践中，一方面要注重口述史料与档案、文献的结合，进行相互考证；一方面也要对村庄书写的选择性、断裂性有所警惕，在项目设计的过程中对这些因素加以考虑。

冯建华认为河阳村口述史研究树立了以下三个视角：

第一，多元化视角。在工业化和城市化的背景之下，农村的传统风俗、社会结构都发生了严重的分化，通过口述访谈的方式对农村社会结构、权力关系进行研究，不仅仅关注那些成功者、受益者，同时也关注那些失败者、被损害者，丰富了历史研究的主体。

第二，平等性视角。如何拉近访谈者与受访者之间的距离，做到最大程度的融合，是个非常核心的问题。

第三，时代性视角。做口述史研究首先要根据特定的时代背景，来设计口述史研究的问题和重点，这样会更具有学术价值。

吴文光提到了郭于华所著的《受苦人的讲述》，他说在读到这本书之前，他所接触到的口述史，都是精英的口述史，比如说院士、大学教授、经历过特殊事件的人等，很少听到来自黄土地的、来自底层的口述史。他非常认同"我们不是研究村庄，而是在村庄里做研究"的说法。

作为纪录片导演，吴文光更加关注个人的生命史，而非某个群体的历史。他在无数次地返回乡村以后，意识到有些东西注定是要消失的，是要被埋葬的。他认同梁鸿所说的不要把乡愁作本质化的处理，试图补救或者捞回什么东西，这样会带来巨大的失落感。

三、回应

郭于华针对上述发言中的一些问题作出回应。首先她认为大家对问题意识有误解。问题意识并不会框定我们的思路，问题是我们好奇的、需要搞清楚的问题。社会科学需要有问题意识，而不仅仅是描述一段历史或者记录个人生活经历，这一点跟历史学和文学有学科之间的差异。同时她认为“只见村庄不见人”这个问题是不存在的，因为口述历史本身就是人的讲述，人就是讲述的主体。

郭于华不同意在口述访谈中让当地官员介入的做法，认为这样会影响访谈者与村民之间的交流。也不认同用文献资料去印证口述资料真实性的做法，文献也有可能是伪造的。我们做口述史的目的不是还原历史，只能逐渐地去努力接近这个真实，还原历史是一件不可能的事。

钱茂伟补充，农民口述应该替换为村民口述史，因为现在农民很难找见，且身份复杂，因而换成村民口述史更加合适。

四、回响

此次参会的“农民口述史”项目组由河阳乡村研究院执行院长、中国教育部长江学者、浙江省千人计划专家赵月枝教授领衔。项目组成员包括缙云当地知名文化学者、县风景旅游局原副书记项一中，县人大常委会教科文工委原主任麻松亘，曾在河阳工作过的缙云退居二线干部、河阳乡村研究院副院长周春光，中国传媒大学青年教师龚伟亮等。此外，河阳当地退休教师、正在写作《河阳史话》的朱益清，在河阳村担任过村干部的朱万儿两位老先生受赵月枝院长之邀，也赴京全程观摩了此次圆桌讨论和“口述历史在中国”国际研讨会。

谈及参加圆桌讨论会的感受，赵月枝一方面为能得到这样一个高规格的汇报和交流机会而倍受鼓舞，另一方面也更觉重任在肩。

自从2015年7月由中国传媒大学传播政治经济学研究所和浙江缙云县河阳乡村研究院组成的团队，在千年古村落河阳村全面铺开了农民口述史的研究和书写工作开始，河阳乡村研究院就将“乡村口述史研究和书写”作为拟开展的重点工作之一，认为乡村口述史研究在“构建自下而上的共和国历史叙述”和“尊重农民作为历史主体的地位”方面有不可替代的重要价值。创办人赵月枝曾专门指出:“保护物理的古建筑固然重要,抢救河阳人的故事,让古民居中的农民讲述他们的故事也同样非常重要”。

赵月枝希望这一事业能吸引更多有识之士加入进来,期望能以有全球历史文化视野的、城乡合作、政学合作同时具有“内生性”的文化,努力将“农民口述史”工作推向深入。她深信,这项耗日时久的民间文化工程其现实意义和历史影响将日益彰显。

《定福庄宣言》和《定福庄公约》

中国传媒大学崔永元口述历史研究中心根据多年工作经验，内部拟定了《促进口述历史事业全面发展的宣言》和《口述历史实践公约》（简称《定福庄宣言》和《定福庄公约》）。在听取了国内外口述历史界资深研究者、实践者和观察者的意见建议，并于首届“口述历史在中国”国际研讨会期间深入讨论后，订定发布如下：

《定福庄宣言》

随着社会意识的变化和记录技术的进步，个人记忆资源的采集逐渐受到各界关注。口述历史是收集个人记忆资源最为重要的方式，中国传媒大学崔永元口述历史研究中心认同且坚信口述历史在当代社会各领域的重要价值，并致力于促进口述历史事业的全面发展。

口述历史赋予个体参与记录和保存生命记忆的权利，使其与自然和社会科学研究、文化历史传承、公众媒介传播、影像档案留存等领域产生密切联系，口述历史事业的成熟有益于促进学术发展、文化繁荣和社会进步；

口述历史在学界和社会的双向发展均具有现实必要性，探讨在中国设立口述历史相关学科以培养专业人才，向公众推广和宣传口述历史观念以增进理解并吸引资源，有助于口述历史事业的平衡发展；

口述历史资源共享机制与开放型口述历史组织的建立相辅相成，有助于口述历史工作者开展交流合作及共同应对挑战，也有利于人类个体记忆库的创建，这也是口述历史事业发展更长期的趋势和远景所在；

口述历史活动中存在的法律和伦理问题获得的重视远远不够，口述历史是基于个人记忆的挖掘和呈现，其资料的运用应协调各方权益，尊重和保护个人隐私，维护知识产权和其他权益；

中国的口述历史事业方兴未艾，呼吁广大口述历史从业者共同努力，也欢迎更多社会各界人士积极参与，在口述史学研究、口述历史教育、口述历史公共传播等领域多元合作，以促进口述历史事业更长远的良性的发展。

《定福庄公约》

口述历史活动涉及访谈者、受访者及其他利益相关方的多项权利和义务，也涉及计划、实施和保护利用等多项环节和任务。中国传媒大学崔永元口述历史研究中心认为下列条款有助于口述历史活动各参与方之间增进了解和尊重，呼吁各方加入并遵守本公约：

1.口述历史资料，指通过各类型口述历史访谈所收集到的音、视频或文字记录；

2.口述历史资料访谈者应尽可能多地掌握谈话背景知识，了解受访者经历，制定较为周全的访谈计划，并做相应准备；

3.口述历史资料访谈者应遵循知情同意的原则，对受访者做充分告知，使受访者了解访谈的目标、流程及预期用途；

4.口述历史资料访谈者应注意应对礼仪和谈话技巧，鼓励受访者如实、详尽地表述自己的经历及观点；

5.口述历史资料访谈者应真诚与受访者沟通，态度友善，尊重受访者在访谈中拒绝谈论某些话题或对某些提及的人物使用匿名的权利；

6.口述历史资料访谈者应注意控制访谈节奏，最大限度降低访谈过程对受访者身心造成的伤害；

7.口述历史资料访谈过程应力求深入完整，确保口述内容的完整性；

8.口述历史资料访谈者应请受访者尽可能多地提供与其口述内容相关的其他资料；

9.口述历史资料访谈者有义务保障受访者权利，保护受访者隐私，尊重受访者意愿，与其签署法律协议，获取资料的公布时间与范围的授权；

10.口述历史访谈后仍应与受访者保持联系，确保及时获取对其口述内容的更正及补充，更新受访者变更信息；

11.口述历史活动中应正确记录每一份资料的采集信息，明确后续处理程序，进行恰当的索引、编目及保护工作，其中包括并不限于口述历史访谈的影像或声音资料副本、制作好的拍摄记录、访谈手记、受访者的经历简表、受访者的相关扫描资料或照片、签署完毕的法律协议等；

12.口述历史资料的文本整理过程，应对访谈内容进行仔细校对和适度编辑，并对其涉及史实进行考证、校注，令其便于阅读及使用；

13.口述历史资料整理环节在条件允许情况下应请访谈者和受访者共同参与，重阅并补正文字内容，并保留修改痕迹，标注修改理由；

14.口述历史资料整理者应尽可能保证口述历史资料存储的稳定性与安全性，保存录音、录像、原始文字抄本、编辑抄本及音频和视频剪辑版本、采访时双方手记等所有相关资料，并尽可能进行容灾备份、异地存储，以便研究者查证以及口述历史资源再开发；

15.口述历史资料整理者应做到口述历史相关实物资料的分级分类存放，对于录音带、录像带及珍贵纸质档案，最好电子化，使易于调阅，并减轻对原文件的损伤；

16.口述历史资料整理者应根据访谈阶段的事先约定，标注不同资料的使用限制，以防使用中发生不必要纠纷；

17.口述历史资料可以运用到学术研究、纪录片制作、文学创作、博物馆展陈及多种全新领域，须遵循不同的具体使用原则；

18.口述历史资料做任何用途时，皆须维护受访者表述的完整性，做到不改变受访者原意，不断章取义；

19.口述历史资料的使用需要面向公众或带有商业性质时，应再次获得资料提供方授权，并公开注明资料来源；

20.口述历史活动各方都应遵守探索真相和发现真相的学术伦理，尊重保护个人隐私的社会伦理，当两者发生矛盾冲突时，应尊重社会伦理与公德，并与相关各方共同协商。

（《定福庄宣言》和《定福庄公约》起草组成员：林卉、刘英力、赵一工、康学萍、张力文、张龙珠）

后记

林 卉

现代“口述历史”概念进入中国学术界视野已有几十年历史，具有公共传播属性的口述历史项目近年来也不断涌现，作为一名曾经的电视访谈节目策划、纪录片和公益广告导演，有机会在这样的发展阶段接触并进入口述历史领域工作，深感荣幸且诚惶诚恐。

面对诸多先行者和优秀作品，中心内部对于我们还能做哪些新贡献的论证，演化成了“口述历史在中国”的立意初衷。立足高校，拥有十几年访谈经验的团队和国内首屈一指的口述历史资料库，多年的公众传播领域工作经验，以及创始人崔永元老师和中心主任丁俊杰老师广泛的影响力，一份在公众和学术领域之间搭建口述历史平台的计划呼之欲出，并在之后的一年得以实施、推广，产生了巨大的领域影响。

2014 年下半年

“口述历史在中国”策划及建组 活动筹备

通过中心官方微信公众号“人民记忆”释放信息

2015 年 4 月 23 日

系列讲座(一)：定宜庄——口述与史

2015 年 5 月 7 日

系列讲座(二)：杨祥银——在学院与公众之间：我的口述历史研究与实践

2015 年 5 月 21 日

系列讲座(三)：游鉴明——口述历史与台湾妇女史研究

2015 年 5 月 28 日

系列讲座(四)：吴文光——吴文光与“民间记忆”

2015 年 6 月 10 日

专访英国苏塞克斯大学女性口述史专家玛格丽特·茱莉(Margaretta Jolly)

2015 年 6 月 18 日

系列讲座(五)：赵一工——从实践中认识口述历史

2015 年 6 月 25 日

系列讲座(六)：梁鸿——非虚构文学中的人物自述

2015 年 7 月 30 日

系列讲座(七):丁东——关于口述历史的八个问题

2015 年 8 月 24—28 日

专访大英图书馆口述历史馆馆长罗伯特·珀克斯(Robert Perks)

专访国际口述历史协会前主席捷克口述历史学会前会长麦罗斯洛夫·瓦内克(Miroslav Vanek)

专访国际口述历史协会主席英迪拉·乔杜里(Indira Chowdhury)

专访国际口述历史协会南非区代表克里斯蒂娜·兰德曼(Christina Landman)

2015 年 9 月 10 日

系列讲座(八):唐建光——通向公民写史之路

2015 年 9 月 18—20 日

工作坊·北京站

2015 年 9 月 24 日

系列讲座(九):叶永烈——我做口述历史走名人路线

2015 年 10 月 15 日

系列讲座(十):陈墨——口述史学是什么学

2015 年 10 月 30 日—11 月 1 日

工作坊·上海站

2015 年 11 月 26 日

系列讲座(十一):郭于华——从普通人的日常生活讲述中构建历史

2015 年 12 月 8—13 日

口述历史国际研习营;

系列讲座(十二):亚历山大·范·柏拉图(Alexander Von Plato)——二战后的德国口述历史

系列讲座(十三):道格·博伊德(Doug Boyd)——数字时代的口述历史

系列讲座(十四):英迪拉·乔杜里——口述档案馆:国际传播中的问题和挑战

首届“口述历史在中国”国际研讨会;

口述历史行业同仁交流;

专访美国口述历史协会当选主席道格·博伊德

专访国际口述历史协会前主席德国著名公共史学家亚历山大·范·柏拉图

2015 年 12 月 18—21 日

工作坊·香港站

2016 年 3 月 25 日

中国传媒大学口述历史社团“白杨记忆”成立

口述历史高校联盟计划启动

一年来，千余人次的口述历史领域实践者、研究者和观察者现场参与，数十万人次的线上浏览与传播，以及各个渠道传送而来的反馈，都让我们收获巨大的认同感和成就感，也深感责任重大。在早期的策划过程中我们曾用一句话表达初衷："(口述历史在中国)不为达成共识，而是希望多角度多维度呈现行业现状，供关注者详解"，现在看来已经超越预期。本书也正是因此而生，作为"口述历史在中国"的学术成果之一，全方位向公众展示学界对口述历史的阶段性思考，为中国口述历史交流平台的搭建做进一步准备。随着项目发展，未来也将有更多类型的成果呈现给公众。

"口述历史在中国"系列活动经过一年多的推进，已进入平稳发展阶段。感谢英迪拉・乔杜里(印度)、亚历山大・范・柏拉图(德国)、罗伯特・珀克斯(英国)、玛格丽特・英莉(英国)、道格・博伊德(美国)、麦罗斯洛夫・瓦内克(捷克)、克里斯蒂娜・兰德曼(南非)、赖素春(新加坡)、郑根埴(韩国)、游鉴明(中国台湾)、朱浤源(中国台湾)、熊景明(中国香港)等海外及港台学者和定宜庄、杨祥银、吴文光、赵一工、梁鸿、丁东、唐建光、雷颐、余戈、周兵、陈墨、叶永烈、沈志华、金光耀、邢小群、郭于华、左玉河、钟少华、钱茂伟、冯建华、王宇英、张钧、郭晓明、张新、张明巍、黄平茂、杨原、章梦奇、周浩、李远江、范海涛、张锦、龚伟亮等前辈和同人先后到场讲座、评议、交流，给予大量台前幕后的支持；感谢数百位工作坊、研习营和研讨会的参与者、投稿者，让我们看到口述历史事业更加普及的可能性；感谢永源公益基金和李国武、向晓静等合作伙伴数年坚持对中心的信任与投入，为我们解决大量后顾之忧；感谢因故未能刊发的三篇论文的作者李宏宇、肖元恺(加拿大)、邓啸林、王雨帆、郭情，这份遗憾也将是我们前进的动力；还有更多默默奉献的同路人，有家人，有朋友，有战友，道阻且长，感谢不吝付出。

从2014年初团队迁入校内办公楼时崔永元、丁俊杰两位领导的嘱托，到同年秋天策划初期我和刘英力、张怡暄、李岩、李笑岩、高海涛、王广利等几位同事的闭门讨论，再到中心记者、摄影、编目、校对、项目、财务、技术、后勤等各工种同事不同阶段的加入，直至2015年12月口述历史国际周的成功和口述历史高校社团及联盟的随后建立，经历时风雨兼程，回味只觉甘之如饴。

在此无法一一答谢，特于封底附上全体同事的照片。共同的事业基于健康的制度，感谢我所在的机构中国传媒大学崔永元口述历史研究中心在2015年给予的良好工作氛围，鼓励大家以"自由之精神，独立之思想"推动工作，为我们提供了巨大助力。愿好环境不因时间推移而改变，最终呈现为被恪守和传承的好制度，服务集体，共同进步。

口述历史在中国2016，不忘初心，继续前行。

2016年4月